FOM-Edition

FOM Hochschule für Oekonomie & Management

Reihe herausgegeben von

FOM Hochschule für Oekonomie & Management, Essen, Deutschland

Bücher, die relevante Themen aus wissenschaftlicher Perspektive beleuchten, sowie Lehrbücher schärfen das Profil einer Hochschule. Im Zuge des Aufbaus der FOM gründete die Hochschule mit der *FOM-Edition* eine wissenschaftliche Schriftenreihe, die allen Hochschullehrenden der FOM offensteht. Sie gliedert sich in die Bereiche Lehrbuch, Fachbuch, Sachbuch, International Series sowie Dissertationen. Die Besonderheit der Titel in der Rubrik Lehrbuch liegt darin, dass den Studierenden die Lehrinhalte in Form von Modulen in einer speziell für das berufsbegleitende Studium aufbereiteten Didaktik angeboten werden. Die FOM ergreift mit der Herausgabe eigener Lehrbücher die Initiative, der Zielgruppe der studierenden Berufstätigen sowie den Dozierenden bislang in dieser Ausprägung nicht erhältliche, passgenaue Lehr- und Lernmittel zur Verfügung zu stellen, die eine ideale und didaktisch abgestimmte Ergänzung des Präsenzunterrichtes der Hochschule darstellen. Die Sachbücher hingegen fokussieren in Abgrenzung zu den wissenschaftlich-theoretischen Fachbüchern den Praxistransfer der FOM und transportieren konkrete Handlungsimplikationen. Fallstudienbücher, die zielgerichtet für Bachelor- und Master-Studierende eine Bereicherung bieten, sowie die englischsprachige *International Series,* mit der die Internationalisierungsstrategie der Hochschule flankiert wird, ergänzen das Portfolio. Darüber hinaus wurden in der FOM-Edition jüngst die Voraussetzungen zur Veröffentlichung von Dissertationen aus kooperativen Promotionsprogrammen der FOM geschaffen.

Tim Jesgarzewski

Arbeitsrecht

Grundlagen und Praxis

3., aktualisierte Auflage

Tim Jesgarzewski
Osterholz-Scharmbeck, Deutschland

ISSN 2625-7114   ISSN 2625-7122 (electronic)
FOM-Edition
ISBN 978-3-658-46587-2   ISBN 978-3-658-46588-9 (eBook)
https://doi.org/10.1007/978-3-658-46588-9

Die Deutsche Nationalbibliothek verzeichnet diese Publikation in der Deutschen Nationalbibliografie; detaillierte bibliografische Daten sind im Internet über https://portal.dnb.de abrufbar.

Planung/Lektorat: Angela Meffert
Springer Gabler ist ein Imprint der eingetragenen Gesellschaft Springer Fachmedien Wiesbaden GmbH und ist ein Teil von Springer Nature.
Die Anschrift der Gesellschaft ist: Abraham-Lincoln-Str. 46, 65189 Wiesbaden, Germany

Vorwort

Unternehmerischer Erfolg ist ohne engagierte Arbeitskräfte nicht denkbar. Gutes Personal ist daher zwingend erforderlich. Dies erfordert gute Aus- und Fortbildung genauso wie eine wertschätzende Führung und Weiterentwicklung. Das gilt insbesondere vor dem Hintergrund des sich immer weiter verschärfenden Fachkräftemangels.

Die Möglichkeiten und Grenzen für die Gestaltung des Arbeitslebens werden durch das Arbeitsrecht bestimmt. Dessen Kenntnis ist daher unabdingbare Voraussetzung für alle Führungskräfte. Mit dem vorliegenden Lehrbuch zum Arbeitsrecht soll genau dieses Ziel erreicht werden. Mitarbeiterinnen und Mitarbeitern mit Personalverantwortung und Studierenden wird ein schneller Zugriff auf das Arbeitsrecht vermittelt.

Nach dem guten Erfolg der Vorauflagen wird nun die dritte, aktualisierte Auflage vorgelegt. Dabei wird die aktuelle Rechtsprechung genauso berücksichtigt wie eingetretene gesetzliche Änderungen. Auch haben die Entwicklungen der Digitalisierung der Arbeitswelt und die zusätzlichen Erfordernisse des Gesundheits- und Infektionsschutzes Eingang gefunden, die aufgrund der inzwischen überwundenen COVID-19-Pandemie schlagartige Aufwertung erlangt haben. Die Möglichkeiten digitalen Arbeitens haben sich erheblich verbreitert.

Das didaktische Konzept des Lehrbuchs wird ausdrücklich beibehalten. Den Leserinnen und Lesern wird unterteilt nach einzelnen Schwerpunkten ein Einstieg in die Thematik geliefert. Der Praxisbezug steht stets im Vordergrund, so vertiefen zahlreiche Fallbeispiele die Anwendungspraxis. Das Lehrbuch soll gezielt auf die unternehmerische Praxis vorbereiten und liefert Grundlagen für den Umgang mit den Mitarbeiterinnen und Mitarbeitern, dem Betriebsrat und den Gewerkschaften.

Die sorgfältige Durcharbeitung dieses Lehrbuches vermittelt dem Anwender folglich umfassende Grundkenntnisse über das Arbeitsrecht, sodass zahlreiche in der unternehmerischen Praxis auftretende Fragestellungen selbstständig gelöst werden können. Zur Vertiefung und Verinnerlichung dieser Kenntnisse empfiehlt sich die Übung im Lösen arbeitsrechtlicher Fälle. Als Begleitlektüre zu diesem Lehrbuch wird deshalb die

Fallsammlung Arbeitsrecht desselben Autors angeraten, welche abgestimmt auf dieses Lehrbuch einzelne typische Problemlagen systematisch herausstellt.

Für die große organisatorische Unterstützung bedanke ich mich auch in Bezug auf die vorliegende 3. Auflage insbesondere bei den Herren Prof. Dr. Thomas Heupel und Dipl.-jur. Kai Stumpp. Ebenfalls danke ich meiner wissenschaftlichen Hilfskraft Tien-Dat Uong für die fachliche und administrative Unterstützung bei der Aktualisierung dieses Werkes. Ein ganz besonderer Dank gilt auch weiterhin meiner Assistentin Frau Rechtsfachwirtin Dalin Denise Külske, deren Einsatz gar nicht hoch genug geschätzt werden kann.

Im Frühjahr 2025   Tim Jesgarzewski

Aus dem Vorwort zur 1. Auflage

Die Erarbeitung arbeitsrechtlicher Grundkenntnisse ist für Entscheidungsträger im Wirtschaftsleben unerlässlich. Eine gute unternehmerische Entwicklung erfordert eine kluge und vorausschauende Personalstrategie. Für diese ist die Kenntnis der rechtlichen Rahmenbedingungen von Personalmaßnahmen zwingend erforderlich. Wer Personal führen will, muss die rechtlichen Möglichkeiten genauso wie deren Grenzen kennen.

Die meisten Studiengänge mit wirtschaftswissenschaftlichen Schwerpunkten beinhalten vor diesem Hintergrund richtigerweise auch arbeitsrechtliche Elemente. Die Ausbildung von Führungskräften hat immer auch Personalführung zum Gegenstand. Ein Teilbereich davon ist wiederum das Arbeitsrecht.

Gegenstand dieses Lehrbuchs ist die Vermittlung genau der arbeitsrechtlichen Grundkenntnisse, die aus unternehmerischer Sicht bei möglichst allen Personalverantwortlichen vorhanden sein sollten. Die Herausarbeitung dogmatischer Feinheiten wird dabei zugunsten einer größtmöglichen Praxisnähe zurückgestellt.

Arbeitsrechtliche Fragestellungen sind jedoch keineswegs auf Regelungen für ein einzelnes Arbeitsverhältnis beschränkt. In zahlreichen Konstellationen liegen gleichartige Interessen verschiedener Arbeitgeber und Arbeitnehmer vor, sodass sich wechselseitig kollektivrechtliche Vertretungen herausgearbeitet haben. Auch die Rechtsverhältnisse zwischen diesen Akteuren wie etwa Gewerkschaften und Arbeitgeberverbänden sind gesetzlichen Regelungen unterworfen.

Da auch der Umgang mit Betriebsräten und Gewerkschaften sowie die Anwendung von Tarifverträgen und Betriebsvereinbarungen zu den Aufgaben von Führungskräften gehören, wird auch dieser Bereich umfassend dargestellt. Genau aus diesem Grund ist das vorliegende Lehrbuch auch für Betriebsräte bestens geeignet, einen Einstieg in das gesamte Arbeitsrecht zu finden. Der hohe Praxisbezug ermöglicht es Betriebsräten genauso wie Führungskräften im Unternehmen, die rechtlichen Chancen und Grenzen auszuloten.

Tim Jesgarzewski

Inhaltsverzeichnis

1	**Einleitung**	1
	1.1 Machtgefälle im Arbeitsrecht	2
	1.2 Interessenausgleich	3
	1.3 Geschichte	5
	1.4 Abgrenzung zu anderen Rechtsgebieten	8
2	**Rechtliche Grundlagen des Arbeitsverhältnisses**	11
	2.1 Arbeitsrechtliche Normenhierarchie	12
	2.2 Rechtsquellen des Arbeitsrechts	14
	2.2.1 Europarecht	14
	2.2.2 Grundgesetz	16
	2.2.3 Gesetze	23
	2.2.4 Gewohnheitsrecht	23
	2.2.5 Richterrecht	25
	2.2.6 Tarifverträge	25
	2.2.7 Betriebsvereinbarungen	27
	2.2.8 Arbeitsvertrag	27
	2.2.9 Direktionsrecht	29
	2.2.10 Internationales Arbeitsrecht	31
3	**Kollektivarbeitsrecht**	33
	3.1 Koalitionen	34
	3.1.1 Gewerkschaften	34
	3.1.2 Arbeitgeberverbände	39
	3.2 Arbeitskampfrecht	40
	3.2.1 Tarifautonomie	41
	3.2.2 Streik	42
	3.2.3 Aussperrung	51
	3.3 Tarifrecht	53

	3.3.1	Arten des Tarifvertrages	54
	3.3.2	Inhalt	55
	3.3.3	Parteien des Tarifvertrages	58
	3.3.4	Zustandekommen des Tarifvertrages	59
	3.3.5	Anwendbarkeit	59
	3.3.6	Bezugnahmeklauseln	60
	3.3.7	Allgemeinverbindlichkeit	62
	3.3.8	Wirkung des Tarifvertrages	63
	3.3.9	Tarifkollision im Betrieb	64
	3.3.10	Auslegung von Tarifverträgen	65
3.4	Betriebsverfassungsrecht		66
	3.4.1	Anwendungsbereich	67
	3.4.2	Betrieb	68
	3.4.3	Betriebsrat	70
3.5	Unternehmensmitbestimmung		102
	3.5.1	Drittelbeteiligung	102
	3.5.2	Unternehmensmitbestimmung nach dem Mitbestimmungsgesetz		103
	3.5.3	Montanmitbestimmung	103
	3.5.4	Inhalte der Unternehmensmitbestimmung	103

4	**Individualarbeitsrecht**		**105**
4.1	Arbeitnehmer		106
	4.1.1	Privatrechtlicher Vertrag	106
	4.1.2	Unselbstständige Tätigkeit und persönliche Abhängigkeit	107
4.2	Arbeitgeber		108
4.3	Begründung des Arbeitsverhältnisses		109
4.4	Anbahnung des Arbeitsvertrages		111
	4.4.1	Fragerecht des Arbeitgebers	111
	4.4.2	Aufwendungsersatz des Arbeitnehmers	113
4.5	Arbeitsvertrag		114
	4.5.1	Pflichten aus dem Arbeitsverhältnis	114
	4.5.2	Arten von Arbeitsverhältnissen	132
4.6	Urlaubsrecht		154
	4.6.1	Urlaubsgewährung	156
	4.6.2	Übertragbarkeit	157
	4.6.3	Urlaubsabgeltung	158
	4.6.4	Sonderregelungen	159
4.7	Familienzeiten		159
	4.7.1	Mutterschutz	159
	4.7.2	Elternzeit	160

	4.7.3	Pflegezeit	161
4.8		Inhaltskontrolle des Arbeitsvertrages	161
	4.8.1	Definition Allgemeine Geschäftsbedingungen	163
	4.8.2	Sachlicher Anwendungsbereich	164
	4.8.3	Auslegungsgrundsätze	165
	4.8.4	Überraschende Klauseln	166
	4.8.5	Inhaltskontrolle	167
	4.8.6	Angemessene Berücksichtigung der Besonderheiten im Arbeitsrecht	174
	4.8.7	Zusammenfassung	175
4.9		Diskriminierungsschutz im Arbeitsverhältnis	176
	4.9.1	Benachteiligungsmerkmale	177
	4.9.2	Persönlicher Anwendungsbereich	180
	4.9.3	Sachlicher Anwendungsbereich	180
	4.9.4	Benachteiligungsverbot	181
	4.9.5	Rechtfertigungsgründe	184
	4.9.6	Schadensersatz- und Entschädigungsansprüche	186
	4.9.7	Beweislastregelung	187
	4.9.8	Praktische Auswirkungen des AGG auf das Arbeitsverhältnis	188
4.10		Entgeltfortzahlung	190
	4.10.1	Entgeltfortzahlung an Feiertagen	191
	4.10.2	Entgeltfortzahlung im Krankheitsfall	191
4.11		Arbeitnehmerhaftung	193
	4.11.1	Haftung gegenüber dem Arbeitgeber	194
	4.11.2	Verschuldensgrade	195
	4.11.3	Mankohaftung	196
	4.11.4	Haftung gegenüber Dritten	197
	4.11.5	Haftung gegenüber anderen Betriebsangehörigen	198
4.12		Betriebsübergang	198
	4.12.1	Voraussetzungen des Betriebsübergangs	199
	4.12.2	Rechtsfolgen des Betriebsübergangs	200
4.13		Beendigung des Arbeitsverhältnisses	203
	4.13.1	Kündigung	204
	4.13.2	Allgemeiner Kündigungsschutz	227
	4.13.3	Sonderkündigungsschutz	245
	4.13.4	Massenentlassung	254
	4.13.5	Kündigungsschutzverfahren	256
	4.13.6	Weiterbeschäftigungsanspruch	257
	4.13.7	Abfindung des Arbeitnehmers	259
	4.13.8	Gerichtliche Entscheidung	260

          4.13.9   Anfechtung 261
          4.13.10   Aufhebungsvertrag 262
          4.13.11   Zeugnis- und Arbeitspapiere 266
    4.14 Betriebliche Altersversorgung 269
          4.14.1   Direktzusage 271
          4.14.2   Direktversicherung 271
          4.14.3   Pensionskassen und Pensionsfonds 272
          4.14.4   Unterstützungskassen 272
    4.15 Arbeitsschutzrecht 273
          4.15.1   Praktische Bedeutung des Arbeitsschutzes 273
          4.15.2   Gesundheitsschutz 275
          4.15.3   Jugendarbeitsschutz 276
    4.16 Prozessrecht 277
          4.16.1   Grundlagen 278
          4.16.2   Aufbau 279
          4.16.3   Zuständigkeit 280
          4.16.4   Besondere Einrichtungen 283
          4.16.5   Urteilsverfahren 285
          4.16.6   Beschlussverfahren 289

Weiterführende Literatur (Auswahl) 293

Stichwortverzeichnis 295

Einleitung

Wie kein anderes Rechtsgebiet hat das Arbeitsrecht die materielle Existenz eines Groß-teils der Gesellschaft zum Gegenstand. Da der weit überwiegende Teil der Erwerbstätigen in Deutschland abhängig beschäftigt ist, hat das Arbeitsrecht einen kaum zu überschät-zenden Einfluss auf den sozialen Ausgleich in der Gesellschaft. Nur die allerwenigsten Arbeitnehmer sind in der glücklichen Lage, ihrer Tätigkeit aus anderen Gründen als dem der Einkommenserzielung nachgehen zu dürfen. Wer abhängig beschäftigt arbeitet, benö-tigt in aller Regel sein Erwerbseinkommen zur Finanzierung der eigenen Existenz. Nicht selten dient das erzielte Einkommen auch der Familie.

Das Arbeitsrecht im Ganzen muss deshalb immer auch vor diesem Hintergrund gelehrt und gelernt werden. Wer das Arbeitsrecht in seiner Gesamtheit erfassen will, muss sich der Existenz sichernden Funktion der abhängigen Beschäftigung bewusst sein.

Der Anspruch dieses Lehrbuchs ist es daher, dem Leser nicht nur einen Überblick über einzelne Aspekte des Arbeitsrechts zu verschaffen, sondern einen umfassenden Einstieg in das Gesamtverständnis des deutschen Arbeitsrechts zu geben. Dieses Gesamtverständ-nis setzt voraus, dass der Rechtsanwender sich des grundsätzlichen Interessengegensatzes zwischen Arbeitgebern und Arbeitnehmern stets bewusst ist. Sämtliche arbeitsrechtliche Regelungen fußen auf der Grundüberlegung, dass dieser Interessengegensatz zu einer Annäherung oder bestenfalls zu einem Ausgleich gebracht wird. Für den Rechtsanwender bedeutet das, dass das Verständnis des jeweiligen Regelungszwecks von entscheidender Bedeutung für eine richtige Auslegung der gegenständlichen Normen ist.

Eine ganz entscheidende Frage im Arbeitsrecht ist deshalb stets, worin die konkrete Interessenlage zwischen den Beteiligten besteht. Zu fragen ist daher, was die eine und was die andere Seite wollen würde, wenn sie ihr jeweiliges Interesse einseitig, voll-ständig und rücksichtslos durchsetzen könnte. Oftmals hilft es dem Rechtsanwender im

T. Jesgarzewski, *Arbeitsrecht*, FOM-Edition,
https://doi.org/10.1007/978-3-658-46588-9_1

Arbeitsrecht in diesem Zusammenhang, sich wechselseitig Extrempositionen vor Augen
zu führen. Vielfach können solche Extrempositionen auch auf einen ganz grundsätzlichen
Interessengegensatz zurückgeführt bzw. reduziert werden. Dies kann in etwa wie folgt
zusammengefasst werden:

▶   Der Arbeitgeber will, dass der Arbeitnehmer für wenig Geld viel arbeitet. Der
        Arbeitnehmer will viel Geld für wenig Arbeit erhalten.

Diese grundsätzliche Reduzierung in Form eines überdeutlichen Interessengegensatzes
lässt sich in nahezu allen arbeitsrechtlichen Zusammenhängen herstellen. Hat der Rechtsanwender diese Grundlage erst einmal geschaffen, ist für die zu prüfende arbeitsrechtliche
Regelung das Grundverständnis gelegt.

     Nicht zuletzt aufgrund der im Arbeitsrecht klaren Interessengegensätze beinhaltet
dieses Teilrechtsgebiet ein hohes Maß an Praxisrelevanz. Sowohl aus Sicht von Arbeitnehmern als auch aus Sicht des Arbeitgebers beinhaltet die Lösung eines konkreten
Konfliktfalles zunächst einen handfesten Sachverhalt, dessen rechtliche Auflösung immer
im Kontext des bestehenden Arbeitsverhältnisses gesehen werden muss. Damit verbunden
ist häufig eine hohe emotionale Betroffenheit der Beteiligten festzustellen. Das Gefühl
von Recht, Gerechtigkeit und den Möglichkeiten der subjektiven Durchsetzbarkeit kann
schnell eine rein sachliche, juristische Fachebene überlagern. Adressat dieses Lehrbuches
ist die (angehende) Führungskraft im Unternehmen, die (erhebliche) Personalverantwortung wahrzunehmen hat. Gleichwohl ist es mit dem zuvor genannten Grundverständnis
des Arbeitsrechts unvereinbar, eine arbeitgeberseitige Sicht auf das Arbeitsrecht zu entwickeln. Nur wer die Zielrichtung arbeitsgesetzlicher Normen zutreffend erfasst, kann
sich daraus ergebende Spielräume zutreffend ableiten. Das gilt insbesondere für die
Arbeitgeberseite, da das Arbeitsrecht in seiner Gesamtheit als Arbeitnehmerschutzrecht
zu verstehen ist.

1.1   Machtgefälle im Arbeitsrecht

Grundsätzlich ist es noch immer der Arbeitgeber, der auf dem Arbeitsmarkt nach
einer bestimmten Arbeitsleistung fragt und dabei aus einer Vielzahl potenziell geeigneter Arbeitnehmer auswählen kann. Soweit in den letzten Jahren aufgrund einer Phase
wirtschaftlicher Prosperität und des einsetzenden demografischen Wandels sowie einer
beschäftigungsfördernden Sozialgesetzgebung für einzelne Berufe und Branchen ein
Fachkräftemangel eingetreten ist, ändert das nichts am grundsätzlichen Machtgefälle
zwischen Arbeitgeber und Arbeitnehmer. Zwar können Arbeitnehmer zunehmend ihre
Arbeitsstelle unter mehreren zur Verfügung stehenden Angeboten auswählen. Der Arbeitgeber verfügt jedoch unverändert strukturell über die Mittel, aus seiner geschäftlichen
Tätigkeit Erträge zu erzielen. Der Einsatz menschlicher Arbeitskraft ist dabei ein Faktor

unter mehreren. Dies gilt unverändert. Je nach Art der unternehmerischen Tätigkeit spielt die menschliche Arbeitskraft dabei eine ganz zentrale oder auch nur eine eher nachgeordnete Rolle. In jedem Fall aber ist die menschliche Arbeitskraft ersetz- und austauschbar. Es bleibt abzuwarten, inwieweit dieser Grundsatz durch eine fortschreitende Digitalisierung noch verstärkt werden wird. Auf der anderen Seite ist der Arbeitnehmer zur Sicherung seines Lebensunterhalts (und gegebenenfalls dem seiner Familie) auf die Verwertung seiner Arbeitskraft angewiesen. Dabei muss er vielfach unter Berücksichtig seines sozialen Lebensmittelpunktes auf ein regional begrenztes Arbeitsplatzangebot zurückgreifen.

Es griffe deshalb zu kurz, wenn der Gesetzgeber Arbeitgeber und Arbeitnehmer nach dem Grundsatz der Privatautonomie auf die jeweilige Nutzung ihrer Vertragsfreiheit verweisen würde. Da der Arbeitgeber nach dem zuvor genannten typischerweise der wirtschaftlich Stärkere und zudem regelmäßig auch hinsichtlich seines Wissens um die jeweiligen Branchen- und Berufsspezifika überlegen ist, würde der Arbeitnehmer ihm gegenüber in ein unausgewogenes Unterordnungsverhältnis treten. Dieses Machtgefälle im Arbeitsrecht erkennend, schafft der Gesetzgeber auf allen Regelungsebenen des Arbeitsrechts im Kern Arbeitnehmerschutzrecht. Dieses umfasst von der Begründung, über den Bestand bis zu Beendigung alle zeitlichen Phasen eines Arbeitsverhältnisses.

Damit wird erreicht, dass der Arbeitnehmer nicht als reiner Kostenfaktor aufgefasst werden kann. Der Arbeitgeber wird verpflichtet, den Arbeitnehmer in seiner Eigenschaft als Rechtssubjekt mit eigener und umfassender Interessensphäre wahrzunehmen und in seinen tatsächlichen und rechtlichen Positionen zu achten. So sollte es heutzutage eine Selbstverständlichkeit sein, dass der Arbeitgeber dem Gesundheitsschutz seiner Mitarbeiter höchste Priorität einräumt.

1.2   Interessenausgleich

Wie zuvor bereits ausgeführt, dient das Arbeitsrecht dem Ausgleich der Interessen von Arbeitgebern und Arbeitnehmern. Aufgrund des vorhandenen Machtgefälles zwischen den beiden Interessengruppen muss der Gesetzgeber nicht nur bestimmte Grundregeln für das wechselseitige Miteinander aufstellen, sondern darüber hinaus zum Schutz der Arbeitnehmer auch Mindeststandards setzen.

Grundsätzlich gilt im Arbeitsrecht als Bestandteil des Zivilrechts die Privatautonomie. Danach sind Vertragsparteien frei in ihrer Entscheidung darüber, ob und mit welchem Inhalt sie ein Vertragsverhältnis begründen, verändern oder beenden wollen. Das gilt sowohl für den einzelnen Arbeitsvertrag als auch für kollektivrechtliche Regelungen, welche eine Gruppe von Arbeitgebern oder Arbeitnehmern betreffen.

Auch im allgemeinen Vertragsrecht erfährt der Grundsatz der Vertragsfreiheit bereits zahlreiche Einschränkungen. So finden sich zu den unterschiedlichen Vertragsarten ganz unterschiedliche Regelungen, die dem Schutz der strukturell unterlegenen Vertragspartei zum Gegenstand haben. Exemplarisch sei hier auf den besonderen Schutz eines

Mieters einer Privatwohnung verwiesen. Zudem enthält das Zivilrecht unterschiedliche Generalklauseln, die einer grundsätzlichen Vertragskontrolle dienen. Unabhängig von der konkreten Vertragsart dürfen Verträge weder sittenwidrig nach § 138 BGB sein, oder nach § 134 BGB gegen ein gesetzliches Verbot verstoßen. Zudem bieten die Kontrolle allgemeiner Geschäftsbedingungen nach den §§ 305 ff. BGB und das Gebot von Treu und Glauben nach § 242 BGB die Möglichkeit, eine umfassende Inhaltskontrolle vorzunehmen.

Die grundsätzlichen Regeln des Zivilrechts reichen indes alleine nicht aus, um dem besonderen Interessengegensatz im Arbeitsrecht angemessen zu begegnen. Die Besonderheit des arbeitsrechtlichen Interessenausgleichs durch den Gesetzgeber liegt in der kaum zu überschätzenden Bedeutung der Erzielung von Erwerbseinkommen für den weit überwiegenden Anteil der Bevölkerung. Abhängige Erwerbsarbeit ist für rund vier Fünftel der Erwerbstätigen in Deutschland die zentrale Einkommensquelle.[1] Arbeitsrechtliche Regelungen sind deswegen in ihrer Gesamtheit nicht weniger als die Regelung der Existenzgrundlage für den Großteil der Bevölkerung.

Das gesetzgeberische Ziel besteht dabei darin, unter Berücksichtigung der genannten Privatautonomie und der Eigentumsfreiheit der Arbeitgeber nach Art. 14 GG der Arbeitnehmerseite die Verwertung ihrer Arbeitskraft so zu ermöglichen, dass diese in ihrer Interessensphäre angemessen berücksichtig wird. Hierzu gehört insbesondere, dass hinsichtlich einer Verpflichtung zur Leistung von Arbeit die Gesundheit der Arbeitnehmer genauso gewährleistet wird wie ein Mindestmaß an Bestandsschutz von Arbeitsverhältnissen. So finden sich im Arbeitsrecht kaum mehr zählbare Rechtsgrundlagen zum Gesundheitsschutz wie etwa Regelungen zur Unfallverhütung, zur Arbeitszeit oder spezielle Schutznormen z. B. für Jugendliche oder Schwangere. Das Arbeitsrecht geht jedoch über die Grundannahme eines reinen Gesundheits- und Existenzschutzes hinaus und hat sich inzwischen durch immer umfangreichere Regelungen zu einem Schutzrecht auch im Hinblick auf die Interessenlage von Arbeitnehmern im Allgemeinen entwickelt. Durch die Vielzahl arbeitsrechtlicher Einzelgesetze wird beispielsweise ein umfassender Diskriminierungs- und Bestandsschutz genauso gewährleistet wie eine umfassende Berücksichtigung arbeitnehmerseitiger Positionen bei den Grenzen der Vereinbarung arbeitsvertraglicher Regelungen. Aus der jüngeren Vergangenheit seien hier nur das Mindestlohn-[2] und das Allgemeine Gleichbehandlungsgesetz[3] oder auch das Elternzeitgesetz[4] zur Familienförderung genannt, welche jeweils bereits mehrfach den aktuellen Entwicklungen angepasst worden sind.

Bei der Verfolgung des vorgenannten Zieles eines zugunsten der Arbeitnehmerseite herbeizuführenden Interessenausgleichs geht der Gesetzgeber auf zwei unterschiedlichen Wegen vor. Einerseits schafft er (zwingendes) Recht als einzuhaltende Mindestregelungen. Andererseits legt der Gesetzgeber nur eine Grundlage dafür, dass insbesondere auf einer

---

[1] Siehe dazu die Jahresberichte zum Mikrozensus, statistisches Bundesamt (Hrsg.).

[2] Gesetz zur Regelung eines Allgemeinen Mindestlohns (MiLoG vom 11.8.2014, BGBl. I, S. 1348.).

[3] Allgemeines Gleichbehandlungsgesetz vom 14. August 2006, BGBl. I, S. 1897.

[4] Gesetz zum Elterngeld und zur Elternzeit vom 05. Dezember 2006, BGBl I, S. 2748.

Kollektivebene die Arbeitnehmerseite mit den Arbeitgebern einen großen Gestaltungs-spielraum nutzen kann. Dies gilt namentlich für das Tarifrecht, dem die grundgesetzliche Wertung des Art. 9 Abs. 3 GG zugrunde liegt. Danach geht der Grundgesetzgeber davon aus, dass durch den Zusammenschluss einer Vielzahl von Arbeitnehmern in einer bestimmten Branche zu Gewerkschaften eine hinreichende Verhandlungsmacht gegen-über der Arbeitgeberseite entsteht. Der Gesetzgeber hat sich deshalb – dieser Wertung folgend – insoweit stark zurückzuhalten.

Somit obliegt es nach wie vor zu einem erheblichen Teil den Arbeitnehmern selbst, ihre Interessen über das gesetzlich garantierte Mindestmaß hinaus durch individual- oder kollektivrechtliche Regelungen durchzusetzen.

1.3 Geschichte

Um die heutigen Möglichkeiten der inhaltlichen Gestaltung von Arbeitsverhältnissen umfassend zu verstehen, ist es notwendig, die bisherige Entwicklung des Arbeitsrechts in seinen groben Zügen zu kennen.[5] Die über gut 150 Jahre gewachsene Struktur des Arbeitsrechts auf deutschem Boden zeigt eine immer differenziertere Herausarbeitung und Berücksichtigung der arbeitnehmerseitigen Interessenlage.

Ausgangspunkt des modernen Arbeitsrechts sind die extrem schlechten Arbeitsbedin-gungen der Arbeiterschaft in der vorschreitend industrialisierten städtischen Arbeitswelt zu Anfang des 19. Jahrhunderts. Die sich ständig verstärkende Landflucht von in der Landwirtschaft kaum mehr gebrauchten Arbeitskräften in die Richtung städtischer Fabriken führte zunehmend zur Herausbildung einer unter großer Armut leidenden Arbei-terschicht. Diese war existenziell auf die Verwertung ihrer körperlichen Arbeitskraft angewiesen. Zur Sicherung eines familiären Auskommens mussten auch Jugendliche und sogar Kinder ihre Arbeitskraft verkaufen.

In Ermangelung arbeitsrechtlicher Regelungen lag es nahezu ausschließlich in der Hand der wenigen Arbeitgeber, die Arbeitsbedingungen in Manufakturen, Fabriken oder sonstigen Fertigungsstätten zu bestimmen. Da ein Prozess einsetzender Gewerbe- und Vertragsfreiheit[6] in Verbindung mit der technischen Möglichkeit zur Schaffung immer größerer Fertigungsstätten (Dampfmaschinen, Elektrizität) zu einem immer größeren Bedarf an einfacher menschlicher Arbeitskraft bestand und zudem das Bevölkerungs-wachstum erheblich stieg, setzte eine breite Verarmung der sich neu entwickelten Arbeiterschicht ein. Der sprunghafte Anstieg des Arbeitskraftangebotes durch die Kombi-nation von Landflucht und Bevölkerungswachstum konnte nur teilweise durch den Bedarf an Industriearbeitern aufgefangen werden. Das fortdauernde Überangebot an Arbeitern

---

[5] Einen vertiefenden Einstieg in die Geschichte des Arbeitsrechts bietet etwa *Zöllner/Loritz/Hergenröder*, Arbeitsrecht, § 3 m. w. N.

[6] Siehe dazu die Preußischen Edikte zu Gewerbefreiheit und Gewerbesteuer vom 9. November 1807 und 28. November 1810 als Bestandteile der sog. Stein-Hardenbergschen Staatsreformen.

ermöglichte es der Arbeitgeberseite, geradezu erbärmliche Arbeitsbedingungen zu dik-
tieren. Geringen Löhnen standen langen Arbeitszeiten unter schwersten körperlichen
Bedingungen gegenüber.

Vor diesem Hintergrund wurde gesellschaftspolitisch mehr und mehr die sogenannte
„soziale Frage" nach einer Besserstellung der arbeitenden Bevölkerung aufgeworfen.[7]
Erste bescheidene gesetzliche Maßnahmen haben sodann bis zum Ende des 19. Jahrhunderts ganz zaghafte Verbesserungen der Arbeitsbedingungen nach sich gezogen. Instruktiv
für die ersten Schritte der Arbeitsgesetzgebung ist das preußische Regulativ von 1839.
Diese gemeinhin als Geburtsstunde des deutschen Arbeitsrechts bezeichnete Regelung
hatte das Verbot der Kinderarbeit zum Gegenstand, wobei davon nach heutigen Maßstäben selbstredend tatsächlich nicht die Rede sein kann. So wurde durch das preußische
Regulativ die abhängige Beschäftigung von Kindern unter neun Jahren verboten und
für Kinder und Jugendliche bis 16 Jahre die tägliche Arbeitszeit auf zehn Stunden
in Fabriken begrenzt. An diesem ausgesprochen zurückhaltenden Eingriff in die unternehmerische Freiheit wird deutlich, wie schwer das Erkämpfen besserer Arbeits- und
Lebensbedingungen gewesen sein muss. Erst in der zweiten Hälfte des 19. Jahrhunderts
ist es durch Gründung von Arbeitervereinen, Gewerkschaften und schließlich politischen
Parteien zu ersten Verbesserungen von Arbeitsbedingungen gekommen. Dies hat nicht
zuletzt seine Ursache in einem gesellschaftlichen und politischen Kampf der sich verstärkenden Arbeiterbewegung gegenüber dem autoritären Kaiserreich, welches auch auf
Reichsregierungsebene keinen eigenen Antrieb zur Verbesserung der Lebensbedingungen
der Arbeiterschaft entwickelt hat. Nennenswert zu einer Verbesserung der Lage der arbeitenden Bevölkerung haben einzig die ersten Anfänge des Sozialversicherungswesens in
den 90er-Jahren des 19. Jahrhunderts geführt. Im Privatrecht wurde auf die Kodifizierung
von Arbeitsvertragsrecht verzichtet, obwohl mit dem Bürgerlichen Gesetzbuch um die
Jahrhundertwende ein umfassendes Schuld- und Vertragsrecht geschaffen wurde.[8]

Erst in den Anfangsjahren der Weimarer Republik ab 1918/1919 ist es zu einer
Begrenzung der Arbeitszeit auf eine 48-Stunden-Woche und den Anfängen kündi-
gungsschutzrechtlicher Regelungen gekommen. Aufgrund der sich in den 20er-Jahren
ganz erheblich verschlechternden und ständig schwankenden wirtschaftlichen Entwicklung konnte jedoch von einer sukzessiven Verbesserung der Arbeitsbedingungen keine
Rede sein. Dies gilt schon gar nicht für die anschließend einsetzende nationalsozialisti-
sche Diktatur, in welcher alle Formen von Arbeiterorganisationen zerschlagen oder mit
NS-Organisationen gleichgeschaltet wurden, um anschließend in ihrer Zielrichtung der
Vorbereitung, Durchführung und Aufrechterhaltung des Krieges untergeordnet zu werden.

---

[7] Zur Vertiefung *Zöllner/Loritz/Hergenröder*, Arbeitsrecht, § 3 Rn. 2 m. w. N.
[8] Einzig die §§ 616 ff. BGB a.F. haben überhaupt den arbeitsvertraglichen Leistungsaustausch zum
Gegenstand, siehe dazu Bürgerliches Gesetzbuch, Reichsgesetzblatt 1896, S. 195, Nr. 21, ausgege-
ben am 24. August 1896, in Kraft seit 01. Januar 1900.

Von einem wirklich modernen Arbeitsrecht kann daher erst nach Gründung der Bundesrepublik Deutschland die Rede sein. Im Zuge einer schnell einsetzenden wirtschaftlichen Erholung in den 50er-Jahren des 20. Jahrhunderts wurden zunehmend auch gesetzliche Mindeststandards für das Arbeitsvertragsrecht gesetzt. Bereits 1951 wurde in Erweiterung der Weimarer Regelungen ein allgemeiner Kündigungsschutz etabliert. In den 50er- und 60er-Jahren kamen dann weitere Schutzvorschriften dazu, die Grundlagen für unser heutiges Arbeitsrecht bereits in sich trugen. So wurden etwa das Bundesurlaubsgesetz, ein modernes Arbeitszeitgesetz und später auch Mitbestimmungsregelungen für die Arbeitnehmerseite gesetzt. Im Zuge eines Wiedererstarkens der Gewerkschaftsbewegung in den 60er- und 70er-Jahren wurden verbesserte Arbeitsbedingungen zunehmend auch streitig erkämpft. Grundrechtlich geschützt durch die Vereinigungsfreiheit und Tarifautonomie des Art. 9 Abs. 3 GG konnten die deutschen Gewerkschaften erstmals im erheblichen Umfang (streikweise) Tarifverträge durchsetzen, die schrittweise und fortlaufende Verbesserungen der Arbeitsbedingungen nach sich zogen. Zudem hat der Gesetzgeber zunächst im Montanbereich und sodann flächendeckend Instrumente der unternehmerischen und betrieblichen Mitbestimmung für Arbeitnehmer geschaffen. Dies geschah etwa in Form von unternehmerischen Mitbestimmungsrechten bei großen Kapitalgesellschaften.[9] Anknüpfend an die ersten Versuche während der Weimarer Republik durch ein Betriebsrätegesetz wurde im Jahr 1952 auch die Grundlage für die innerbetriebliche Mitbestimmung durch Betriebsräte gelegt.[10]

Ein wesentlicher Motor der Entwicklung des deutschen Arbeitsrechts hin zu dem heutigen umfassenden Arbeitnehmerschutzrecht war und ist schließlich die Arbeitsgerichtsbarkeit, die seit 1926 als eigenständige Gerichtsbarkeit existiert. Dieser Fachgerichtsbarkeit ist es gelungen, trotz des Fehlens eines einheitlichen und kodifizierten Arbeitsvertragsrechts, eine behutsame Rechtsanwendung und Rechtsfortbildung durch Richterrecht durchzuführen. Auch mit Blick auf das Finden eines Interessenausgleichs im einzig aus Art. 3 Abs. 3 GG abzuleitenden Arbeitskampfrecht hat das Bundesarbeitsgericht die Grundzüge der wechselseitigen Auseinandersetzungen ganz wesentlich geprägt.[11] Als ausgesprochener Glücksfall hat sich dabei erwiesen, dass auf allen Ebenen der Arbeitsgerichtsbarkeit ehrenamtliche Richter an der Entscheidungsfindung beteiligt sind, die paritätisch von der Arbeitgeber- und Arbeitnehmerseite benannt werden. Dadurch wird die juristische Arbeitsweise der Berufsrichter mit einem ganz erheblichen Anteil Praxisnähe unterstützt.

---

[9] Grundlegend Gesetz über die Mitbestimmung der Arbeitnehmer in den Aufsichtsräten und Vorständen der Unternehmen des Bergbaues und der eisen- und stahlerzeugenden Industrie vom 21. Mai 1951, BGBl I, S. 347.

[10] Das Betriebsverfassungsgesetz 1952 vom 11. Oktober 1952, BGBl. I, S. 681.

[11] Instruktiv zum ständigen Bemühen des Bundesarbeitsgerichts um eine angemessene Handhabung des Arbeitskampfrechts BAG, 21.04.1971 – GS 1/68.

Aus diesem kurzen geschichtlichen Abriss wird deutlich, in welch hohem Maße die
bisherige Entwicklung des Arbeitsrechts von einer kollektiven Durchsetzung der Arbeit-
nehmerinteressen abhängt. Das gilt sowohl für eine Fortentwicklung der Arbeitsbedingungen durch betriebliche Mitbestimmung und Tarifverträge als auch durch entsprechende
gesellschaftliche Einflussnahme auf die Entscheidungsprozesse des Gesetzgebers. Es wird
daher mit großer Spannung zu verfolgen sein, welche weitere Entwicklung das Arbeitsrecht nimmt. Der bereits in den letzten Jahren vorhandene Einfluss des europäischen
Gesetz- und Richtliniengebers dürfte dabei an Spürbarkeit kaum abnehmen.

1.4   Abgrenzung zu anderen Rechtsgebieten

Das Arbeitsrecht dient der Regelung der Rechtsbeziehungen zwischen Arbeitnehmer
und Arbeitgeber sowie deren jeweiligen Zusammenschlüssen. Daraus ergeben sich
unterschiedliche Regelungsebenen, die später noch näher zu beleuchten sein werden.

Wie sich bereits aus den genannten Ausführungen zur Geschichte des Arbeitsrechts
ergibt, steht das Arbeitsrecht jedoch nicht isoliert und in sich abgeschlossen den sonstigen
Teilen der Rechts- und Wirtschaftsordnung gegenüber. Das Arbeitsrecht ist eingebettet
in die Gesamtrechtsordnung und unterhält zahlreiche Bezüge zu anderen Teilrechts-
gebieten. Zudem ist das Arbeitsrecht stets im Kontext der Wirtschaftsordnung und
den daraus folgenden tatsächlichen Begebenheiten anzuwenden und erforderlichenfalls
fortzuentwickeln.

Hinsichtlich seiner Stellung in der Rechtsordnung ist das Arbeitsrecht insbesondere als
Bestandteil des allgemeinen Zivilrechts zu begreifen. Namentlich das Arbeitsvertragsrecht
unterliegt den allgemeinen Regelungen des Schuld- und Vertragsrechts des BGB. So sind
die Regelungen zum Vertragsschluss sowie der Vertragsdurchführung ganz wesentlich
durch die grundsätzlichen Regelungen des Schuldrechts geprägt und nur um Besonderheiten zu ergänzen, die aus dem Wesen des Arbeitsverhältnisses folgen. Gegenstand dieses
Lehrbuchs ist ausschließlich das private Arbeitsrecht, sodass alle öffentlich-rechtlichen
Teile des Arbeitsrechts hier ausgeblendet werden. Auf das Arbeitsschutzrecht wird in
seinen allgemeinen Strukturen noch gesondert einzugehen sein.

Ein zweiter wesentlicher Bezugspunkt arbeitsrechtlicher Regelungen ist das Sozialrecht. Dies folgt aus der Ergänzungs- und Auffangfunktion des Sozialrechts, welches im
Kern der Kollektivierung für den Einzelnen unbeherrschbarer persönlicher Risiken dient.
Regelt das Arbeitsrecht einen bestimmten Schutz der Arbeitnehmerseite, ist im Sozialrecht
eine Art subsidiärer Schutz der Allgemeinheit zu betrachten, der auch Arbeitnehmern
zugutekommt. Hinzu kommen zahlreiche Wechsel- und Ergänzungswirkungen zwischen
Arbeits- und Sozialrecht. Exemplarisch sei hier etwa die Verteilung des individuellen
Risikos der Krankheit genannt. Müsste ein einzelner Arbeitnehmer dieses Risiko alleine
tragen, wäre er auch unter Hinzunahme eines möglicherweise vorhandenen Familienver-
bundes damit vollständig überfordert. Würde das Einkommen im Falle von Krankheit

nicht in irgendeiner Form gesichert werden, hätte eine Krankheit für einen Arbeitnehmer regelmäßig Existenz bedrohenden Charakter. Der Gesetzgeber verlagert dieses Risiko daher im Kern vom einzelnen Arbeitnehmer auf den Arbeitgeber und die Allgemeinheit in Form einer krankenversicherten Gemeinschaft. Innerhalb der ersten sechs Wochen einer Krankheit wird das Arbeitsentgelt durch den Arbeitgeber fortgezahlt, anschließend besteht ein gegenüber dem Arbeitsentgelt geminderter Anspruch auf Krankengeld gegenüber der Krankenkasse. Damit wird unter Berücksichtigung des Leistungsvermögens der beteiligten Akteure eine sachgerechte Risikoverteilung vorgenommen. Derartige Verzahnungen zwischen Arbeits- und Sozialrecht sind das Resultat der zuvor genannten gesellschaftlichen Auseinandersetzungen im Bemühen um eine ständige Verbesserung der Lebensbedingungen für Arbeitnehmer und finden sich in den unterschiedlichsten Zusammenhängen (siehe auch etwa die Anspruchsregelung zum Bezug von Arbeitslosengeld, die Regelungen zur Haftungsverteilung bei Arbeitsunfällen sowie das gesonderte Unfallversicherungsrecht u. v. m.).

Das Arbeitsrecht kann auch nicht losgelöst von den tatsächlichen Begebenheiten der Wirtschaftsordnung betrachtet werden. Die sich ständig verändernden wirtschaftlichen Rahmenbedingungen verlangen eine ständige Anpassung oder jedenfalls sachgerechte Auslegung des Arbeitsrechts.

Ausgangspunkt für die Wirtschaftsordnung in Deutschland ist das Wechselspiel zwischen der aus Art. 14 Abs. 1 GG abzuleitenden Privatautonomie und der aus dieser resultierenden Vertragsfreiheit sowie dem Schutzbedürfnis abhängig Beschäftigter als Ausfluss des Sozialstaatsgebotes nach Art. 20 Abs. 1 GG. Obwohl der Grundgesetzgeber keine bestimmte Wirtschaftsverfassung für die Bundesrepublik Deutschland normiert hat,[12] folgt aus einer Gesamtwertung der vorgenannten grundgesetzlichen Parameter eine marktwirtschaftliche Grundordnung, die staatlicherseits unter sozialen Gesichtspunkten angemessen zu reglementieren ist. Daraus ergibt sich die Wirtschaftsordnung der sozialen Marktwirtschaft, wie sie heute Gegenstand des wirtschaftlichen und gesellschaftlichen Lebens ist.[13] Das Arbeitsrecht ist in diesem Zusammenhang ein Bestandteil der Herbeiführung eines aus sozialen Gründen gebotenen Schutzes für strukturell schwächere Marktteilnehmer. Bei der Ausgestaltung dieses Schutzes sind wiederum gesamtwirtschaftliche Aspekte nicht auszublenden. Für die Arbeitsgesetzgebung spielt deshalb stets auch die Verfolgung staatspolitischer Ziele wie die Erhöhung oder Sicherung des Beschäftigungsstandes eine ganz erhebliche Rolle. Die Bekämpfung einer vorhandenen Arbeitslosigkeit (auch) mit Mitteln des Arbeitsrechts ist eine gesetzgeberische Realität, der sich der Rechtsanwender stellen muss. Das Ziel der Beschäftigungsförderung im Grundsatz und darauf aufbauend der Verbesserung von Arbeitsbedingungen kommt dabei auch für einzelne Gruppen von Arbeitnehmern eine ständig wachsende Bedeutung zu. Zu denken ist in diesem Zusammenhang etwa an die Förderung der Vereinbarkeit von

---

[12] Ausdrücklich BVerfGE 50, 290, 336 ff.

[13] Das BVerfG spricht zutreffend von einer marktwirtschaftlichen Ordnung der Bundesrepublik Deutschland und betont zugleich Sozialstaatsgebot, vergleiche dazu etwa BVerfGE 18, 315.

Familie und Beruf, die Verlängerung der Lebensarbeitszeit, die Beseitigung der Ungleichbehandlung von bestimmten Arbeitnehmergruppen (teilzeit- oder befristet Beschäftigte)
oder auch die rechtliche Gleichstellung von Leiharbeitnehmern.

Dem Gesetzgeber kommt dabei die Aufgabe zu, die (internationalen) wirtschaftlichen
Entwicklungen und daraus resultierenden Herausforderungen für Arbeitgeber angemessen
mit dem Interesse der Arbeitnehmer nach einer möglichst ständigen Verbesserung der
Arbeitsbedingungen so in Ausgleich zu bringen, dass auch das wirtschaftspolitische Ziel
eines hohen Beschäftigungsstandes erreicht werden kann.

Vor diesem Hintergrund ist eine abschließende Definition des Arbeitsrechts als eigenem
Teilrechtsgebiet kaum möglich und auch nur sehr bedingt zielführend. Unter Ausblendung
der vorgenannten Wechselwirkungen zu der weiteren Rechtsordnung könnte der Kern des
privaten Arbeitsrechts wie folgt beschrieben werden:

▸   Privates Arbeitsrecht ist die Gesamtheit der Regelungen, die die Rechts-
     und Vertragsverhältnisse zwischen Arbeitnehmern und Arbeitgebern sowie
     Gruppen von Arbeitnehmern und Arbeitgebern zum Gegenstand hat.

Rechtliche Grundlagen des Arbeitsverhältnisses

In der gesamten bereits zuvor skizzierten Geschichte des Arbeitsrechtes ist es nicht gelungen, eine umfassende rechtliche Grundlage für das Arbeitsverhältnis zu schaffen. Nach wie vor ist das Arbeitsrecht geprägt von einer Vielzahl unterschiedlicher Gesetze und weiterer Rechtsquellen. Negativ formuliert resultiert daraus eine Zersplitterung des Arbeitsrechts. Es wurde und wird deshalb von zahlreichen politisch und rechtswissenschaftlich modifizierten Akteuren versucht, eine Gesamtkodifikation des Arbeitsrechts herbeizuführen.

Die Rechtswirklichkeit und die tatsächliche Dynamik der Arbeitswelt standen und stehen solchen Unternehmungen bisher und auf unabsehbare Zeit entgegen. Aus der Tatsache einer ständigen und partiellen Weiterentwicklung des Arbeitsrechts könnte daher auch die positive Schlussfolgerung gezogen werden, dass die Rechtsgestaltung im Arbeitsrecht flexibel, pragmatisch und praxisorientiert erfolgt.

Unabhängig davon, ob das Fehlen eines umfassenden Arbeitsgesetzbuches für positiv oder negativ gehalten wird, stellt dieses Faktum den Rechtsanwender vor praktische Herausforderungen. Die Vielzahl von Gesetzen und Rechtsquellen des Arbeitsrechts führt dazu, dass eine konkrete arbeitsrechtliche Fragestellung für das Finden einer Lösung zunächst einmal der einschlägigen Rechtsgrundlage zugeführt werden muss.

Die Schwierigkeit beim Finden des jeweils anzuwendenden Arbeitsrechts besteht folglich darin, überhaupt einen zumindest groben Überblick über die Existenz der unterschiedlichen rechtlichen Regelungen zu gewinnen. Dies stellt den Rechtsanwender in der Praxis vor zwei miteinander verknüpfte Herausforderungen. Erstens müssen die einschlägigen Rechtsquellen identifiziert werden. Zweitens müssen diese Rechtsquellen

© Springer Fachmedien Wiesbaden GmbH, ein Teil von Springer Nature 2025
T. Jesgarzewski, *Arbeitsrecht*, FOM-Edition,
https://doi.org/10.1007/978-3-658-46588-9_2

zueinander dahingehend in Beziehung gesetzt werden, dass sie einer bestimmten Anwendungsrangfolge unterliegen. Die Anwendungsrangfolge der unterschiedlichen Rechtsgrundlagen im Arbeitsrecht spielt insbesondere dann eine entscheidende Rolle, wenn sich auf unterschiedlichen Regelungsebenen widersprüchliche Rechtssätze finden.

2.1   Arbeitsrechtliche Normenhierarchie

Nachfolgend sind daher nicht einfach nur die unterschiedlichen Rechtsquellen des Arbeitsrechts darzustellen. Darüber hinaus ist weiterführend zu erörtern, wie diese Rechtsquellen im Kollisionsfall anzuwenden sind. In diesem Zusammenhang wird von der Rechtshierarchie des Arbeitsrechts gesprochen. Wie in zahlreichen anderen Rechtsgebieten auch, gibt es einen hierarchischen Normenaufbau, der bei der Rechtsanwendung zu beachten ist. Als Grundlage der deutschen Rechtsordnung ist das Grundgesetz den weiteren Rechtsquellen des Arbeitsrechts übergeordnet. Namentlich die Koalitionsfreiheit gemäß Art. 9 Abs. 3 GG sowie die Berufsfreiheit des Art. 12 GG und die Eigentumsfreiheit des Art. 14 GG strahlen auf das gesamte Arbeitsrecht aus. Jegliche weiterführende Rechtsgrundlage des Arbeitsrechts ist der grundgesetzlichen Wertung nachzuordnen. Unterhalb der Grundrechtsebene wirkt das Gesetzesrecht, also die einzelnen Arbeitsgesetze. Der Gesetzesebene nachgeordnet sind Tarifverträge nach dem Tarifvertragsgesetz (TVG). Sodann folgen Betriebsvereinbarungen nach dem Betriebsverfassungsgesetz (BetrVG). Sodann ist auf die Ebene des Arbeitsvertrages abzustellen. Für das Weisungsrecht des Arbeitgebers verbleibt daher nur der Raum, der durch die vorgenannten, höherrangigen Regelungsebenen offengelassen wird.

Eine besondere Schwierigkeit bei der tatsächlichen Anwendung der soeben genannten Normenhierarchie vom Grundgesetz bis zum konkreten Weisungsrecht des Arbeitgebers besteht indes darin, dass diese Normenhierarchie keinesfalls starr und ausnahmslos gilt. So ist in der Praxis stets auf eine Vielzahl von Öffnungsregelungen zu achten, die es ermöglichen, dass auf einer nachgeordneten Ebene doch von einer übergeordneten Ebene abgewichen werden darf. Sieht beispielsweise eine gesetzliche Regelung vor, dass von dieser durch einen Tarif- oder Arbeitsvertrag abgewichen werden darf, geht eine entsprechende Regelung dem Gesetz vor.

Praxisbeispiel

Gemäß § 622 Abs. 2 S. 1 Nr. 3 BGB beträgt die Kündigungsfrist drei Monate zum Monatsende, wenn das Arbeitsverhältnis länger als acht Jahre besteht. Im anzuwendenden Tarifvertrag findet sich dagegen eine Regelung, wonach die Kündigungsfrist vier Monate zum Monatsende beträgt. Nach der bereits dargestellten Normenhierarchie würde das Gesetz dem Tarifvertrag vorgehen. § 622 Abs. 4, S. 1 BGB bestimmt jedoch ausdrücklich, dass von den gesetzlichen Kündigungsfristen abweichende Regelungen durch Tarifvertrag vereinbart werden können. Aufgrund dieser Öffnungsklausel wird die Normenhierarchie ausnahmsweise durchbrochen, sodass doch der Tarifvertrag anzuwenden ist.◀

Unabhängig von dem Vorhandensein einer entsprechenden Öffnungsklausel ist ferner das arbeitsrechtliche Günstigkeitsprinzip zu beachten. Das Günstigkeitsprinzip meint, dass auf einer untergeordneten Ebene getroffene Regelungen trotz Verstoßes gegen höherrangige Regelungen dann Anwendung finden, wenn die Abweichung zugunsten des Arbeitnehmers erfolgt. Zwar ist das Günstigkeitsprinzip ausdrücklich nur in § 4 Abs. 3 TVG gesetzlich geregelt. Danach ist eine Abweichung vom Tarifvertrag immer dann zulässig, wenn sie eine Änderung „zu Gunsten des Arbeitnehmers" beinhaltet. Dem liegt aber ein grundsätzlicher Gedanke des Arbeitsrechts zugrunde, der auf jede Form einer Besserstellung des Arbeitnehmers aufgrund einer getroffenen Vereinbarung auf unterschiedlichen Regelungsebenen anzuwenden ist. Dieser Grundgedanke folgt aus dem Schutzprinzip des Arbeitsrechts, das in seiner Gesamtheit von dem Gedanken getragen ist, den Arbeitnehmer aufgrund seiner strukturellen Unterlegenheit gegenüber dem Arbeitgeber zur Seite zu stehen. Bei der Anwendung des Günstigkeitsprinzips ist eine Besserstellung des Arbeitnehmers nicht immer leicht zu beurteilen. Wird etwa arbeitsvertraglich eine Kündigungsfrist von drei Monaten vereinbart, ist dies aus Sicht des Arbeitnehmers eine Besserstellung gegenüber der gesetzlichen Frist des § 622 Abs. 1 BGB, nach langjähriger Unternehmenszugehörigkeit kann sich das gemäß § 622 Abs. 2 BGB jedoch auch anders darstellen. Instruktiv für das Günstigkeitsprinzip sind abweichende Regelungen für den Erholungsurlaub.

Fallbeispiel

Der Arbeitnehmer hat gemäß § 3 BUrlG Anspruch auf einen Jahresurlaub von vier Wochen. Im anzuwendenden Tarifvertrag wird der Anspruch mit fünf Wochen, im Arbeitsvertrag sogar mit sechs Wochen vereinbart. Tatsächlich gilt in diesem Fall der Arbeitsvertrag, da dieser den Arbeitnehmer günstiger als der Tarifvertrag und das Gesetz stellt.◀

Von ständig steigender Bedeutung für das deutsche Arbeitsrecht ist zudem das Recht der Europäischen Union. Dieses steht aufgrund der Rechtskonstruktion der Europäischen Union als supranationale Organisation mit eigener Gesetzgebungskompetenz noch oberhalb der gesamten deutschen Rechtsordnung. Den Vorrang des Europarechts hat die deutsche Gerichtsbarkeit insgesamt einschließlich des Bundesverfassungsgerichtes zu respektieren.[1]

---

[1] Solange Rechtsprechung, BVerfG 37, 271 ff.

Für ein umfassendes Verständnis des deutschen Arbeitsrechts sind daher nachfolgend die einzelnen Rechtsquellen des Arbeitsrechts in ihrer jeweiligen konkreten Wirkungsweise darzustellen.

2.2   Rechtsquellen des Arbeitsrechts

2.2.1   Europarecht

Wie bereits kurz ausgeführt, ist das Europarecht dem deutschen Arbeitsrecht insgesamt übergeordnet.[2] Der Rechtscharakter des Europarechts unterscheidet zwischen dem sogenannten Primär- und Sekundärrecht der EU. Das Primärrecht beinhaltet die von den Mitgliedsstaaten der Europäischen Union geschlossenen Verträge, die im Wesentlichen den Bestand, die Organisation und die eigenen Kompetenzen der EU zum Gegenstand haben. Das Primärrecht umfasst den EUV und den AEUV, die in der deutschen Rechtsordnung nach den Art. 23 und 24 GG übertragenen Hoheitsrechte und Gesetzgebungskompetenzen auf die EU beinhalten. Auch die Charta der Grundrechte der EU (GRCh) hat nach Art. 6 Abs. 1 EUV den gleichen Rang wie die vorgenannten Verträge.

Im Rahmen dieses Primärrechtes finden sich für das Arbeitsrecht wesentliche wirtschaftsrechtliche Regelungen zum europäischen Binnenmarkt wie etwa die Arbeitnehmerfreizügigkeit nach Art. 45 AEUV. Zu beachten ist jedoch, dass das EU-Recht insoweit nur dann Anwendung findet, wenn sich ein Bezug zu inlandsübergreifenden Rechtsfragen herstellen lässt. Insoweit entwickelt sich zunehmend ein europäisches Arbeitsrecht, das hier als solches jedoch nicht darzustellen ist.[3]

Von unmittelbarer Bedeutung für das deutsche Arbeitsrecht ist jedoch das europäische Sekundärrecht. Sekundärrecht ist das durch die EU aufgrund ihrer eigenen Gesetzgebungskompetenz selbst erlassene Europarecht. Die EU kann im Wesentlichen Verordnungen und Richtlinien gemäß Art. 255 AEUV erlassen. Der Unterschied besteht darin, dass Verordnungen unmittelbare Anwendung finden, der Regelungsgehalt einer Richtlinie jedoch durch eine gesetzgeberische Maßnahme des deutschen Gesetzgebers in das nationale Recht umgesetzt werden muss. Erlässt der europäische Gesetzgeber eine entsprechende Richtlinie, geht damit die Verpflichtung aller Mitgliedsstaaten einher, dem Regelungsgehalt der Richtlinie nationale Geltung zu verschaffen. So hat beispielsweise die EU verschiedene Richtlinien erlassen, die einen angemessenen Schutz vor Diskriminierungen aufgrund bestimmter Merkmale wie z. B. Alter oder Geschlecht verlangen.[4]

---

[2] EuGH, Slg., 1964, 1251.

[3] Einer Einführung in Fragestellung des europäischen Arbeitsrechts befindet sich etwa bei *Thüsing*, EU-Arbeitsrecht.

[4] Diese sind im Kern die sog. Antirassismusrichtlinie (2000/43/EG), die Rahmenrichtlinie Beschäftigung (2000/78/EG), die „Gender-Richtlinie" (2002/73EG) und die Richtlinie zur Gleichstellung der Geschlechter auch außerhalb der Arbeitswelt (2004/113/EG).

Hierauf fußend hat der deutsche Gesetzgeber sodann das allgemeine Gleichbehandlungsgesetz (AGG) geschaffen, wonach diskriminierte Beschäftigte einen Anspruch auf Schadensersatz oder Entschädigung gegen den Arbeitgeber haben können.

Für das gesamte europäische Arbeitsrecht gilt indes, dass das nationale Recht in seiner Anwendung europarechtskonform auszulegen ist. Das wiederum bedeutet, dass bestehendes nationales Recht im Lichte des europäischen Rechts anzuwenden ist, sodass im Falle mehrerer Auslegungsmöglichkeiten oder gar vorhandener Widersprüche stets die vorhandene Auslegungsalternative zur Anwendung zu bringen ist, die der europarechtlichen Zielsetzung entspricht.

Fallbeispiel

Gemäß § 7 Abs. 4 BUrlG ist bei der Beendigung des Arbeitsverhältnisses noch nicht genommener Erholungsurlaub abzugelten. Diese Regelung könnte so verstanden werden, dass im Falle des Todes des Arbeitnehmers keine Abgeltung erfolgt, weil der Erholungszweck ein höchst persönlicher ist und denklogisch nicht mehr erreicht werden kann.[5] Diese Auslegung verbietet sich jedoch vor dem Hintergrund der europarechtlichen Wertung nach Art. 7 der Richtlinie 2003/88/EG, wonach die Mitgliedsstaaten verpflichtet sind, die erforderlichen Maßnahmen zu ergreifen, damit jeder Arbeitnehmer einen bezahlten Mindesturlaub von vier Wochen jährlich hat. Hieraus leitet der EuGH ab, dass der Urlaubsanspruch in jedem Fall bestehe und folglich auch für jeden Fall der Beendigung des Arbeitsverhältnisses auch abgegolten werden müsse.[6] ◄

In diesem Zusammenhang ist zu beachten, dass die Kompetenz zur Auslegung des Unionsrechtes ausschließlich beim Eeuropäischen Gerichtshof liegt und nationale Gerichte berechtigt sind, bei einer bestehenden Auslegungsfrage dem EuGH diese nach Art. 267 AEUV zur Vorabentscheidung vorzulegen. Hat der EuGH eine entsprechende Vorabentscheidung zur Auslegung des Unionsrechtes getroffen, ist das vorlegende Gericht daran gebunden. Folglich entwickelt der EuGH das Recht in vergleichbarem Maße weiter, wie es auch nationale Gerichte für ihre jeweilige Rechtsordnung tun.

Eine Darstellung der einzelnen europarechtlichen Regelungen zum Arbeitsrecht soll hier unterbleiben. Insoweit wird auf die einschlägigen vertiefenden Darstellungen zum europäischen Arbeitsrecht verwiesen.[7] Für die hier vorzunehmende Einführung in das Arbeitsrecht für unternehmerische Entscheidungsträger sind nur die Systematik und Rangfolge innerhalb des europäischen Rechts und der Anwendungsvorrang gegenüber dem nationalen Recht maßgeblich.

---

[5] So früher das Bundesarbeitsgericht, siehe BAGE 139, 168 ff.
[6] EuGH, NZA 2014, 651–652.
[7] Ausführlich *Zöllner Loritz/Hergenröder,* Arbeitsrecht, § 11 Rn. 1 ff.

Zu beachten ist jedoch, dass zusätzlich zum zuvor genannten Unionsrecht die europäische Menschenrechtskonvention (EMRK) subjektive Rechte für den Einzelnen begründet. Ähnlich den deutschen Grundrechten richten sich diese jedoch zwar nur gegen einen Staat, sodass in ihren Rechten verletzte Personen durch eine Individualbeschwerde Entschädigungsansprüche gegen den Staat haben können. Über die Einhaltung der EMRK wacht der Europäische Gerichtshof für Menschenrechte (EGMR). Dieser hat inzwischen jedoch aus den Wertungen der EMRK die Lehre von sogenannten „positiven Verpflichtungen" entwickelt. Danach ergeben sich mittelbare Schutzwirkungen für Arbeitnehmer, die so weit gehen, dass der EGMR Arbeitgeberhandlungen wie etwa Kündigungen einer Prüfung nach den Wertungen der EMRK unterzieht.[8]

2.2.2   Grundgesetz

Das Grundgesetz beinhaltet neben den hier nicht relevanten Regelungen zur Staatsorganisation die Grundrechte. Der Grundrechtskatalog der Art. 1 bis 19 GG normiert wesentliche Rechte, die jedermann bzw. je nach einzelnem Grundrecht jedem Deutschen zustehen. Für das Arbeitsrecht sind insbesondere das Koalitionsrecht nach Art. 9 Abs. 3 GG, das allgemeine Persönlichkeitsrecht nach Art. 2 GG, die Berufsfreiheit nach Art. 12 GG und Eigentumsfreiheit nach Art. 14 GG von hoher Relevanz. Auch der allgemeine Gleichheitssatz des Art. 3 GG, der neben einer grundsätzlichen Gleichberechtigung von Mann und Frau ein Differenzierungsverbot nach den dort genannten Merkmalen ausspricht, wirkt in das gesamte Arbeitsrecht hinein. Bei der Beurteilung einzelner, konkrete arbeitsrechticher Fragestellungen können jedoch auch andere Grundrechte eine entscheidende Rolle spielen.

Die Anwendung der Grundrechte im Arbeitsrecht als Bestandteil des Zivilrechts kann jedoch nicht unmittelbar erfolgen. Das ergibt sich aus der Staatsgerichtetheit der Grundrechte. Der Grundrechtskatalog gewährt dem Einzelnen subjektive Rechte gegenüber dem Staat. Das folgt aus Art. 1 Abs. 3 GG, wonach die Grundrechte die „Gesetzgebung, vollziehende Gewalt und Rechtsprechung als unmittelbar geltendes Recht" binden. Da der Grundgesetzgeber durch die Grundrechte aber sehr grundsätzliche Wertentscheidung getroffen hat, muss diesen in der Gesamtrechtsordnung Gehör verschafft werden.[9] Das erfolgt über die sogenannte mittelbare Drittwirkung der Grundrechte.[10] Daraus folgt, dass die Zivilrechtsordnung gesetzgeberisch so beschaffen sein muss, dass den Grundrechten Wirkung verschafft wird. Darüber hinaus ist das geltende Recht insgesamt anhand der

---

[8] Siehe etwa zur Religionsfreiheit nach Art. 9 EMRK EGMR 03.02.2011 – Nr. 18.136/02.

[9] Grundlegend BVerfGE 7, 198 mit einer ausführlichen Beschreibung des Grundrechtegehaltes.

[10] Anders noch BAGE 1, 185, 191 ff., wonach sogar eine unmittelbare Wirkung der Grundrechte für das Arbeitsrecht anzunehmen sein sollte, was sich in der späteren Praxis der arbeitsgerichtlichen Rechtsprechung jedoch nicht verwirklicht hat.

grundgesetzlichen Vorgaben durch die Gerichtsbarkeit auszulegen. In der Folge durchziehen die Wertentscheidungen des Grundgesetzes das gesamte Arbeitsrecht, da sie bei der Auslegung des geltenden Rechts zu berücksichtigen sind. Das erfolgt praktisch insbesondere durch die zivilrechtlichen Generalklauseln wie etwa die §§ 138, 242, 307 BGB oder im Rahmen von durchzuführenden Interessenabwägungen.

Nur ganz ausnahmsweise folgt aus dem Grundgesetz selbst eine unmittelbare Geltung für zivilrechtliche Handlungen. Für das Arbeitsrecht gilt dies namentlich für Art. 9 Abs. 3 S. 2 GG. Bereits nach dem Wortlaut dieser Regelung gilt die Koalitionsfreiheit auch direkt für vertragliche Abreden oder sonstige zivilrechtliche Maßnahmen oder Handlungen.

Fallbeispiel

Der muslimische Arbeitnehmer A arbeitet in einem Supermarkt und wird dort für den Getränkebereich zum Auffüllen von Regalen eingeteilt. Er weigert sich die Tätigkeit durchzuführen und beruft sich auf seine Religion, da er Flaschen oder Kisten mit alkoholhaltigen Getränken nicht anfassen dürfe. Nach mehreren erfolglosen Aufforderungen zu Erbringung der Arbeitsleistung, kündigt der Arbeitgeber. Diese Kündigung ist unwirksam, da dem Arbeitnehmer ohne Weiteres andere, seine Religion angemessen berücksichtigende Arbeiten hätten zugewiesen werden können.[11] ◀

Wegen der besonderen Bedeutung für das Arbeitsrecht sind die Berufs- und Eigentumsfreiheit sowie das Allgemeine Persönlichkeitsrecht nachfolgend gesondert zu behandeln. Auch die grundgesetzlichen Gleichheitsrechte sowie die Koalitionsfreiheit als Grundlage des gesamten Tarif- und vor allem Arbeitskampfrechtes sollen bereits hier einleitend dargestellt werden. Für alle weiteren Grundrechte wie etwa die Meinungs- oder die zuvor kurz genannte Religionsfreiheit muss auf die einschlägige verfassungsrechtliche Lehrbuchliteratur verwiesen werden.[12]

2.2.2.1 Berufsfreiheit

Die Berufsfreiheit des Art. 12 Abs. 1 GG ist das Hauptgrundrecht für jede Form der privatwirtschaftlichen Betätigung. Dies gilt gleichermaßen für selbstständige Tätigkeiten wie für abhängige Beschäftigungsverhältnisse.

Anknüpfungspunkt für den Schutzbereich des Art. 12 GG ist der Beruf. Ein Beruf ist jede Tätigkeit, die auf Dauer angelegt ist und der Schaffung und Erhaltung einer Lebensgrundlage dient.[13] Eine wirksame Abgrenzung folgt aus dieser Definition in der Praxis jedoch nicht. Weder kommt es auf eine bestimmte Dauerhaftigkeit an, noch muss durch

---

[11] BAG, NJW 2011, 3319.

[12] Z. B. *Kingreen/Poscher,* Grundrechte. Staatsrecht II oder *Epping,* Grundrechte, jeweils in regelmäßig aktualisierter Auflage.

[13] BVerfGE 7,377.

die Tätigkeit tatsächlich die Lebensgrundlage gesichert werden. Entscheidend für die Eröffnung des Schutzbereiches ist einzig, dass es sich um eine Erwerbstätigkeit handelt.

Anknüpfend an den Gegenstand der Erwerbstätigkeit gliedert sich das Grundrecht der Berufsfreiheit in eine Berufsauswahl- und Berufsausübungsfreiheit. Damit ist sowohl der Zugang zum Beruf als solcher als auch die tatsächlich ausgeübte Tätigkeit geschützt.

Die Berufsfreiheit steht nach Art. 12 Abs. 1 S. 2 GG unter einem Gesetzesvorbehalt, sodass sie gesetzgeberisch beschränkt werden kann.[14] Insoweit hat das Bundesverfassungsgericht die sogenannte Stufenlehre entwickelt, wonach der Gesetzgeber je nach Schwere des Eingriffs nach entsprechend strengen Maßstäben zu rechtfertigen ist.[15] Greift der Gesetzgeber nur in die Berufsausübung ein, genügen vernünftige Erwägungen des Allgemeinwohls bei Berufsausübungsbeschränkungen. Liegt dagegen eine Berufswahlbeschränkung vor, ist diese durch höherwertige Rechtsgüter zu rechtfertigen. Dies gilt insbesondere bei objektiven Zulassungsvoraussetzungen für den Zugang zum Beruf. Ein solcher Eingriff ist nur zur Abwehr zumindest eintretender höchstwahrscheinlicher schwerwiegender Gefahren für ein überragend wichtiges Gemeinschaftsgut gerechtfertigt.[16] Subjektive Berufswahlbeschränkungen (Zulassungsvoraussetzungen) sind als Zwischenstufen zwischen den beiden vorgenannten Polen zu behandeln.

Über die zuvor bereits genannte Drittwirkung der Grundrechte strahlt die Berufsfreiheit insbesondere in die Inhaltskontrolle von Arbeitsverträgen ab und spielt zudem auch in zahlreichen Abwägungsentscheidungen wie z. B. bei Kündigungen eine große Rolle.

2.2.2.2 Eigentumsfreiheit

Eine Art Gegenpol zur insbesondere den Arbeitnehmer schützenden Berufsfreiheit in seinen unterschiedlichen konkreten Ausprägungen stellt die Eigentumsfreiheit als Eigentumsposition des Arbeitgebers dar. Nach Art. 14 Abs. 1 S. 1 GG wird das Eigentum als solches gewährleistet. Eigentum ist hierbei jedes vermögenswerte Recht, das den Inhaber als Ausschließlichkeitsrecht an einer Sache zur Verfügung steht.[17] Damit geht der Schutzbereich des Art. 14 GG über das einfachgesetzliche Eigentum nach § 903 BGB hinaus. Einzig das reine Vermögen sowie mögliche Erwerbschancen unterfallen noch nicht dem grundgesetzlichen Eigentumsbegriff. Wie die Berufsfreiheit steht auch die Eigentumsfreiheit unter Gesetzesvorbehalt.

Für das Arbeitsrecht maßgebend ist wiederum die Ausstrahlungswirkung in das Zivilrecht. Geschützt im Wege einer solchen Ausstrahlung sind die vorhandenen Eigentumspositionen des Arbeitgebers, die regelmäßig (etwa als Kapital- und Betriebsmittel) die Grundlage der unternehmerischen Betätigung bildet. Dies führt namentlich im Bereich des Arbeitskampfrechts zu einer Abgrenzung und Konturierung noch rechtmäßiger Streikmaßnahmen. Jede Form einer gezielten Eigentumsbeschädigung durch Gewerkschaften

---

[14] BverfGE 84,133.

[15] BverfG, NJW 2010, 833.

[16] BverfG, NVwZ – RR 2011, 385.

[17] BVerfG, NJW 2009, 2033.

ist danach unzulässig.[18] Schwierig wird die Interessenabwägung zwischen der geschützten gewerkschaftlichen Betätigung und dem regelmäßig daraus resultierenden wirtschaftlichen Schaden auf Arbeitgeberseite. Einerseits müssen Gewerkschaften möglichst umfangreiche Arbeitskampfmittel zur Verfügung haben, um gegenüber Arbeitgebern überhaupt hinreichend durchsetzungsfähig zu sein. Andererseits können Arbeitgebern leicht vermeidbare und nachhaltige Beschädigungen ihrer Unternehmen nicht zugemutet werden.

Fallbeispiel

Gewerkschaft G bestreikt rechtmäßig die Produktion eines Unternehmens für einen längeren Zeitraum. Sie weiß, dass sehr wertvolle Betriebsanlagen bestimmter Wartungen bedürfen, um nicht irreparabel beschädigt zu werden. Diese Erhaltungsarbeiten müssen gewährleistet werden. Andernfalls macht die Gewerkschaft sich gegenüber dem Unternehmen schadensersatzpflichtig.[19] ◄

2.2.2.3 Allgemeines Persönlichkeitsrecht

Nach Art. 2 Abs. 1 i. V. m. Art. 1 Abs. 1 GG wird die persönliche Integrität eines jeden Menschen durch ein allgemeines Persönlichkeitsrecht sowie eine allgemeine Handlungsfreiheit umfassend geschützt. Abgeleitet aus der Würde des Menschen als absolutes und uneingeschränktes Menschenrecht wird durch Art. 2 Abs. 1 GG der Mensch in seiner Privatsphäre, seiner sozialen Identität und seiner Ehre umfassend geschützt. Dazu gehört im Arbeitsrecht der Schutz des Privatlebens des Arbeitnehmers genauso wie der Datenschutz und der weitere Umgang mit der Persönlichkeit des Arbeitnehmers. Hieraus resultiert ein vielfaches Konfliktpotenzial zwischen dem Bestreben des Arbeitnehmers nach einer individuellen Form der Selbstverwirklichung und dem Anspruch des Arbeitgebers auf Informationen über den Arbeitnehmer und Einflussnahme auf dessen Verhalten. Für solche Abwägungsentscheidungen ist dem Persönlichkeitsrecht des Arbeitnehmers ein hoher Wert beizumessen. Will der Arbeitgeber persönliche Informationen erhalten oder den Arbeitnehmer zu einem bestimmten Verhalten oder Erscheinungsbild anhalten, sind die Anforderungen an eine Rechtfertigung hierfür umso höher, je tiefer in den persönlichen Bereich des Arbeitnehmers eingedrungen wird. Das berechtigte Interesse des Arbeitgebers muss folglich umso gewichtiger sein, je weitreichender der konkrete Eingriff ist. Wird ein Arbeitnehmer angehalten, bei einer Tätigkeit mit Kundenkontakt eine einheitliche Kleidung mit Unternehmensemblem zu tragen, ist dies deutlich eher gerechtfertigt als eine Regelung, die das Tragen der Haare nur in Hemdkragenlänge zulässt.[20]

---

[18] BAG, NZA 2009, 1347.
[19] Zum Substanzschutz ausführlich BAG, DB 1982, 1872.
[20] BAG, AP Nr. 20 zu § 87 BetrVG 1972; BVerfG, AuR 2006, 327.

Die allgemeine Handlungsfreiheit ist daher eine Art Auffanggrundrecht, welches alle Bereiche einschließt, die nicht durch die spezielleren betätigungsbezogenen Grundrechte wie z. B. die Berufsfreiheit umfasst werden. Wegen des sehr umfassenden Schutzbereiches besteht jedoch auch die Möglichkeit zu umfassenden Einschränkungen und Kollisionen mit anderen Grundrechten. Noch mehr als bei den spezielleren Grundrechten ist daher bei der Anwendung des Art. 2 Abs. 1 GG auf eine umfassende Abwägung der Beteiligteninteressen zu achten.

Fallbeispiel

Der Arbeitgeber verlangt routinemäßig von seinen Arbeitnehmern eine umfassende ärztliche Untersuchung, um deren Leistungsfähigkeit beurteilen zu können. Die Arbeitnehmer werden bereits bei der Einstellung auf diese Praxis arbeitsvertraglich verpflichtet. Trotz dieser Einwilligungen sind solche Untersuchungen nur wirksam, soweit diese für die Eignung einer konkreten Tätigkeit auch tatsächlich erforderlich sind.◄

2.2.2.4 Gleichheitsrechte

In Ergänzung zu den soeben dargestellten Freiheitsrechten beinhaltet das Grundgesetz auch ein umfassendes Gebot der Gleichstellung unterschiedlicher Menschen. Dieses Gleichheitsgebot ist nicht nur als reiner Programmsatz, sondern in mehreren zusammenwirkenden Gleichheitsrechten formuliert. Neben dem allgemeinen Gleichheitsrecht des Art. 3 Abs. 1 GG hat der Grundgesetzgeber in Art. 3 Abs. 2, 3 GG spezielle Gleichheitssätze entwickelt, die jeweils an bestimmte Differenzierungskriterien anknüpfen.

Nach Art. 3 Abs. 1 GG sind alle Menschen vor dem Gesetz gleich. Wie auch die übrigen Grundrechte beinhaltet dieser Rechtssatz jedoch nur eine Bindung für den Gesetzgeber.[21] Gleichwohl strahlt der allgemeine Gleichheitssatz auf das gesamte Arbeitsrecht aus und führt gewohnheitsrechtlich zu dem für die Praxis anzuwendenden arbeitsrechtlichen Gleichbehandlungsgrundsatz.[22] Die Bedeutung des allgemeinen Gleichheitssatzes für das Arbeitsrecht liegt folglich darin, dass der Gesetzgeber für eine Differenzierung zwischen verschiedenen Arbeitnehmern einer grundrechtlich gerechtfertigte Differenzierung vornehmen muss, sodass das Arbeitsrecht genau wie die restliche deutsche Rechtsordnung vom Grundsatz der Gleichheit durchzogen ist.[23] Dies zeigt sich etwa darin, dass der Betriebsrat nach § 75 Abs. 1 BetrVG dazu aufgerufen ist, Diskriminierungen im Betrieb zu verhindern.

---

[21] So ausdrücklich BAG, NZA 2012, 680.

[22] Siehe dazu Abschn. 2.2.4.2 „Arbeitsrechtlicher Gleichbehandlungsgrundsatz".

[23] Für das Tarifvertragsrecht ist die Bindungswirkung des allgemeinen Gleichheitssatzes besonders kraftvoll, siehe etwa BAG, AP Nr. 5 zu § 1 TVG.

Verhältnismäßig konkreter sind die besonderen Gleichheitssätze der Art. 3 Abs. 2, 3 GG. Nach Art. 3 Abs. 2 S. 1 GG sind Männer und Frauen gleichberechtigt. Die Wirkung dieser Regelung deckt sich mit Art. 3 Abs. 3 S. 3 GG, wonach nicht wegen des Geschlechts benachteiligt oder bevorzugt werden darf. Beide Regelungen sind daher im Hinblick auf Benachteiligungen wegen des Geschlechts gemeinschaftlich anzuwenden. Da eine direkte Anwendung auf das Arbeitsrecht aus den genannten Gründen nicht möglich ist, erfolgt der praktische Diskriminierungsschutz im Kern durch das allgemeine Gleichbehandlungsgesetz (AGG), wonach gleichfalls entsprechende Benachteiligungen untersagt und mit konkreten Rechtsfolgen belegt sind (z. B. Unwirksamkeit, Schadensersatz, Entschädigung).[24]

Ähnlich verhält es sich mit den weiteren besonderen Gleichheitssätzen des Art. 3 Abs. 2, 3 GG, wodurch auch eine Diskriminierung wegen weiterer Anknüpfungspunkte untersagt wird. Das gilt etwa für eine Behinderung, Fragen von Rasse und Herkunft oder der Religion.

Fallbeispiel

Eine politische Partei fordert den Erlass eines Gesetzes, wonach freie Stellen am Arbeitsmarkt zunächst durch Deutsche ohne Migrationshintergrund besetzt werden müssen. Ein solches Gesetz wäre mit Art. 3 Abs. 2, 3 GG unvereinbar und daher verfassungswidrig.◄

2.2.2.5 Koalitionsfreiheit

Kaum zu überschätzen in seiner Strahlkraft für das Arbeitsrecht ist die Koalitionsfreiheit nach Art. 9 Abs. 3 GG. Vor dem Hintergrund der geschichtlichen Erfahrung der rechtlichen und tatsächlichen Behinderung von Zusammenschlüssen von Arbeitnehmern hat der Grundgesetzgeber jedermann das Freiheitsrecht gegeben, eine Vereinigung zur Förderung der Arbeits- und Wirtschaftsbedingungen zu bilden oder sich einer solchen anzuschließen. Mit dieser für den heutigen Sprachgebrauch etwas ungewöhnlichen Formulierung war und ist zunächst nichts anderes gemeint, als dass Gewerkschaften gebildet werden dürfen. Zwar beinhaltet die Koalitionsfreiheit gleichermaßen die Möglichkeit zur Bildung von Arbeitgeberverbänden.[25] Die praktische Relevanz des Grundrechts auf Koalitionsfreiheit betrifft jedoch deutlich überwiegend die Arbeitnehmerseite.

In Ausformung dieses Grundrechts hat sich ein umfassendes System des Zustandekommens von Gewerkschaften, ihrer Betätigungsmöglichkeiten sowie dem Wechselspiel zu Arbeitnehmerverbänden herausgebildet. So umfasst die Koalitionsfreiheit nicht nur

---

[24] Eine ausführliche Darstellung des AGG findet sich später unter Abschn. 4.9 „Diskriminierungsschutz im Arbeitsverhältnis".

[25] BVerfGE 84, 212.

das Grundrecht des Einzelnen hinsichtlich seiner gewerkschaftlichen Betätigung,[26] sondern auch eine Bestandsgarantie von Gewerkschaften als solchen.[27] Aus Art. 9 Abs. 3 GG wird in Ausprägung dieser Bestandsgarantie ein umfassendes Selbstbestimmungsrecht der Gewerkschaft nach innen und ein Betätigungsrecht nach außen begründet. So haben Gewerkschaften ein hohes Maß an Freiheit, über alle Fragen ihrer internen Organisation zu entscheiden.[28] In ihrer Tätigkeit nach außen dürfen Gewerkschaften offensiv und werbend auftreten, um ihren Mitgliederbestand zu pflegen und zu erweitern. Dieses Recht geht soweit, dass Gewerkschaften sogar gegen den Willen von Arbeitgebern in deren Betrieben Mitgliederwerbung betreiben dürfen, soweit dadurch der betriebliche Ablauf nicht beeinträchtigt wird.[29]

Die vorgenannte weite Auslegung der Koalitionsfreiheit im Hinblick auf den Einzelnen und die Gewerkschaft als Ganzes ist jedoch nur die Voraussetzung dafür, dass eine Gewerkschaft überhaupt handlungsfähig gegenüber der Arbeitgeberseite sein kann. Mit den Worten des Grundgesetzes muss sie in die Lage versetzt werden, die Arbeits- und Wirtschaftsbedingungen zu fördern. Deshalb ist auch die koalitionsspezifische Betätigung als solche vom Schutzbereich der Koalitionsfreiheit umfasst. Die koalitionsspezifische Betätigung ist dabei wiederum weit auszulegen und umfasst den Schutz vor Fremdeinflüssen bei der Verfolgung des vorgenannten Zweckes.[30] Hieraus folgt, dass neben der Autonomie der Verbands- und Organisationsstrukturen von Gewerkschaften auch die Mittel zur Erreichung der gewerkschaftlichen Ziele geschützt sind. Das gilt insbesondere für die klassischen Arbeitskampfmittel des Streiks und der Aussperrung, ist jedoch nicht auf diese traditionellen Kampfmittel beschränkt.[31]

Die Koalitionsfreiheit des Art. 9 Abs. 3 GG ist folglich ein Doppelgrundrecht, welches sowohl die Freiheit des Einzelnen als auch die der Koalitionen (insbesondere Gewerkschaften) selbst schützt. Soweit der Gesetzgeber Fragen des Tarifrechts oder der Betätigung von Gewerkschaften regelt, hat er dabei die grundgesetzlichen Wertungen der Koalitionsfreiheit zu achten.[32]

---

[26] Dies umfasst auch die negative Koalitionsfreiheit als Recht des Einzelnen sich gerade nicht koalitionär zu beteiligen, siehe zum entsprechenden Wahlrecht der Arbeitnehmerseite etwa BAG AP Nr. 49 zu Art. 9 GG.

[27] BVerfG, AP Nr. 16 zu Art. 9 GG.

[28] BAG, AP Nr. 138 zu Art. 9 GG.

[29] Grundlegend BVerfGE 93, 552.

[30] BVerfG, NZA 1991, 809.

[31] Instruktiv BVerfG, NZA 2014, 493.

[32] Ausführlich zu den gesetzgeberischen Grenzen BVerfG, EzA Art. 9 GG Nr. 113 und NZA 2016, 893 f.

2.2.3 Gesetze

Der zuvor genannten Normenhierarchie folgend steht unterhalb des Grundgesetzes das einfache Gesetz. Da das Arbeitsrecht nach Art. 74 Abs. 1 Nr. 12 GG über die Form der sogenannten konkurrierenden Gesetzgebung praktisch dem Bund zugewiesen ist, handelt es sich hierbei nahezu ausschließlich um Bundesgesetze. Arbeitsrechtliche Gesetze in der Zuständigkeit der Bundesländer sind daher eine seltene Ausnahme.[33]

Als Bundesrecht gilt nicht nur das parlamentarisch verabschiedete Gesetz, sondern auch die aufgrund einer entsprechenden gesetzgeberischen Ermächtigung nach Art. 80 GG erlassenen Verordnungen sowie andere aufgrund gesetzlicher Ermächtigungsgrundlage (z. B. § 15 SGB VII) erlassenen Regelungen (z. B. Unfallverhütungsvorschriften).

Mehr als viele andere Teilrechtsgebiete ist das Arbeitsrecht zudem von Gewohnheits- und Richterrecht geprägt. Aus dem gelebten Arbeitsverhältnis und dem Zusammenspiel der Interessenvertretungen von Arbeitnehmer- und Arbeitgeberseite folgen zahlreiche Tatsachen, die der Gesetzgeber oder zumindest die arbeitsgerichtliche Rechtsprechung ausdrücklich zum Gegenstand des Arbeitsrechts machen.

2.2.4 Gewohnheitsrecht

Gewohnheitsrecht ist ungeschriebenes Recht, das die Wirkung eines formellen Gesetzes hat. Es entsteht durch eine lang andauernde Praxis und daraus resultierende Rechtsüberzeugung, die von den Beteiligten anerkannt wird.[34]

2.2.4.1 Betriebliche Übung

So kann im Arbeitsrecht alleine durch tatsächliches Handeln des Arbeitgebers eine sogenannte betriebliche Übung entstehen, woraus der Arbeitnehmer entsprechende individualrechtliche Ansprüche für die Zukunft ableiten kann. Dieses ungeschriebene Rechtsinstitut ist dem Gewohnheitsrecht zuzuordnen und hat damit Gesetzescharakter.[35]

Eine betriebliche Übung wird durch ein regelmäßiges Wiederholen einer bestimmten Verhaltensweise begründet, aus welcher sich ein konkreter, in die Zukunft gerichteter Rechtsbindungswille des Arbeitgebers ableiten lässt.[36] Der wichtigste Anwendungsfall dieses Instituts ist die wiederkehrende Zahlung einer Gratifikation wie z. B. Urlaubs- oder Weihnachtsgeld. Nach der Rechtsprechung tritt eine betriebliche Übung, also ein Anspruch auf zukünftige Zahlungen, dann ein, wenn eine dreimalige, vorbehaltlose

---

[33] Siehe etwa die teilweise vorhandenen Regelungen zum Bildungsurlaub, z. B. Niedersächsisches Gesetz über den Bildungsurlaub für Arbeitnehmer.

[34] Zum Entstehen von Gewohnheitsrecht grundsätzlich BVerfGE 22, 114, 121.

[35] Ausführlich dazu BAG, NZA 2003, 337.

[36] BAG, NZA 1986, 521.

Zahlung erfolgt ist.[37] Arbeitgeber können eine entsprechende Bindungswirkung jedoch dadurch verhindern, dass sie eine Bindung für die Zukunft ausdrücklich ausschließen (Freiwilligkeitsvorbehalt), oder die Zahlung widerruflich erbringen (Widerrufsvorbehalt). Solche Regelungen unterliegen jedoch einer strengen inhaltlichen Kontrolle nach den zivilrechtlichen Generalklauseln.

Fallbeispiel

A erhält drei Jahre infolge mit der Gehaltsabrechnung November ein Weihnachtsgeld von 1000,00 €. Im folgenden Jahr bleibt diese Zahlung aus, da der Arbeitgeber sparen möchte. Der Arbeitnehmer hat jedoch einen Anspruch auf Zahlung aus betrieblicher Übung, da der Arbeitgeber zuvor dreimal vorbehaltlos geleistet hatte.◄

2.2.4.2 Arbeitsrechtlicher Gleichbehandlungsgrundsatz

Als Gewohnheitsrecht gilt auch der arbeitsrechtliche Gleichbehandlungsgrundsatz, der in Ausformung von Art. 3 GG einfachgesetzlich wirkt und in Ergänzung zum Allgemeinen Gleichbehandlungsgesetz (AGG) Geltung beansprucht. Nach dem einfachrechtlichen Gleichbehandlungsgrundsatz darf der Arbeitgeber einzelne Arbeitnehmer im Vergleich zu anderen Arbeitnehmern, die sich gruppenmäßig in einer vergleichbaren Lage befinden, nicht willkürlich schlechter behandeln. Folglich dürfen danach weder sachfremde Gruppenbildungen noch unbegründete Durchbrechungen gruppenbezogener Regelungen erfolgen.[38] Die praktische Schwierigkeit bei der Anwendung des allgemeinen Gleichbehandlungsgrundsatzes besteht darin, die Vergleichbarkeit der betroffenen Arbeitnehmer bzw. Arbeitnehmergruppen herauszufinden. Darüber hinaus ist in einem zweiten Schritt zu fragen, ob trotz Vergleichbarkeit der Arbeitnehmer ein sachlicher Grund vorliegt, woraus eine Rechtfertigung der Ungleichbehandlung folgen würde. Dies erfordert eine umfassende Beurteilung der Motivlage des Arbeitgebers.

Fallbeispiel

Ein Arbeitgeber vereinbart mit dem Betriebsrat, dass alle Arbeitnehmer einen Zuschlag auf geleistete Überstunden erhalten. Nur die Gruppe von Sekretären wird davon ausgenommen. Diese müssen unbegrenzt Überstunden leisten und erhalten dafür als Abgeltung pauschal neun Tage zusätzlichen Jahresurlaub. Dies ist unzulässig, da ein sachlicher Grund für die Differenzierung fehlt.[39]◄

---

[37] Ausführlich BAG, NZA 1998, 423.
[38] BAG, NZA 1997, 312.
[39] BAG, Urteil vom 26.06.2019, Az. 5 AZR 452/18.

2.2.5   Richterrecht

Mehr als in vielen anderen Rechtsgebieten hat das Richterrecht eine große Bedeutung für das Arbeitsrecht. Richterrecht ist die Gesamtheit derjenigen Rechtssätze, die nicht kodifiziert sind, sondern durch die Rechtsprechung selber zur Weiterentwicklung des geschriebenen Rechts formuliert wurden. Dieses Phänomen ist in der Rechtsprechung des Bundesarbeitsgerichtes traditionell stark ausgeprägt. Das hat seine Ursache darin, dass die Veränderungen der Wirtschafts- und Arbeitswelt oftmals mit dem geschriebenen Recht nicht zufriedenstellend bewältigt werden können.

Namentlich für das Tarif- und Arbeitskampfrecht kann die Wirkung des Richterrechts kaum hoch genug eingeschätzt werden, da in Konkretisierung der grundrechtlichen Koalitionsfreiheit ein praktischer Umgang mit den Handlungen der Gewerkschaften und Arbeitgeberverbände (Streik und Aussperrung) gefunden werden musste.[40]

Zwar könnte vorhandenes Richterrecht durch gesetzgeberische Tätigkeiten aufgehoben oder zumindest verändert werden. Insbesondere im Bereich des Art. 9 GG ist der Handlungsspielraum des Gesetzgebers jedoch sehr begrenzt, da die Koalitionsfreiheit als solche vorbehaltlos gewährleistet ist. In der praktischen Bewertung arbeitsrechtlicher Fragestellungen kommt dem Richterrecht somit eine gesetzesgleiche Wirkung zu.[41] So haben sich die Arbeits- und Landesarbeitsgerichte auch an den grundsätzlichen Vorgaben des Bundesarbeitsgerichts zu orientieren.

2.2.6   Tarifverträge

Tarifverträge sind schriftliche Vereinbarungen zwischen den Tarifparteien (Gewerkschaften, Arbeitgeber bzw. Arbeitgeberverbände), die diese zur Regelung der Arbeits- und Wirtschaftsbedingungen im Sinne des Art. 9 Abs. 3 GG treffen. Wie bereits aufgezeigt, kann der Gesetzgeber dieses Recht der Tarifparteien nicht beschränken, da es grundgesetzlich und ohne Vorbehalt gewährleistet ist. Dieses Prinzip wird Tarifautonomie genannt und wird an späterer Stelle noch einmal ausführlich zu erörtern sein.[42] Lediglich die Konkretisierung über das Zustandekommen und die Rechtswirkungen eines Tarifvertrages sind durch das Tarifvertragsgesetz (TVG) näher geregelt.

Durch §§ 1 Abs. 1, 4 Abs. 1 TVG wird klargestellt, dass Tarifverträge Normencharakter haben. Tarifverträge verändern oder ersetzen Gesetzesrecht dort, wo es das Recht zulässt (ein- oder zweiseitig dispositives Gesetzesrecht). Da im Arbeitsrecht zahlreiche

---

[40] Instruktiv BAG, AP Nr. 123 zu Art. 9 GG.

[41] BAG, AP Nr. 64 zu Art. 9 GG weist zutreffend daraufhin, dass Richterrecht zwar anderen Rechtsquellen nicht gleichzusetzen ist. Für die praktische Handhabung zählt indes nur die bereits genannte Wirkungsweise, sodass dem Richterrecht die dargestellte gesetzesgleiche Wirkung zukommt.

[42] Siehe dazu Abschn. 3.2.1 „Tarifautonomie".

gesetzliche Regelungen dispositiv ausgestaltet sind, kommt tarifvertraglichen Regelungen für die Praxis eine ganz erhebliche Bedeutung zu. Die Tarifvertragsparteien haben es folglich selber in der Hand, ihre Arbeitsbedingungen nach den jeweiligen Branchen- oder Unternehmensbedürfnissen zu gestalten. So wird durch Tarifverträge oftmals eine Vielzahl von Inhalten für das Arbeitsverhältnis vorweggenommen, die ohne Geltung eines Tarifvertrages üblicherweise im Arbeitsvertrag selbst geregelt würden (z. B. Vergütung, Arbeitszeit, Kündigungsfristen, Urlaubsdauer o. Ä.).

Zu beachten ist der Anwendungsbereich eines Tarifvertrages. Dieser wirkt grundsätzlich nur auf Arbeitsverhältnisse mit beiderseitiger Tarifbindung. Der Arbeitgeber muss entweder selbst Partei des Tarifvertrages sein (sogenannter Haus- oder Firmentarifvertrag) oder dem entsprechenden Arbeitgeberverband angehören. Der Arbeitnehmer muss zudem Mitglied der vertragschließenden Gewerkschaft sein. Praktisch wird diese gesetzliche Anforderung nach den §§ 2, 3 TVG dadurch umgangen, dass die Arbeitsvertragsparteien eine Bezugnahmeklausel in den Arbeitsvertrag aufnehmen, also die Geltung eines bestimmten Tarifvertrages (in seiner jeweils gültigen Fassung) arbeitsvertraglich vereinbaren.[43] In diesen Fällen kommt es auf die beiderseitige Tarifbindung nicht mehr an.

Vor diesem Hintergrund werden dem Tarifvertrag einige grundlegende Funktionen zugeschrieben, die zwischen den Gewerkschaften, Arbeitgebern bzw. Arbeitgeberverbänden durch einen entsprechenden Vertragsschluss erreicht werden. Durch die Möglichkeit des Abschlusses eines Tarifvertrages über die sie vertretende Gewerkschaft hat die Arbeitnehmerseite ein Instrument, das die dem Arbeitsrecht immanente Ungleichheit gegenüber der Arbeitgeberseite auszugleichen in der Lage ist.[44] Damit kommt dem Tarifvertrag eine Schutzfunktion für die Arbeitnehmerseite zu, die sich insbesondere durch die Möglichkeit der Vereinbarung von Mindestarbeitsbedingungen widerspiegelt. Zu beachten ist jedoch, dass der Gesetzgeber selbst im Entgeltbereich durch das Mindestlohngesetz (MiLoG) eine allgemeinverbindliche Untergrenze für die Vergütung eingezogen hat.

Andererseits erfüllt ein Tarifvertrag während seiner Geltungsdauer eine Friedenspflicht, da die Gewerkschaften sich in diesem Zeitraum nicht mit den Mitteln des Arbeitskampfes für eine weitere Änderung der Arbeitsbedingungen einsetzen dürfen. Daraus resultiert eine entsprechende Planungssicherheit für den Arbeitgeber. Darüber hinaus kommt Tarifverträgen auch eine Ordnungs- und Verteilungsfunktion dadurch zu, dass durch die Gesamtheit seiner Regelungen wechselseitige Rechte und Pflichten für ein Unternehmen oder sogar eine Branche genauso grundlegend festgelegt werden wie die Teilhabe der Arbeitnehmerseite am unternehmerischen Erfolg.[45]

---

[43] Zum Verständnis unterschiedlicher Bezugnahmeklauseln siehe etwa BAG NZA 2010, 170.
[44] BVerfG, AP Art. 9 GG Nr. 117.
[45] BAG, AP Nr. 1 zu § 1 TVG.

2.2.7 Betriebsvereinbarungen

Betriebsvereinbarungen sind nach § 77 BetrVG zwischen Betriebsrat und Arbeitgeber schriftlich abgeschlossene Verträge. Gegenstand einer Betriebsvereinbarung kann alles sein, woran dem Betriebsrat ein Beteiligungsrecht nach dem BetrVG zusteht. Hat der Betriebsrat ein Beteiligungsrecht nach dem BetrVG, kann er im Rahmen dessen auch entsprechende Vereinbarungen mit dem Arbeitgeber schließen. Über seine gesetzlichen Zuständigkeiten darf der Betriebsrat jedoch auch durch den Abschluss von Vereinbarungen nicht hinausgehen. Gerade in den Bereichen der Mitbestimmungsrechte des § 87 BetrVG werden vielfach Betriebsvereinbarungen geschlossen, um für Betriebsrat und Arbeitgeber grundsätzliche Regelungen im Betrieb zu schaffen.

Zu beachten ist ferner § 77 Abs. 3 BetrVG, wonach Arbeitsentgelte und sonstige Arbeitsbedingungen, die durch Tarifvertrag geregelt sind oder üblicherweise geregelt werden, nicht Gegenstand einer Betriebsvereinbarung sein können. Dies wäre nur möglich, wenn der Tarifvertrag eine entsprechende Öffnungsklausel beinhalten würde. Hieraus resultiert eine tarifliche Sperrwirkung, die sich aus dem Inhalt des gegenständlichen Tarifvertrages ergibt. Für Betriebsvereinbarungen verbleibt in solchen Fällen oftmals nur noch der Bereich der Prämien oder Leistungszulagen.[46] Dadurch soll der Betätigungsbereich der Gewerkschaften, insbesondere der Bereich der Entgeltverhandlungen, besonders geschützt werden.

Betriebsvereinbarungen entfalten gemäß § 77 Abs. 4 S. 1 BetrVG unmittelbare und zwingende Wirkung. Sie haben daher genauso wie Tarifverträge normative Wirkung. Arbeitnehmer können somit aus Betriebsvereinbarungen genauso wie aus Tarifverträgen eigene Ansprüche direkt geltend machen, soweit entsprechende Rechte dort festgelegt sind.

2.2.8 Arbeitsvertrag

Der Arbeitsvertrag ist die zentrale Regelungsebene für das einzelne Arbeitsverhältnis. Er begründet überhaupt erst das Arbeitsverhältnis als solches. Ein Arbeitsvertrag ist ein Dienstvertrag nach § 611 BGB, der die Erbringung einer weisungsgebundenen Tätigkeit (Arbeit) zum Gegenstand hat. Der Arbeitsvertrag regelt den Leistungsaustausch von Arbeit gegen Vergütung als Dauerschuldverhältnis.

Im Arbeitsvertrag werden die konkreten Vereinbarungen für die wechselseitigen Rechte und Pflichten von Arbeitgeber und Arbeitnehmer getroffen. Die arbeitsvertraglichen Regelungen wirken nur zwischen den Vertragsparteien, sodass im Vertrag die Haupt- und Nebenleistungspflichten der beiden Seiten sehr konkret formuliert werden können, soweit dies nicht bereits auf einer der vorgenannten höherrangigeren Ebenen erfolgt ist. Da das Arbeitsvertragsrecht als Bestandteil des Dienstvertragsrechtes nach den §§ 611 ff. BGB

---

[46] BAG, AP Nr. 23 § 77 BetrVG 1972.

nur sehr kursorisch geregelt ist, kommt der Vertragsgestaltungspraxis eine große Bedeutung zu. Im Rahmen der Vertragsfreiheit als Bestandteil der Privatautonomie obliegt es den Arbeitsvertragsparteien, den konkreten Inhalt des Arbeitsverhältnisses untereinander auszuhandeln. § 105 GewO bestätigt diesen Grundsatz noch einmal ausdrücklich und weist zugleich auf die hier bereits behandelte arbeitsrechtliche Normenhierarchie hin. Daraus ist jedoch keinesfalls abzuleiten, dass es einzig dem Ideenreichtum von Arbeitgeber und Arbeitnehmer überlassen ist, was zum Bestandteil arbeitsvertraglicher Rechte und Pflichten gemacht wird. Zahlreiche gesetzliche Regelungen aus dem gesamten Arbeitsrecht sowie insbesondere die zivilrechtlichen Generalklauseln, wie z. B. die §§ 138, 242, 305 ff. BGB führen zu einer umfassenden Inhaltskontrolle des Arbeitsvertrages durch die Arbeitsgerichte.[47] Gerade die Inhaltskontrolle nach dem AGB-Recht nach Maßgabe der §§ 305 ff. BGB führt zu zahlreichen Begrenzungen bei der Vertragsformulierung durch den Arbeitgeber.[48]

Eine Definition des Arbeitsvertrages liefert § 611a Abs. 1 BGB. Danach wird der Arbeitnehmer im Dienste eines anderen zur Leistung weisungsgebundener, fremdbestimmter Arbeit in persönlicher Abhängigkeit verpflichtet. Das Weisungsrecht kann Inhalt, Durchführung, Zeit und Ort der Tätigkeit betreffen. Weisungsgebunden ist, wer nicht im Wesentlichen frei seine Tätigkeit gestalten und seine Arbeitszeit bestimmen kann. Der Grad der persönlichen Abhängigkeit hängt dabei auch von der Eigenart der jeweiligen Tätigkeit ab. Für die Feststellung, ob ein Arbeitsvertrag vorliegt, ist eine Gesamtbetrachtung aller Umstände vorzunehmen.

Exkurs: Gesamtzusage

Richtet ein Arbeitgeber unabhängig von den konkreten Arbeitsvertragsinhalten an alle Arbeitnehmer oder einen nach abstrakten Merkmalen bestimmten Teil der Belegschaft eine ausdrückliche Erklärung, zusätzliche Leistungen erbringen zu wollen, liegt darin eine Gesamtzusage.[49] Eine solche Gesamtzusage verändert jeden einzelnen betroffenen Arbeitsvertrag entsprechend. Zwar müsste formal auf diese Zusage (Angebot des Arbeitgebers) noch eine Annahmeerklärung des Arbeitnehmers erfolgen. Da es sich bei Gesamtzusagen jedoch um Besserstellungen für die betroffenen Arbeitnehmer handelt, kann diese stets als schlüssig erklärt angenommen werden.

Durch die so herbeigeführte Änderung des Arbeitsvertrages[50] erwirbt der Arbeitnehmer folglich einen einzelvertraglichen Anspruch auf die zugesagte Leistung. Arbeitgeber treffen Gesamtzusagen daher häufig unter einem Freiwilligkeits- oder Widerrufsvorbehalt, welche jedoch als AGB nach den §§ 305 ff. BGB der richterlichen Inhaltskontrolle unterliegen.[51] Hat ein Arbeitgeber eine vorbehaltlose Gesamtzusage erklärt, kann ihr Inhalt nur nach den grundsätzlichen Regeln einer Änderungskündigung oder mit Zustimmung des Arbeitnehmers durch eine Änderungsvereinbarung wieder beseitigt werden.

---

[47] Zur Vertiefung *ErfK/Preis* § 611 BGB Rn. 215 ff. mit weiteren zahlreichen Nachweisen.

[48] Dazu ausführlich Abschn. 4.8 „Inhaltskontrolle des Arbeitsvertrages".

[49] BAG, NZA 2014, 1333.

[50] BAG, AP Nr. 8 zu § 99 BetrVG 1972.

[51] BAG, NZA 2014, 1333.

Für die Beantwortung arbeitsrechtlicher Fragestellungen ist deshalb regelmäßig der Arbeitsvertrag als Ausgangspunkt zu nehmen. Findet sich im Arbeitsvertrag eine Regelung, die die Fragestellung betrifft, ist daraus die Antwort herzuleiten. Unter Berücksichtigung der vorgenannten Normenhierarchie sowie der gleichfalls bereits genannten Grenzen der Vertragsgestaltung kann die Lösung einer aufgeworfenen Frage jedoch nicht alleine aus dem Arbeitsvertrag hergeleitet werden. Zuvor ist zu prüfen, ob sich eine höherrangigere Regelung findet, die auf das konkrete Arbeitsverhältnis anzuwenden ist (beachte das Günstigkeitsprinzip). Zudem ist die konkrete vertragliche Regelung danach zu hinterfragen, ob sie rechtswirksam ist oder einer Inhaltskontrolle nicht standhält.

Fallbeispiel

Der Arbeitnehmer hat im Arbeitsvertrag eine Regelung, wonach er Überstunden zu leisten hat, die mit der monatlichen Vergütung pauschal abzugelten sind. Im anzuwendenden Tarifvertrag findet sich eine Klausel, nach der bis zur 20. Überstunde monatlich der vereinbarte Stundenlohn, für jede weitere Überstunde zudem ein Zuschlag von 25 % zu zahlen ist. Der Arbeitnehmer fragt, ob er für geleistete Überstunden nun bezahlt wird, und wenn ja, wie?◄

Nach dem Arbeitsvertrag würden keine Überstunden bezahlt. Dem Arbeitsvertrag geht jedoch der Tarifvertrag vor, sodass dieser greift. Darüber hinaus ist die Klausel im Arbeitsvertrag nichtig nach den §§ 305 Abs. 1 S. 1, 310, 307 Abs. 1 S. 2, 306 Abs. 1 BGB.[52]

2.2.9 Direktionsrecht

Wie sich aus den zuvor dargestellten Regelungsebenen ergibt, ist es nicht erforderlich, dass die Begründung eines Arbeitsverhältnisses mit einer präzisen Festlegung der geschuldeten Arbeitsleistung einhergeht. Die Arbeitsvertragsparteien haben es nicht nur bei Beginn eines Arbeitsverhältnisses, sondern auch in dessen weiterem Verlauf in der Hand, die zu erbringende Arbeitsleistung zu konkretisieren und gegebenenfalls zu verändern. Solange beide Vertragsparteien sich einig sind, können wechselseitig für erforderlich gehaltene Vertragsanpassungen unproblematisch vorgenommen werden.

Aus der Natur eines Arbeitsverhältnisses folgt jedoch, dass der Arbeitgeber berechtigt sein muss, dem Arbeitnehmer Weisungen zu erteilen. Der Arbeitgeber muss die Möglichkeit haben, die Arbeitsleistung konkret zu bestimmen und den Arbeitnehmer grundsätzlich und im Einzelfall einweisen zu können, eine bestimmte Tätigkeit durchzuführen. Ein solches Weisungsrecht kann seinerseits wiederum nicht grenzenlos bestehen. Vor diesem Hintergrund hat der Gesetzgeber das Weisungsrecht des Arbeitgebers gemäß § 106

---

[52] Siehe BAG, BAGE 135, 250; zur Inhaltskontrolle von Arbeitsverträgen siehe Abschn. 4.8.

GewO ausgestaltet.[53] Das Weisungsrecht des Arbeitgebers ist damit die rangniedrigste Regelungsebene im Arbeitsverhältnis. Nach § 106 GewO kann der Arbeitgeber Inhalt, Ort und Zeit der Arbeitsleistung nach billigem Ermessen näher bestimmen, soweit diese Arbeitsbedingungen nicht durch den Arbeitsvertrag, Bestimmungen einer Betriebsvereinbarung, eines anwendbaren Tarifvertrages oder gesetzliche Vorschriften festgelegt sind. Aus dieser Gesetzesformulierung wird zunächst das Grundprinzip der arbeitsrechtlichen Normenhierarchie nochmals deutlich. Das arbeitgeberseitige Weisungsrecht unterliegt danach zweierlei Begrenzungen. Erstens kann es nur in den Grenzen ausgeübt werden, die die höherrangigen Regelungsebenen noch zulassen. Zweitens muss die Ausübung des Weisungsrechts nach billigem Ermessen erfolgen. Damit bringt der Gesetzgeber zum Ausdruck, dass die Interessen des Arbeitnehmers angemessen berücksichtigt werden müssen. Ob eine konkrete Weisung des Arbeitgebers rechtmäßig ist, bestimmt sich folglich danach, ob die konkreten Umstände des Einzelfalls und die wechselseitigen Interessen der Arbeitsvertragsparteien miteinander abgewogen worden sind.[54] In diesem Zusammenhang sind insbesondere auch die sozialen Lebensverhältnisse des Arbeitnehmers zu gewichten.[55] Die Versetzungsmöglichkeit kann in Ermangelung anderer Regelungen sogar so weit gehen, dass eine Versetzung ins Ausland möglich ist.[56] Unzumutbare Weisungen müssen nicht befolgt werden.[57]

Fallbeispiel

Der Arbeitnehmer ist als kaufmännischer Angestellter seit vielen Jahren beim Arbeitgeber beschäftigt. Obwohl im Arbeitsvertrag kein Arbeitsort festgelegt ist, war der Arbeitnehmer stets in der Niederlassung Düsseldorf tätig. Nun teilt der Arbeitgeber mit, dass die Arbeit ab dem nächsten Monat in Berlin zu erbringen sei. Der Arbeitnehmer sieht sich nicht in der Lage, in Berlin zu arbeiten, da er Familie und Wohneigentum in Essen hat und aufgrund einer Bruttojahresvergütung von 30.000,00 € auch keinen zweiten Wohnsitz in Berlin finanzieren kann. Der Arbeitgeber verweist auf betriebliche Erfordernisse. Die Interessen des Arbeitnehmers hätten dahinter zurückzutreten.

Hier irrt der Arbeitgeber, da er nicht die erforderliche Abwägung der Umstände des Falles sowie der wechselseitigen Interessen vorgenommen hat. Die Ausübung der Weisung ist folglich rechtswidrig. Der Arbeitnehmer braucht diese Weisung nicht zu befolgen.◄

---

[53] Das Weisungsrecht wird auch als Direktionsrecht bezeichnet. Beide Begriffe sind gleichermaßen gebräuchlich und inhaltsgleich.
[54] BAG, NZA 1996, 1088.
[55] BAG, AP Nr. 45 zu § 307 BGB.
[56] BAG, Urt. v. 30.11.2022–5 AZR 336/21.
[57] BAG, Beschluss vom 14.09.2017, 5 AS 7/17.

2.2.10 Internationales Arbeitsrecht

Über das Recht der Europäischen Union hinaus existieren internationale Rechtsquellen des Arbeitsrechts. In Ermangelung einer dauerhaften rechtsetzenden und rechtsprechenden internationalen Gewalt kommt dem internationalen Arbeitsrecht mit der Ausnahme des bereits dargestellten Europarechts jedoch nur eine untergeordnete Rolle zu. Hinzuweisen ist in diesem Zusammenhang auf das internationale Privatrecht, welches die Fragen zur Zuständigkeit der nationalen Gerichte sowie der anzuwendenden nationalen Rechtsordnung klärt, falls arbeitsrechtliche Fragestellungen mit internationalem Bezug zu lösen sind. Hierbei ist insbesondere auf die sogenannten Rom-Verordnungen abzustellen. Nach der Rom I-VO[58] und der Rom II-VO[59] wird das anzuwendende Recht im Falle einer Kollision verschiedener Rechtsordnungen bestimmt.

Auch ist auf das internationale Bemühen hinzuweisen, Mindeststandards für Arbeitnehmer durchzusetzen. Die seit 11. April 1919 existierende Internationale Arbeitsorganisation (ILO) mit Sitz in Genf ist in diesem Zusammenhang für das Bestreben zu nennen, eine Harmonisierung und Verbesserung von Rechtsstandards in der Arbeitswelt zu erreichen. Wie bei allen internationalen Bestrebungen werden zunächst völkerrechtliche Verträge geschlossen, die seitens der einzelnen Mitgliedstaaten in nationales Recht zu transferieren sind. Die damit verbundenen tatsächlichen Schwierigkeiten aufgrund der unterschiedlichen Arbeits-, Wirtschafts- und Gesellschaftswirklichkeit in den unterschiedlichen Ländern der Welt liegen auf der Hand.

---

[58] Verordnung (EG) Nr. 593/2008 des Europäischen Parlamentes und des Rates über das auf vertragliche Schuldverhältnisse anzuwendende Recht.

[59] Verordnung (EG) Nr. 864/2007 des Europäischen Parlamentes und des Rates über das auf außervertragliche Schuldverhältnisse anzuwendende Recht.

Kollektivarbeitsrecht

3

Das Kollektivarbeitsrecht beinhaltet die Summe derjenigen arbeitsrechtlichen Regelung, die eine bestimmte Gruppierung von Arbeitnehmern oder Arbeitgebern zum Gegenstand hat. Das gilt sowohl für das Existenzrecht und die Organisationsstruktur dieser Zusammenschlüsse von Arbeitnehmern und Arbeitgebern als auch für ihre Handlungsfähigkeit und damit insbesondere auch für das Wechselspiel zwischen den beiden Lagern. Konkret sind dies zunächst solche Regelungen, die die Organisationsform und Funktionsweise von arbeitsrechtlichen Kollektiven bestimmen. Davon zu unterscheiden sind diejenigen Regeln des kollektiven Arbeitsrechts, die einem Kollektiv bestimmte Rechte oder Pflichten auferlegen (Kompetenzregelungen). Grob formuliert kann daher gesagt werden, dass das Kollektivarbeitsrecht das (Ob) und (Wie) von arbeitsrechtlichen Kollektiven gleichermaßen regelt wie deren Funktionsweise.

Das deutsche Arbeitsrecht regelt bestimmte Formen der Errichtung von Kollektiven sowie deren Handlungsmöglichkeiten in drei verschiedenen Bereichen. Zunächst besteht die Möglichkeit für Aktivitäten von Gewerkschaften und Arbeitgeberverbänden auf Branchenebene. Darunter existiert auf der Ebene eines Betriebes die Möglichkeit zur Betätigung für Betriebsräte.[1] Schließlich kommt noch die Beteiligung auf der Ebene des Unternehmens durch eine Mitwirkung in Aufsichtsräten der Arbeitnehmerseite hinzu.

Diesen unterschiedlichen Betätigungsebenen folgend werden nachfolgend die jeweiligen Kollektive und deren Zusammenspiel in den Bereichen Tarifrecht, Betriebsverfassungsrecht und Mitbestimmungsrecht dargestellt.

---

[1] Auf die Besonderheiten der PersVG des Bundes und der Länder für die Wahl und Betätigung von Personalräten kann hier nicht weiter eingegangen werden. Hierzu muss auf die einschlägige Spezialliteratur verwiesen werden.

© Springer Fachmedien Wiesbaden GmbH, ein Teil von Springer Nature 2025   33
T. Jesgarzewski, *Arbeitsrecht*, FOM-Edition,
https://doi.org/10.1007/978-3-658-46588-9_3

3.1   Koalitionen

Unter Koalitionen werden arbeitsrechtlich die Gewerkschaften und Arbeitgeberverbände
verstanden. Das Recht der Koalitionen folgt unmittelbar aus dem Grundrecht der Koalitionsfreiheit des Art. 9 Abs. 3 S. 1 GG. Wie bereits ausgeführt ergibt sich daraus das
Recht für jedermann, eine Vereinigung zur Wahrung und Förderung der Arbeits- und
Wirtschaftsbedingungen zu gründen bzw. sich an einer solchen zu beteiligen.[2] Da dieses
Grundrecht einschränkungslos gewährleistet wird, darf der Gesetzgeber insoweit nur sehr
begrenzt konkretisierend tätig werden. Das Recht der Koalition ist deshalb ganz wesentlich durch die tatsächlichen Tätigkeiten der Gewerkschaften und Arbeitgeberverbände
geprägt, deren Grenzen praktisch nur durch die (verfassungsgerichtliche) Rechtsprechung
gesetzt werden.

Durch das Grundgesetz selbst ist nur vorgegeben, dass ein freiwilliger Zusammenschluss auf dem Gebiet des Zivilrechts vorliegt, der dauerhaften Bestand in Form einer
demokratischen Binnenstruktur hat. Aufgrund der historischen Verfolgung von Gewerkschaften sind diese auch heute noch als nicht eingetragene Vereine nach dem BGB
organisiert, wohingegen die Arbeitgeberverbände traditionell auch eine Eintragung vornehmen lassen. Praktisch folgt aus diesem Unterschied heute keine Ungleichbehandlung,
da auch Gewerkschaften mit eigener faktischer Rechtsfähigkeit ausgestattet sind. Inhaltlich muss eine Koalition in Auslegung des Art. 9 Abs. 3 S. 1 GG dem Zweck der Wahrung
und Förderung der Bedingungen unselbstständiger Arbeit zum Gegenstand haben.[3] Ferner bedarf eine Koalition einer klaren Gegnerunabhängigkeit in Verbindung mit einem
entsprechenden Durchsetzungswillen. Das bedeutet, dass Gewerkschaften genauso wie
Arbeitgeberverbände in keinerlei Abhängigkeit (z. B. personell und finanziell) zum
jeweils anderen Lager stehen dürfen und bestrebt sein müssen ihren Satzungszweck
durchzusetzen.[4]

Darauf fußend sollte eine Koalition bestrebt sein, auch eine Tariffähigkeit zu erlangen.
Diese ist zwar für den Status als Koalition nicht erforderlich, stellt jedoch die Voraussetzung dafür dar, mit der jeweils anderen Seite in Verhandlungen und Auseinandersetzungen
zu treten, um schließlich einen Tarifvertrag abschließen zu können. Auf die Tariffähigkeit
wird deshalb im Rahmen des Tarifvertragsrechtes noch ausführlich einzugehen sein.

3.1.1   Gewerkschaften

Der Zusammenschluss von Arbeitnehmern innerhalb einer bestimmten Branche heißt
Gewerkschaft. Dem Wandel der Arbeits- und Wirtschaftswirklichkeit folgend versuchen Arbeitnehmer seit über 150 Jahren, sich durch möglichst große und wirkmächtige

---

[2] Siehe bereits dazu Abschn. 2.2.2.5 „Koalitionsfreiheit".
[3] BAG, NZA 1990, 886.
[4] BVerfGE 58,233.

Zusammenschlüsse der strukturell überlegenen Arbeitgeberseite entgegenzustellen. Heute dominiert der Deutsche Gewerkschaftsbund (DGB) als Dachverband der großen Spaten-gewerkschaften (insbesondere Industriegewerkschaften und Verdi) quantitativ mit rund sechs Mio. Mitgliedern das Bild. Inzwischen haben sich jedoch zahlreiche kleinere berufs-spezifische Spezialgewerkschaften gegründet, die die Interessen ihrer Mitglieder oftmals besonders überlegen durchsetzen können (z. B. Piloten, Lokomotivführer). Zu nennen sind außerdem die christlichen Gewerkschaften, die zwar eine eher geringe Mitgliedsstärke aufweisen, jedoch durch teilweise fragwürdige (weil arbeitgeberfreundliche) Tarifverträge auf sich aufmerksam machen.[5] Qualitativ ist deshalb die Gewerkschaftsszene von einiger Dynamik geprägt.

3.1.1.1 Organisation

Wie bereits ausgeführt, sind Gewerkschaften zwar als nichtrechtsfähige Vereine organi-siert, werden jedoch gewohnheitsrechtlich als umfassend rechtsfähig betrachten, sodass der Rechtsform heute keine Bedeutung mehr zukommt. Für die Organisation von DGB-Gewerkschaften ist jedoch noch immer prägend, dass diese parteipolitisch und welt-anschaulich neutral sind. Dieses Prinzip der sogenannten Einheitsgewerkschaften ist in den jeweiligen Satzungen der DGB-Gewerkschaften verankert. Dem steht das Prinzip der Richtungsgewerkschaft des christlichen Gewerkschaftsbundes (CGB) gegenüber. Auf-grund der geringen Mitgliederanzahl in den Gewerkschaften des CGB kommt dem Prinzip der Richtungsgewerkschaft praktisch kaum mehr eine spürbare Rolle zu.

Jedenfalls für die DGB-Gewerkschaften gilt eine nach Branchen gegliederte Auftei-lung. Die Zuständigkeit einer bestimmten Gewerkschaft wird folglich daraus abgeleitet, welcher Branche das Unternehmen zugeordnet ist. So ist etwa für ein Unternehmen der Lebensmittelindustrie die Gewerkschaft Nahrung, Genuss, Gaststätten (NGG) und für einen Automobilhersteller die IG Metall zuständig.

Dem Grundsatz der Branchenzuordnung läuft indes die Tätigkeit kleinerer Gewerk-schaften zuwider, die ihre Zuständigkeit aus der Vertretung einzelner Berufsgruppen ableiten. Über viele Jahrzehnte folgte daraus praktisch, dass in einem Betrieb nur eine Gewerkschaft zuständig war. Waren ausnahmsweise mehrere Tarifverträge in einem Betrieb gültig, wurde nach dem Grundsatz der Spezialität nur der jeweils Speziellste angewendet.

Heute kann aus der reinen Zuordnung nach Branchen nicht mehr umfänglich der Grundsatz „ein Betrieb – eine Gewerkschaft" abgeleitet werden. Gerade Berufe mit Schlüsselpositionen innerhalb einer Branche tendieren zunehmend dazu, die Einzelinter-essen ihrer Mitgliedschaft unabhängig von der Gesamtbelegschaft zu vertreten. Dies ist z. B. bei Piloten (Cockpit) oder Lokführern (GDL) der Fall. In der Rechtsprechung ist

---

[5] Richtigerweise wird die Tariffähigkeit sogenannter christlicher Gewerkschaften einzelfallbezogen infrage gestellt, siehe etwa BAGE 117, 308 bejahend zur Tariffähigkeit der christlichen Gewerk-schaft Metall CGM oder BAGE 136, 1 ablehnend zur christlichen Gewerkschaft für Kunststoffge-werbe und Holzverarbeitung GKH.

daher inzwischen anerkannt, dass innerhalb eines Betriebes auch mehrere Tarifverträge Anwendung finden können.[6]

Der Gesetzgeber steht dieser Form der Vertretung von Partikularinteressen dagegen ablehnend gegenüber. Mit dem Tarifeinheitsgesetz (TEG)[7] hat er in Ergänzung des geltenden Tarifrechts Kollisionsregelungen für den Fall mehrerer in einem Betrieb geltender Tarifverträge bestimmt. Danach sind gemäß § 4a Abs. 2 TVG im Betrieb nur die Rechtsnormen des Tarifvertrags derjenigen Gewerkschaft anwendbar, die zum Zeitpunkt des Abschlusses des zuletzt abgeschlossenen kollidierenden Tarifvertrags im Betrieb die meisten in einem Arbeitsverhältnis stehenden Mitglieder hat, soweit sich die Geltungsbereiche nicht inhaltsgleicher Tarifverträge verschiedener Gewerkschaften überschneiden.

3.1.1.2 Mitgliedschaft

In Ausübung des Grundrechts der Koalitionsfreiheit des Art. 9 Abs. 3 GG steht es jedem Arbeitnehmer frei, Mitglied einer Gewerkschaft zu werden und diese auch wieder zu verlassen. Zwar können Gewerkschaften kraft eigener Satzung in Verbindung mit den zivilrechtlichen Vorgaben des Vereinsrechtes eine Konkretisierung für die Voraussetzung zum Beitritt und zur (zwangsweisen) Beendigung der Mitgliedschaft regeln. Dem sind aber durch die positive und negative Koalitionsfreiheit Grenzen gesetzt. So erwächst allein aus der Tatsache des Bestehens einer Gewerkschaft ein grundsätzlicher Anspruch eines Arbeitnehmers auf Aufnahme, soweit die Gewerkschaft bereits eine gewisse Bedeutung erlangt hat und dem Aufnahmeinteresse des Arbeitnehmers kein sachlicher Grund wie etwa ein bereits erfolgtes wesentliches Fehlverhalten entgegen steht.[8]

Größere Schwierigkeiten als die Frage des Bestehens eines Aufnahmerechts bereitet der Ausschluss aus einer Gewerkschaft. Anders als bei einem freiwilligen Gewerkschaftsaustritt durch den Arbeitnehmer wird im Rahmen eines Ausschlusses in die Koalitionsfreiheit des Arbeitnehmers ganz erheblich eingegriffen. Die Hürden für einen Gewerkschaftsausschluss müssen folglich so hochgelegt werden, dass der damit verbundene Eingriff in das Grundrecht Koalitionsfreiheit gerechtfertigt ist. Ein dafür geeignetes Interesse der Gewerkschaft kann sich insbesondere aus einem gewerkschaftswidrigen Verhalten des einzelnen Arbeitnehmers ergeben. Um die Interessen der Gewerkschaft als Ganzes erfolgreich durchsetzen zu können, muss eine Gewerkschaft möglichst einheitlich geschlossen auftreten und handeln können.[9] Handelt ein einzelnes Mitglied bewusst gegen die Interessen seiner Gewerkschaft, muss die Möglichkeit bestehen, diesen auch zwangsweise aus der Gewerkschaft auszuschließen. Aufgrund der demokratischen Binnenverfassung von Gewerkschaften darf dies wiederum nicht soweit führen, dass eine

---

[6] Grundlegend BAG, ZIP 2010, 1309.

[7] Gesetz zur Tarifeinheit *(Tarifeinheitsgesetz)* vom 3. Juli 2015, BGBl. I S. 1130; siehe zu dessen Verfassungsmäßigkeit BVerfGE 146, 71.

[8] Zum Aufnahmeanspruch ausführlich BGH, NJW 1985, 1216.

[9] BVerfG, NZA 1999, 713.

innengewerkschaftliche Auseinandersetzung über Fragen der eigenen Ausrichtung behindert wird. Entscheidend für das Recht zum Ausschluss aus einer Gewerkschaft ist daher, dass ein Arbeitnehmer sich außerhalb der innergewerkschaftlichen Auseinandersetzungen ganz bewusst gegen die Gewerkschaftsinteressen stellt. Wichtige Anwendungsfälle für solche gewerkschaftsfeindlichen Handlungen von Gewerkschaftmitgliedern sind Kandidaturen bei Betriebsratswahlen gegen die offiziellen Gewerkschaftslisten.

Fallbeispiel

A ist Mitglied der Gewerkschaft G. Die Gewerkschaft G stellt für die Betriebsratswahl im Unternehmen U eine Liste mit Kandidaten auf. U entscheidet sich bewusst gegen eine Kandidatur für die Gewerkschaft. Er tut sich mit anderen Kollegen zu einer weiteren Kandidatenliste zusammen, die ihrerseits bei der Betriebsratswahl antritt. Durch dieses Verhalten stellt sich der A bewusst und direkt gegen die Interessen der G, sodass darin ein Ausschlussgrund aus der Gewerkschaft besteht.

Die Rechtfertigung für den Ausschlussgrund folgt bei Kandidaturen zu Betriebsratswahlen gegen die eigene Gewerkschaft daraus, dass die verbandsinterne Solidarität und Geschlossenheit erheblich verletzt wird. Dieses verbandsinterne Solidaritätsgebot ist seinerseits Bestandteil der Koalitionsfreiheit des Art. 9 Abs. 3 GG.[10] Die Durchsetzungskraft einer Gewerkschaft zeigt sich darin, dass sie geschlossen auftreten kann. Dieser Voraussetzung der gewerkschaftlichen Tätigkeit muss sich folglich ein einzelnes Mitglied im Rahmen der satzungsgemäßen Vorgaben anpassen. Die Wahrung seiner persönlichen Interessen und Überzeugungen ist im Rahmen der innergewerkschaftlichen Beteiligungsmöglichkeiten zu gewährleisten.◄

3.1.1.3 Werbende Tätigkeit

Aus der Koalitionsfreiheit des Art. 9 Abs. 3 GG folgt eine umfassende gewerkschaftliche Betätigungsgarantie für Gewerkschaften. Jedenfalls im Kernbereich koalitionsmäßiger Betätigungen genießen Gewerkschaften einen umfassenden Schutz vor Eingriffen.[11] In der Praxis ist das Betätigungsrecht der Gewerkschaften in jedem konkreten Einzelfall mit den jeweiligen Arbeitgeberinteressen abzuwägen. Dies gilt namentlich für das sogleich näher darzustellende Arbeitskampfrecht. Um aber zunächst als Gewerkschaft überhaupt handlungsfähig zu werden und Durchsetzungsstärke zu erlangen, muss einer Gewerkschaft auch das Recht zustehen, aktive Mitgliederwerbung zu betreiben und ihren Mitgliederbestand zu pflegen. Dazu ist es auch notwendig, Arbeitnehmer in ihrem unternehmerischen Umfeld ansprechen zu können, da gerade dort der einzelne Arbeitnehmer in einem direkten Bezug zu seinen Arbeits- und Wirtschaftsbedingungen erreicht werden

---

[10] BVerfGE 100, 214.
[11] BVerfG, NZA 1999, 992.

kann. Gewerkschaften dürfen deshalb auch innerhalb eines Unternehmens durch Aushänge Mitgliederwerbung und Information betreiben. Der Arbeitgeber hat diesen eher geringen Eingriff in seine Sphäre hinzunehmen.[12]

Hieraus folgt weiter, dass einer Gewerkschaft der Zutritt zum Unternehmen zu Informations- und Werbezwecken gewährt werden muss. Wie weit ein solches Zutrittsrecht geht, muss indes nach den Umständen des Einzelfalls bewertet werden. Da der Arbeitgeber seinerseits sein Hausrecht sowie die gleichfalls dahinterstehende Eigentumsfreiheit gegen ein gewerkschaftliches Zutrittsrecht stellen kann, bedarf es einer entsprechenden Güterabwägung. Zu berücksichtigen ist allerdings das für im Betrieb vertretene Gewerkschaften gesetzlich ausdrücklich vorgesehene Zutrittsrecht nach § 2 Abs. 2 BetrVG. Dieses erstreckt sich jedoch nur auf betriebsverfassungsrechtliche Angelegenheiten.[13] Unabhängig von betriebsverfassungsrechtlichen Fragestellungen besteht ein Zutrittsrecht aus der gewerkschaftlichen Betätigungsfreiheit nur so weit, als es nicht den betrieblichen Ablauf stört und nicht unverhältnismäßig in die Rechtspositionen des Arbeitgebers eingreift. Daraus folgt, dass zu Zwecken der Mitgliederwerbung ein Zugangsrecht zeitlich begrenzt sein muss, sodass in der Praxis die Häufigkeit eines solchen Zugangs auf ein bis drei Zugänge jährlich beschränkt sein dürfte.[14]

Fallbeispiel

Einige Mitarbeiter des Unternehmens U möchten die Anzahl von Gewerkschaftsmitgliedern im Betrieb nachhaltig erhöhen und werben deshalb persönlich intensiv bei ihren Kollegen um Gewerkschaftsbeitritte. Da dies nicht den erhofften Erfolg zeigt, bitten sie den Gewerkschaftssekretär S darum, einmal im Monat eine Informations- und Werbeaktion im Betrieb durchzuführen. Der Arbeitgeber untersagt dem Gewerkschafter bei der dritten Veranstaltung den Zutritt zum Betrieb. Hier verweigert der Arbeitgeber den Zutritt zu Recht, da er kraft seines Hausrechtes einen so häufig werbenden Zutritt der Gewerkschaft nicht hinnehmen muss. Die gewerkschaftliche Betätigungsfreiheit hat nach dem Grundsatz der Verhältnismäßigkeit in diesem Fall zurückzustehen.◄

Soweit mehrere Gewerkschaften in einem Betrieb vertreten sind oder dort erst Mitglieder werben wollen, stellt sich auch die Frage nach dem Umgang von Gewerkschaften untereinander. Zwar stehen diese in einem Wettbewerbsverhältnis zueinander, jedoch kann jede einzelne Gewerkschaft für sich das Recht auf eine koalitionsspezifische Betätigung beanspruchen. Ein solches Wettbewerbsverhältnis ist daher ebenfalls im Wege einer Interessenabwägung aufzulösen, wobei grundsätzlich eine weite Betätigungsmöglichkeit

---

[12] BVerfG, NZA 2007, 394.

[13] Zu den betriebsverfassungsrechtlichen Aufgaben siehe Abschn. 3.4.3.5 „Stellung der Koalition im Betrieb".

[14] Zu den Abwägungsfragen siehe etwa BAG, NZA 2006, 798; BAG, NZA 2010, 1364.

eröffnet werden muss. Eine Gewerkschaft muss es daher im Regelfall hinnehmen, dass eine andere Gewerkschaft sich um die gleiche Gruppe von Arbeitnehmern bemüht oder sogar gezielt an den eigenen Mitgliederbestand werbend herantritt. Die Grenzen solcher Betätigungen sind erst im Bereich der Verbreitung von Unwahrheiten oder solchen Tatsachen zu ziehen, die sich außerhalb der koalitionsmäßigen Betätigung bewegen.[15]

In Ergänzung zum bereits genannten Zutrittsrecht der Gewerkschaft nach § 2 Abs. 2 BetrVG kann ferner ein Vertrauensmann der Gewerkschaft vorhanden sein. Dieser stellt ein wichtiges Bindeglied der im Vertrieb vertretenen Gewerkschaft im Hinblick auf eine vertrauensvolle Zusammenarbeit mit dem Arbeitgeber und dem Betriebsrat nach § 2 Abs. 1 BetrVG dar. Der Vertrauensmann einer Gewerkschaft wird alleine von dieser bestimmt und kann auch ein Gewerkschaftssekretär oder ein Mitarbeiter eines dritten Unternehmens sein. Im Rahmen der betriebsverfassungsrechtlichen Aufgaben der Gewerkschaft darf der Vertrauensmann auch einzelne Arbeitnehmer im Betrieb aufsuchen.[16]

3.1.2 Arbeitgeberverbände

Das Pendant zu den Gewerkschaften auf Arbeitnehmerseite sind die Arbeitgeberverbände. Diese sind als zumeist eingetragene Vereine (e. V.) organisiert. Der Dachverband der Arbeitgeberverbände ist die Bundesvereinigung der deutschen Arbeitgeberverbände e. V. (BDA). Ähnlich wie Einheitsgewerkschaften des DGB sind auch die einzelnen Arbeitgeberverbände nach Branchen aufgeteilt, sodass sich die jeweils zuständigen Gewerkschaften und Arbeitgeberverbände entsprechend auseinandersetzen können.

Hinsichtlich der Organisation der Arbeitgeberverbände besteht zwar gleichfalls eine wechselvolle Geschichte – insbesondere in Bezug auf die Kriegs- und Diktaturzeiten auf deutschem Boden. Aufgrund der strukturell im Vergleich zur Arbeitnehmerseite stärkeren Stellung war diese jedoch nicht von nachhaltigen Verfolgungen geprägt, sodass eine vertiefte Darstellung hier unterbleiben kann.

Die heute gültige Organisation besteht im Wesentlichen seit der Gründung der Bundesrepublik und beinhaltet neben dem zuvor genannten Branchenprinzip eine regionale Untergliederung.

---

[15] Vertiefend zum Wettbewerbsverhältnis zwischen verschiedenen Gewerkschaften BAG, NZA 2005, 1128.
[16] BAG, AP Nr. 1 zu § 2 LPVG NW.

3.2   Arbeitskampfrecht

Als Arbeitskampfrecht wird die Gesamtheit der kollektiven Maßnahmen von Arbeitnehmern oder Arbeitgebern zum Erreichen eines bestimmten Verhandlungszieles bezeichnet.
Der martialisch anmutende Begriff des Arbeitskampfes ist dabei nicht wörtlich zu verstehen, sondern beschreibt nur die Außergewöhnlichkeit der jeweiligen Maßnahmen als letzte
Mittel, um die andere Seite zu Verhandlungen zu zwingen. In Weiterführung der Begrifflichkeit des Arbeitskampfrechts heißen die einzelnen Maßnahmen der Arbeitnehmer-
bzw. Arbeitgeberseite Arbeitskampfmittel. Diese sind insbesondere der Streik sowie die
Aussperrung, welche nachfolgend auch ausführlich dargestellt werden. Das Ziel von
Arbeitskämpfen ist gerichtet auf einen Tarifvertrag, der erstmalig abgeschlossen, verlängert, erneuert oder in sonstiger Form (verändert) fortgeführt werden soll. Klassischerweise
geht es dabei um die Verbesserung der Arbeits- und Wirtschaftsbedingungen, wobei der
Verbesserung des Vergütungsgefüges eine herausgehobene Bedeutung zukommt.

Aus der vorgenannten Formulierung der Verbesserung der Arbeits- und Wirtschaftsbedingungen folgt bereits, dass die rechtliche Grundlage des Arbeitskampfrechts direkt
im Grundgesetz gelegt ist. Nach Art. 9 Abs. 3 GG wird der Arbeitskampf ausdrücklich gewährleistet.[17] Da das Grundrecht der Koalitionsfreiheit vorbehaltlos formuliert
ist, könnte der Gesetzgeber nur in ganz engen Grenzen das Arbeitskampfrecht einfach
gesetzlich gestalten. Bisher hat der Gesetzgeber davon jedoch richtigerweise Abstand
genommen, sodass das Arbeitskampfrecht ganz wesentlich durch die Rechtsprechung
konturiert wurde und weiter wird. Dabei ist herauszuheben, dass die Koalitionsfreiheit
die Wahl der Mittel des Arbeitskampfes den Koalitionen überlässt.[18] Auch ist jedenfalls
das Ziel des Abschlusses eines rechtmäßigen Tarifvertrages von der Koalitionsfreiheit
umfasst.[19]

Hintergrund sowohl der Schaffung des Grundrechts auf Koalitionsfreiheit als auch des
daraus abgeleiteten Arbeitskampfrechts ist die Herbeiführung einer Verhandlungsparität.
Der Arbeitnehmerseite muss durch die Bündelung und gemeinschaftliche Durchsetzung
ihrer Interessen die Möglichkeit gegeben werden, der Unternehmerseite als gleichgewich-
tiger Verhandlungspartner gegenüberzutreten. Um arbeitnehmerseitige Forderungen nicht
nur artikulieren, sondern auch mit einer tatsächlichen Durchsetzungskraft zu versehen,
bedarf es arbeitnehmerseitiger Instrumente zur Erzeugung von Verhandlungsdruck. Da
der Arbeitnehmer im Arbeitsverhältnis einzig seine Arbeitskraft zur Verfügung hat, wird
daraus auch sein Kampfmittel abgeleitet. Das Druckmittel der Arbeitnehmerseite besteht
folglich darin, dem Arbeitgeber die Arbeitskraft vorzuenthalten. Da die Vorenthaltung
der Arbeitskraft eines Einzelnen oder einiger weniger Arbeitnehmer zum einen eher wir-
kungslos sein dürfte, zum anderen aber auch für die Arbeitgeberseite nicht richtig fassbar
ist, besteht das Streikrecht nur als Kollektivrecht. Für einen Streik dürfen jedoch keine

---

[17] BVerfG, NZA 1991, 809.
[18] BVerfG, NZA 2014, 493.
[19] BVerfG a. a. O.

Betriebsmittel des Arbeitgebers verwendet werden. Nur ganz ausnahmsweise muss der Arbeitgeber Streikmaßnahme auf seinem eigenen Gelände dulden.[20]

Fallbeispiel

Der Arbeitgeber betreibt eine große Lagerhalle, vor der sich der firmeneigene Parkplatz befindet. Ein Streikposten wird auf dem Parkplatz vor dem Halleneingang postiert. Darin liegt zwar eine regelmäßig unzulässige Nutzung des Betriebsgeländes. Ausnahmsweise ist dies vorliegend aber doch zu dulden, weil der Streikposten andernfalls auf der öffentlichen Straße stehen müsste und hierin eine erhebliche Gefährdungslage liegen würde.◄

Dem gegenüber muss der Arbeitgeber eine angemessene Reaktionsmöglichkeit haben. Diese besteht in der sogenannten Aussperrung oder Betriebsstilllegung, also dem (dauerhaften) Entzug der Arbeits- und damit Verdienstmöglichkeit für die Arbeitnehmerseite.

Insgesamt ist für beide Arbeitskampfparteien stets maßgebend, dass die ihnen zur Verfügung stehenden Kampfmittel nicht zu evidenten Störungen der Verhandlungsparität führen, damit das grundgesetzliche Ziel der Förderung der Arbeits- und Wirtschaftsbedingungen jedenfalls abstrakt und theoretisch erreichbar bleibt. Wie sich die Forderung nach Verhandlungen oder einzelne Verhandlungsergebnisse dann tatsächlich darstellen, bleibt indes Sphäre der Koalitionen. Der Gesetzgeber belässt es bewusst in deren Handlungsmacht, die Arbeits- und Wirtschaftsbedingungen für ihren jeweiligen Bereich im Rahmen der bestehenden Arbeitsgesetze so zu regeln, wie es die Koalitionen branchen-, regions- oder konkret unternehmensbezogen für angemessen erachten. Aus dieser aus der Koalitionsfreiheit abgeleiteten Wertung folgt das Prinzip der Tarifautonomie, wonach eine Art staatlicher Delegation von Rechtssetzungsbefugnissen auf die Koalitionen erfolgt.[21]

In der Praxis hat sich diese Delegation weit überwiegend bewährt, rein quantitativ ist die Zahl der Arbeitskämpfe in Deutschland eher unterdurchschnittlich im internationalen Vergleich. In der jüngeren Vergangenheit ist jedoch insbesondere durch die Aufsplitterung der Gewerkschaftslandschaft in kleine und kleinste berufs- oder spartenbezogene Einheiten eine quantitative Zunahme von Arbeitskämpfen zu beobachten, die auch zu einer qualitativen Spürbarkeit für die Arbeitgeberseite und teilweise die Bevölkerung führt (z. B. im Transport- oder Postwesen).

3.2.1 Tarifautonomie

Die Tarifautonomie ist das Recht der Koalitionen, unabhängig von staatlicher (gesetzlicher) Einflussnahme autonome Rechtsgestaltung vorzunehmen. Wesentliches Kernelement

---

[20] BAG, Urteil vom 20.11.2018 – Az.: 1 AZR 189/17.
[21] Grundlegend BVerfGE 4, 96.

für ein funktionsfähiges Tarifsystem ist folglich die Freiheit vor staatlichen Interventionen.[22] Gewerkschaften und Arbeitgeberverbände bzw. einzelne Arbeitgeber haben damit das Recht, durch den Abschluss von Tarifverträgen die Arbeits- und Wirtschaftsbedingungen in ihrem Bereich zu regeln.

Die Tarifautonomie ist somit eine kollektiv rechtliche Ausprägung der Privatautonomie. Die Gewerkschaften und Arbeitgeberverbände handeln dabei jeweils in dem Rahmen, welcher ihnen von ihren Mitgliedern vorgegeben wird. Dadurch erhalten koalitionsspezifische Handlungen sowie bestenfalls der Abschluss eines Tarifvertrages eine mitgliedschaftliche Legitimation. Der Gesetzgeber trägt dem Rechnung, indem er nach § 1 Abs. 1 TVG Tarifverträgen Gesetzeskraft beimisst. Zwar beinhaltet ein Tarifvertrag durch die darin enthaltenen wechselseitigen Verpflichtungen im Kern einen schuldrechtlichen Regelungsgehalt. Gleichwohl folgt aus der gesetzlichen Anordnung seines Normcharakters eine jedenfalls gesetzesähnliche Kraft im Rahmen seines Anwendungsbereichs.

Aus der vorgenannten Delegation der Rechtsgestaltungsbefugnis auf die Koalition in Verbindung mit der grundgesetzlichen Aufgabenbestimmung der Förderung der Arbeits- und Wirtschaftsbedingungen folgt zugleich die Grenze der Tarifautonomie. Die Koalitionen sind in ihren Betätigungsmöglichkeiten nur insoweit autonom, als sie zur Erreichung dieser Zielsetzung tätig werden.

3.2.2 Streik

Das klassische Kampfmittel der Arbeitnehmerseite ist der Streik. Streik ist die planmäßige und kollektiv durchgeführte Arbeitsniederlegung. Durch diese Form der gebündelten Aktion soll die Arbeitgeberseite unter Druck gesetzt werden. Aus Arbeitnehmersicht muss dieser Druck so stark sein, dass durch die nicht geleistete Arbeit so erhebliche wirtschaftliche Schäden eintreten, dass die Arbeitgeberseite zu Zugeständnissen bewegt wird. Diese Druckposition besteht einerseits aus den tatsächlich bereits eingetretenen wirtschaftlichen Schäden. Andererseits resultiert sie ganz wesentlich auf prognostizierten weiteren Schäden. Für die Arbeitnehmerseite muss der Streik daher stets das letzte Mittel (Ultima Ratio) sein, das sich an zahlreiche vorangegangene Verhandlungsmöglichkeiten anschließt.

Ein Streik kann zudem in sehr unterschiedlichen Ausprägungen durchgeführt werden. Je nach der tatsächlichen Intensität eines Streiks und seiner konkreten Zielrichtung wird deshalb nach unterschiedlichen Streikformen differenziert. So wird im Wesentlichen unterschieden zwischen kurzen Warnstreiks und dem auf bestimmte Zeiträume oder sogar unbefristeten Streik. Grundsätzlich unzulässig wegen der Überschreitung der Koalitionsfreiheit sind dagegen politische Streiks, da diese sich nicht zur Förderung der Arbeits- und Wirtschaftsbedingungen gegen einen konkreten Arbeitgeber oder einen entsprechenden Branchenverband richten.

---

[22] BVerfG, NZA 2001, 777.

Fallbeispiel

Die Gewerkschaft G beschließt auf ihrem Gewerkschaftstag, sich als gesellschaftspolitischer Aktor mehr für den Umweltschutz einsetzen zu wollen. Zur Untermauerung dieser Grundsatzausrichtung werden alle Mitglieder aufgerufen, in ihren Betrieben Streikaktionen dafür durchzuführen, dass der jeweilige Arbeitgeber zehn Prozent des Jahresüberschusses für den Umweltschutz spendet. Sodann tatsächlich erfolgende Streikaktionen wären rechtswidrig, da sie nicht der Förderung der Arbeits- und Wirtschaftsbedingungen dienen, sondern den Umweltschutz als allgemein politisches Ziel verfolgen.◄

Von hoher praktischer Bedeutung ist der sogenannte Warnstreik. Dieser ist noch nicht auf eine längere Dauer oder gar auf eine unbestimmte Zeit angelegt, sondern dient als taktisches Druckmittel zunächst dazu, arbeitnehmerseitig überhaupt erst grundsätzliche Kampfbereitschaft zu signalisieren. Ein Warnstreik ist daher eine nur ganz kurzfristige kollektive Niederlegung der Arbeit, die sich nur auf eine oder wenige Stunden erstrecken kann. Durch einen gezielten und abgestimmten Einsatz verschiedener Warnstreiks in unterschiedlichen Betrieben einer bestimmten Branche kann bereits durch gezielte Warnstreiks eine spürbare Wirkung auf die arbeitgeberseitige Verhandlungsbereitschaft erzielt werden.

3.2.2.1 Zulässigkeitsvoraussetzungen

Das Kampfmittel des Streiks wird wie ausgeführt abgeleitet aus dem Grundrecht zur koalitionsspezifischen Betätigung. Da es folglich kollektivgrundrechtlich begründet wird, ist der Adressat auch nur die Gewerkschaft. Wird ein Streik nicht gewerkschaftlich durchgeführt, wird dies als „wilder Streik" bezeichnet. Ein solcher ist rechtswidrig.[23] Im Ergebnis steht das Streikrecht daher nur einer Gewerkschaft zu.

Will eine Gewerkschaft streiken, muss sie zunächst einen entsprechenden Beschluss fassen. Das erfolgt nach den Satzungsvorgaben der Gewerkschaften in Form einer Urabstimmung. Alle betroffenen Gewerkschaftsmitglieder stimmen ab, ob gestreikt werden soll. Wird die in der Satzung vorgegebene Mehrheit der Stimmen (regelmäßig 75 %) erreicht, liegt ein wirksamer Streikbeschluss vor.

Zunächst muss sie sich mit dem verfolgten Streikziel in den grundgesetzlich vorgegebenen Grenzen bewegen. Die Gewerkschaft muss also ein rechtmäßiges Streikziel verfolgen. Dieses liegt im Abschluss eines Tarifvertrages. Zuvorderst steht das Recht zur Teilnahme am Streik den Mitgliedern der Gewerkschaft zu, da diese aus ihrer Mitgliedschaft heraus an der gewerkschaftlichen Koalitionsfreiheit individuell teilhaben. Darüber hinaus sind aber auch Nichtmitglieder einer Gewerkschaft (sogenannte Außenseiter) berechtigt, sich den gewerkschaftlichen Streik durch Arbeitsniederlegung anzuschließen.

---

[23] BAG, AP Nr. 41 zu Art. 9 GG.

Die Gewerkschaft entscheidet nach entsprechender Beschlussfassung sodann, wo und wann konkret gestreikt werden soll, woraufhin die Betroffenen der Gewerkschaft angehörenden Arbeitnehmer zum Streik aufgerufen werden. Durch den Streikaufruf können die Gewerkschaftsmitglieder rechtmäßig durch die Niederlegung ihrer Arbeit am Streik teilnehmen. Einer förmlichen Erklärung gegenüber dem Arbeitgeber bedarf es nicht.[24]

3.2.2.2 Friedenspflicht

Ein Streik ist stets das letzte Mittel zur Herbeiführung der Verhandlungsbereitschaft der Arbeitgeberseite. Erst nachdem alle Möglichkeiten von Verhandlungen gescheitert sind, darf gestreikt werden.

Besonders hervorzuheben ist die koalitionäre Friedenspflicht. Solange die Laufzeit eines Tarifvertrages nicht überschritten ist, besteht die Friedenspflicht. Während der Geltungsdauer eines Tarifvertrages ist danach ein Arbeitskampf nicht zulässig. Dies folgt aus der Überlegung, dass die Koalitionen sich gerade auf den Inhalt und die Laufzeit eines Tarifvertrages geeinigt haben, womit für die Geltungsdauer des Tarifvertrages dessen Bedingungen als vollständig akzeptiert anzusehen sind. Während der Laufzeit eines Tarifvertrages ist daher jeder Arbeitskampf untersagt, der die Veränderung von Regelungsgegenständen zum Inhalt hat, die vom Tarifvertrag bereits umfasst sind.

Fallbeispiel

Die Gewerkschaft G hat mit dem Arbeitgeber einen Tarifvertrag zur Regelung verschiedener Arbeitsbedingungen geschlossen, der jedoch die Vergütung ausdrücklich ausklammert. Noch während der Laufzeit dieses Tarifvertrages fordert die Gewerkschaft den Abschluss eines Vergütungstarifvertrages. Da die Vergütung bisher nicht tarifvertraglich geregelt ist, liegt kein Verstoß gegen die Friedenspflicht vor.

Hat die Laufzeit eines Tarifvertrages geendet, oder wird der erstmalige Abschluss eines Tarifvertrages begehrt, müssen alle Verständigungsmöglichkeiten ausgeschöpft werden, bevor das Kampfmittel des Streiks ergriffen werden darf.[25] Vor der Fassung des förmlichen Streikbeschlusses muss die Gewerkschaft deshalb das Scheitern der Verhandlungen feststellen, wobei das nicht durch einen förmlichen Beschluss erfolgen muss. Für das Scheitern der Verhandlungen können jedoch kaum objektive und nachprüfbare Kriterien festgelegt werden. Es muss der subjektiven Einschätzung der Gewerkschaft vorbehalten bleiben, zu welchem Zeitpunkt sie von einem Scheitern der Verhandlung ausgeht und Arbeitskampfmaßnahmen einleitet.[26] Gerade wenn die Gewerkschaft zunächst zu sehr kurzen und punktuellen Warnstreiks aufruft, liegt darin ein rechtmäßiges Nutzen der ihr zur Verfügung stehenden Eskalationsstufen

---

[24] BAG, NZA 1992, 163.
[25] Grundsätzlich BAG, NJW 1971, 1668.
[26] In diese Richtung BAG, NZA 1988, 846.

von Beginn der Verhandlung bis hin zum zeitlich unbegrenzten und flächendecken-
den Streik. Im Ergebnis hat die Gewerkschaft bei der Frage der Eröffnung eines
Arbeitskampfes eine weite Einschätzungsprärogative.[27]◄

3.2.2.3 Verhältnismäßigkeit

Sind die vorgenannten Voraussetzungen erfüllt, hat eine Gewerkschaft grundsätzlich das
Recht, ihre Forderungen streikweise durchzusetzen. Gleichwohl kann dies nicht ohne jede
Berücksichtigung der Interessen der Arbeitgeberseite erfolgen. Jeder Streik muss auch der
Frage seiner Verhältnismäßigkeit standhalten können. Im Kern sind dafür die gewerk-
schaftlichen Forderungen in Relation zu den berechtigten Interessen der betroffenen
Arbeitgeber zu setzen.

Unmittelbar eingängig ist danach, dass durch einen Arbeitskampf nicht die existenzi-
elle Vernichtung des Arbeitgebers beabsichtigt sein darf. Die Gewerkschaft muss einen
Arbeitskampf tarifbezogen immer so führen, dass nach dessen Beendigung die Fortführung der Arbeit angestrebt wird. Andernfalls wäre der Streik rechtsmissbräuchlich.[28]

Ähnlich liegen die Dinge, wenn durch den Streik gezielt in das Eigentum oder die
weitere Substanz eines bestreikten Betriebes eingegriffen wird. So müssen Erhaltungsarbeiten auch während eines Streiks genauso ermöglicht werden wie alle anderen Arbeiten,
die erforderlich sind, um die vorhandenen Betriebsmittel in ihrer Substanz zu erhalten.[29]
Der Umfang von Erhaltungsarbeiten ist jedoch definitionsgemäß eng zu fassen, da der
Eintritt wirtschaftlicher Schäden wie etwa Umsatzeinbußen oder der Verlust von Kunden o. Ä. eine natürliche Begleiterscheinung des Streiks sind, die überhaupt erst sein
qualitatives Druckpotenzial ausmacht.

Fallbeispiel

Die Gewerkschaft bestreikt einen Betrieb, in welchem Stahl gekocht wird. Die dafür
benötigten Öfen müssen ununterbrochen gewartet werden, damit sie nicht in Gefahr
einer irreparablen Beschädigung geraten, was einen Millionenschaden zur Folge hätte.
Die Gewerkschaft ist daher verpflichtet, auch während des Streiks die Wartungsarbeiten
zu ermöglichen.◄

Über die vorgenannten sehr eingängigen Konstellationen hinaus ist indes der Grundsatz
der Verhältnismäßigkeit in der Praxis deutlich schwerer handhabbar. Der Verhältnismäßigkeitsgrundsatz verlangt, dass ein Streik bezogen auf dessen Ziel geeignet, erforderlich und

---

[27] Siehe etwa BAG, NZA 1991, 815 zu dem Fall, dass die Arbeitgeberseite bereits generell Verhandlungen abgelehnt hat.
[28] BAG, NZA 1993, 809.
[29] BAG, NZA 1995, 958.

angemessen ist.[30] Dieser abstrakte Prüfungsmaßstab kann nur dann sinnvoll angewendet werden, wenn die daraus abzuleitende Interessenabwägung hinreichend konkret und vor allem bezogen auf die speziellen Umstände des jeweiligen Einzelfalles erfolgt.

Aus dem Verhältnismäßigkeitsgrundsatz folgt eine dreistufige Prüfung. Zunächst muss der Streik überhaupt geeignet sein, das verfolgte Ziel erreichen zu können. Darüber hinaus muss der Streik auch erforderlich sein, sodass kein gleichermaßen geeignetes Mittel zur Verfügung stehen darf. Da sich beide Prüfkriterien nur anhand des bisherigen Verhandlungsverlaufs bzw. nach dem Verhalten der Arbeitgeberseite beurteilen lassen und zudem eine Prognose hinsichtlich der vermuteten Reaktion auf den Streik erforderlich ist, muss der Gewerkschaft hierfür ein breiter Handlungsspielraum zugestanden werden. Das gilt umso mehr, als die Gewerkschaft bei der Wahl des Ob und des Wie eines Streiks die Chance haben muss, eine eigene Einschätzung der Situation und darauf fußend eine eigene Prognose des weiteren Verlaufs vorzunehmen.[31]

Im Kern läuft die Verhältnismäßigkeitsprüfung folglich auf die Frage der Angemessenheit hinaus. Danach muss im Einzelfall der Streik als Form der grundgesetzlich geschützten koalitionsmäßigen Betätigung im Hinblick auf das durch diesen Streik verfolgte Ziel mit den Rechtspositionen der Arbeitgeberseite und dem jeweiligen Betroffenheitsgrad abgewogen werden. Die Abwägung hat auf der Ebene der Rechtspositionen stattzufinden. Nur ganz ausnahmsweise sind auch wirtschaftliche Erwägungen hinzuzuziehen, die gerade auf Arbeitgeberseite in der Praxis eine große Rolle spielen. Eine wirtschaftliche Beeinträchtigung der durch einen Streik betroffenen Arbeitgeber folgt aus der Natur eines Streiks und ist deshalb grundsätzlich auch dann hinzunehmen, wenn sie erheblich ist. Lediglich bei einem offensichtlichen Missverhältnis zwischen dem Streikziel und den durch den Streik verursachten wirtschaftlichen Schäden und einer gerade darauf abzielenden Streikweise der Gewerkschaft kann in Ausnahmefällen von einem Rechtsmissbrauch und damit einer Rechtswidrigkeit des Streiks ausgegangen werden.

Für ein besseres Verständnis des Kriteriums der Angemessenheit sollen deshalb nachfolgend einige typische und aktuelle Streikarten näher dargestellt werden. Anhand der Beispiele des Wellenstreiks, Flashmobs sowie des Unterstützungsstreiks werden die jeweils spezifischen Anforderungen an deren Angemessenheit beleuchtet, sodass sich aus einer wertenden Gesamtbetrachtung eine Konkretisierung der Angemessenheitsanforderungen ergibt.

3.2.2.3.1 Wellenstreik

Zunächst soll die Angemessenheitskontrolle anhand des sogenannten Wellenstreiks vertieft werden. Der Terminus „Wellenstreik" ist kein feststehender Rechtsbegriff, sondern beschreibt eine bestimmte Art gewerkschaftlicher Kampftaktik. Ein Wellenstreik setzt in besonderer Weise auf das Überraschungsmoment einer Arbeitsniederlegung. Die Gewerkschaft identifiziert besonders sensible, weil wirtschaftlich bedeutende, Zeiträume im

---

[30] BAG, NZA 2009, 1347.
[31] BAG, NZA 2007, 1055.

betrieblichen Prozess und legt ausschließlich für diese Zeiträume die Arbeit nieder. Bis dahin wird ordnungsgemäß gearbeitet. Unmittelbar nach einem solchen Zeitraum wird die Arbeit wiederaufgenommen bzw. die Arbeitsleistung angeboten.

Fallbeispiel

In einem Druckereibetrieb legt die Gewerkschaft für eine kurze Dauer den Druck einer Tageszeitung nieder. Die Zeitung kann daher nicht fristgerecht erstellt werden, sodass die Gesamtarbeit für einen kompletten Arbeitstag einschließlich Redaktion, Layout etc. vergebens war. Direkt im Anschluss nehmen die Drucker ihre Tätigkeit wieder auf.[32] ◄

Gegenüber einer solchen Kampftaktik hat der betroffene Arbeitgeber nahezu keine Reaktionsmöglichkeit. Allein durch das Überraschungsmoment ist der Arbeitgeber bereits faktisch daran gehindert durch entsprechende Personalmaßnahmen oder die Beanspruchung externer Dienste den Arbeitsausfall oder auch nur dessen Folgen zu kompensieren. Die Kampfparität als Ausdruck des Angemessenheitsprinzips ist folglich kaum mehr gewahrt. Deshalb bedarf diese Form des Streiks einer Korrektur der Risikoverteilung zwischen den Beteiligten. Das wird im Wege der Verschiebung des Entgeltrisikos erreicht. Grundsätzlich würden die streikenden Arbeitnehmer nur für den Zeitraum der Streikdauer nicht bezahlt werden. Anschließend würde das vertragliche Entgelt wieder geschuldet werden. Dieses Ergebnis wäre jedoch unangemessen, da sämtliche Tätigkeiten der betroffenen Beschäftigten aufgrund des gewerkschaftlich geplanten zeitlichen und organisatorischen Zusammenhangs mit dem Streik für den Arbeitgeber insgesamt wertlos werden.[33] Zur Wiederherstellung einer noch angemessenen Kampfparität wird folglich das einem Streik immanente Entgeltrisiko wieder (teilweise) auf die Gewerkschaft zurück verschoben.

3.2.2.3.2 Flashmob

Ein weiteres instruktives Beispiel für Verhältnismäßigkeitserwägungen ist der „Flashmob". Als Flashmob wird eine konzertierte Aktion bezeichnet, die völlig unerwartet und unvorhersehbar erfolgt und nur einen sehr kurzen Moment in Anspruch nimmt. Ein Flashmob ist daher noch deutlich überraschender als der bereits genannte Wellenstreik. Im Zusammenhang mit Arbeitskämpfen ist der Flashmob als originelle gewerkschaftliche Kampfmaßnahme dahingehend in Erscheinung getreten, dass im Einzelhandel der Geschäftsablauf spontan und medienwirksam gestört wird.

---

[32] Siehe dazu ErfK/*Linsenmaier* Art. 9 GG Rn. 147 m. w. N.
[33] BAG, NZA 1997, 393.

Fallbeispiel

Während der Öffnungszeiten einer Supermarktfiliale kommen zahlreiche Gewerkschafter als Kunden in den Laden und kaufen Kaugummis, die sie mit großen Scheinen
bezahlen. Auch befüllen sie Einkaufswagen mit unterschiedlichen Produkten und
lassen die Wagen dann befüllt in den Gängen stehen. Faktisch wird damit der ordentliche Betriebsablauf für einige Zeit gestört, da die Wechselgeldbeschaffung und das
Aufräumen noch nach dem Ende einer solchen schnellen Aktion zeitlich nachwirken. ◀

Ein solches Verhalten nutzt bewusst den Spielraum zwischen unerwünschtem und verbo-
tenem Verhalten aus. Auch zielt ein solcher Flashmob in hohem Maße auf Öffentlichkeits-
wirkung wegen der Ungewöhnlichkeit und Originalität der Maßnahme. Angemessen und
damit verhältnismäßig kann ein Flashmob jedoch nur sein, wenn der betroffene Arbeitgeber auch die Möglichkeit zur Reaktion hat. Andernfalls bekäme die Gewerkschaft ein
Kampfmittel an die Hand, welches sie einseitig und folgenlos (kein Verdienstausfall, da im
Supermarkt weitergearbeitet wird) einsetzen könnte. Damit wäre die Kampfparität unangemessen verletzt. Das Bundesarbeitsgericht hat deshalb für die Rechtmäßigkeit einer
solchen Aktion das Erfordernis aufgestellt, dass ein solcher Flashmob für den Arbeitgeber als gewerkschaftliche Kampfaktion klar erkennbar sein muss.[34] Außerdem steht
dem Arbeitgeber die Abwehrmaßnahme der vorübergehenden Betriebsschließung zu.[35]
Die Grenze solcher kreativen Flashmob-Aktionen dürfte erst da überschritten werden, wo
gezielt in das Eigentum des betroffenen Arbeitgebers eingegriffen wird, was etwa durch
Unterbrechung der Kühlkette bei in Einkaufswagen gelegten Lebensmitteln der Fall ist.[36]

3.2.2.3.3 Unterstützungsstreik

Eine weitere Problematik weist der Unterstützungsstreik auf. Hier stellt sich bereits die
Frage, ob durch einen Unterstützungsstreik überhaupt das Ziel des Abschlusses eines
Tarifvertrages angestrebt wird, wenn sich der Unterstützungsstreik gar nicht unmittelbar
gegen den Tarifpartner richtet. Hierbei ist jedoch zu beachten, dass auch ein Unterstützungsstreik für einen Hauptarbeitskampf der Einflussnahme auf die Arbeitgeberseite dient,
weshalb keine grundsätzliche Unzulässigkeit vorliegt.[37]

Liegt eine hinreichende Nähe aufgrund vorhandener wirtschaftlicher Verpflichtungen
der Arbeitgeberseite vor, ist auch ein Unterstützungsarbeitskampf zulässig, soweit er den
Grundsatz der Verhältnismäßigkeit wahrt. Ein Unterstützungsarbeitskampf ist nur dann
angemessen, wenn jedenfalls die Möglichkeit der Einflussnahme auf die Arbeitgeberseite
besteht. Auch darf kein evidentes Missverhältnis zwischen dem Unterstützungsstreik und

---

[34] BAG, NZA 2009, 1347; im Kern bestätigt durch BVerfG, NJW 2014, 1874.

[35] BAG, NZA 2009, 1347; ausführlich dazu ErfK/*Linsenmaier* Art. 9 GG Rn. 277b m. w. N. Insbesondere auch zur Kritik an dieser Rechtsprechung.

[36] BAG, a. a. O; sehr kritisch dazu etwa *Zöllner/Loritz/Hergenröder,* Arbeitsrecht § 44 Rn. 45.

[37] BAG, NZA 2007, 1055.

der Beeinträchtigung des bestreikten Betriebes bestehen, da dieser nicht der gewünschte Tarifpartner ist.

3.2.2.4 Individualrechtliche Rechtsfolgen

Unter Vorgriff auf den individualrechtlichen Teil dieses Lehrbuchs sollen wegen der unmittelbaren inhaltlichen Nähe bereits hier die rechtlichen Folgen eines Streiks für den einzelnen Arbeitnehmer beschrieben werden. Hierzu hat das Bundesarbeitsgericht die treffende allgemeine Formulierung geprägt:

> „Während der Teilnahme an einem rechtmäßigen Streik sind die beiderseitigen Rechte und Pflichten aus dem Arbeitsverhältnis suspendiert. Die Arbeitnehmer sind nicht zur Erbringung der Arbeitsleistung verpflichtet, verlieren aber gleichzeitig den Lohnanspruch."[38]

Wie bereits ausgeführt, ist das Streikrecht als solches ein Kollektivgrundrecht der Gewerkschaft nach Art. 9 Abs. 3 GG. Der einzelne Arbeitnehmer hat darauf fußend jedoch auch ein individuelles Teilnahmerecht am Streik. Solange ein Arbeitnehmer am Streik teilnimmt, entfällt auch sein Vergütungsanspruch. Dies ist folglich der Einsatz, den der einzelne Arbeitnehmer zur Verbesserung seiner Arbeits- und Wirtschaftsbedingungen leistet. Der einzelne streikende Arbeitnehmer verzichtet bewusst für die (möglicherweise unbestimmte) Dauer des Arbeitskampfes auf seinen Vergütungsanspruch und geht dadurch folglich ganz persönlich in das Risiko. Ohne zuvor erzieltes Einvernehmen mit den gleichfalls betroffenen Arbeitnehmern innerhalb der gewerkschaftlichen Organisation wäre dieses Risiko genauso unvertretbar wie in einem Fall, in welchem das angestrebte Streikziel erkennbar nicht zu erreichen ist. Die individuelle Entscheidung zur Teilnahme an einem Streik stellt deshalb den einzelnen Arbeitnehmer genauso vor Abwägungsfragen, wie es für die Gewerkschaft als Ganzes der Fall ist.

Als teilweise Kompensation für den Gehaltsausfall zahlt die Gewerkschaft ihren Mitgliedern ein Streikgeld, damit diese nicht in ihrer individuellen finanziellen Existenz bedroht sind. Der Wegfall des Vergütungsanspruchs umfasst die gesamte Vergütung einschließlich Zuschlägen etc., soweit diese unmittelbar an die zu erbringende Arbeitsleistung geknüpft sind. Eine Streikteilnahme hat dagegen keine Auswirkungen auf den Urlaubsanspruch, da dieser einzig durch den Bestand des Arbeitsverhältnisses entsteht.[39]

Fallbeispiel

Gewerkschaftsmitglied A nimmt rechtmäßig an einem Streik teil. Für die Dauer des Streiks erhält er keine Vergütung. Der Streik endet am 24.12. des Jahres. A nimmt die Arbeit daher erst am Montag, den 27.02. des Jahres wieder auf. Der Arbeitgeber zahlt für den Dezember sodann das Gehalt vom 27.12 bis zum 31.12. A fragt, ob er auch für

---

[38] BAG, NZA 1994, 1097.
[39] BAG, AP Nr. 11 zu § 3 BUrlG.

die beiden Weihnachtsfeiertage vergütet werden müsste? A hätte dann Anspruch auf
Feiertagsvergütung, wenn der Arbeitsausfall nicht streikbedingt war. Da vorliegend der
Streik offiziell bereits vor den beiden Feiertagen beendet wurde, resultiert der Arbeitsausfall einzig aus den gesetzlichen Feiertagen. Folglich steht A die begehrte Vergütung
zu.◄

Die Teilnahme an einem Streik berechtigt den Arbeitgeber nicht zur Kündigung. Andererseits folgt aus dem Bestehen eines Streiks auch kein Kündigungsverbot. Unabhängig vom
Vorliegen eines ordentlichen oder außerordentlichen Kündigungsgrundes, der inhaltlich
nichts mit der Streikteilnahme zu tun hat, kann indes die Teilnahme an einem rechtswidrigen Streik für sich betrachtet einen Kündigungsgrund darstellen. Die Hürden sind hierfür
jedoch hoch, da für den Arbeitnehmer die Rechtswidrigkeit seines Handelns jedenfalls
erkennbar gewesen sein muss.[40]

3.2.2.5 Rechtswidrigkeit des Streiks

Aus den vorangegangenen Ausführungen folgt, dass ein Streik bestimmte Voraussetzungen erfüllen muss, um seinerseits rechtmäßig durchgeführt zu werden. Im Umkehrschluss
stellt sich ein Streik bei einer Verletzung dieser Grundsätze als rechtswidrig dar.

Ist ein Streik rechtswidrig, muss der einzelne betroffene Arbeitgeber diesen genauso
wenig hinnehmen wie ein betroffener Arbeitgeberverband. Auch führt die Teilnahme an
einem rechtswidrigen Streik nicht zu einem Wegfall der wechselseitigen Pflichten aus
dem Arbeitsverhältnis zwischen dem Arbeitgeber und dem einzelnen Arbeitnehmer.

Letzteres hat insbesondere zur Folge, dass der an einem rechtswidrigen Streik teilneh-
mende Arbeitnehmer nicht von seiner Pflicht zur Erbringung der Arbeitsleistung befreit
ist. In der Folge drohen dem Arbeitnehmer daher auch individualrechtliche Folgen wegen
einer Verletzung der Arbeitspflicht. Dies kann bis zu einer Kündigung führen. Auch kommen Schadensersatzansprüche wegen Vertragsverletzung in Betracht. In der Praxis werden
die Hürden für solche Sanktionen durch die Arbeitsgerichte jedoch hoch gelegt. Zunächst
wird zugunsten des Arbeitnehmers bei gewerkschaftlich organisieren Streiks davon ausgegangen, dass der Arbeitnehmer von der Rechtmäßigkeit des Streiks ausgehen durfte.[41]
Zudem wird zugunsten des Arbeitnehmers eine bloße Streikteilnahme ohne ein beson-
deres persönliches rechtswidriges und schuldhaftes Handeln im Zusammenhang mit der
Streikmaßnahme regelmäßig im Zuge der Interessenabwägung bei einer Kündigung für
nicht ausreichend erachtet, um diese zu rechtfertigen.[42]

---

[40] BAG, AP Nr. 41 zu Art. 9 GG.
[41] BAG, NZA 1984, 34.
[42] BAG, a. a. O.

Fallbeispiel

Karl nimmt an einem Streik seiner Gewerkschaft teil, nachdem diese ordnungsgemäß über den Streik abgestimmt und zu diesem aufgerufen hat. Der bestreikte Arbeitgeber erwirkt später eine Gerichtsentscheidung, welche die Rechtswidrigkeit des Streiks feststellt. Dem Karl drohen nun weder Kündigung noch Schadensersatzforderungen des Arbeitgebers, da die Rechtswidrigkeit des Streiks sich für ihn nicht aufdrängen musste und er persönlich ein bloßer Streikteilnehmer war.◄

Für die Arbeitgeberseite ist als Adressat von Maßnahmen gegen einen rechtswidrigen Streik deshalb die den Streik tragende Gewerkschaft zielführender. Gegen diese besteht ein Anspruch auf Unterlassung des rechtswidrigen Arbeitskampfes, da durch den rechtswidrigen Streik in den nach § 823 Abs. 1 BGB geschützten eingerichteten und ausgeübten Gewerbebetrieb eingegriffen wird.[43] Der Unterlassungsanspruch ist arbeitgeberseitig im Regelfall so schnell wie möglich durchzusetzen. Grundsätzlich ist es deshalb möglich, den Unterlassungsanspruch bereits präventiv geltend zu machen[44] oder diesen im Wege einer einstweiligen Verfügung in Form eines richterlichen Streikverbotes durchzusetzen.[45] Eine einstweilige Verfügung kann jedoch nur dann in Betracht kommen, wenn sie ausnahmsweise nicht einer Hauptsacheentscheidung vorgreiflich wäre oder wenn die Rechtswidrigkeit des Streiks bereits nach einer summarischen Prüfung feststellbar ist und zudem die der Arbeitgeberseite durch eine Fortsetzung des Streiks entstehenden Schäden außergewöhnlich hoch und unverhältnismäßig wären.

Der Unterlassungsanspruch als solcher kann sich nicht nur auf die Beendigung der laufenden Streikmaßnahme beziehen, sondern auch durch eine drohende Wiederholungsgefahr begründet werden.[46]

3.2.3 Aussperrung

Das zentrale Kampfmittel des Arbeitgebers ist die Aussperrung. Grundsätzlich kann eine Aussperrung sowohl als Angriffs- und Verteidigungsmittel eingesetzt werden. Eine Angriffsaussperrung eröffnet den Arbeitskampf, um arbeitgeberseitig den Abschluss eines Tarifvertrages herbeizuführen. Eine Abwehraussperrung ist dagegen die Reaktion auf den gewerkschaftsseitig durch einen Streik begonnenen Arbeitskampf. Praktisch spielt die Angriffsaussperrung eine so untergeordnete Rolle, dass nachfolgend vom Regelfall der Abwehraussperrung ausgegangen wird.

---

[43] BAG, NZA 1991, 815.
[44] BAG, NZA 2013, 437.
[45] Siehe dazu vertiefend ErfK/*Linsenmaier* Art. 9 GG Rn. 228 ff.
[46] BAG, NZA 2013, 437.

Eine Aussperrung wird definiert als Zurückweisung der Arbeitsleistung bei gleichzeitiger Verweigerung der Vergütungszahlung. Um hinreichenden Druck auf die Arbeitnehmerseite ausüben zu können, darf eine Aussperrung sich sowohl auf alle Mitglieder der streikenden Gewerkschaft als auch auf die Außenseiter beziehen. Durch eine Aussperrung kann der einzelne streikbetroffene Arbeitgeber folglich alle im Betrieb beschäftigten Arbeitnehmer von der Möglichkeit zur Arbeitsleistung ausschließen. Darin liegt gerade der kampftaktische Zweck einer Aussperrung. Die bereits ihrerseits streikenden Arbeitnehmer würden durch eine arbeitgeberseitige Aussperrung nicht tangiert, da diese durch den Streik ohnehin keine Vergütungsansprüche haben. Durch die Einbeziehung des nicht streikenden Teils der Belegschaft wird somit die Möglichkeit einer Spaltung des Arbeitnehmerlagers herbeigeführt. Damit erhält die Arbeitgeberseite ein Kampfmittel, das geeignet ist, die durch einen Streik zugunsten der Gewerkschaft verschobene Verhandlungsmacht wieder in ein mögliches Gleichgewicht zu bringen.

Aus diesem Gedanken der Wiederherstellung eines Verhandlungsgleichgewichts erwächst zugleich der Prüfungsmaßstab für die Rechtmäßigkeit einer Aussperrung. Wie ein Streik auch muss eine Aussperrung dem Grundsatz der Verhältnismäßigkeit genügen. Daraus folgt, dass eine Aussperrung in Relation zum Streik gesetzt werden muss. Wesentliches Abwägungskriterium hierfür ist die Anzahl der in einem Tarifgebiet am Streik teilnehmenden Arbeitnehmer. Je weniger Arbeitnehmer gewerkschaftlich zur Teilnahme am Streik aufgerufen werden, desto geringer muss die Anzahl der von der Aussperrung betroffenen Arbeitnehmer sein. Das Bundesarbeitsgericht hat hierzu eine grobe Quotenregelung aufgestellt, die indizielle Wirkung für die Verhältnismäßigkeit einer Aussperrung hat.[47]

Fallbeispiel

Die Gewerkschaft fasst einen Streikbeschluss, wonach in den Betrieben A und B des Arbeitgeberverbandes gestreikt werden soll. In diesen Betrieben sind ca. drei Prozent der Arbeitnehmer des Tarifgebietes beschäftigt. Der Arbeitgeberverband reagiert auf den Streik dahingehend, dass er alle Mitgliedsunternehmen zu einer vollständigen Aussperrung aufruft.◄

Diese Form der Abwehraussperrung ist unverhältnismäßig, da sie nicht mehr der Herstellung eines Verhandlungsgleichgewichtes dient.[48]

Verstößt die Arbeitgeberseite mit einer Aussperrung gegen den Verhältnismäßigkeitsgrundsatz, ist die Aussperrung rechtswidrig. Eine rechtswidrige Aussperrung befreit den Arbeitgeber nicht von seiner Vergütungsverpflichtung. Der Arbeitgeber befindet sich mit der Annahme der durch die nicht streikenden Arbeitnehmer angebotenen Arbeitsleistung

---

[47] Siehe etwa BAG, NZA 1985, 537 zu konkreten Quotenverhältnissen, wobei die Indizwirkung nicht überbewertet werden sollte.

[48] Zur Relation von Streikbeschluss und Aussperrungsbeschluss BAG, NZA 1988, 890.

in Verzug nach den §§ 615, 293, 294 BGB. Folglich muss die geschuldete Vergütung (nach-)geleistet werden.

Vergleichbar dem Unterlassungsanspruch der Arbeitgeberseite im Falle eines rechtswidrigen Streiks besteht zudem ein Unterlassungsanspruch der Gewerkschaft bei Vorliegen einer rechtswidrigen Aussperrung, da die rechtswidrige Aussperrung die Koalitionsfreiheit der Gewerkschaft nach Art. 9 Abs. 3 GG verletzt.

3.3   Tarifrecht

Fußend auf den zuvor ausgeführten Grundlagen zum Recht der Koalition[49] und zur Tarifautonomie[50] ist nun das Tarifvertragsrecht zu betrachten. Für das Verständnis des Tarifvertragsrechtes ist es unerlässlich, sich stets das Verhältnis der handelnden Akteure auf Arbeitnehmer- und Arbeitgeberseite vor Augen zu führen. Ohne das Wechselspiel und die damit verbundene Möglichkeit zum Arbeitskampf zwischen den Gewerkschaften und Arbeitgeberverbänden bzw. einzelnen Arbeitgebern kann das Tarifvertragsrecht nicht sinnerfassend angewendet werden. Im bestmöglichen Fall steht als Ergebnis aller wechselseitigen Bemühungen der Koalitionen der Abschluss eines Tarifvertrages. Um dieses Ergebnis zu erreichen, sind die Koalitionen mit den genannten großen Handlungsspielräumen durch das Grundgesetz ausgestattet worden und dabei in ihrer jeweiligen Betätigung frei von staatlichen Eingriffen.

Das Tarifvertragsrecht setzt auf diese grundlegenden Strukturen auf und regelt die konkrete Ausgestaltung des Abschlusses und der Wirkung von Tarifverträgen. Dabei handelt es sich folglich um eine Konkretisierung der grundgesetzlichen Wertentscheidungen. Das Tarifvertragsgesetz (TVG) unterstreicht diese Wertungen insbesondere dadurch, dass Tarifverträgen nach den §§ 1 Abs. 1, 4 Abs. 1 TVG Gesetzescharakter mit grundsätzlich unmittelbarer und zwingender Wirkung zukommt.

Die Verbreitung von Tarifverträgen ist je nach Region und Branche sehr unterschiedlich. Bei ca. 30 Mio. Beschäftigungsverhältnissen in Deutschland finden Tarifverträge nur auf rund fünf Mio. Beschäftigte Anwendung. Dem gewerkschaftlichen Organisationsgrad folgend ist die Verbreitung von Tarifverträgen insbesondere in traditionellen Branchen wie etwa der Metallindustrie überdurchschnittlich. Dagegen sind Tarifverträge im Bereich kleinerer Dienstleistungsunternehmen unterdurchschnittlich verbreitet. Über die Möglichkeit einzelvertraglicher Bezugnahmeklauseln erreichen Tarifverträge jedoch eine deutlich höhere Anzahl an Beschäftigten. Aus der arbeitsrechtlichen Praxis sind sie deshalb nicht wegzudenken.

---

[49] Siehe dazu Abschn. 3.1 „Koalitionen".
[50] Siehe dazu Abschn. 3.2.1 „Tarifautonomie".

3.3.1 Arten des Tarifvertrages

Je nach Inhalt und Anwendungsbereich eines Tarifvertrages wird nach unterschiedlichen Vertragstypen differenziert. So gibt es Verbands- und Firmentarifverträge.[51] Verbreitet sind auch Rahmen- und Gehaltstarifverträge.[52] Schließlich bedürfen tarifliche Sozialpläne der Erwähnung.

Zunächst sind Verbands- und Firmentarifverträge voneinander abzugrenzen. Dies erfolgt danach, wer auf Arbeitgeberseite den Tarifvertrag schließt. Ist ein einzelner Arbeitgeber der Tarifpartner, liegt ein Firmentarifvertrag vor. Wird der Tarifvertrag dagegen mit einem Arbeitgeberverband geschlossen, handelt es sich um einen Verbandstarifvertrag.

Von einem Rahmentarifvertrag ist die Rede, wenn der Inhalt des Tarifvertrages allgemeine Arbeitsbedingungen regelt. Dabei wird regelmäßig die konkrete Vergütungshöhe ausgeklammert. Diese ist dann wiederum Gegenstand des Gehaltstarifvertrages. Solche allgemeinen Arbeitsbedingungen sind etwa Urlaubs- und Arbeitszeit, aber auch die Festlegung von Gehaltsgruppen nach bestimmten Tätigkeitsmerkmalen oder sonstigen Beschreibungen von Arbeitsinhalten. Die konkrete Höhe der Vergütung für die jeweiligen Gehaltsgruppen bleibt dann einem gesonderten Gehaltstarifvertrag vorbehalten. Hintergrund dieser Differenzierung ist die daraus erwachsende größere Flexibilität der Tarifpartner. Während die allgemeinen Arbeitsbedingungen in vielen Fällen über eine lange Zeit unverändert Bestand haben können und oftmals auch sollen, ist das bei der Vergütung gerade aus Sicht der Gewerkschaften nicht der Fall. Gehaltstarifverträge werden aus diesem Grund mit deutlich kürzeren Laufzeiten als Rahmentarifverträge abgeschlossen. Die Auseinandersetzung über Folgetarifverträge kann dadurch auf die eine Veränderung der Vergütung fokussiert werden.

Tarifliche Sozialpläne regeln einen Sonderfall der unternehmerischen Wirklichkeit. Sie werden zumeist mit einem konkreten Unternehmensbezug in Situationen geschlossen, aus welchen aufgrund arbeitgeberseitiger Grundsatzentscheidungen erhebliche Nachteile für die Beschäftigten erwachsen. Das ist insbesondere bei Betriebsstilllegungen, Standortverlagerungen oder anderen gravierenden Eingriffen in die bisherige Beschäftigungsstruktur der Fall. Gerade im Vorgriff auf drohende Massenentlassung oder Versetzungen kann es ein zielführendes Mittel der Tarifpartner sein, über einen tariflichen Sozialplan besondere Härten für die betroffenen Arbeitnehmer abzufedern. Praktisch erfolgt dies z. B. durch die Vereinbarung von freiwilligen Abfindungsprogrammen oder die Bereitstellung von Geldern für die Weiterbildung von Arbeitnehmern, sodass diese zusätzliche Qualifikationen erlangen können und eine drohende Arbeitslosigkeit möglichst abgewendet werden kann. Der Abschluss tariflicher Sozialpläne hat daher trotz seiner eher

---

[51] Für Firmentarifverträge wird auch der Begriff Haustarifvertrag verwendet.

[52] Verbreitet für die Bezeichnung Rahmentarifvertrag ist auch der Begriff Manteltarifvertrag; Gehaltstarifverträge werden auch Lohn- oder Vergütungstarifverträge genannt.

abwicklungsorientierten und nicht auf die Veränderung dauerhafter Arbeits- und Wirtschaftsbedingungen gerichteten Zielsetzung einen anerkannten Platz im Kanon einer
Tarifvertragsarten gefunden.[53]

3.3.2 Inhalt

Die Frage des Inhalts eines Tarifvertrages ist unter zwei verschiedenen Gesichtspunkten zu betrachten. Das ergibt sich aus den beiden Kernaussagen des § 1 Abs. 1 TVG.
Danach wird zum einen bestimmt, was im Wortsinne der Inhalt, also der Regelungsgehalt
eines Tarifvertrages sein kann. Zum zweiten wird dort ausgeführt, dass ein Tarifvertrag
„Rechtsnormen" enthält. Hieraus folgt die Differenzierung zwischen dem materiellen Teil
und dem normativen Teil des Tarifvertrages.

Wie bereits zuvor zur Rechtsnatur des Tarifvertrages ausgeführt,[54] ergibt sich aus der
Tatsache, dass Tarifverträge Rechtsnormcharakter haben, dessen Stellung in der arbeitsrechtlichen Normenhierarchie. Die Tarifpartner haben die Befugnis, die für sie geltenden
Arbeits- und Wirtschaftsbedingungen selber qua Tarifvertrag zu regeln. Die Tarifpartner
haben folglich eine eigene Normensetzungsbefugnis. Mit welchem tatsächlichen Regelungsinhalt ein Tarifvertrag vereinbart wird, ist wiederum Sache des schuldrechtlichen
Teils.

3.3.2.1 Schuldrechtlicher Teil des Tarifvertrages

Der schuldrechtliche Teil eines Tarifvertrages beschreibt die inhaltlichen Regelungen, welche die Rechte und Pflichten der Tarifvertragsparteien bestimmen. Was diese für einen
konkreten Regelungsgehalt ausweisen, ist Sache der Tarifvertragsparteien. Diese werden
durch § 1 Abs. 1 TVG gerade nicht in ihren Möglichkeiten zur Regelung der Arbeits- und
Wirtschaftsbedingungen beschränkt, da andernfalls ein Verstoß gegen die Tarifautonomie
als Bestandteil der Koalitionsfreiheit nach Art. 9 Abs. 3 GG vorliegen würde. Wie sich
bereits aus der Breite der unterschiedlichen Tarifvertragsarten ergibt, ist der schuldrechtliche Regelungsinhalt von Tarifverträgen ausgesprochen unterschiedlich und entzieht sich
daher einer zielführenden generalisierenden Betrachtung. Zu erwähnen ist jedoch, dass
auch die Friedenspflicht der Tarifvertragsparteien als Verbot von Kampfmaßnahmen während der Laufzeit eines Tarifvertrages eine aus dem Wesen des Tarifvertrages abzuleitende
schuldrechtlich wirkende Folge ist.[55]

Der schuldrechtliche Charakter eines Tarifvertrages folgt unmittelbar daraus, dass
die Tarifautonomie der kollektivrechtliche Teil der Privatautonomie ist. Hieraus folgt
wiederum die Anwendbarkeit der allgemeinen schuldrechtlichen Grundsätze auch auf
Tarifverträge. Das gilt namentlich für die zivilrechtlichen Generalklauseln der §§ 138, 242

---

[53] BAG, AP Nr. 2 zu § 1 TVG.
[54] Siehe Abschn. 2.2.6 „Tarifverträge".
[55] BAG, AP Nr. 113 zu Art. 9 GG.

BGB zur Sittenwidrigkeit von Verträgen sowie dem Gebot von Treu und Glauben. Darüber hinaus sind auch die weiteren schuldrechtlichen Normen des BGB auf Tarifverträge anzuwenden. So kann etwa auch ein Tarifvertrag in Bezug auf seine schuldrechtlichen Inhalte der Anfechtung nach den §§ 119 ff. BGB unterliegen oder wegen eines Verstoßes gegen die gesetzlich vorgeschriebene Form nach § 125 BGB nichtig sein. Das kann in der Praxis zu erheblichen Schwierigkeiten bei einer möglichen Rückabwicklung bereits erbrachter Leistungen führen. Wie im Individualarbeitsrecht auch wird hierzu auf die Grundsätze des sogenannten fehlerhaften Arbeitsverhältnisses zurückgegriffen, wonach so getan wird, als würden Unwirksamkeitsgründe keine Rückwirkung entfalten.[56]

Fallbeispiel

Arbeitnehmer A erhält aufgrund eines Tarifvertrages monatelang eine Zulage für geleistete Überstunden. Wie sich sodann später herausstellt, war der Tarifvertrag wegen eines Verstoßes gegen ein gesetzliches Verbot nach § 134 BGB von Anfang an nichtig. Die bereits gezahlten Überstundenzulagen müssen gleichwohl nicht wieder zurückgezahlt werden, da die Wirkung der Nichtigkeit insoweit faktisch auf den Zeitpunkt der Feststellung der Nichtigkeit ohne Rückwirkung bestimmt wird.◄

Liegt ein wirksamer Tarifvertrag vor, ist dieser auch durch die Tarifpartner anzuwenden. Dieses Grundprinzip wird als Durchführungspflicht bezeichnet. Die Durchführungspflicht ergibt sich genau wie die Friedenspflicht immanent aus dem Wesen eines Tarifvertrages. Müsste ein Tarifvertrag nicht auch durchgeführt werden, wären der Tarifautonomie ihre Grundlagen entzogen.

Die Tarifvertragsparteien haben deshalb auch einen Unterlassungsanspruch gegeneinander für den Fall tarifwidrigen Handelns in analoger Anwendung der §§ 1004 Abs. 1, 823 Abs. 1 BGB.[57] In der Praxis spielt dieser Unterlassungsanspruch insbesondere für Gewerkschaften eine Rolle, wenn diese gegen Arbeitgeber vorgehen wollen, um tarifwidrige Praktiken zu unterbinden. Hierbei können sie sich aufgrund solcher tarifwidrigen Praktiken auf einen rechtswidrigen Eingriff in ihre Koalitionsfreiheit nach Art. 9 Abs. 3 GG berufen. Somit muss zwar weiter jeder einzelne Arbeitnehmer seine tariflichen Rechte individuell durchzusetzen. Darüber hinaus ist aber auch die Gewerkschaft als Tarifpartner berechtigt, die Beseitigung von Störungen eines Tarifvertrages zu verlangen.[58]

3.3.2.2 Normativer Teil des Tarifvertrages

Der Inhalt eines Tarifvertrages bestimmt sich über den schuldrechtlichen Regelungsgehalt hinaus auch über die Tatsache, dass den einzelnen Regelungen Normcharakter zukommt. In diesem Zusammenhang wird vom normativen Teil des Tarifvertrages gesprochen. Die

---

[56] Siehe dazu ausführlich Abschn. 4.13.9 „Anfechtung".

[57] Grundlegend BAG, AP Nr. 89 zu Art. 9 GG.

[58] BAG, NZA 2011, 169.

Rechtsnormen eines Tarifvertrages können sich auf alle Gegenstände beziehen, die ein Arbeitsverhältnis betreffen. Je nach Inhalt oder Zweck einer solchen Regelung wird zwischen unterschiedlichen Normarten differenziert.

Zuvorderst geht es bei einem Tarifvertrag um die Inhaltsnormen, die sich mit den wechselseitigen Pflichten des Arbeitsverhältnisses befassen. Alle Regelungen zur Vergütung, zu Arbeitszeiten, zum Urlaub o. Ä. sind deshalb sogenannte Inhaltsnormen.

Abschluss- und Beendigungsnormen beziehen sich dagegen auf Fragestellungen hinsichtlich des Zustandekommens und der Beendigung von Arbeitsverhältnissen. Das sind in der Praxis insbesondere Regelungen zu Kündigungsfristen oder Kündigungseinschränkungen. Dazu gehören aber auch Normen, die den Arbeitgeber zu Einstellungen verpflichten.

Praxisbeispiel

Im Tarifvertrag ist geregelt, dass Auszubildende für mindestens ein Jahr im Anschluss an die Ausbildung in ein Anstellungsverhältnis übernommen werden müssen. Aus dieser Abschlussnorm des Tarifvertrages können Auszubildende im Geltungsbereich des Tarifvertrages folglich einen Anspruch auf einen an das Ausbildungsverhältnis anschließenden Jahresvertrag ableiten.◄

Von hoher praktischer Bedeutung sind ferner betriebs- und betriebsverfassungsrechtliche Normen. Betriebsnormen sind solche, die sich nicht nur auf ein einzelnes Arbeitsverhältnis beziehen, sondern die rechtlichen Verhältnisse zwischen dem Arbeitgeber und der betrieblichen Arbeitnehmerschaft als solcher zum Gegenstand haben. Betriebsnormen regeln somit die Organisation oder Gestaltung des Betriebs als solchen.[59] Dies können etwa Dinge sein wie Rauchverbote oder ein bestimmter Dresscode.[60] In Abgrenzung zu Betriebsnormen beinhalten betriebsverfassungsrechtliche Normen Regelungen, die das Betriebsverfassungsgesetz konkretisieren. In Bereichen, die das Betriebsverfassungsgesetz nicht abschließend und zwingend regelt, können die Tarifvertragsparteien Präzisierungen hinsichtlich der Organisation oder der Befugnisse von Betriebsvertretungen vereinbaren. Mit dieser Möglichkeit können daher sowohl die Rechte von Betriebsräten in den gesetzlich zulässigen Grenzen konkretisiert als auch etwa andere Formen von Interessenvertretungen geschaffen oder geregelt werden.

---

[59] BAG, NZA 2011, 808.
[60] BAG, AP Nr. 57 zu Art. 9 GG.

3.3.3   Parteien des Tarifvertrages

Gemäß § 2 TVG sind Tarifvertragsparteien Gewerkschaften, einzelne Arbeitgeber und Vereinigungen von Arbeitgebern (Arbeitgeberverbände). Schließt ein einzelner Arbeitgeber mit der Gewerkschaft einen Tarifvertrag ab, wird dieser Haus- oder Firmentarifvertrag genannt.

Bestimmendes Merkmal dafür, eine Tarifvertragspartei zu sein, ist die Tariffähigkeit. Tariffähigkeit ist die Fähigkeit, durch Vertrag die Arbeitsbedingungen von Einzelarbeitsverträgen so zu regeln, dass sie für die tarifgebundenen Personen unmittelbar und unabdingbar wie Rechtsnormen gelten.[61]

Wirksame Tarifverträge können nur von tariffähigen Parteien abgeschlossen werden. Das sind auf Arbeitnehmerseite stets Gewerkschaften. Auf Arbeitgeberseite ist das entweder der einzelne Arbeitgeber oder ein Arbeitgeberverband. Nach § 2 Abs. 2, 3 TVG können dies auch die jeweiligen Spitzenorganisationen sein.

Die Tariffähigkeit kann jedoch insbesondere aufseiten der Gewerkschaft fraglich sein. Eine Gewerkschaft ist nur dann tariffähig, wenn sie die Wahrung und Förderung der Arbeits- und Wirtschaftsbedingungen ihrer Mitglieder so zum Gegenstand hat, sodass sie unabhängig von Dritten, insbesondere von der Arbeitgeberseite, ist.[62] Dieses Prinzip der Gegnerunabhängigkeit zieht auch das Erfordernis einer gewissen sozialen Mächtigkeit nach sich. Eine Gewerkschaft kann nur dann wirksam die Interessen ihrer Mitglieder durchsetzen, wenn sie dazu in der Lage ist, hinreichenden Druck auf die Arbeitgeberseite auszuüben. Soziale Mächtigkeit drückt sich deshalb vor allem durch die Anzahl der Mitglieder einer Gewerkschaft und ihre Stellung bzw. Verteilung in einzelnen Betrieben aus. Dies ist einzelfallabhängig zu betrachten und stets im Hinblick auf die konkrete Branche bzw. den konkreten Arbeitgeber oder die jeweilige Region der gewerkschaftlichen Betätigung zu beurteilen. So kann eine Gewerkschaft als Gegenspielerin von einzelnen Arbeitgebern oder in einer bestimmten Region durchaus tariffähig sein, ohne in anderen Bereichen diesen Status zu haben.

Fallbeispiel

Die christliche Gewerkschaft Zeitarbeit schließt einen Tarifvertrag mit dem Arbeitgeberverband Zeitarbeit ab. Der Tarifvertrag beinhaltet neben einer vergleichsweise niedrigen Gehaltsstruktur vor allem sehr kurze Kündigungsfristen. Da die Gewerkschaft nur über sehr wenige Mitglieder verfügt, fehlt es ihr an jeder sozialen Mächtigkeit, was sich dann auch tatsächlich im Verhandlungsergebnis niedergeschlagen hat. Wegen der fehlenden sozialen Mächtigkeit war die Gewerkschaft im Zeitpunkt

---

[61] BVerfG, AP Nr. 24 zu § 2 TVG.
[62] BVerfG, AP Nr. 1 zu Art. 9 GG.

des Abschlusses des Tarifvertrages jedoch nicht tariffähig, sodass der Tarifvertrag
nichtig ist.[63] ◄

In der Praxis keine Schwierigkeiten bereiten die für die Tariffähigkeit erforderlichen
Merkmale der Tarifwilligkeit sowie der demokratischen Organisationsstruktur. So müssen
Gewerkschaften neben einer demokratischen Binnenstruktur das tatsächliche Bestreben
zum Abschluss von Tarifverträgen aufweisen.

3.3.4   Zustandekommen des Tarifvertrages

Ein Tarifvertrag wird nach den grundsätzlichen Regeln von Angebot und Annahme
geschlossen. Erforderlich sind inhaltlich übereinstimmende Willenserklärungen der Tarifvertragsparteien. Diesen zivilrechtlichen Grundsätzen folgend ergibt sich kein Unterschied
zu anderen Vertragstypen. Zu beachten ist einzig die nach § 1 Abs. 2 TVG vorgeschriebene Schriftform gemäß § 126 BGB.

Die Schwierigkeiten beim Abschluss eines Tarifvertrages folgen mehr aus den tatsächlichen Schwierigkeiten der zumeist sehr umfangreichen Verhandlungen. Die Tarifvertragsparteien entsenden in der Praxis jeweils Verhandlungskommissionen, die sich stets wieder
mit ihren Organisationen rückkoppeln müssen. Der Abschluss eines Tarifvertrages kommt
deshalb mit der wechselseitigen Leistung der Unterschriften der vertretungsberechtigten
Funktionäre regelmäßig erst nach einer Vielzahl von (abgelehnten) Angeboten zustande.

3.3.5   Anwendbarkeit

Tarifverträge sind auf Arbeitsverhältnisse anwendbar, deren Vertragsparteien tarifgebunden sind. Die Tarifgebundenheit folgt aus § 3 Abs. 1 TVG. Danach sind die Mitglieder
der Gewerkschaft und des Arbeitgeberverbandes bzw. der einzelnen Arbeitgeber tarifgebunden, welche den Tarifvertrag miteinander geschlossen haben.

Die Tarifbindung auf Arbeitnehmerseite ist daher unproblematisch. Entweder ist der
Arbeitnehmer Mitglied der tarifschließenden Gewerkschaft oder nicht. Die Tarifbindung
auf Arbeitgeberseite ist dagegen ausführlicher zu betrachten. Schließt ein Arbeitgeberverband einen Tarifvertrag, sind alle Mitgliedsunternehmen tarifgebunden. In vielen Fällen
ermöglichen Arbeitgeberverbände jedoch auch eine sogenannte OT-Mitgliedschaft. Eine
OT-Mitgliedschaft ist zwar auch eine Mitgliedschaft im Arbeitgeberverband, schließt
jedoch die Anwendbarkeit abgeschlossener Tarifverträge ausdrücklich aus. Eine tarifvertragliche Regelung, nach der Ansprüche aus einem Tarifvertrag trotz beiderseitiger
Tarifgebundenheit nur dann bestehen, wenn eine Bezugnahme im Arbeitsvertrag erfolgt

---

[63] Vertiefend BAG, NZA 2011, 289.

ist, ist dagegen unwirksam, weil sie die Regelungsmacht der Tarifvertragsparteien überschreitet.[64]

Zu beachten ist zudem, dass die Anwendbarkeit eines Tarifvertrages eine beiderseitige Tarifbindung voraussetzt. Arbeitgeber können daher durch einen Austritt aus dem Arbeitgeberverband ihre Tarifbindung verlieren. Nach dem Austritt unterliegen abgeschlossene Arbeitsverträge nicht mehr dem geltenden Tarifvertrag. Auf die bestehenden Arbeitsverträge sind die geltenden Tarifverträge jedoch weiter anzuwenden, da ein Austritt keine Rückwirkung entfaltet.

Von hoher praktischer Bedeutung ist daran anschließend die Frage, unter welchen Voraussetzungen ein tatsächliches Ende der Tarifbindung eintritt. Insoweit sichert § 3 Abs. 3 TVG die Tarifvertragstreue dahingehend, dass die Tarifgebundenheit auch dann bestehen bleibt, wenn der Tarifvertrag endet. Arbeitgeber können sich durch den Austritt aus dem Arbeitgeberverband deshalb nur der Tarifgebundenheit für nach dem Austritt abgeschlossene Arbeitsverträge entziehen.[65]

Fallbeispiel

Die Gewerkschaftsmitglieder A und B arbeiten beide beim Arbeitgeber X. A hat seine Tätigkeit aufgenommen, als der Arbeitgeber noch Mitglied des Arbeitgeberverbandes war. B hat den Arbeitsvertrag erst geschlossen, nachdem der Arbeitgeber bereits aus dem Verband ausgetreten ist. Dies hat zur Folge, dass für den A der seinerzeit gültige Tarifvertrag weiterhin Anwendung findet. Das Arbeitsverhältnis des B unterfällt jedoch nicht dem Tarifvertrag. Auf das Arbeitsverhältnis des B würde der Tarifvertrag nur dann Anwendung finden, wenn sein Arbeitsverhältnis bereits vor dem wirksamen Austritt des Arbeitgebers bestanden hätte. Für diesen Fall käme es nicht einmal auf die seinerzeitige Gewerkschaftszugehörigkeit des B an. Der Arbeitnehmer könnte durch einen späteren Gewerkschaftseintritt nach dem Verbandsaustritts des Arbeitgebers noch die Tarifgebundenheit herbeiführen.[66] ◄

3.3.6 Bezugnahmeklauseln

Bezugnahmeklauseln (auch Bezugnahmevereinbarungen genannt) sind Verweisungen auf Tarifverträge. Diese können unter Beachtung der betriebsverfassungsrechtlichen Grenzen

---

[64] BAG, Urteil vom 13. Mai 2020–4 AZR 489/19.

[65] BAG, AP Nr. 15 zu § 1 TVG.

[66] BAG, NZA 2011, 281.

in Betriebsvereinbarungen vorkommen.[67] Der Hauptanwendungsfall von Bezugnahmeklauseln ist jedoch die Verweisung in einem Arbeitsvertrag.

Die Arbeitsvertragsparteien können einen oder auch mehrere Tarifverträge ganz oder teilweise für das Arbeitsverhältnis in Bezug nehmen. Dadurch wird der jeweilige Tarifvertrag durch Individualabrede zum Inhalt des Arbeitsvertrages.[68] Tatsächlicher Hintergrund solcher Regelungen ist oftmals der Wunsch eines tarifgebundenen Arbeitgebers, die geltenden Arbeitsbedingungen zu vereinheitlichen. Durch Bezugnahmeklauseln wird unabhängig von der Gewerkschaftszugehörigkeit der Arbeitnehmer eine Tarifbindung hergestellt.

Fallbeispiel

Arbeitnehmer A ist in der Gewerkschaft. B ist es nicht. Beide arbeiten bei demselben tarifgebundenen Arbeitgeber. Der einschlägige Tarifvertrag würde nun auf das Arbeitsverhältnis des A Anwendung finden, bei B dagegen nicht. Da beide Arbeitnehmer jedoch eine Bezugnahmeklausel im Arbeitsvertrag haben, gilt der Tarifvertrag für beide Arbeitsverhältnisse. ◄

Würde ein tarifgebundener Arbeitgeber auf Bezugnahmeklauseln in den Arbeitsverträgen verzichten, läge es für die Arbeitnehmer nahe, der Gewerkschaft beizutreten, um einen für sie günstigen Tarifvertrag zur Anwendung zu bringen.

Auch nichttarifgebundene Arbeitgeber können Bezugnahmeklauseln vereinbaren. Der Zweck liegt für diese darin, dass sie gleichfalls ihre Arbeitsbedingungen vereinheitlichen, sich jedoch nicht im Arbeitgeberverband organisieren oder eigene Arbeitsbedingungen aushandeln müssen.

In der Praxis werden statische und dynamische Bezugnahmeklauseln unterschieden. Statische Bezugnahmeklauseln beinhalten die Verweisung auf einen Tarifvertrag in einer ganz konkreten Fassung. Wird dieser Tarifvertrag später verändert, erneuert oder ergänzt hat dies keinen Einfluss auf das Arbeitsverhältnis. Bei dynamischen Verweisungen ist das Gegenteil der Fall. Hier erfolgt die Verweisung ausdrücklich auf einen Tarifvertrag in seiner „jeweiligen Fassung". Damit wird zum Ausdruck gebracht, dass ein bestimmtes tarifvertragliches Regelwerk in der jeweils aktuellsten Fassung Inhalt des Arbeitsvertrages sein soll. Innerhalb der dynamischen Bezugnahmeklauseln wird wiederum binnendifferenziert in kleine und große Bezugnahmeklauseln. Kleine dynamische Bezugnahmeklauseln sind solche, die einen konkreten Tarifvertrag in seiner jeweils gültigen Fassung in Bezug nehmen. Große dynamische Bezugnahmeklauseln sind noch weiter formuliert und bringen den für den jeweiligen Arbeitgeber (regelmäßig kraft Branchenzugehörigkeit) in seiner jeweils gültigen Fassung geltenden Tarifvertrag zur Anwendung.

---

[67] Siehe zur sog. Regelungssperre für Betriebsvereinbarungen § 77 Abs. 3 BetrVG, dazu näher Abschn. 3.4.3.12 „Betriebsvereinbarungen".
[68] BAG, AP Nr. 9 zu § 4 TVG.

Da sich entsprechende Formulierungen im Arbeitsvertrag befinden, sind sie auch nach den für die inhaltliche Kontrolle von Arbeitsverträgen maßgeblichen Regelungen zu beurteilen.[69] Das hat zur Folge, dass dynamische Bezugnahmeklauseln arbeitsvertraglich auch dann weiter Wirkung auf das Arbeitsverhältnis entfalten, wenn der zuvor tarifgebundene Arbeitgeber den Arbeitgeberverband verlässt.[70] Arbeitgeber müssen daher bei der Vereinbarung von Bezugnahmeklauseln stets im Blick haben, ob sie nur das Ziel einer Gleichstellung aller Arbeitnehmer (ob gewerkschaftszugehörig oder nicht) verfolgen und dies gegebenenfalls klar zum Ausdruck bringen, um eine Endlosdynamik für den Fall eines späteren Verbandsaustrittes zu verhindern. Eine tarifvertragliche Regelung, nach der Ansprüche aus einem Tarifvertrag trotz beiderseitiger Tarifgebundenheit nur dann bestehen, wenn eine Bezugnahme im Arbeitsvertrag erfolgt ist, ist dagegen unwirksam.[71]

3.3.7   Allgemeinverbindlichkeit

Unabhängig von einer vorliegenden Tarifbindung kann ein Tarifvertrag auch kraft einer sogenannten Allgemeinverbindlicherklärung eintreten. Nach § 5 TVG kann das Bundesministerium für Arbeit und Soziales einen Tarifvertrag bei Vorliegen der dort genannten Voraussetzungen für allgemeinverbindlich in einem bestimmten fachlichen oder räumlichen Bereich (z. B. Branche) erklären.[72] Dies muss im Einvernehmen mit den Spitzenorganisationen der Arbeitgeber und der Arbeitnehmer erfolgen. Materiell ist ein öffentliches Interesse erforderlich.

Ein öffentliches Interesse liegt vor, wenn eine Allgemeinverbindlicherklärung drohende wesentliche Nachteile für eine erhebliche Anzahl von Arbeitnehmern abzuwenden in der Lage ist.

Hierfür normiert § 5 Abs. 1 S. 2 TVG Regelbeispiele, wonach ein öffentliches Interesse vorliegt, wenn der Tarifvertrag in seinem Geltungsbereich für die Gestaltung der Arbeitsbedingungen überwiegende Bedeutung erlangt hat oder die Allgemeinverbindlicherklärung zur Beseitigung wirtschaftlicher Fehlentwicklung erforderlich ist. Bei der Beurteilung, ob ein öffentliches Interesse vorliegt, hat das Bundesministerium folglich einen entsprechenden Beurteilungsspielraum.[73]

Wurde ein Tarifvertrag für einen bestimmten Bereich für allgemeinverbindlich erklärt, folgt daraus seine Anwendbarkeit für alle Arbeitnehmer und Arbeitgeber im jeweiligen

---

[69] Dies sind insbesondere die AGB-rechtlichen Regelungen der §§ 305 ff. BGB; dazu ausführlich Abschn. 4.8 „Inhaltskontrolle des Arbeitsvertrages".

[70] BAG, AP Nr. 61 zu § 1 TVG.

[71] BAG, Urteil vom 13. Mai 2020; Az: 4 AZR 489/19.

[72] BAG, AP Nr. 88 zu § 1 TVG.

[73] BVerfG, AP Nr. 15 zu § 5 TVG.

Geltungsbereich. So gilt etwa der Tarifvertrag für das Bauhauptgewerbe in der gesamten Branche bundesweit, woraus eine deutlich über dem Mindestlohn nach den MiLoG liegende Mindestvergütung resultiert.[74]

3.3.8 Wirkung des Tarifvertrages

Nach § 4 Abs. 1 S. 1 TVG gelten die Rechtsnormen des Tarifvertrages unmittelbar und zwingend. Das bedeutet, dass ein anzuwendender Tarifvertrag die arbeitsvertraglichen Regelungen mit Gesetzeskraft überlagert und grundsätzlich unabdingbar sind. Die Anwendbarkeit des Tarifvertrages richtet sich dabei im Wesentlichen nach seinem räumlichen, fachlichen und zeitlichen Geltungsbereich. Regelmäßig werden Tarifverträge für eine bestimmte Region, Branche und für eine konkrete Laufzeit geschlossen.

Von der unmittelbaren und zwingenden Geltung macht das Gesetz jedoch zwei ganz wesentliche Ausnahmen. Zunächst kann ein Tarifvertrag selber die Möglichkeit zur Abweichung beinhalten. Durch sogenannte Tariföffnungsklauseln erfolgen in der Praxis oftmals Gestaltungsspielräume für Betriebsräte. Je nach dem Umfang und den Voraussetzungen einer solchen Tariföffnungsklausel kann dadurch gerade vielfach in Fällen einer wirtschaftlichen Schieflage einzelner Unternehmen eine (zeitweilige) Herabsenkung von Tarifstandards herbeigeführt werden. Zudem ist das tarifrechtliche Günstigkeitsprinzip zu beachten. Nach diesem grundsätzlichen arbeitsrechtlichen Prinzip können auf einer untergeordneten Regelungsebene solche Vereinbarungen wirksam getroffen werden, die den Arbeitnehmer besser („günstiger") stellen. Im tarifvertraglichen Bereich folgt daraus, dass gerade arbeitsvertraglich zahlreiche Besserstellungen gegenüber den Regelungen des Tarifvertrages für Arbeitnehmer erfolgen können. Für die Frage, ob eine vertragliche Regelung günstiger ist als die Regelung des Tarifvertrages ist daher ein korrekter Vergleich entscheidend. Dafür müssen sowohl der richtige Vergleichsgegenstand als auch der richtige Vergleichsmaßstab gewählt werden. Hierfür ist auf die Sichtweise eines verständigen Arbeitnehmers abzustellen. Schwierigkeiten bereiten danach solche Regelungen, die sowohl eine Besser- als auch eine Schlechterstellung beinhalten.

Fallbeispiel

Laut Tarifvertrag gelten die gesetzlichen Kündigungsfristen. Im Arbeitsvertrag ist dagegen eine Kündigungsfrist von sechs Monaten zum Monatsende für Arbeitnehmer und Arbeitgeber gleichermaßen geregelt. Für Arbeitnehmer A liegt hierin sowohl eine Besserstellung (der Arbeitgeber muss eine längere Kündigungsfrist einhalten) als auch eine Schlechterstellung (er selber muss auch eine längere Kündigungsfrist

---

[74] Nach dem Tarifvertrag zur Regelung der Mindestlöhne im Baugewerbe im Gebiet der Bundesrepublik Deutschland (TV Mindestlohn) vom 3. Mai 2013 gilt ab 01.01.2017 ein Mindestlohn von 10,67 € je Stunde in der untersten Lohngruppe.

einhalten). Da die Einschränkung der Wechselmöglichkeit gegenüber dem längeren Bestandsschutz bei Arbeitgeberkündigungen untergeordnet ist, ist die Regelung im Arbeitsvertrag insgesamt günstiger und damit wirksam.[75] ◄

Bei der Frage der Anwendbarkeit eines Tarifvertrages ist auch die Möglichkeit einer Nachwirkung zu beachten. Die Rechtsnormen eines Tarifvertrages gelten nach seinem zeitlichen Ablauf weiter, bis sie durch eine andere Abmachung ersetzt werden. Diese Nachwirkung ist statisch. Das bedeutet, dass die Regelungen eines Tarifvertrages nach dessen Ende unverändert und zeitlich unbegrenzt in dem Zustand fortgelten, in welchem sie sich im Zeitpunkt des Laufzeitendes befunden haben. Voraussetzung ist folglich, dass die betreffenden Arbeitsverhältnisse bereits vor Beendigung des Tarifvertrages bestanden haben.[76]

Spätere Änderungen des Tarifvertrages werden von der Nachwirkung daher nicht umfasst. Für die Anwendbarkeit veränderter oder in anderer Form neuer und ersetzender Tarifverträge kommt es deshalb wieder auf die allgemeinen Regelungen zur Anwendbarkeit von Tarifverträgen an.

3.3.9   Tarifkollision im Betrieb

Wie bereits angedeutet, stellt sich in der jüngeren Vergangenheit aufgrund des Aufkommens kleinerer, eher konkret berufsbezogener Gewerkschaften die Frage, wie mögliche Tarifkollisionen im Betrieb zu behandeln sind.[77] Eine Tarifkollision im Betrieb liegt vor, wenn verschiedene Gewerkschaften jeweils eigene Tarifverträge mit dem Arbeitgeber bzw. dessen Verband geschlossen haben und folglich innerhalb eines Betriebes eine Mehrzahl von Tarifverträgen Anwendung finden müsste.

Aufgrund der Tatsache, dass dieses Phänomen sich in der Praxis ganz erheblich verstärkt hat, hat sich der Gesetzgeber zu einer ausdrücklichen gesetzlichen Regelung entschlossen,[78] nachdem diese Frage zuvor keiner gesetzlichen Regelung zugeführt war.

Nunmehr regelt § 4a TVG die Tarifkollision. Ziel dieser Regelung ist es, Tarifkollisionen im Betrieb zu vermeiden. Dies wird dadurch erreicht, dass grundsätzlich nur die Rechtsnormen des Tarifvertrages derjenigen Gewerkschaft anwendbar sind, welche zum Zeitpunkt des Abschlusses des zuletzt abgeschlossenen kollidierenden Tarifvertrages im Betrieb die meisten in einem Arbeitsverhältnis stehenden Mitglieder hat. Das Gesetz unterscheidet folglich zwischen einer Art Mehrheitsgewerkschaft und Minderheitengewerkschaft. Maßgeblich für die Berechnung dieses Mehrheitsverhältnisses ist

---

[75] Zur Einzelfallabwägung siehe etwa BAG, NZA 2015, 673.

[76] BAG AP Nr. 1 zu § 4 TVG.

[77] Siehe dazu einführend bereits Abschn. 3.1.1 „Gewerkschaften".

[78] Gesetz zur Tarifeinheit (Tarifeinheitsgesetz) vom 3. Juli 2015, BGBl. I S. 1130.

ausschließlich der Betrieb, sodass es auf die Gesamtgröße der jeweiligen Gewerkschaften nicht ankommt.

Obwohl diese Regelung klar formuliert ist, dürften sich in der Praxis daraus insbesondere zweierlei Schwierigkeiten ergeben. Zunächst müsste zur Feststellung der Mitgliederstärke verschiedener Gewerkschaften im Betrieb jeweils eine Offenbarung der Gewerkschaftszugehörigkeit bzw. der Gesamtmitgliederanzahl erfolgen. Derartige Informationen könnten arbeitgeberseitig auch für Fragen von Tarifauseinandersetzungen genutzt werden. Zudem wird tendenziell kleineren Gewerkschaften der Abschluss von Tarifverträgen erschwert. Es ist deshalb fraglich, inwieweit der § 4a TVG überhaupt mit der Koalitionsfreiheit des Art. 9 Abs. 3 GG vereinbar ist.

Fallbeispiel

Im Betrieb B ist sowohl die Gewerkschaft G als auch die Gewerkschaft F vertreten. Beide Gewerkschaften verhandeln jeweils separat für ihre Mitglieder einen Tarifvertrag. Aufgrund der Tarifbindung des B würden beide Tarifverträge im Betrieb gleichermaßen Geltung beanspruchen. Nach § 4a Abs. 2 TVG ist jedoch nur derjenige Tarifvertrag anzuwenden, der von der Gewerkschaft geschlossen wurde, die bei Abschluss des letzten Tarifvertrages mehr Gewerkschaftsmitglieder im Betrieb des B hatte.◄

3.3.10 Auslegung von Tarifverträgen

In Anknüpfung an die Unterscheidung zwischen dem normativen und schuldrechtlichen Teil des Tarifvertrages muss auch bei der Auslegung tarifvertraglicher Inhalte berücksichtigt werden, welchem Teil diese zugehören.

Hinsichtlich des normativen Teils ist bei der Auslegung zu berücksichtigen, dass dieser gesetzesgleiche Wirkung entfaltet. Es ist jedoch auch zu sehen, dass auch der normative Teil eines Tarifvertrages Ergebnis der Verhandlungen der Tarifpartner ist. Der normative Teil eines Tarifvertrages ist deswegen vom Wortlaut ausgehend mit Blick auf den Sinn und Zweck der Regelung auszulegen, wobei der tatsächliche Wille der Tarifvertragsparteien bei Abschluss des Tarifvertrages mit zu berücksichtigen ist.

In Bezug auf den schuldrechtlichen Teil eines Tarifvertrages ist dagegen ausschließlich auf die allgemeinen zivilrechtlichen Grundsätze zur Vertragsauslegung abzustellen. Insoweit kommt es folglich auf die §§ 133, 157 BGB an. Dies führt in der Praxis dazu, dass Tarifverträge nach den Merkmalen Wortlaut, Sinn und Zweck sowie Systematik und Entstehungsgeschichte ausgelegt werden.

3.4   Betriebsverfassungsrecht

Als Betriebsverfassungsrecht werden die Rechtsbeziehungen zwischen einem Betriebsrat und dem Arbeitgeber bezeichnet. Grundlage dieser Regelung ist das Betriebsverfassungsgesetz. Das Zusammenspiel zwischen Betriebsrat und Arbeitgeber wird gesetzgeberisch ergänzt durch eine zweite Ebene der Mitbestimmung. Unabhängig vom System der betriebsverfassungsgesetzlichen Mitbestimmung (betriebliche Mitbestimmung) wird auch auf Unternehmensebene eine arbeitnehmerseitige Mitbestimmung in großen Kapitalgesellschaften gelebt (Unternehmensmitbestimmung). Beide Bereiche sind in der folgenden Darstellung somit auch getrennt voneinander zu betrachten.[79]

Zunächst wird auf die betriebliche Mitbestimmung eingegangen. Gegenstand sind dabei ausschließlich die Regeln des Betriebsverfassungsgesetzes (BetrVG). Eine gesonderte Betrachtung des Personalvertretungsrechts für den öffentlichen Dienst erfolgt genauso wenig wie eine Auseinandersetzung mit den Regelungen zur Interessenvertretung leitender Angestellter nach dem Sprecherausschussgesetz (SprAuG).

Ausgangspunkt der betrieblichen Mitbestimmung ist folglich der Betriebsrat. Ein Betriebsrat ist die gewählte Interessenvertretung der Arbeitnehmer im Betrieb. Um die Rechtsstellung eines Betriebsrates systematisch erfassen zu können, muss der Rechtsanwender sich im Rahmen betriebsverfassungsrechtlicher Fragestellungen die gesetzgeberischen Grundüberlegungen vor Augen führen. Diese resultieren aus der Leitidee einer gleichberechtigten Mitwirkung der Arbeitnehmer im Betrieb an den innerbetrieblichen Abläufen. Es wird davon ausgegangen, dass es einen in vielen Fragen grundsätzlich bestehenden Gleichlauf arbeitnehmerseitiger Interessen gibt, die durch die Errichtung eines Betriebsrates harmonisiert und gebündelt werden, um sodann einheitlich zu einem Ausgleich mit dem Arbeitgeber gebracht werden können. Der Betriebsrat ist mithin eine kollektivrechtliche Einrichtung, die der Beteiligung der Arbeitnehmerseite an sie in ihrer Gesamtheit betreffenden Entscheidungsfindungen dient. Im optimalen Fall arbeiten Betriebsrat und Arbeitgeber vertrauensvoll zum Wohle des Betriebes und der diesen tragenden Arbeitnehmer zusammen.

Dieses Ziel wird durch das Vorhandensein einer Vielzahl unterschiedlichster Beteiligungsrechte des Betriebsrats zu erreichen versucht. Je nach Gegenstand der einzelnen arbeitgeberseitigen Entscheidungsfindung beinhalten die Beteiligungsrechte graduell unterschiedliche Befugnisse des Betriebsrats. Diese reichen von bloßen Informationsrechten bis hin zu tatsächlichen Zustimmungserfordernissen. Der Gesetzgeber nimmt folglich bewusst in Kauf, dass zur Erreichung der vorgenannten betriebsverfassungsrechtlichen Ziele erhebliche Eingriffe in die arbeitgeberseitigen Möglichkeiten zur Unternehmensführung erfolgen. Sowohl das Prinzip der grundsätzlichen Zusammenarbeit der Beteiligten

---

[79] Zur Unternehmensmitbestimmung siehe Abschn. 3.5.2 „Unternehmensmitbestimmung nach dem Mitbestimmungsgesetz".

als auch die daraus resultierenden Bindungen von Arbeitskraft und Kosten der Betriebsratstätigkeit werden ganz bewusst als Gewinn für die Unternehmensführung im Ganzen
gesehen.

Durch das Einführen zahlreicher Beteiligungsrechte für den Betriebsrat wird dem
Arbeitgeber ein Stück weit sein alleiniger Gestaltungsspielraum beschnitten. Unter
Nutzung erheblicher Abstufungen einzelner Arten von Beteiligungsrechten soll dem
Arbeitgeber gleichwohl noch hinreichender unternehmerischer Bewegungsspielraum ver-
bleiben.

3.4.1 Anwendungsbereich

Das Betriebsverfassungsgesetz ist auf sämtliche privatwirtschaftliche Betriebe anzuwenden. Davon abzugrenzen sind Betriebe des öffentlichen Rechts sowie solche, die einem
konkreten karitativen oder erzieherischen Zweck dienen. Insoweit gelten andere Regelungen zur betrieblichen Arbeitnehmervertretung (z. B. das PersVG für öffentliche Betriebe
oder das MVG im kirchlichen Bereich). Nach den §§ 118 ff. BetrVG gilt das Gesetz
in Tendenzbetrieben nur mit erheblichen Einschränkungen. Dies hat etwa eine besondere
Rücksichtnahme auf den betrieblichen Zweck (z. B. parteipolitisch oder gewerkschaftlich)
zur Folge. Von deutlich größerer Praxisrelevanz ist der persönliche Anwendungsbereich.
Hierfür beinhaltet § 5 BetrVG einen eigenen betriebsverfassungsrechtlichen Arbeitnehmerbegriff. Im Kern sind nach § 5 Abs. 1 S. 1 BetrVG Arbeitnehmer alle Arbeiter und
Angestellten einschließlich der zu ihrer Berufsausbildung Beschäftigten (Auszubildende).
Für die Einordnung als Arbeitnehmer unbeachtlich ist der konkrete Arbeitsort.

Zu beachten sind jedoch die im Weiteren gesetzlich formulierten Ausnahmen vom
Arbeitnehmerbegriff. Diese folgen im Wesentlichen dem Grundgedanken, dass eine Interessenvertretung durch den Betriebsrat nur für diejenigen Arbeitnehmer erfolgen soll, die
nicht eine besondere Arbeitgebernähe aufweisen. So fallen insbesondere die Mitglieder
der vertretungsberechtigten Organe juristischer Personen und andere Vertretungsberech-
tigte sonstiger Gesellschaftsformen genauso aus dem Anwendungsbereich heraus wie
deren direkte Verwandte, Verschwägerte und Eheleute. Darüber hinaus findet auch eine
Ausnahme vom persönlichen Anwendungsbereich für sogenannte leitende Angestellte
statt. Der Begriff des leitenden Angestellten ist nach § 5 Abs. 3, 4 BetrVG umfassend
gesetzlich definiert. Gleichwohl kommt es immer wieder zu praktischen Abgrenzungsschwierigkeiten. Das resultiert daraus, dass das Gesetz zahlreiche unterschiedliche,
alternativ zueinanderstehende Definitionsmerkmale vorgibt.

Leitender Angestellter ist danach zunächst ein Arbeitnehmer, der vom Arbeitgeber
mit einem besonderen Status versehen wird. Das beinhaltet zunächst die Berechtigung
zur im Wesentlichen weisungsfreien Einstellung und Entlassung von Arbeitnehmern.[80]

---

[80] BAG, AP Nr. 73 zu § 5 BetrVG 1972.

Diese Befugnis muss einen erheblichen Teil der Belegschaft umfassen, darf jedoch durch Budgetierungen oder ein Vier-Augen-Prinzip beschränkt sein.

Die Qualifikation als leitender Angestellter ergibt sich zudem daraus, dass ein Arbeitnehmer eine Generalvollmacht in Form einer gemäß § 54 HGB nach außen unbeschränkte Handlungsvollmacht oder eine nicht nur unwesentliche Prokura hat. Die Prokura ist jedenfalls dann wesentlich, wenn der Prokurist im Außenverhältnis von ihr selbstständig Gebrauch machen darf. Ergibt sich eine herausgehobene Stellung des Arbeitnehmers aus den ihm übertragenen Aufgaben im Bereich der Unternehmensleitung, sodass sie in ihrer Gesamtschau einer unternehmensleitenden Funktion entsprechen, folgt daraus ebenfalls die Qualifizierung als leitender Angestellter.

Zur Konkretisierung der vorgenannten Maßstäbe stellt § 5 Abs. 5 BetrVG darüber hinaus Auslegungsregeln dahingehend zur Verfügung, dass hilfsweise auf die Leitungsebene und das Arbeitsentgelt abgestellt wird. Wer auf derselben Ebene wie leitende Angestellte tätig ist oder ein Entgelt von derzeit über ca. 100.000 € jährlich verdient, ist im Zweifel selbst leitender Angestellter.

Fallbeispiel

Der bei der X-GmbH angestellte Abteilungsleiter A möchte Mitglied des Betriebsrates werden. Der Betriebsrat hält diese Idee für unzulässig, da der A in der Unternehmensleitung tätig sei. Die Geschäftsleitung entgegnet, dass A weder Prokura noch eine Generalvollmacht habe. Da A jedoch 150.000 € jährlich verdient und einer von drei Abteilungsleitern im Betrieb ist, die wiederum direkt den Geschäftsführern unterstellt sind und weitestgehend weisungsfrei ihre Abteilungen führen, ist er als leitender Angestellter einzustufen. Eine Tätigkeit im Betriebsrat ist daher nicht zulässig.◄

3.4.2   Betrieb

Betriebsräte werden gemäß § 1 BetrVG in Betrieben mit in der Regel mindestens fünf Arbeitnehmern errichtet. Das Gleiche gilt für gemeinsame Betriebe mehrerer Unternehmen. Der Begriff des Betriebes als Ausgangspunkt für die Errichtung eines Betriebsrates ist daher trennscharf von der Begrifflichkeit des Unternehmens abzugrenzen.

Zwar findet sich im BetrVG keine Legaldefinition des Betriebs. Diese ergibt sich jedoch aus dem Gesetzeszweck sowie den Konkretisierungen des § 4 BetrVG. Ein Betrieb ist eine organisatorische Einheit, innerhalb derer der Arbeitgeber zusammen mit den von ihm beschäftigten Arbeitnehmern bestimmte arbeitstechnische Zwecke fortgesetzt verfolgt.[81] Der arbeitstechnische Zweck steht im Gegensatz zum wirtschaftlichen Zweck, welcher der Unternehmensebene zuzuordnen ist. Worauf der arbeitstechnische

---

[81] Siehe BAG, NZA-RR 2013, 133; vgl. auch EuGH, NZA 1996, 471.

Zweck inhaltlich gerichtet ist oder auf welche Weise er erreicht werden soll, ist bedeutungslos. Entscheidend ist, dass durch einen koordinierten arbeitstechnischen Einsatz ein bestimmtes Ziel erreicht werden soll. Kerngedanke der Abgrenzung zwischen Betrieb und Unternehmen ist folglich die jeweilige Zielrichtung. Unternehmerisches Ziel ist regelmäßig eine bestimmte Gewinnerzielungsabsicht also ein wirtschaftlicher Zweck. Der betriebliche Zweck ist dagegen (nur) auf die Erreichung eines Arbeitsergebnisses gerichtet. Zudem ist für die Qualifizierung eines Betriebes eine einheitliche Leitung maßgeblich, damit diese für einen Betriebsrat als Entscheider und Betriebspartei zur Verfügung steht.[82]

Als eigenständiger Betrieb mit der daraus folgenden Möglichkeit zur Wahl eines Betriebsrates gelten zudem nach § 4 BetrVG Betriebsteile, wenn sie räumlich weit vom Hauptbetrieb entfernt oder durch Aufgabenbereich und Organisation eigenständig sind. Eine räumlich weite Entfernung liegt vor, sobald eine sachgerechte Vertretung der Arbeitnehmer durch den Betriebsrat des Hauptbetriebes nicht erwartet werden kann. Eine präzise Entfernungsgrenze besteht nicht, sodass es auf eine Gesamtbetrachtung der Verkehrsverbindungen zwischen Hauptbetrieb und Betriebsteil ankommt.[83] Ein eigenständiger Aufgabenbereich nebst entsprechender Organisation setzt eine eigene Leitung sowie einen vom Hauptbetrieb abgrenzbaren Aufgabenbereich voraus.

Fallbeispiel

Die X-AG ist ein erfolgreicher Automobilhersteller. An zahlreichen Standorten in Essen, Bochum, Gelsenkirchen und weiteren nur wenige Kilometer entfernt liegenden Städten werden teilweise einzelne Automodelle oder auch jeweils bestimmte Teile gesondert produziert. Jedes einzelne Werk hat eine Werksleitung, die die betrieblichen Abläufe inhaltlich und organisatorisch vor Ort regelt. Trotz der nur sehr geringen räumlichen Distanz voneinander liegen folglich jeweils eigene Betriebe vor, sodass an jedem Standort ein eigenständiger Betriebsrat errichtet werden kann.◄

Hieraus wird deutlich, worin der Sinn der Differenzierung zwischen Betrieb und Unternehmen besteht. Der Betriebsbegriff ist Ausgangspunkt für die Errichtung von Betriebsräten. Betriebsräte sollen die Interessen der Belegschaft genau dort vertreten, wo die Arbeitszwecke durch eine entsprechende Leitungsorganisation verfolgt werden. Im besten Fall sind folglich die örtlichen Angelegenheiten auch vor Ort zwischen den Betriebsparteien zu regeln.

Diesem Leitgedanken folgend, konkretisiert § 1 Abs. 2 BetrVG auch den gemeinsamen Betrieb, welcher seinerseits gleichfalls betriebsratsfähig ist. Ausgangspunkt ist wiederum die Überlegung, dass ein bestimmter gemeinsamer betrieblicher Zweck verfolgt wird. Zur Erreichung dieses arbeitstechnischen Zweckes wird auf die Ressourcen

---

[82] BAG, NZA 2007, 703.
[83] Siehe etwa BAG, NZA 2002, 1300.

mehrerer Unternehmen zurückgegriffen. Geschieht dies unter einer einheitlichen Leitung, liegt ein gemeinsamer Betrieb vor.

3.4.3 Betriebsrat

Nach § 1 Abs. 1 S. 1 BetrVG werden Betriebsräte gewählt in Betrieben mit in der Regel mindestens fünf ständigen wahlberechtigten Arbeitnehmern, von denen drei wählbar sind. In Ergänzung zum Begriff des Betriebes ist folglich auch auf die Betriebsgröße hinsichtlich der Belegschaft abzustellen. Dabei sind die Rechtsbegriffe der Wahlberechtigung und Wählbarkeit im BetrVG genauso eigenständig definiert wie der Arbeitnehmerbegriff.

Bevor die Anforderungen an die Errichtung eines Betriebsrates dargelegt werden, soll jedoch zunächst der Blick auf die Rechtsstellung des Betriebsrates gerichtet werden.

3.4.3.1 Rechtsstellung

Der Betriebsrat ist ein durch das Betriebsverfassungsgesetz mit eigenen Rechten und Pflichten ausgestattetes Organ. Da das BetrVG den Betriebsrat als eigenständigen Rechtsträger ausweist, ist er auch als zwar innerbetriebliches, aber gleichwohl mit einer eigenen Rechtspersönlichkeit ausgestattete Institution anzusehen. Die Innerbetrieblichkeit des Betriebsrates macht jedoch auch deutlich, dass dieser nur im Ausnahmefall eine nach außen gerichtete Rechtsstellung hat. Dies gilt etwa für die Inanspruchnahme von Beratern oder Schulungen zur Erfüllung der betriebsverfassungsrechtlichen Aufgaben.

In seinen Kernaufgaben steht der Betriebsrat als sogenannte Betriebspartei dem Arbeitgeber gegenüber. Insoweit kommt ihm folglich auch nur eine innerbetriebliche Rechtsstellung zu. Somit haftet der Betriebsrat auch nicht nach außen gerichtet. Im Innenverhältnis zum Arbeitgeber sind die Betriebsparteien zur Lösung etwaiger Konflikte auf den Rahmen des BetrVG verwiesen. Nur ganz ausnahmsweise kommt die persönliche Haftung eines Betriebsratsmitgliedes in Betracht, wenn dieser sich persönlich deliktisch verhalten hat.

Das einzelne Betriebsratsmitglied übt seine Tätigkeit nach § 37 Abs. 1 BetrVG unentgeltlich und ehrenamtlich aus. Das Prinzip der Ehrenamtlichkeit beinhaltet, dass der Betriebsrat keine Besserstellung im Vergleich zur sonstigen Belegschaft erfahren darf. Andernfalls bestünde die Gefahr der unlauteren Einflussnahme des Arbeitgebers, da der Betriebsrat in seiner Unabhängigkeit gefährdet wäre. Schlimmstenfalls könnte ein Arbeitgeber sich den Betriebsrat durch Zuwendungen oder Vergünstigungen aller Art geradezu gefügig machen.

Andererseits darf der Betriebsrat aber auch nicht in der Ausübung seiner gesetzlichen Rechte durch den Arbeitgeber eingeschränkt werden. Zur Wahrnehmung seiner Aufgaben muss der Betriebsrat deshalb jeweils zeitweilig von der Pflicht zur Erbringung der Arbeitsleistung unter Fortzahlung seiner Vergütung freigestellt werden, soweit dies erforderlich ist. Erforderlich ist seine Freistellung, wenn der Betriebsrat objektiv nach gewissenhafter

Überlegung die gegenständliche Betriebsratstätigkeit für notwendig halten durfte. Hierbei kommt dem einzelnen Betriebsratsmitglied ein weitgehender Beurteilungsspielraum zu.[84]

Der Freistellungsanspruch gilt sowohl für Tätigkeiten innerhalb als auch außerhalb des Betriebes. Innerbetriebliche Tätigkeiten sind insbesondere die Teilnahme an Sitzungen oder Besprechungen, können jedoch auch ganz andere Formen von Rücksprachen, Beratung, o. Ä. beinhalten. Verlässt ein Mitglied des Betriebsrats seinen Arbeitsplatz zur Durchführung von Betriebsratsaufgaben, muss er sich lediglich beim Arbeitgeber ordnungsgemäß abmelden. Soweit die Tätigkeit zur ordnungsgemäßen Aufgabendurchführung erforderlich ist, bedarf es keiner Zustimmung des Arbeitgebers.[85]

Fallbeispiel

Betriebsrat Bernd teilt dem Arbeitgeber mit, dass er seinen Arbeitsplatz verlässt, um einen Besprechungstermin mit dem Betriebsratsanwalt wahrzunehmen, welcher der Vorbesprechung eines anstehenden Gerichtstermins dient. Der Arbeitgeber rügt Bernd anschließend für das in seinen Augen unentschuldigte Verlassen des Arbeitsplatzes. Bernd kann dieser Rüge berechtigterweise entgegentreten, da er nach § 37 Abs. 2 BetrVG wegen der ordnungsgemäßen Durchführung seiner Aufgaben freizustellen war.◄

Für die Mitglieder eines Betriebsrates sowie der dort genannten artverwandten Gremien gilt nach § 78 BetrVG ein umfassendes Benachteiligungsverbot. Wie bereits ausgeführt ist der Betriebsrat wegen seiner Tätigkeit weder schlechter noch besser zu stellen im Verhältnis zur sonstigen Belegschaft. Das gilt auch für die berufliche Entwicklung.

Aus dem Benachteiligungsverbot folgt, dass der Arbeitgeber es zu unterlassen hat, jede Form von objektiver Behinderung des Betriebsrates zu dulden oder zu fördern.[86] Insbesondere hat das Betriebsratsmitglied einen Anspruch darauf, eine solche berufliche Entwicklung zu machen wie sie ohne das Betriebsratsamt erfolgt wäre. Dies führt in der Praxis zu erheblichen Schwierigkeiten, da hierfür ein theoretischer Vergleich der beruflichen Entwicklung des Betriebsratsmitgliedes mit anderen, vergleichbaren Arbeitnehmern durchgeführt werden muss.[87] Dieses Recht umfasst daher auch Beförderungen und Gehaltserhöhungen, welche gerade bei einen langjährigen Betriebsratstätigkeit einen erheblichen Umfang einnehmen können.

---

[84] Ausführlich zum Beurteilungsspielraum BAG, NZA 2017, 69 (dort betreffend Schulungsmaßnahmen).

[85] BAG, AP Nr. 39 zu § 37 BetrVG.

[86] Ausführlich dazu BAG, NZA 1998, 559.

[87] BAG, AuA 2005, 436.

Fallbeispiel

Betriebsrat Bernd hat zusammen mit fünf weiteren Auszubildenden seine Lehre im Betrieb absolviert. Einige Jahre später ist er in den Betriebsrat gewählt worden und hat sodann auch eine vollständige Freistellung erfahren, während seine vorgenannten Kollegen zusammen weiter in der Produktion tätig sind. Wäre Bernd nicht Betriebsrat geworden, so wäre er inzwischen genau wie die Kollegen auch verantwortlicher Maschinenführer. Daraus folgt, dass er vergleichbar eingruppiert und entlohnt werden muss.◄

Das Benachteiligungsverbot wird ergänzt um die Regelung des § 37 Abs. 4, 5 BetrVG. Die betriebsübliche Entwicklung des Betriebsratsmitglieds wird noch über den dort genannten Zeitraum eines Jahres nach Beendigung der Amtszeit ausgedehnt. Zudem darf das Betriebsratsmitglied auch nicht mit einer minderwertigen beruflichen Tätigkeit betraut werden. Auch hierzu kommt es auf die Betrachtung vergleichbarer Arbeitnehmer in ihrer betriebsüblichen Entwicklung an.

Je nach Größe des Betriebes wächst auch die Arbeitsbelastung aus einer Betriebsratstätigkeit heraus quantitativ, aber auch qualitativ. Hat ein Betrieb die Mindestgröße von 200 wahlberechtigten Arbeitnehmern erreicht, sieht das BetrVG sogar eine Freistellung von einem oder mehreren Betriebsratsmitgliedern vor. Nach § 38 BetrVG wird folglich die Betriebsratsarbeit jedenfalls für einzelne Betriebsräte zum eigentlichen Kern ihrer Tätigkeit. Freigestellte Arbeitnehmer sind vollständig von der Pflicht zur Erbringung der Arbeitsleistung befreit. Sie üben daher ihr Amt als Betriebsrat in Vollzeit aus. Für die Gestaltungspraxis ist zu beachten, dass der Betriebsrat zur ordnungsgemäßen Durchführung seiner Aufgaben auch eine Erhöhung der Zahl der Freistellungen gerichtlich fordern kann.[88] Für die Entscheidungsfindung des Arbeitsgerichts ist hierzu leitend, ob der Betriebsrat unter Nutzung aller seiner sachlichen und persönlichen Möglichkeiten seine Aufgaben tatsächlich nicht erfüllen kann und folglich eine weitere Freistellung wirklich erforderlich ist. Eine solche Erhöhung kann auch einvernehmlich durch Betriebsvereinbarung oder Tarifvertrag geregelt werden.

Der Betriebsrat wird regelmäßig für die Dauer von vier Jahren gewählt. Die Betriebsratswahlen finden jeweils gemäß § 13 Abs. 1 BetrVG von März bis Mai des Jahres statt. Wird ein Betriebsrat erstmalig gewählt, kann dies jedoch jederzeit erfolgen. Sodann werden die Wahlperioden nach dem vorgenannten Turnus harmonisiert.

Je nach Größe des Betriebes bestimmt sich auch die Größe des Betriebsrates. Damit der Betriebsrat die ihm zugewiesenen Aufgaben ordnungsgemäß erfüllen kann, muss er aus einer angemessenen Anzahl von Arbeitnehmern bestehen. In kleinen Betrieben mit nur wenigen dutzend Arbeitnehmern bedarf es naturgemäß weniger Betriebsräte als in einem großen Betrieb mit mehreren Tausend Beschäftigten. Nach § 9 BetrVG wird deshalb

---

[88] BAG, AP Nr. 10 zu § 38 BetrVG.

eine entsprechende Staffelung angeordnet, wobei auch Leiharbeitnehmer für die Betriebsgröße mitzuzählen sind.[89] Zu beachten bei der Wahl eines Betriebsrates sind zudem die
Grundsätze des § 15 BetrVG, wonach eine Geschlechterquote zwingend vorgeschrieben
wird und ferner eine Verteilung der Betriebsratsmitglieder auf die einzelnen Betriebsbe-
reiche erreicht werden soll. Hinsichtlich der Einzelheiten zur Betriebsratswahl und deren
Durchführung muss hier aus Platzgründen auf die einschlägige Spezialliteratur verwiesen
werden.[90]

3.4.3.2 Organisation

Der Betriebsrat hat kraft seiner Stellung als Organ im Betrieb eigene Rechte und Pflichten,
die ihm als Gremium zustehen. Er führt Sitzungen durch, in denen er seine Beschlüsse
mit Mehrheitsentscheidungen fasst. Die Sitzungen nach § 30 BetrVG können auch digital
erfolgen, wenn die Vertraulichkeit gewahrt ist und der Betriebsrat dies wünscht und in
seiner Geschäftsordnung ermöglicht hat. Für die Bewältigung seiner Aufgaben bedarf es
jedoch auch einer Binnenstruktur, um bestimmte Aufgaben zu verteilen oder Abläufe zu
strukturieren.

Der Betriebsrat hat folglich eine innere Organisationsstruktur. Hierbei ist die Rolle des
Vorsitzenden bzw. dessen Stellvertreters besonders hervorzuheben. Der Vorsitzende und
sein Stellvertreter werden jeweils aus der Mitte des Betriebsrates gewählt. Nach § 26
BetrVG hat der Vorsitzende zudem die Vertretungsberechtigung für den Betriebsrat. Nur
im Fall der Verhinderung des Vorsitzenden nimmt der Stellvertreter dessen Rolle ein.[91]

Ab einer Betriebsratsgröße von neun Mitgliedern ist zudem ein Betriebsausschuss zu
bilden. Dieser führt nach § 27 Abs. 2 BetrVG die laufenden Geschäfte des Betriebsrates.
Zudem kann der Betriebsrat bestimmte Aufgaben zur selbstständigen Erledigung an den
Betriebsausschuss übertragen. Auch werden dem Betriebsausschuss eigene Befugnisse
zugewiesen. So hat der Betriebsausschuss nach § 80 Abs. 2 S. 2 BetrVG das Recht, in
die Liste über die Bruttogehälter Einblick zu nehmen.

Der Betriebsrat kann darüber hinaus auch zur Professionalisierung seiner Arbeit Aus-
schüsse bilden, soweit im Betrieb mehr als 100 Arbeitnehmer beschäftigt werden. Dies
findet in der Praxis sehr häufig statt, sodass sich innerhalb des Gesamtgremiums einzelne Betriebsratsmitglieder vertieft mit ganz bestimmten Fragenkreisen beschäftigen und
dadurch in diesen Bereichen auch ein überdurchschnittliches Wissen aufbauen können.
Die Arbeit des Betriebsrats findet in seinem formellen Teil in Sitzungen statt. Zu diesen lädt der Vorsitzende ein, setzt die Tagesordnung fest und leitet die Sitzung. Ist
die interne Meinungsbildung des Betriebsrates abgeschlossen, fasst das Gremium entsprechende Beschlüsse. Diese vertritt der Vorsitzende dann nach außen. Darüber hinaus

---

[89] BAG, NZA 2013, 789.
[90] In Ergänzung zum BetrVG regelt das Nähere die Erste Verordnung zur Durchführung des
Betriebsverfassungsgesetzes (Wahlordnung – WO) vom 11. Dezember 2001 (BGBl. I S. 3494), die
durch Art. 2 der Verordnung vom 23. Juni 2004 (BGBl. I S. 1393) geändert worden ist.
[91] BAG, NZA 2011, 1108.

werden Sitzungsniederschriften gefertigt, wofür praktisch oftmals ein Schriftführer durch den Betriebsrat bestellt wird.

3.4.3.3 Schulungsanspruch und Kosten der Betriebsratsarbeit

Wer das Ehrenamt eines Betriebsrates übernimmt, geht freiwillig ein hohes Maß an Verantwortung für die von ihm vertretenen Arbeitnehmer und dem Betrieb als Ganzes ein. Je nach seiner bisherigen beruflichen und persönlichen Vorbildung sind rechtliche und speziell arbeits- und betriebsverfassungsrechtliche Fragestellungen oftmals völliges Neuland. Um den vielfältigen Aufgaben eines Betriebsrates überhaupt gerecht werden zu können, muss der Betriebsrat regelmäßige, fortlaufende und wiederkehrende Schulungen erhalten. Nach § 37 Abs. 6, 7 BetrVG hat ein Betriebsrat deshalb einen Anspruch auf Teilnahme an Schulungs- und Bildungsveranstaltungen, soweit diese Kenntnisse vermitteln, die für die Arbeit des Betriebsrats erforderlich sind. Hierfür ist der Betriebsrat unter Fortzahlung seiner Vergütung freizustellen. Die Kosten der Schulung trägt der Arbeitgeber. Der Schulungsanspruch ist für einen Betriebsrat zugleich eine Schulungsverpflichtung, da er ohne regelmäßige Fortbildung kaum sachgerecht als Betriebsrat tätig sein kann. In der Praxis entzündet sich indes vielfach Streit zwischen Arbeitgeber und Betriebsrat darüber, welche und wie viele Schulungen tatsächlich erforderlich sind. Hierzu hat die Rechtsprechung bereits frühzeitig einen Beurteilungsspielraum des Betriebsrates anerkannt.[92] In der Praxis hat sich darauf fußend eine Vielzahl von Spezialanbietern für Betriebsratsschulungen etabliert, die die ganze Bandbreite von z. B. arbeitsrechtlichen oder betriebswirtschaftlichen Grundkenntnissen vermitteln. Für den Betriebsrat besteht dabei auch ein Wahlrecht, ob er diese Schulungen online oder in Präsenz besuchen will. Der Arbeitgeber darf dies nicht entgegen den Wünschen des Betriebsrats bestimmen, um seinerseits Kosten zu sparen.

Die Kosten der Arbeit des Betriebsrats trägt der Arbeitgeber im Rahmen des § 40 BetrVG. Danach hat der Arbeitgeber dem Betriebsrat für seine Arbeit Räume, Büropersonal, sachliche Mittel sowie Informations- und Kommunikationstechnologie zur Verfügung zu stellen. In der Praxis entzündet sich zwischen Betriebsparteien oftmals Streit über die Frage, in welchem Umfang das erfolgen muss. § 40 Abs. 1 BetrVG beschränkt die Kostentragungspflicht des Arbeitgebers durch den Maßstab der Erforderlichkeit. Dieser Maßstab ist sowohl hinsichtlich der Frage des „Ob" einer Kostenposition als auch deren Umfang entscheidend. So muss etwa in jedem Einzelfall geprüft werden, ob ein Betriebsrat überhaupt eigenes Büropersonal benötigt und nach Feststellung der entsprechenden Erforderlichkeit im zweiten Schritt auch der zeitliche Umfang bestimmt werden.

Die Rechtsprechung hatte in der Vergangenheit bereits zahlreiche Gelegenheiten, für einzelne Kostenpositionen die grundsätzliche Erforderlichkeit festzustellen. Der Arbeitgeber muss danach Büroräumlichkeiten nebst Ausstattung und Kommunikationsmitteln wie Internet und Telefon genauso zur Verfügung stellen wie er die Zahlung von

---

[92] BAG, AP Nr. 4 zu § 37 BetrVG.

Rechtsanwaltskosten im Rahmen von Einigungsstellen- oder Rechtsverfahren zu tragen hat.[93]

Der streitentscheidende Maßstab der Erforderlichkeit gibt dem Betriebsrat dabei insgesamt eine Einschätzungsprärogative. Die Erforderlichkeit der Kosten ist dann zu bejahen, wenn der Betriebsrat im Zeitpunkt ihrer Entstehung die Kosten bei gewissenhafter Abwägung aller Umstände für eine sachgerechte Erfüllung seiner Aufgaben für erforderlich halten durfte.[94]

3.4.3.4 Wahlberechtigung und Wählbarkeit

Betriebsräte werden von sämtlichen, in den §§ 7, 8 BetrVG genannten Arbeitnehmern gewählt. Wahlberechtigt sind alle Arbeitnehmer des Betriebs, die das 16. Lebensjahr vollendet haben. Leiharbeitnehmer sind wahlberechtigt, wenn sie länger als drei Monate im Betrieb eingesetzt werden. Entscheidend ist folglich die Zugehörigkeit zum Betrieb. Dies ist der Fall, wenn ein Arbeitsverhältnis zum Betriebsinhaber besteht. Die Dauer der Betriebszugehörigkeit spielt dagegen keine Rolle. Arbeitnehmer des Betriebes können daher vom ersten Tag ihres Arbeitsverhältnisses an den Betriebsrat wählen. Das gilt jedoch ausdrücklich nicht für Leiharbeitnehmer. Diese müssen wie bereits ausgeführt länger als drei Monate eingesetzt sein. Diese Voraussetzung verlangt nicht, dass die drei Monate als ununterbrochener Zeitraum zusammenhängen. Ein wiederkehrender Einsatz mit zwischenzeitlich kürzeren Unterbrechungen ist folglich unschädlich.

Die Wählbarkeit, also die Möglichkeit, in den Betriebsrat gewählt zu werden, knüpft an die Wahlberechtigung an. Wählbar ist, wer wahlberechtigt und volljährig ist und zudem dem Betrieb mindestens sechs Monate angehört. Damit entfällt die Wählbarkeit für Leiharbeitnehmer.[95] Wechselt ein Arbeitnehmer innerhalb eines Unternehmens oder Konzerns den Betrieb, werden jedoch die unmittelbaren Vorarbeitszeiten angerechnet.[96]

Fallbeispiel

Kalli ist seit acht Monaten als Leiharbeitnehmer bei der X-AG eingesetzt und fühlt sich dort auch sehr wohl. Zur anstehenden Betriebsratswahl will er selbstverständlich mitwählen, gerne aber auch selber kandidieren. Schließlich strebt er im Ergebnis eine Festanstellung bei der X-AG an. Der Wahlausschuss für die Betriebsratswahlen teilt ihm jedoch richtigerweise mit, dass er wegen seines langfristigen Einsatzes zwar mitwählen darf, jedoch nicht wahlberechtigt ist, da er nicht dem Betrieb der X-AG angehört.◄

---

[93] Für den vorgerichtlichen Bereich siehe etwa BAG, Beschluss vom 25.04.1978, Nr. 11 zu § 80 BetrVG.

[94] Siehe dazu ausführlich BGH, NJW 2013, 464.

[95] BAG, NZA 2010, 832.

[96] BAG, NZA 2012, 107.

3.4.3.5 Stellung der Koalitionen im Betrieb

Insbesondere hinsichtlich der Rechte und Pflichten von Gewerkschaften im Betrieb entsteht oftmals Streit in der Praxis. Arbeitgeber sind versucht, jede Form von gewerkschaftlichen Betätigungen aus ihrem Betrieb fernzuhalten. Dem steht das Interesse der Gewerkschaften gegenüber, gerade im Betrieb als eigentlicher Wirkungsstätte der Arbeitnehmer tätig sein zu können, um einen direkten Zugang zu ihren Mitgliedern oder für Werbezwecke zu erlangen. Diesen Interessengegensatz versucht das Betriebsverfassungsgesetz durch Regelungen zur Stellung der Koalitionen im Betrieb zum Ausgleich zu bringen. So wird der Grundsatz der vertrauensvollen Zusammenarbeit für den Arbeitgeber und den Betriebsrat auch auf die im Betrieb vertretenen Gewerkschaften und Arbeitgeberverbände ausgedehnt. Die im Betrieb vertretenen Gewerkschaften haben darüber hinaus das Recht zum Zugang zum Betrieb für ihre Beauftragten.[97]

§ 2 Abs. 1 BetrVG betont für die Stellung der Gewerkschaften im Betrieb ausdrücklich die Beachtung der geltenden Tarifverträge. Dies stellt nochmals klar, dass auch die Betriebsparteien die Tarifautonomie als höherrangige Rechtsebene zu achten haben. Bei der Zusammenarbeit zwischen Betriebsrat und Gewerkschaft ist ferner zu berücksichtigen, dass beide einen voneinander getrennten gesetzlich zugewiesenen Aufgabenbereich haben. Beide sollen ihre Zusammenarbeit deshalb darauf abstellen, dass das Wohl der Arbeitnehmer und des Betriebes gefördert wird. Praktisch erfolgt das durch die Tätigkeit durch gewerkschaftliche Vertrauensleute, also im Regelfall durch im Betrieb arbeitende Gewerkschaftsmitglieder, die entsprechend gewählt sind. Dabei ist indes der Grundsatz zu beachten, dass der Betriebsrat als Organ in keiner Form gewerkschaftlich tätig sein darf. Der Betriebsrat als Ganzes ist deshalb streng von einzelnen Betriebsratsmitgliedern zu trennen, welche jeweils als Einzelperson ihre Koalitionsfreiheit in Form einer gewerkschaftlichen Tätigkeit nach Art. 9 Abs. 3 GG auch ausüben dürfen.

Fallbeispiel

Im Betrieb stehen Betriebsratswahlen an. Der amtierende Betriebsrat stellt sich einheitlich und geschlossen zur Wiederwahl. Er wird unterstützt von der Gewerkschaft G. Im Gegenzug wirbt der Betriebsrat als Ganzes durch offizielle Aushänge und Mitteilungen im Internet für den Gewerkschaftseintritt. Dies ist unzulässig, da der Betriebsrat als Organ gewerkschaftlich neutral sein muss. Einzelnen Betriebsratsmitgliedern wäre ein entsprechendes Verhalten jedoch gestattet.◄

Von praktischer Bedeutung ist zudem die Möglichkeit der Teilnahme eines Beauftragten einer im Betriebsrat vertretenen Gewerkschaft an Betriebsratssitzungen. Eine solche Teilnahme kann nach § 31 BetrVG auf Antrag von einem Viertel der Betriebsratsmitglieder beschlossen werden. Durch das geringe Quorum wird zugleich ein Schutz gewerkschaftlicher Minderheiten etabliert. Der Betriebsratsmehrheit steht es nicht zu,

---

[97] Siehe dazu bereits Abschn. 3.1.1.3 „Werbende Tätigkeit".

die Erforderlichkeit oder Zweckmäßigkeit der Hinzuziehung abzulehnen. Noch weitergehend ist die Teilnahmemöglichkeit an Betriebs- oder Abteilungsversammlungen nach § 46 BetrVG. Hier hat der Beauftragte einer im Betrieb vertretenen Gewerkschaft genauso ein Teilnahmerecht wie ein Vertreter des Arbeitgeberverbandes es hat, falls der Arbeitgeber an der Betriebsversammlung teilnimmt.

3.4.3.6 Grundsätze der Zusammenarbeit

Die gesetzgeberischen Grundüberlegungen der Mitbestimmung auf betrieblicher Ebene durch gewählte Betriebsräte kann nur dann zum Wohle des Unternehmens und der Arbeitnehmer mit Leben gefüllt werden, wenn beide Betriebsparteien gut zusammenarbeiten. Das Betriebsverfassungsgesetz ist daher vom Grundsatz der vertrauensvollen Zusammenarbeit der Betriebsparteien durchzogen. Dieser Grundsatz überlagert jeden Bereich der Zusammenarbeit und gilt auch dann, wenn die Betriebsparteien in einer inhaltlichen Frage oder auch bei rechtlichen Beurteilungen unterschiedliche Auffassungen vertreten.

Der Betriebsrat ist dabei nur dem Wohle der Arbeitnehmer im Betrieb und dem Betrieb als Ganzen verpflichtet. Wie soeben zur Stellung der Koalitionen im Betrieb ausgeführt, liegt hierin ein ganz wesentlicher Unterschied zur gewerkschaftlichen Tätigkeit. Während Gewerkschaften über Arbeitskämpfe zuweilen eine direkte Konfrontationsrolle gegenüber dem Arbeitgeber einzunehmen haben, gilt dies für Betriebsräte gerade nicht. Betriebsräte dürfen folglich nicht streiken. Es besteht eine umfassende Friedensplicht zwischen den Betriebsparteien.[98]

Nach § 74 BetrVG haben Arbeitgeber und Betriebsrat alle Betätigungen zu unterlassen, durch die der Arbeitsablauf oder Betriebsfrieden beeinträchtigt werden. Das gilt insbesondere für parteipolitische oder sonstige betriebsfremde gesellschaftliche Anliegen wie etwa soziale oder ökologische Belange.[99]

Arbeitgeber und Betriebsrat sollen ihre Zusammenarbeit möglichst durch regelmäßige Besprechungen und Verhandlungen gestalten. Das Gesetz geht hierfür von einem Monatsrhythmus aus. Zwar formuliert § 74 Abs. 1 S. 1 BetrVG dieses Gebot nur als Soll-Regelung. Eine beharrliche Weigerung des Betriebsrats oder des Arbeitgebers, dem tatsächlich Rechnung zu tragen, stellt jedoch eine Pflichtverletzung dar.

Die Pflicht zur Wahrung des Betriebsfriedens wird in § 75 BetrVG weiter konkretisiert. Daraus erwächst für beide Betriebsparteien eine besondere Verpflichtung hinsichtlich der Beseitigung (vorhandener Missstände) und Unterlassung (zukünftiger) Benachteiligungen einzelner Arbeitnehmer aus Gründen ihrer Rasse oder wegen ihrer ethnischen Herkunft, ihrer Abstammung oder sonstigen Herkunft, ihrer Nationalität, ihrer Religion oder Weltanschauung, ihrer Behinderung, ihres Alters, ihrer politischen oder gewerkschaftlichen Betätigung oder Einstellung oder wegen ihres Geschlechts oder ihrer sexuellen Identität.

---

[98] BAG, AP Nr. 71 zu Art. 9 GG.

[99] Hiervon zu unterscheiden ist die Betätigung eines einzelnen Unternehmers, der nicht in Ausübung seines Amtes als Betriebsrat handelt, siehe dazu Bundesverfassungsgericht, AP Nr. 2 zu § 74 BetrVG.

Das Betriebsverfassungsgesetz konkretisiert damit die grundsätzlich geltenden Vorgaben des grundrechtlichen allgemeinen Gleichheitssatzes nach Art. 3 GG sowie die einfach gesetzlichen Vorgaben des Benachteiligungsverbotes der §§ 1, 7 AGG.[100]

Fallbeispiel

Der Arbeitgeber schlägt vor, im Rahmen einer Betriebsvereinbarung eine Jahresprämie für alle in Vollzeit tätigen Arbeitnehmer in Höhe von 1000,00 € zu regeln. Teilzeit-Arbeitnehmer sollen dagegen nichts erhalten, weil diese schließlich auch nicht wirklich am betrieblichen Erfolg mitwirken würden. Tatsächlich sind in Teilzeit nahezu ausschließlich Frauen beschäftigt. Hier darf der Betriebsrat nicht zustimmen, da durch die vorgeschlagene Betriebsvereinbarung eine mittelbare Benachteiligung wegen des Geschlechtes eintreten würde. ◄

Kommt es zu ernsthaften Verletzungen gesetzlicher Pflichten durch den Betriebsrat, ein Betriebsratsmitglied oder den Arbeitgeber, regelt § 23 BetrVG die daraus resultierenden Sanktionsmöglichkeiten. Einzelne Betriebsratsmitglieder können durch arbeitsgerichtliche Entscheidungen aus dem Betriebsrat ausgeschlossen werden. Der Betriebsrat kann als Ganzes der Auflösung unterliegen. Gegen den Arbeitgeber kann das Gericht Ordnungsgelder verhängen. Allen Sanktionsmöglichkeiten gegen die vorgenannten Akteure muss jeweils eine grobe Pflichtverletzung zugrunde liegen. Ein Antrag auf entsprechende Sanktionen sollte daher als letztes Mittel begriffen werden, um sodann wieder den Weg der vertrauensvollen Zusammenarbeit beschreiten zu können.

Eine grobe Pflichtverletzung liegt vor, wenn vorsätzlich oder grob fahrlässig erheblich gegen eine betriebsverfassungsrechtliche Pflicht verstoßen wird. Hierbei ist maßgeblich zu unterscheiden zwischen betriebsverfassungsrechtlichen und sonstigen arbeitsrechtlichen Pflichten. Nur solche Verstöße, die tatsächlich den betriebsverfassungsrechtlichen Pflichtenkreis betreffen, kommen für betriebsverfassungsrechtliche Sanktionen in Betracht.[101]

Fallbeispiel

Betriebsrat Bernd beabsichtigt, zu einem Konkurrenzunternehmen zu wechseln. Im Rahmen von Kennenlerngesprächen mit fremden Unternehmen berichtet er freigiebig über ihm zugängliche vertrauliche Informationen aus seiner Tätigkeit als Vertriebsmitarbeiter und auch über weiterführende Informationen aus seinem Amt als Betriebsrat. Der Arbeitgeber beantragt wegen beider Verstöße beim Arbeitsgericht den Ausschluss des Bernd aus dem Betriebsrat. Das Arbeitsgericht wird bei seiner Entscheidungsfindung jedoch nur den betriebsverfassungsrechtlichen Verstoß

---

[100] Siehe dazu später ausführlich Abschn. 4.9.4 „Benachteiligungsverbot".
[101] Zur Abgrenzung zwischen betriebsverfassungsrechtlichen Verstößen zum Arbeitsvertragsrecht siehe BAG, NZA 2016, 57.

berücksichtigen. Hinsichtlich des Verstoßes gegen die arbeitsvertragliche Verschwiegenheitspflicht müsste der Arbeitgeber dagegen individualrechtlich durch Abmahnung oder Kündigung vorgehen.◄

3.4.3.7 Allgemeine Aufgaben des Betriebsrats

Der Betriebsrat soll die Interessen der Arbeitnehmer im Betrieb gegenüber der Geschäftsleitung vertreten. Dabei soll er aber auch das Wohl des Betriebes wahren. Vor dem Hintergrund dieser grundsätzlichen Rolle normiert § 80 BetrVG die allgemeinen Aufgaben des Betriebsrates.

Aus der Vielzahl der durch die Aufgaben betroffenen Handlungsgebiete sowie die jeweils nur sehr unbestimmte Formulierung wird deutlich, dass der Betriebsrat ein umfassendes Mandat hat, in sozialen, personellen und wirtschaftlichen Angelegenheiten tätig zu werden. Für diesen breit gefächerten Aufgabenkatalog stattet das BetrVG den Betriebsrat zunächst einmal mit einem Informationsrecht aus. Der Betriebsrat ist für eine sachgerechte Wahrnehmung seiner Aufgaben darauf angewiesen, dass ihn die Geschäftsleitung vollständig und rechtzeitig unterrichtet. Der Betriebsrat hat folglich einen Anspruch auf die entsprechenden Auskünfte.[102] Der Auskunftsanspruch geht so weit, wie der Betriebsrat Informationen des Arbeitgebers benötigt, um in eigener Verantwortung prüfen zu können, ob und wie der Betriebsrat in seinen Aufgabenkreis betroffen sein kann.[103] Hierfür sind dem Betriebsrat in geeigneter Form (z. B. mündlich oder schriftlich) sowie durch Vorlage der entsprechenden Unterlagen alle erforderlichen Informationen zu überlassen.

Funktional lassen sich die Aufgaben des Betriebsrates grob einteilen in die Bereiche Überwachung und Schutz, Anträge und Anregungen sowie Förderungspflichten. Der Betriebsrat hat sowohl präventiv als auch nach aufgetretenen Regelverletzungen durch den Arbeitgeber eine umfassende Überwachungs- und Schutzfunktion zugunsten der Arbeitnehmer. Dies beinhaltet neben dem Gesundheitsschutz der Arbeitnehmer etwa im Hinblick auf Arbeitsschutz oder Unfallverhütung auch umfangreiche Prüfpflichten in arbeitsrechtlicher Hinsicht. So hat ein Betriebsrat auch zu überwachen, ob der Datenschutz[104] eingehalten wird oder Formulararbeitsverträge das AGB-Recht beachten.[105] Der Betriebsrat hat zudem das Recht, Anträge an den Arbeitgeber zu richten. Inhaltlich können diese Anträge sich auf alle Angelegenheiten beziehen, die zum Aufgabenbereich des Betriebsrates gehören. Das kann etwa soziale Belange wie die Einrichtung eines Betriebskindergartens oder auch eine Maßnahme zur Bekämpfung von Fremdenfeindlichkeit im Betrieb betreffen. Der Betriebsrat ist zudem der natürliche Ansprechpartner der Arbeitnehmer im Betrieb, wenn es um Anregungen in Bezug auf das Betriebsverfassungsrecht

---

[102] BAG, NZA 2008, 1078.

[103] BAG, NZA 2007, 99.

[104] Gleichzeitig muss der Betriebsrat auch seinerseits den Datenschutz beachten, siehe BAG, Beschluss vom 09.04.2019–1 ABR 51/17, NZA 2019, 1055.

[105] Siehe etwa BAG, NZA 2006, 553.

geht. Der Betriebsrat hat deshalb das Recht, sich mit Anregungen aus der Belegschaft zu befassen und mit diesen gegebenenfalls an den Arbeitgeber heranzutreten. In Bezug auf die Förderungspflichten des Betriebsrates sind Gleichbehandlungsaspekte wie die Vereinbarkeit von Familie und Beruf, der betriebliche Umweltschutz oder etwa die Integration bestimmter Arbeitnehmergruppen wie Behinderte, Ausländer oder ältere Beschäftigte zu nennen, die jeweils ein erhöhtes Schutz- und Förderbedürfnis haben können. Auch kann der Betriebsrat Einsicht in die personalisierte Bruttolohnliste des Betriebes nehmen.[106]

Aus der Vielschichtigkeit der vorgenannten Aufgaben folgt, dass der Betriebsrat mit seinem eigenen Know-how schnell an Grenzen stoßen kann. Gerade in rechtlicher oder betriebswirtschaftlicher Hinsicht ist oftmals die Hinzuziehung externen Sachverstandes unerlässlich, um einen konkreten Sachverhalt verstehen und bewerten zu können. Dem trägt § 80 Abs. 3 BetrVG Rechnung. Danach kann der Betriebsrat bei der Durchführung seiner Aufgaben nach näherer Vereinbarung mit dem Arbeitgeber Sachverständige hinzuziehen, soweit dies zur ordnungsgemäßen Erfüllung seiner Aufgaben erforderlich ist. So werden in der Praxis oftmals konkrete Fragestellungen gutachterlich (z. B. durch einen Rechtsanwalt) geklärt. Für die Hinzuziehung von Sachverständigen wird deshalb entweder für einen bestimmten Einzelfall eine konkrete Vereinbarung geschlossen oder Betriebsrat und Arbeitgeber einigen sich auf eine zeitlich oder finanziell pauschalierte Beratung durch einen Sachverständigen. Muss der Betriebsrat zur Durchführung seiner Aufgaben die Einführung oder Anwendung von Künstlicher Intelligenz beurteilen, gilt insoweit die Hinzuziehung eines Sachverständigen als erforderlich.

Praxisbeispiel

Der Betriebsrat der X-GmbH benötigt regelmäßig eine rechtliche Expertise zu Personalmaßnahmen und anderen betriebsverfassungsrechtlichen Angelegenheiten. Hierzu wird in jedem Einzelfall zumeist ein Rechtsanwalt mit der Erstellung eines Gutachtens beauftragt. Die Kosten dafür sind zum einen erheblich, zum anderen sind sie für den Arbeitgeber in seinem Wirtschaftsplan kaum kalkulierbar. Aufgrund der guten und vertrauensvollen Zusammenarbeit der Betriebsparteien verständigen diese sich darauf, dass jedes Jahr pauschal 30 Beratertage durch den Betriebsrat beansprucht werden können. Hierfür vereinbart der Arbeitgeber mit dem Rechtsanwalt des Betriebsrats einen Pauschalhonorar über 30 Tagessätze. In der inhaltlichen und zeitlichen Ausgestaltung ist der Betriebsrat sodann in diesem Rahmen völlig frei.◄

3.4.3.8 Beteiligungsrechte

In Konkretisierung und Erweiterung der allgemeinen Aufgaben des Betriebsrates normiert das Betriebsverfassungsgesetz zahlreiche weitergehende Beteiligungsrechte, die bis

---

[106] BAG, Beschluss vom 07.05.2019–1 ABR 53/17.

hin zu einer echten Mitbestimmungsbefugnis des Betriebsrates führen. Diese Beteiligungsrechte werden inhaltlich in soziale, personelle und wirtschaftliche Angelegenheiten unterteilt. Davon zu unterscheiden ist wiederum das Anhörungsrecht des Betriebsrates bei Kündigungen, welches einer eigenständigen Regelung zugeführt wird und deshalb auch gesondert zu betrachten ist.[107]

Zu unterscheiden ist zwischen Mitbestimmungs- und Mitwirkungsrechten. Hinsichtlich der wesentlichen sozialen Beteiligungsrechte liegt etwa eine echte Mitbestimmung vor. Eine echte Mitbestimmung bedeutet, dass der Betriebsrat seine Zustimmung für auf dem entsprechenden Gebiet vorzunehmende Arbeitgebermaßnahmen geben muss. Auch kann der Betriebsrat selber aktiv werden und entsprechende eigene Initiativen gegenüber dem Arbeitgeber entwickeln. Unterhalb der Schwelle der echten Mitbestimmung, jedoch oberhalb des Rechts der bloßen Information, sind die Mitwirkungsrechte zu verorten. Der Arbeitgeber darf bei diesen zwar letztlich alleine entscheiden und handeln, er ist jedoch verpflichtet, den Betriebsrat in einer bestimmten Form vorab zu konsultieren. Das gilt z. B. für das Anhörungsrecht bei Kündigungen nach § 102 BetrVG.

3.4.3.8.1 Soziale Angelegenheiten

Ein Kernbereich der täglichen Betriebsratsarbeit betrifft die sogenannten sozialen Angelegenheiten. Soziale Angelegenheiten sind diejenigen Bereiche des betrieblichen Lebens, welche die Gestaltung der Arbeitsbedingungen und damit verbundene Interessen der Arbeitnehmer betrifft, aber nicht dem personellen oder wirtschaftlichen Bereich direkt zugehören. Das Gesetz katalogisiert die sozialen Angelegenheiten im Kern in § 87 Abs. 1 BetrVG. Diese sind auch deshalb besonders in den Blick zu nehmen, weil § 87 Abs. 2 BetrVG hierfür das Mitbestimmungsrecht des Betriebsrates festlegt. Kommt eine Einigung über eine entsprechende Angelegenheit nicht zustande, so entscheidet die Einigungsstelle.[108]

Wegen der praktischen Wichtigkeit der sozialen Mitbestimmungsrechte sind dessen inhaltliche Konturen nachfolgend grob zu skizzieren. Dabei ist zu beachten, dass die Aufzählung des § 87 Abs. 1 BetrVG abschließend ist. Das Mitbestimmungsrecht des Betriebsrates gilt daher nur in den gesetzlich genannten Fällen. In den §§ 90 ff. BetrVG finden sich weitere Unterrichtungs- und Mitbestimmungsrechte hinsichtlich der Gestaltung der Arbeitsumgebung.

3.4.3.8.1.1 Mitbestimmungstatbestände

Nach § 87 Abs. 1 Nr. 1 BetrVG besteht das Mitbestimmungsrecht bei Fragen der Ordnung des Betriebs und des Verhaltens der Arbeitnehmer im Betrieb. Dazu gehören etwa allgemeine Verhaltensregeln, Bekleidungsvorschriften und auch Nutzungsregelungen z. B. für

---

[107] Siehe Abschn. 3.4.3.8.2.4 „Anhörungsrecht bei Kündigungen".
[108] Ausführlich zur Einigungsstelle Abschn. 3.4.3.13.1.

das Internet, Parkflächen oder die Durchführung von Taschenkontrollen.[109] Das Mitbestimmungsrecht bezieht sich jedoch nur auf die grundsätzlichen Regelungen und ist daher
abzugrenzen von Einzelmaßnahmen gegenüber bestimmten Arbeitnehmern wie z. B.
Abmahnungen. Dem Betriebsrat steht kein Mitbestimmungsrecht zu, wenn der Arbeitgeber den Arbeitnehmern die private Nutzung von Smartphones während der Arbeitszeit
untersagt, um eine ordnungsgemäße Arbeitsleistung sicherzustellen.[110]

Der Betriebsrat hat nach Ziffer 2 auch ein umfangreiches Mitspracherecht hinsichtlich der Arbeitszeit. Zustimmungspflichtig ist die Regelung des Beginns und Endes
der täglichen Arbeitszeit sowie deren Verteilung auf die einzelnen Wochentage und die
Regelung von Pausen. Daraus folgt die grundsätzliche Abgrenzung zwischen Arbeitszeit und privater Zeit, die allgemein die entsprechende Zuständigkeit des Betriebsrates
nach sich zieht.[111] Die Betriebsparteien können daher im Rahmen der Vorgaben des
Arbeitszeitgesetzes spezifische Arbeitszeitmodelle für den Betrieb entwickeln. Durch das
Mitbestimmungsrecht des Betriebsrates sollen die Interessen der Belegschaft zu den
regelmäßigen Interessen des Arbeitgebers an einer möglichst flexiblen Arbeitszeit in
Ausgleich gebracht werden. Der Arbeitgeber ist deshalb hinsichtlich der Etablierung
bestimmter Zeitmodelle wie z. B. Schichtarbeit, Ruf- oder Bereitschaftsdienste, sowie
Gleit- oder Vertrauensarbeitszeit o. Ä. auf die Zustimmung des Betriebsrates angewie-
sen. Das Gleiche gilt auch für die Lage von Pausen und Sonderarbeitszeiten wie z. B.
Sonntagsöffnungszeiten im Einzelhandel.

Das vorgenannte Mitbestimmungsrecht wird zudem erweitert auf die vorübergehende
Verkürzung oder Verlängerung der vertriebsüblichen Arbeitszeit. Das betrifft insbesondere Überstunden und Kurzarbeit. Der Betriebsrat hat dabei über das „Ob und Wie"
der Verlängerung oder Verkürzung der Arbeitszeit mitzubestimmen. Darin liegt eine
ganz wesentliche Möglichkeit der Einflussnahme des Betriebsrats auf die betriebliche
Organisation vor. Der Arbeitgeber darf ohne die Zustimmung des Betriebsrates weder
Sonderschichten noch Überstunden anordnen. Da dies in der Praxis jedoch ein oftmals erforderliches Gestaltungsinstrument des Arbeitgebers ist, muss er sich bei dieser
Thematik mit dem Betriebsrat ins Benehmen setzen.

Fallbeispiel

Der Arbeitgeber erhält einen ganz kurzfristigen lukrativen Auftrag, der binnen einer
Woche abgearbeitet werden muss. Wegen der Kurzfristigkeit kann die Abarbeitung
nur durch Überstunden des eigenen Personals geleistet werden. Selbst der Einsatz
von Leiharbeitnehmern würde die Zielerreichung wegen möglicher Einarbeitungszeiten
nicht gewährleisten können. Der Arbeitgeber ist nunmehr gezwungen, die Zustimmung
des Betriebsrates für die Anordnung der Überstunden einzuholen. ◄

---

[109] Vergleiche etwa BAG, NZA 2014, 551.
[110] BAG, Beschluss vom 17.10.2023–1 ABR 24/22.
[111] BAG, ZMV 2016, 52.

Von geringer praktischer Relevanz ist dagegen die Regelung des § 87 Abs. 1 Nr. 4 BetrVG, wonach die Auszahlung der Arbeitsentgelte, also der Zeitpunkt, der Ort und die Art der Entgeltzahlung zustimmungspflichtig ist, da die bargeldlose und nachträgliche monatliche Zahlung inzwischen als Standard zu betrachten ist.

Das Mitbestimmungsrecht des Betriebsrats erstreckt sich auch auf den Urlaub. Der Betriebsrat hat mitzustimmen bei der Festlegung allgemeiner Urlaubsgrundsätze wie etwa die Einrichtung von Betriebsferien oder die sonstige Verteilung des Urlaubs im Kalenderjahr (z. B. Urlaubssperren). Dazu gehört auch die Aufstellung eines Urlaubsplanes, welcher die Festlegung des Urlaubs der einzelnen Arbeitnehmer enthält. In vielen Fällen für den Betriebsrat eher unangenehm ist das Mitbestimmungsrecht hinsichtlich der Festlegung des Urlaubs für einzelne Arbeitnehmer, wenn mehrere Arbeitnehmer gleichzeitig Urlaub nehmen möchten. Dem Betriebsrat kommt dann die Rolle des Mitentscheiders zur Klärung des Streites zwischen den betroffenen Kollegen zu, sodass der Betriebsrat seine eigentliche Rolle als Interessenvertreter gegenüber dem Arbeitgeber partiell verlassen muss.

Zu einer ständig wachsenden praktischen Bedeutung führt das Mitbestimmungsrecht hinsichtlich der Überwachung von Arbeitnehmern durch technische Einrichtungen nach § 87 Abs. 1 Nr. 6 BetrVG. Durch die in den letzten Jahren ständig wachsenden Möglichkeiten der technischen Überwachung, insbesondere in Bezug auf Datenerhebung und deren Verarbeitung sowie Bild- und Tonaufnahmen, kann der Arbeitgeber mit verhältnismäßig geringem Aufwand eine umfangreiche Überwachung der Belegschaft durchführen. Um dem Persönlichkeitsschutz der Arbeitnehmer bereits kollektivrechtlich Nachdruck zu verlangen, erstreckt sich das Mitbestimmungsrecht des Betriebsrates auf alle technischen Einrichtungen, die zur Überwachung der Arbeitnehmer geeignet sind.[112] Auf eine gezielte Überwachung und einen damit verbundenen Vorsatz des Arbeitgebers kommt es nicht an. Insoweit ist der Wortlaut des Gesetzes weit auszulegen. Dies gilt auch für die Definition der technischen Einrichtung. Davon ist jede Form von automatisierter Datenerhebung und deren Auswertung erfasst. Die Mitbestimmung umfasst daher auch Online-Auftritte des Arbeitgebers auf Social-Media-Plattformen, soweit dadurch die Möglichkeit von Kommentierungen o.Ä. eröffnet wird, die wiederum gegenüber den Mitarbeitern verwendet werden können.[113]

Fallbeispiel

Der Arbeitgeber betreibt mehrere Einzelhandelsläden und muss ein steigendes Aufkommen von Ladendiebstählen feststellen. Um diesen entgegenzutreten, soll eine flächendeckende Videoüberwachung des Laden- und Kassenbereichs erfolgen. Das Filmen der Belegschaft soll zwar nicht Ziel der Maßnahme sein, lässt sich jedoch auch nicht verhindern. Durch die Eignung der Maßnahme zur Verhaltenskontrolle

---

[112] BAG, NZA 2004, 1278.
[113] BAG, Beschluss vom 25.02.2020 -. 1 ABR 40/18.

der Arbeitnehmer wird das Mitbestimmungsrecht des § 87 Abs. 1 Nr. 6 BetrVG ausgelöst.◀

Ausgesprochen umfangreich ist das Mitbestimmungsrecht in Bezug auf den Arbeits- und Gesundheitsschutz. Eine nähere Darstellung des Arbeitsschutzrechtes muss hier aus Platzgründen unterbleiben. Für das Bestimmungsrecht des Betriebsrates ist festzuhalten, dass sich dieses auf den gesamten Bereich des Gesundheitsschutzes bezieht, welcher zwar durch unzählige gesetzgeberische Regelungen Vorgaben für die Betriebe macht, jedoch regelmäßig Umsetzungsspielräume eröffnet. Wie im konkreten Fall gesetzgeberische Vorgaben durch den Arbeitgeber umgesetzt werden, unterliegt daher der Mitbestimmung.

Hält der Arbeitgeber Sozialeinrichtungen vor, besteht für den Betriebsrat ein Mitbestimmungsrecht hinsichtlich der Ausgestaltung der Einrichtung. Die Errichtung oder Schließung einer solchen Einrichtung steht dagegen alleine in der Entscheidungsmacht des Arbeitgebers.[114] Das Mitbestimmungsrecht des Betriebsrates erstreckt sich daher in Bezug auf soziale Einrichtungen wie etwa Kindergärten oder Kantinen auf die Festlegung allgemeiner Grundsätze hinsichtlich der Arbeitsweise der Einrichtung.

Die Zuweisung und Kündigung von Wohnräumen nach § 87 Abs. 1 Nr. 9 BetrVG regelt einen Sonderfall sozialer Einrichtungen in herausgehobener Form. Das betrifft Werkswohnungen, die der Arbeitgeber vorhält. Auf das Eigentum an den Wohnungen kommt es nicht an. Der Arbeitgeber muss nur die Verfügungsbefugnis über die Wohnräume haben. Das Mitbestimmungsrecht betrifft wiederum nicht die Entscheidung zum Bereithalten von Wohnräumen, sondern nur die Festlegung der Nutzungsbedingungen sowie die Verteilung auf die Belegschaft. Zum Schutz der betroffenen Arbeitnehmer besteht das Mitbestimmungsrecht auch bei der Kündigung eines bestehenden Mitverhältnisses mit einem Arbeitnehmer.

Der Betriebsrat muss zudem gemäß § 87 Abs. 1 Nr. 10 BetrVG auch in Fragen der betrieblichen Lohngestaltung mitbestimmen. Das Mitbestimmungsrecht betrifft zwar nicht die Vergütungshöhe als solche, aber das „Wie" der Ausgestaltung der Vergütung. Zur Vergütung gehören alle leistungsbezogenen Entgelte.[115] Zu beachten ist jedoch, dass ein anzuwendender Tarifvertrag betrieblichen Regelungen vorgeht, sodass in solchen Fällen nur noch zusätzliche Punkte vereinbart werden können. Das Mitbestimmungsrecht des Betriebsrats erstreckt sich auf die Festlegung der Kriterien zur Bemessung der Vergütung (z. B. Leistung oder Betriebstreue).[116] Mitbestimmungspflichtig ist sowohl die Aufstellung als auch die Änderung von Entlohnungsgrundsätzen.

---

[114] BAG, NZA 1989, 219.
[115] BAG, NZA 2003, 1219.
[116] BAG, NZA 2006, 1367.

Fallbeispiel

Der Arbeitgeber möchte eine zusätzliche Jahresprämie einführen, die für die einzelnen Arbeitnehmer umso höher ausfällt, je weniger Krankheitstage er hat. Da dadurch ein Grundsatz der Entlohnung aufgestellt wird, ist der Betriebsrat hinsichtlich der konkreten Ausgestaltung mitbestimmungspflichtig. Das Mitbestimmungsrecht erstreckt sich jedoch nicht auf das Prämienvolumen.◄

Artverwandt mit der vorgenannten Regelung ist das Mitbestimmungsrecht des Betriebsrates für leistungsbezogene Entgelte nach § 87 Abs. 1 Nr. 11 BetrVG. Damit wird klargestellt, dass der Betriebsrat auch hinsichtlich aller leistungsbezogenen Entgeltbestandteile mitbestimmungspflichtig ist. Dies gilt insbesondere für die Ausgestaltung eines Akkord- und Prämienlohnes. Ob das auch für Provisionen gilt, ist danach zu beurteilen, ob ein konkreter Leistungsbezug vorliegt. Das dürfte regelmäßig jedenfalls bei der Feststellung des Verhältnisses zwischen Fixgehalt und Provision der Fall sein.[117] Damit Arbeitnehmer hinsichtlich betrieblicher Vorgänge mitdenken und Vorschläge entwickeln, ist der Betriebsrat auch hinsichtlich der Ausgestaltung des betrieblichen Vorschlagswesens mitbestimmungspflichtig. Insoweit besteht eine wechselseitige, positive Verstärkung zwischen Arbeitgeber und Betriebsrat gegenüber der Belegschaft. Zwar kann der Arbeitgeber wiederum alleine über die Bereitstellung der Mittel (Vergütungsanreize) für Verbesserungsvorschläge entscheiden, das „Wie" in Form der Kriterien der Vergabe unterliegt jedoch der Mitbestimmung.

Ähnlich ist der Sinn und Zweck des Mitbestimmungsrechtes zur Durchführung von Gruppenarbeit nach § 87 Abs. 1 Nr. 13 BetrVG zu sehen. Auch durch Gruppenarbeit werden die Initiativkraft und das Verantwortungsbewusstsein der Arbeitnehmer gefördert. Hinzu kommen weitere positive Entwicklungen durch den Austausch und die Zusammenarbeit. Zwar kann der Arbeitgeber mitbestimmungsfrei über die Einführung und Beendigung von Gruppenarbeit entscheiden, der Betriebsrat ist jedoch mitbestimmungspflichtig in Bezug auf die Regelungen zum Verfahren oder sonstige Kriterien, nach denen die Gruppen zusammengesetzt werden und arbeiten sollen. Der Betriebsrat bestimmt auch mit bei der Ausgestaltung von mobiler Arbeit, die mittels Informations- und Kommunikationstechnik erbracht wird. Daraus folgt jedoch kein Anspruch auf die Vereinbarung von mobiler Arbeit oder Homeoffice. Die Mitbestimmung bezieht sich nur auf das „Wie" der mobilen Arbeit.

---

[117] Streitig, siehe *Fitting*, § 87 Rn. 535 m. w. N.

3.4.3.8.1.2 Durchführung

Da es sich bei den vorgenannten sozialen Angelegenheiten um ein echtes Recht zur Mitbestimmung handelt, darf der Arbeitgeber nur mit Zustimmung des Betriebsrates entscheiden und entsprechend handeln. Kommt eine Einigung nicht zustande, können beide Betriebsparteien nach § 87 Abs. 2 BetrVG die Einigungsstelle anrufen.[118]

Da sich hinsichtlich der mitbestimmungspflichtigen sozialen Angelegenheiten eine gleichberechtigte Rechtsstellung von Arbeitgeber und Betriebsrat ergibt, hat der Betriebsrat auch ein umfassendes Initiativrecht. Er kann folglich seinerseits zu einer der vorgenannten Angelegenheiten an den Arbeitgeber herantreten und konkrete Vorschläge unterbreiten.

In vielen Fällen bietet es sich für die Betriebsparteien an, Fragen der sozialen Mitbestimmung im Rahmen einer Betriebsvereinbarung nach § 77 BetrVG zu regeln. Durch dieses den Betriebsparteien grundsätzlich zur Verfügung stehende Gestaltungsinstrument können vielfach die aus den sozialen Angelegenheiten folgenden grundsätzlichen Fragestellungen betriebsbezogen einer dauerhaften Lösung zugeführt werden. § 88 BetrVG bietet zudem die ergänzende Möglichkeit freiwilliger Betriebsvereinbarungen. Dabei ist jedoch stets der Tarifvorgang nach § 77 Abs. 3 BetrVG zu beachten. Unabhängig davon kommt auch eine Regelungsabrede in Betracht. Diese ist gerade in Bereichen eher einmaliger Regelungsgegenstände praktikabel.

Handelt der Arbeitgeber unter Missachtung der Mitbestimmungspflicht, kann der Betriebsrat arbeitsgerichtliche Hilfe in Anspruch nehmen. Soweit noch möglich, besteht ein Recht auf Unterlassung gegenüber dem Arbeitgeber. Wirken dessen Handlungen noch fort, sind diese rückgängig zu machen.

3.4.3.8.2 Personelle Angelegenheiten

Das Betriebsverfassungsgesetz legt auch für personelle Angelegenheiten umfangreiche Mitbestimmungsrechte des Betriebsrates fest. Da die Personalhoheit des Arbeitgebers jedoch einen sehr zentralen Bestandteil der Führung eines Unternehmens darstellt, geht das Mitbestimmungsrecht weniger weit als in sozialen Angelegenheiten. Andererseits ist zu beachten, dass eine wirksame Interessenvertretung für die Belegschaft personelle Fragestellungen nicht ausklammern darf. Der Gesetzgeber hat dieses Spannungsverhältnis dahingehend zum Ausgleich gebracht, dass er mit den §§ 92 ff. BetrVG bestimmte personelle Angelegenheiten unterscheidet und einer jeweils gesondert zu betrachtenden Art der Mitbestimmung unterwirft.

Neben den allgemeinen personellen Angelegenheiten und Fragen der Berufsausbildung besteht ein eigens ausgestaltetes Mitbestimmungsrecht bei personellen Einzelmaßnahmen und Kündigungen. Wegen der herausgehobenen praktischen Bedeutung für den betroffenen Arbeitnehmer ist das Mitbestimmungsrecht bei personellen Einzelmaßnahmen und bei Kündigungen nachfolgend ausführlich darzustellen.

---

[118] Zur Einigungsstelle siehe ausführlich Abschn. 3.4.3.13.1.

3.4.3.8.2.1 Allgemeine Angelegenheiten

Nach den §§ 92 ff. BetrVG hat der Arbeitgeber ein umfangreiches Unterrichtungs- und Beratungsrecht hinsichtlich der Personalplanung. Damit geht auch ein Vorschlagsrecht des Betriebsrates zu Fragen der Personalsicherung einher. Ein allgemeines Mitbestimmungsrecht in diesem Themenkreis betrifft indes nur Personalfragebögen oder Auswahlrichtlinien für Arbeitnehmer, sodass der Arbeitgeber im Hinblick auf seine grundsätzlichen Erwägungen zur Personalplanung weitestgehend alleine entscheiden kann. Soweit der Arbeitgeber jedoch Formulararbeitsverträge verwendet, allgemeine Einstellungsverfahren einführt oder Beurteilungsgrundsätze festlegt, hat der Betriebsrat ein Mitbestimmungsrecht. Dadurch soll eine umfangreiche Beteiligung des Betriebsrates an der Erstellung allgemeiner Personalgrundsätze erreicht werden.

3.4.3.8.2.2 Berufsbildung

Über die vorgenannten Grundsätze zur Beteiligung des Betriebsrates bei der Personalplanung hinaus kommt dem Betriebsrat die Aufgabe der Förderung der Berufsbildung in besonderer Weise zu. Er hat gemeinsam mit dem Arbeitgeber betriebliche Berufsbildungsmaßnahmen zu beraten. Weitergehend hat der Betriebsrat bei der Durchführung von Maßnahmen der betrieblichen Berufsbildung mitzubestimmen. Der Betriebsrat kann solche Maßnahmen jedoch nicht erzwingen.[119] Im Falle der Durchführung solcher Maßnahmen kann der Betriebsrat jedoch bei der Auswahl des Ausbilders mitbestimmen.

3.4.3.8.2.3 Personelle Einzelmaßnahmen

Ein Kernelement der Beteiligungsrechte des Betriebsrats stellt der Bereich der Mitbestimmung bei personellen Einzelmaßnahmen dar. Nach den §§ 99, 100 BetrVG hat der Betriebsrat ein echtes Mitbestimmungsrecht in Unternehmen mit in der Regel mehr als 20 wahlberechtigten Arbeitnehmern bei personellen Einzelmaßnahmen. Personelle Einzelmaßnahmen sind Einstellungen,[120] Ein- und Umgruppierungen und Versetzungen. Der Rechtsbegriff der personellen Einzelmaßnahme ist dabei weit auszulegen, um dem gesetzgeberischen Ziel der Mitbestimmung des Betriebsrates Rechnung zu tragen. Einstellungen im Sinne des Gesetzes sind auch Arbeitsaufnahmen von Leiharbeitnehmern. Schwierigkeiten bereitet dagegen die Abgrenzung von werkvertraglichen Aufgaben, der Beschäftigung freier Mitarbeiter oder der Vergabe dienstvertraglicher Tätigkeiten. Entscheidungsrelevant ist stets, ob die betreffenden Personen in die Arbeitsorganisation des Arbeitgebers eingegliedert werden. Ist das der Fall, liegt eine zustimmungspflichtige Einstellung vor.[121]

---

[119] BAG, AP Nr. 4 zu § 98 BetrVG.

[120] Zum Begriff der Einstellung siehe etwa BAG, Beschluss vom 12.06.2019–1 ABR 5/18, NZA 2019, 1288.

[121] BAG, NZA 2004, 1149.

Das Mitbestimmungsrecht verpflichtet den Arbeitgeber nach § 99 BetrVG dazu, vor jeder einschlägigen Maßnahme den Betriebsrat zu unterrichten, was insbesondere bei Einstellungen umfassend hinsichtlich der Bewerber zu erfolgen hat. So sind dem Betriebsrat auch alle Bewerbungsunterlagen zur Verfügung zu stellen.

Beim Betriebsrat ist sodann die erforderliche Zustimmung einzuholen, wobei eine Zustimmungsverweigerung nur in den gesetzlich formulierten Fällen zulässig ist. Diese regelt § 99 Abs. 2 BetrVG abschließend. Neben dem Verweigerungsgrund eines Verstoßes gegen rechtliche Regelungen sieht das Gesetz auch die Möglichkeit der Verweigerung für den Fall vor, dass durch die beabsichtigte Maßnahme andere Arbeitnehmer oder der Betroffene selbst benachteiligt werden könnten. Eine Benachteiligung des betroffenen Arbeitnehmers liegt etwa bei einer gegen seinen Willen erfolgenden Versetzung vor. Andere Arbeitnehmer könnten benachteiligt werden, wenn diese mittelbar durch die in Rede stehende Einzelmaßnahme von einer Kündigung bedroht sind o. Ä.

Schwierig zu handhaben ist dagegen das Zustimmungsverweigerungsrecht des Betriebsrates für den Fall, dass die durch Tatsachen begründete Besorgnis besteht, dass die personelle Maßnahme durch den betroffenen Arbeitnehmer zu einer Störung des Betriebsfriedens führen könnte.

Die Besorgnis des Betriebsrates muss aber auf Tatsachen beruhen, welche die Störungsprognose begründen.[122]

Fallbeispiel

Der Arbeitgeber möchte einen neuen Mitarbeiter für das Vertriebsteam einstellen. Der vorgeschlagene Mitarbeiter ist in den vergangenen Jahren mehrfach wegen sexueller Belästigungen bei früheren Arbeitgebern und auch in seinem sonstigen Umfeld aufgefallen. Der Betriebsrat befürchtet aufgrund dieser Tatsachen daher zu Recht, dass bei einer Einstellung dieses Mannes der Betriebsfrieden gestört würde. Er hat daher das Recht, die Zustimmung zur Einstellung zu verweigern.◄

Nach § 99 Abs. 3 BetrVG muss der Betriebsrat innerhalb einer Frist von einer Woche seine Zustimmungsverweigerung erklären. Die Frist beginnt nur zu laufen, wenn der Betriebsrat vollständig informiert ist.[123] Der Arbeitgeber hat dann die Möglichkeit, die Zustimmung arbeitsgerichtlich ersetzen zu lassen (Zustimmungsersetzungsverfahren). Solange die Zustimmung nicht erteilt oder ersetzt worden ist, darf der Arbeitgeber die Maßnahme nicht durchführen. Bei Zuwiderhandlungen hat der Betriebsrat nach § 101 BetrVG die Möglichkeit zur Beantragung von Zwangsgeldern beim Arbeitsgericht.

Nach § 100 Abs. 1 S. 1 BetrVG kann der Arbeitgeber die personelle Maßnahme jedoch vorläufig durchführen, wenn dies aus sachlichen Gründen dringend erforderlich

---

[122] BAG, NZA 2005, 775.
[123] BAG, Beschluss vom 12.06.2019–1 ABR 39/17, NZA 2019, 1292.

ist. Das ist sogar möglich, bevor der Betriebsrat sich geäußert oder wenn er die Zustimmung verweigert hat. Eine solche dringende Erforderlichkeit ist indes nur gegeben, wenn ein verantwortungsbewusster Arbeitgeber im betrieblichen Interesse handeln muss. Die Maßnahme darf folglich keinerlei Aufschub dulden.

Führt der Arbeitgeber die personelle Maßnahme vorläufig durch, muss er den betroffenen Arbeitnehmer und den Betriebsrat unverzüglich über das Verfahren unterrichten. Der Betriebsrat kann nun die dringende Erforderlichkeit bestreiten. Auch das muss unverzüglich erfolgen. Der Arbeitgeber hat dann innerhalb von drei Tagen die Zustimmungsersetzung beim Arbeitsgericht zu beantragen.

Die gedankliche Fortsetzung zu dem genannten Zustimmungsverweigerungsrecht bei einer befürchteten Störung des Betriebsrats ist § 104 BetrVG. Danach kann der Betriebsrat vom Arbeitgeber die Entlassung oder Versetzung eines Arbeitnehmers verlangen, der durch gesetzwidriges Verhalten oder durch grobe Verletzung der in § 75 Abs. 1 BetrVG enthaltenen Grundsätze den Betriebsfrieden wiederholt ernstlich gestört hat.

Der Betriebsrat hat durch den Kündigungsanspruch ein letztes Mittel an der Hand, diesem Auftrag auch gerecht zu werden. Als eine solche Ultima Ratio ist § 104 BetrVG zu begreifen. Liegen dessen Voraussetzungen vor, hat der Arbeitgeber die geforderte Kündigung (oder Versetzung) auszusprechen. Im Streitfall steht dem Betriebsrat das Beschlussverfahren offen. Die dort ergangene Entscheidung des Arbeitsgerichts ist dann für alle Beteiligten bindend, da der betroffene Arbeitnehmer in das Verfahren einbezogen ist.[124]

3.4.3.8.2.4 Anhörungsrecht bei Kündigungen

Für den Ausspruch von Kündigungen besteht ein gesondertes Beteiligungsrecht des Betriebsrates. Anders als bei den vorgenannten personellen Einzelmaßnahmen besteht bei Kündigungen kein Zustimmungserfordernis des Betriebsrates.

Nach § 102 Abs. 1 BetrVG ist der Betriebsrat vor jeder Kündigung anzuhören. Eine ohne Anhörung des Betriebsrats ausgesprochene Kündigung ist unwirksam. Diese Rechtsfolge ist so einschneidend wie umfassend. Sie gilt für jede Art von Kündigung. Der Gesetzestext ist folglich wörtlich zu nehmen, wenn er von „jeder Kündigung" spricht.

Damit die Anhörung ordnungsgemäß durchgeführt wird, bedarf es einer umfassenden Unterrichtung des Betriebsrates. Eine ordnungsgemäße Anhörung umfasst daher eine Mitteilung an den Betriebsrat, die neben der Kündigungsabsicht als solcher auch die Kündigungsgründe beinhaltet. Dem Betriebsrat sind alle für die Kündigung relevanten Umstände wie etwa der Termin oder die Frist mitzuteilen. Die Anhörung muss zwingend vor dem Ausspruch der Kündigung erfolgen.[125] Auch ist ein Nachschieben von Kündigungsgründen nicht möglich.[126]

---

[124] BAG, NZA 2017, 985.
[125] BAG, NJW 1976, 1766.
[126] Instruktiv BAG, NZA 2008, 1081.

Der Arbeitgeber beabsichtigt, einen Arbeitnehmer fristlos zu kündigen, weil dieser bestimmte Verfehlungen begangen hat. Der Betriebsrat wird über die Gründe und die fristlose Kündigung umfassend informiert.[127] Sodann spricht der Arbeitgeber eine fristlose, hilfsweise fristgemäße Kündigung aus. Der Arbeitnehmer wendet im Kündigungsschutzverfahren richtigerweise ein, dass die ordentliche Kündigung unwirksam ist, weil der Betriebsrat hierzu nicht ordnungsgemäß angehört wurde.◄

Nachdem der Betriebsrat ordnungsgemäß angehört wurde, kann er entsprechend reagieren. Eine Verpflichtung hierzu besteht jedoch nicht. Reagiert der Betriebsrat innerhalb der Fristen des § 102 Abs. 2 BetrVG nicht, folgt aus dem Gesetz eine sogenannte Zustimmungsfiktion. Eine Nichtäußerung des Betriebsrates innerhalb von sieben Tagen bei einer ordentlichen bzw. drei Tagen bei einer außerordentlichen Kündigung gilt folglich als Zustimmung.

Der Betriebsrat kann der Kündigung jedoch auch widersprechen. Nach § 102 Abs. 3 BetrVG bestehen für den Betriebsrat verschiedene Widerspruchsgründe. Diese betreffen in erster Linie betriebsbedingte Kündigungen. Bei anderen Kündigungsgründen ist der Widerspruch entsprechend anderweitig zu begründen. Soweit erforderlich, sollte der Betriebsrat den betroffenen Arbeitnehmer auch zuvor anhören, um sich ein umfassendes Bild machen zu können.

Die Rechtsfolge eines Widerspruchs des Betriebsrats ist jedoch nicht die Unwirksamkeit der Kündigung. Andernfalls hätte es der Betriebsrat geradezu in der Hand, jede Kündigung zu verhindern. § 102 Abs. 4, 5 BetrVG regelt deshalb gesondert die Rechtsfolgen eines Widerspruchs. Diese bestehen zunächst darin, dass der Arbeitnehmer eine Abschrift des Widerspruchs erhält. Der wird dadurch in die Lage versetzt, daraus für das von ihm anzustrengende Kündigungsschutzverfahren Argumentationshilfe zu entnehmen.

Darüber hinaus besteht bei einem Widerspruch gegen eine ordentliche Kündigung ein Weiterbeschäftigungsanspruch bis zum rechtskräftigen Abschluss des Kündigungsschutzverfahrens. Dieser Weiterbeschäftigungsanspruch sichert dem Arbeitnehmer folglich für einen ganz erheblichen Zeitraum je nach Länge des Gerichtsverfahrens seinen Arbeitsplatz. Während dieser Zeit besteht das Arbeitsverhältnis unverändert fort. Damit der Weiterbeschäftigungsanspruch entsteht, muss der Arbeitnehmer folglich nach dem Betriebsratswiderspruch Kündigungsschutzklage erheben und zudem die Weiterbeschäftigung ausdrücklich verlangen. Für außerordentliche Kündigungen gilt der Weiterbeschäftigungsanspruch jedoch nicht.[128]

---

[127] Zu beachten ist stets die kurze Frist von zwei Wochen für den Ausspruch der fristlosen Kündigung nach § 626 II BGB, siehe zur nur ganz ausnahmsweisen Hemmung BAG, Beschluss vom 27.06.2019–2 ABR 2/19, NZA 2019, 1415.
[128] BAG, AP Nr. 13 zu § 626 BGB.

3.4.3.8.2.5 Zustimmung bei Kündigungen von Betriebsräten

Wiederum gesondert geregelt ist das Mitbestimmungsrecht des Betriebsrats bei Kündigungen von Betriebsratsmitgliedern. Soll ein Betriebsratsmitglied außerordentlich[129] gekündigt werden, ist die Zustimmung des Betriebsrates nach § 103 Abs. 1 BetrVG erforderlich. Das Gleiche gilt, wenn eine Versetzung eines Betriebsratsmitgliedes zu einem Verlust des Amtes oder der Wählbarkeit führen würde.

Die zuvor genannten Grundsätze zur umfassenden Unterrichtung des Betriebsrates gelten auch hier. Hinsichtlich der Beschlussfassung des Gremiums ist das betroffene Betriebsratsmitglied wegen Befangenheit ausgeschlossen und wird durch ein Ersatzmitglied vertreten. Verweigert der Betriebsrat seine Zustimmung, muss der Arbeitgeber deren Ersetzung beim Arbeitsgericht verlangen.

Für den Arbeitgeber sind insbesondere die einzuhaltenden Fristen von erheblicher Bedeutung. Einerseits ist wie bei jeder anderen außerordentlichen Kündigung auch die Frist von zwei Wochen gemäß § 626 Abs. 2 BGB zu beachten.[130] Andererseits ist auch die Drei-Tages-Frist analog § 102 Abs. 2 S. 3 BetrVG einzuhalten. Der Arbeitgeber muss folglich schnell entscheiden und entsprechend handeln.

Erst nachdem das Arbeitsgericht die Zustimmung ersetzt hat, kann der Arbeitgeber die Kündigung aussprechen. Der Arbeitnehmer kann sodann Kündigungsschutzklage erheben. Da im Rahmen des Zustimmungsersetzungsverfahrens jedoch bereits materiell inzident die Kündigungsgründe geprüft worden sind, entfaltet die Zustimmungsersetzung präjudizierende Wirkung.[131]

3.4.3.8.3 Wirtschaftliche und arbeitsplatzbezogene Angelegenheiten

Die Beteiligungsrechte des Betriebsrats hinsichtlich wirtschaftlicher Angelegenheiten sind deutlich schwächer ausgestattet als die vorgenannten Mitbestimmungsrechte. Dies hat seine Begründung darin, dass in diesen Bereichen sehr tief der Kernbereich der unternehmerischen Freiheit betroffen ist. Insbesondere wirtschaftliche Angelegenheiten liegen naturgemäß ganz erheblich in der Risikosphäre des Arbeitgebers, weshalb die Beteiligungsrechte des Betriebsrats hier nur mit gesetzgeberischem Augenmaß formuliert wurden. Die Berücksichtigung der Eingriffstiefe in die unternehmerische Freiheit spiegelt daher auch in diesem Bereich eine entsprechende Abstufung wider, welche bereits bei den Differenzierungen hinsichtlich der personellen Angelegenheiten und Kündigungen erkennbar wurde.

Die Beteiligungsrechte des Betriebsrats in wirtschaftlichen Angelegenheiten werden in einem Bereich des Wirtschaftsausschusses und die Rechte des Betriebsrates bei Betriebsänderungen unterteilt. Deutlich stärker sind wiederum die Rechte des Betriebsrats bei der Gestaltung der Arbeit und der entsprechenden Arbeitsplätze. Diese werden unterteilt in

---

[129] Zum besonderen Kündigungsschutz von Betriebsratsmitgliedern hinsichtlich ordentlicher Kündigungen siehe ausführlich Abschn. 4.13.3.3.1.1
[130] Dazu ausführlich Abschn. 4.13.1.2.3 „Ausschlussfrist".
[131] BAG, AP zu § 87 Nr. 4 ArbGG 1997.

die Rechte des einzelnen Arbeitnehmers sowie des Betriebsrates und sind abschließend darzustellen.

3.4.3.8.3.1 Wirtschaftsausschuss

In allen Unternehmen mit in der Regel mehr als 100 Arbeitnehmern ist zwingend ein Wirtschaftsausschuss zu bilden. Dieser besteht aus drei bis sieben Mitgliedern insgesamt, worunter sich mindestens ein Betriebsratsmitglied befinden muss. Alle Mitglieder müssen die erforderliche fachliche und persönliche Eignung zum Verständnis der Materie haben. Dieser hat nach § 106 BetrVG die Aufgabe, wirtschaftliche Angelegenheiten mit dem Unternehmer zu beraten. Gegenüber dem Betriebsrat besteht sodann eine entsprechende Berichtspflicht. Der Arbeitgeber hat folglich eine umfassende Unterrichtungspflicht, die ihre Grenze erst in den Betriebs- und Geschäftsgeheimnissen findet. Zur Erfüllung der Berichtspflicht sind auch die erforderlichen Unterlagen unaufgefordert und rechtzeitig zu überlassen. Zu einer ordnungsgemäßen Erfüllung dieser Verpflichtung müssen die Informationen und Unterlagen auch verständlich sein.[132]

§ 106 Abs. 3 BetrVG zählt exemplarisch bestimmte wirtschaftliche Angelegenheit auf. Dazu gehören etwa die wirtschaftliche und finanzielle Lage des Unternehmens als solche, die Einschränkung oder Stilllegung von Betrieben oder Betriebsteilen bzw. deren Aufspaltung oder auch die Änderung der Betriebsorganisation. Aus dieser nicht abschließenden Aufzählung wird deutlich, dass die Informationspflicht gegenüber dem Wirtschaftsausschuss auch inhaltlich sehr weitreichend ist. Im Rahmen einer vertrauensvollen Zusammenarbeit zwischen Wirtschaftsausschuss und Arbeitgeber kann daher eine umfassende und vielschichtige Erörterung wirtschaftlicher Fragestellungen erfolgen. Im Falle von Meinungsverschiedenheiten über die Unterrichtungspflicht entscheidet die Einigungsstelle.[133]

Fallbeispiel

Der Arbeitgeber plant eine neue Abteilung im Unternehmen aufzubauen, die zusätzliche Vertriebswege erarbeiten soll. Damit sollen zusätzliche Vertriebskanäle dauerhaft etabliert werden. Der Gesamtvertrieb des Unternehmens wird entsprechend umgestellt. Da der Arbeitgeber kein Mitbestimmungsrecht seines Betriebsrates erkennt, wird weder dieser noch der ebenfalls vorhandene Wirtschaftsausschuss informiert. Der Arbeitgeber behält seine Position auch dann noch bei, als der Wirtschaftsausschuss ausdrücklich um Unterrichtung und Überlassung von Unterlagen bittet. Der Wirtschaftsausschuss ruft daher die Einigungsstelle an. Diese wird entscheiden, dass eine entsprechende Unterrichtungspflicht besteht, da die Veränderungen im Vertrieb eine wirtschaftliche Angelegenheit nach § 106 BetrVG darstellen.◄

---

[132] BAG, AP Nr. 29 zu § 80 BetrVG.
[133] Siehe dazu BAG, Beschluss vom 12.02.2019–1 ABR 37/17, NZA 2019, 787.

3.4.3.8.3.2 Betriebsänderung

Bei Betriebsänderungen, die wesentliche Nachteile für die Belegschaft oder erhebliche Teile der Belegschaft zur Folge haben können, ist der Betriebsrat rechtzeitig und umfassend zu unterrichten. Zudem besteht eine Beratungspflicht. Dies gilt unabhängig vom Bestehen eines Wirtschaftsausschusses und setzt nur voraus, dass im Unternehmen in der Regel mehr als 20 Arbeitnehmer beschäftigt sind.

In der Praxis vielfach umstritten ist die Frage, wann eine Betriebsänderung vorliegt. Hierzu konkretisiert § 111 S. 3 BetrVG den Begriff dahingehend, dass Einschränkungen, Verlegungen oder Zusammenschlüsse des Betriebes oder wesentlicher Betriebsteile sowie grundlegende Änderungen des Betriebes (z. B. Organisation oder Zweck) oder die Einführung grundlegend neuer Arbeitsmethoden oder Fertigungsverfahren Betriebsänderungen darstellen. Liegt eine solche Betriebsänderung vor, ist auch von wesentlichen Nachteilen für die Belegschaft oder jedenfalls Teile davon auszugehen.[134] Die praktische Schwierigkeit für einen Betriebsrat besteht darin, entsprechende Veränderungen auch als Betriebsänderungen zu identifizieren, um seine Unterrichtungs- und Beratungsrechte auch wahrnehmen zu können. Oftmals drängt sich die Vereinbarung eines Interessenausgleichs über die geplanten Betriebsänderungen nach § 112 BetrVG auf. Der Betriebsrat kann das jedoch nicht erzwingen, sodass gegebenenfalls wiederum die Einigungsstelle anzurufen wäre, um einen Sozialplan zur Abfederung sich ergebender Härten für die Belegschaft zu erreichen.

Fallbeispiel

Der Arbeitgeber beabsichtigt, eine Abteilung zu schließen und die Aufgaben durch ein anderes Unternehmen erledigen zu lassen. Die betroffenen Arbeitsplätze sollen ersatzlos wegfallen. Der Betriebsrat möchte für die betroffenen Kollegen erreichen, dass diese entweder an anderer Stelle im Unternehmen eingesetzt werden oder gegen Zahlung einer Abfindung freiwillig aus dem Unternehmen ausscheiden. Da trotz intensiver Verhandlungen kein Interessenausgleich zustande kommt, ruft der Betriebsrat die Einigungsstelle an, um einen Sozialplan für die Zahlung von Abfindungen zu erreichen. In der Einigungsstelle wird sodann mit hoher Wahrscheinlichkeit ein Spruch gefällt werden, der eine Abfindung für die betroffenen Arbeitnehmer beinhaltet, die der Höhe nach individuell hinsichtlich bestimmter Kriterien wie Betriebszugehörigkeit oder Unterhaltsverpflichtung zu berechnen ist.◄

3.4.3.8.3.3 Arbeitsplatzbezogene Mitbestimmung

Bei der arbeitsplatzbezogenen Mitbestimmung ist zunächst zwischen den Rechten des einzelnen Arbeitnehmers und denen des Betriebsrates zu unterscheiden.

---

[134] BAG, NZA 2011, 466.

Nach den §§ 81 ff. BetrVG ist der einzelne Arbeitnehmer über seinen konkreten Arbeitsbereich umfassend persönlich zu unterrichten. Dies gilt insbesondere hinsichtlich etwaiger Gesundheitsgefahren oder bestimmter Unfallverhütungsmaßnahmen. Zudem kann der Arbeitgeber zu seinem Arbeitsplatz und den ihn betreffenden Arbeitsabläufen Vorschläge machen. Auch kann er sich beim Arbeitgeber beschweren. Schließlich hat der Arbeitnehmer ein Recht zur Einsichtnahme in seine Personalakte. Hierzu kann ein Betriebsratsmitglied mitgenommen werden.[135]

Nach den §§ 90 ff. BetrVG ist der Betriebsrat über die Planung von Räumen, technischen Anlagen, Arbeitsabläufen und auch einzelnen Arbeitsplätzen rechtzeitig und umfassend zu unterrichten. Auch besteht eine Beratungspflicht. Darüber hinaus hat der Betriebsrat insoweit ein erzwingbares Mitbestimmungsrecht hinsichtlich Maßnahmen zur Abwendung oder Milderung in Bezug auf entsprechende Veränderungen, die eine besondere Belastung der Arbeitnehmer nach sich ziehen.

3.4.3.9 Gesamt-, Konzern- und Europäischer Betriebsrat

Je nach Unternehmensstruktur kann eine Vielzahl von Betrieben bestehen. Auch kann das Unternehmen in eine Konzernstruktur eingebunden sein. Diese ist möglicherweise wiederum über verschiedene Länder verteilt. Um eine angemessene Beteiligung der Belegschaft in solchen Strukturen zu gewährleisten, sind oberhalb der betrieblichen Ebene weitere Betriebsratsstrukturen vorgesehen.

Dies kann mittels Gesamt-, Konzern- oder Europäischen Betriebsrat erfolgen.

3.4.3.9.1 Gesamtbetriebsrat

Bestehen in einem Unternehmen mehrere Betriebsräte, so ist nach § 47 BetrVG ein Gesamtbetriebsrat zu errichten. Ein Gesamtbetriebsrat ist folglich eine Art Zusammenschluss der einzelnen Betriebsräte innerhalb eines Unternehmens. So entsendet jeder einzelne Betriebsrat nach § 47 Abs. 2 BetrVG seiner eigenen Größe entsprechend Mitglieder in den Gesamtbetriebsrat. Der Gesamtbetriebsrat nimmt dann die Interessen der Belegschaft des ganzen Unternehmens wahr und ist nicht wie ein einzelner Betriebsrat auf einen bestimmten Standort (Betrieb) bezogen.

Entscheidend für die Bildung eines Gesamtbetriebsrates ist somit das Unternehmen als solches. Hierfür wird auf dessen rechtliche Identität abgestellt (z. B. GmbH oder AG).[136] Weitere Voraussetzung ist, dass im Unternehmen bereits mehrere Betriebsräte existieren. Ist ein Gesamtbetriebsrat gebildet, werden die Stimmengewichte der einzelnen Mitglieder je nach der Zahl der wahlberechtigten Arbeitnehmer des Ausgangsbetriebes verteilt, um die wirklichen Größenverhältnisse angemessen abzubilden.

Inhaltlich ist der Gesamtbetriebsrat nach § 50 BetrVG zuständig für die Behandlung von Angelegenheiten, die das Gesamtunternehmen oder mehrere Betriebe betreffen

---

[135] Die Hinzuziehung eines Rechtsanwaltes dürfte nur im Ausnahmefall zulässig sein, siehe dazu BAG, NZA 2016, 1344.
[136] BAG, NZA 2007, 825.

und nicht durch die einzelnen Betriebsräte innerhalb ihrer Betriebe geregelt werden können. Ein einzelner Betriebsrat kann zudem den Gesamtbetriebsrat mit der Regelung einer bestimmten Angelegenheit für ihn beauftragen. In der Praxis ergeben sich aus der gesetzlichen Kompetenzabgrenzung zuweilen Streitigkeiten zwischen Betriebsrat und Gesamtbetriebsrat. Auch kann Streit mit dem Arbeitgeber darüber entstehen, welche Ebene für eine konkrete Fragestellung zuständig ist. Um nicht das Risiko einer Handlung durch ein unzuständiges Gremium einzugehen, sind insoweit trennscharf die gesetzlichen Zuständigkeitszuweisungen zu beachten.

Entscheidendes Merkmal hierfür ist das Vorliegen einer überbetrieblichen Angelegenheit, die auch nicht auf der jeweiligen betrieblichen Ebene geregelt werden kann. Das ist maßgeblich bei technischen oder rechtlichen Gründen der Fall.[137] Entscheidend ist, dass sich nach den Umständen des Einzelfalls ein zwingendes Erfordernis für eine betriebsübergreifende Regelung ergibt.[138] Von hoher Praxisrelevanz ist daraus folgend die Möglichkeit des Gesamtbetriebsrates, Betriebsvereinbarungen mit Geltung für das Unternehmen abzuschließen (Gesamtbetriebsvereinbarung).

3.4.3.9.2 Konzernbetriebsrat

Für einen Konzern kann durch Beschlüsse der einzelnen Gesamtbetriebsräte ein Konzernbetriebsrat errichtet werden. Voraussetzung dafür ist, dass nach § 18 Abs. 1 AktG ein Unterordnungskonzern vorliegt. Das ist der Fall, wenn ein herrschendes und ein oder mehrere abhängige Unternehmen unter der einheitlichen Leitung des herrschenden Unternehmens zusammengefasst sind.

Damit wird erreicht, dass die Beteiligung der Arbeitnehmer auch an den Leitungsentscheidungen auf der den Einzelunternehmen übergeordneten Ebene stattfindet. Die Zusammensetzung erfolgt ähnlich wie beim Gesamtbetriebsrat durch Entsendung. Jeder Gesamtbetriebsrat schickt zwei seiner Mitglieder in den Konzernbetriebsrat.

Der Konzernbetriebsrat ist nach § 58 BetrVG zuständig für die Behandlung von Angelegenheiten, die den Konzern oder mehrere Konzernunternehmen betreffen und nicht durch die einzelnen Gesamtbetriebsräte innerhalb ihrer Unternehmen geregelt werden können. Ähnlich wie bei der Kompetenzabgrenzung zwischen Betriebsrat und Gesamtbetriebsrat kommt es auch hier auf das Vorliegen eines zwingenden Erfordernisses für eine konzerneinheitliche oder zumindest unternehmensübergreifende Regelung an.[139] Ist die Zuständigkeit des Konzernbetriebsrats eröffnet, ergibt sich daraus die Möglichkeit, Konzernbetriebsvereinbarungen abzuschließen.

3.4.3.9.3 Europäischer Betriebsrat

Verfügt ein Unternehmen über mehrere Betriebe, die sich auch auf das europäische Ausland verteilen, kommt zudem die Errichtung eines europäischen Betriebsrates in

---

[137] BAG, NZA 2011, 642.

[138] BAG, NZA 2012, 1237.

[139] BAG, NZA 2008, 1248.

Betracht. Da der europäische Gesetzgeber mit der Richtlinie 94/45/EG des Rates vom 22. September 1994[140] bestimmte Vorgaben für die Errichtung eines solchen Europäischen Betriebsrats gemacht hat, hat der Bundesgesetzgeber darauf fußend das Gesetz über Europäische Betriebsräte (EBRG)[141] erlassen.

Das Gesetz gilt für gemeinschaftsweit tätige Unternehmen, die mindestens 1000 Arbeitnehmer in den Mitgliedsstaaten beschäftigen, wobei mindestens je 150 Arbeitnehmer in mindestens zwei Mitgliedsstaaten beschäftigt sein müssen. Die tatsächlichen Beteiligungsrechte des Europäischen Betriebsrats sind auf Unterrichtungs- und Anhörungsrechte beschränkt. Diese bestehen gegenüber der zentralen Leitung, welche regelmäßig die Geschäftsleitung des herrschenden Unternehmens ist. Insbesondere ist dem Europäischen Betriebsrat die Entwicklung der Geschäftslage der einzelnen Unternehmen sowie der Unternehmensgruppe im Ganzen darzulegen. Dies hat mindestens einmal jährlich zu erfolgen. Auch ist der Europäische Betriebsrat hierzu ausdrücklich anzuhören. In Ermangelung harter Mitbestimmungsrechte kommt dem Europäischen Betriebsrat jedoch insgesamt nur eine beratende Funktion zu, aus welcher ein eher moderater Einfluss auf die zentrale Leitung des Unternehmens oder der Unternehmensgruppe erwächst.

Soweit in einzelnen Unternehmen darüber hinaus ein sogenannter Weltbetriebsrat errichtet wird, ist dies rein fakultativ. Die Ausgestaltung der Kompetenzen eines solchen Gremiums hat keine eigenen gesetzlichen Grundlagen, sondern bedarf einer konstitutiven Regelung im Unternehmen oder Konzern.

3.4.3.10 Jugend- und Auszubildendenvertretung

Um die Interessen speziell junger Arbeitnehmer wahrzunehmen, sieht das Gesetz die einen Betriebsrat ergänzende Einrichtung einer betrieblichen Jugend- und Auszubildendenvertretung vor. In Betrieben mit mindestens fünf Arbeitnehmern, die das 18. Lebensjahr noch nicht vollendet haben oder die zu ihrer Berufsausbildung beschäftigt sind und das 25. Lebensjahr noch nicht vollendet haben, werden nach § 60 BetrVG Jugend- und Auszubildendenvertretungen gewählt. Zwar ist die Jugend- und Auszubildendenvertretung kein eigenständiges Organ im Betrieb wie der Betriebsrat, ihr kommt aber eine beratende Funktion gegenüber dem Betriebsrat zu. So können die Mitglieder des Gremiums an den Sitzungen des Betriebsrates teilnehmen und über diesen Weg nicht nur gegenüber dem Betriebsrat ihre Interessen formulieren, sondern auch Einfluss auf die Beschlussfassung nehmen.

Ausnahmsweise besteht nach § 67 BetrVG sogar ein Stimmrecht. Das ist der Fall, wenn nach § 67 Abs. 2 BetrVG die zufassenden Beschlüsse des Betriebsrates überwiegend die

---

[140] Richtlinie 94/45/EG des Rates vom 22. September 1994 über die Einrichtung eines europäischen Betriebsrats oder die Schaffung eines Verfahrens zur Information und Konsultation der Arbeitnehmer in gemeinschaftsweit operierenden Unternehmen und Unternehmensgruppen.

[141] Gesetz über Europäische Betriebsräte (EBRG) vom 28. Oktober 1996 (BGBl. I S. 1548).

Arbeitnehmer betreffen, die unter die Vertretung der Jugend- und Auszubildendenvertretung fallen. In allen anderen Angelegenheiten kann die Jugend- und Auszubildendenvertretung gegenüber dem Betriebsrat beantragen, dass sie zum Gegenstand von Beratungen gemacht werden. Dies erfolgt dann in den jeweiligen Betriebsratssitzungen. Soweit mehr als 50 junge Arbeitnehmer nach den bereits genannten Kriterien im Betrieb beschäftigt sind, kann die Jugend- und Auszubildendenvertretung auch eine eigene Sprechstunde während der Arbeitszeit einrichten. Darüber hinaus kann im Einvernehmen mit dem Betriebsrat auch eine betriebliche Jugend- und Auszubildendenversammlung einberufen werden.

Um ihre Aufgaben zur Wahrung der Interessen der jungen Arbeitnehmer auch angemessen wahrnehmen zu können, ist die Jugend- und Auszubildendenvertretung durch den Betriebsrat rechtzeitig und umfassend zu unterrichten. Ihr sind die zur Durchführung ihrer Aufgaben erforderlichen Unterlagen durch den Betriebsrat zur Verfügung zu stellen.

3.4.3.11 Schwerbehindertenvertretung

Gleichfalls mit einer beratenen Funktion gegenüber dem Betriebsrat, aber auch mit einem eigenen Aufgabenkreis insbesondere nach den §§ 178 ff. SGB IX, ist die Schwerbehindertenvertretung ausgestattet. Sie gehört zwar nicht im eigentlichen Sinne zum Betriebsrat, soll aber wegen ihrer Beratungsfunktion an dieser Stelle mitbehandelt werden.

Nach § 177 SGB IX ist eine Schwerbehindertenvertretung in Betrieben zu wählen, in denen wenigstens fünf schwerbehinderte Menschen nicht nur vorübergehend beschäftigt sind. Die Schwerbehindertenvertretung wird entsprechend von allen im Betrieb beschäftigten schwerbehinderten und diesen gleichgestellten Arbeitnehmern gewählt. Für die Wählbarkeit muss jedoch das 18. Lebensjahr vollendet sein und eine mindestens sechsmonatige Betriebsangehörigkeit vorliegen. Auch ansonsten sind die Regelungen zur Schwerbehindertenvertretung vergleichbar mit denen zur Errichtung eines Betriebsrates, sodass z. B. auch die Amtszeiten parallel laufen.

Die Schwerbehindertenvertretung hat die Aufgabe, die Eingliederung der schwerbehinderten Menschen in den Betrieb zu fördern. Ein ganz wesentlicher Aufgabenbereich besteht in der Beratung und Hilfe der schwerbehinderten Kollegen und deren Interessenvertretung. Dazu kommt ferner die Überwachung der arbeitsrechtlichen Grundlagen in Bezug auf schwerbehinderte Arbeitnehmer.

Anders als dem Betriebsrat stehen der Schwerbehindertenvertretung zwar keine echten Mitbestimmungsrechte zu. Sie kann jedoch sowohl an den Beratungen des Betriebsrates teilnehmen und hat auch eigene Antragsrechte als auch selber Versammlungen für die schwerbehinderten Menschen im Betrieb durchführen. Die Schwerbehindertenvertretung ist zudem in allen Angelegenheiten, die schwerbehinderte Arbeitnehmer betreffen, zu beteiligen. Auch ist sie im Falle einer Kündigung eines schwerbehinderten Arbeitnehmers unabhängig vom Betriebsrat anzuhören.[142]

---

[142] Zum Kündigungsschutz schwerbehinderter Arbeitnehmer siehe Abschn. 4.13.3.4 „Schwerbehinderte".

Wie ein Betriebsrat ist auch die Schwerbehindertenvertretung für ihre Arbeit mit Betriebsmitteln auszustatten und hat ein Recht auf Schulungen und auch auf Freistellung für ihre Tätigkeit. Große praktische Bedeutung kommt der Möglichkeit zu, eine Inklusionsvereinbarung mit dem Arbeitgeber zu schließen. Im Rahmen einer solchen Inklusionsvereinbarung können etwa Regelungen zum betrieblichen Eingliederungsmanagement und konkret zum Umgang mit schwerbehinderten Kollegen im Betrieb (z. B. hinsichtlich der Besetzung neuer Stellen) getroffen werden.

3.4.3.12 Betriebsvereinbarungen

Ein ganz wesentliches Instrument zur tatsächlichen Umsetzung der Aufgabenkreise des Betriebsrates ist die Betriebsvereinbarung. Mit dieser werden grundsätzliche Regelungen innerhalb des Betriebes zwischen Arbeitgeber und Betriebsrat vereinbart. Wie bereits dargestellt,[143] sind Betriebsvereinbarungen wesentliche Rechtsquellen für die Rechte und Pflichten der Arbeitsvertrags- und auch Betriebsparteien.

Nach § 77 Abs. 1 BetrVG führt der Arbeitgeber Vereinbarungen zwischen Betriebsrat und Arbeitgeber durch. Solche schriftlich zu schließenden Betriebsvereinbarungen gelten unmittelbar und zwingend. Sie wirken daher direkt und bedürfen keinerlei Umsetzungsakte, etwa durch entsprechende Veränderung der Arbeitsverträge o. Ä. Inhaltlich steht es den Betriebsparteien grundsätzlich frei, ob und wie sie betriebliche oder betriebsverfassungsrechtliche Fragen im Wege einer Betriebsvereinbarung regeln.[144] Gegenstand einer Betriebsvereinbarung können daher grundsätzlich alle materiellen und formellen Arbeitsbedingungen sein.[145] Zu beachten ist einzig die Regelungssperre des § 77 Abs. 3 BetrVG. Danach können Arbeitsentgelte und sonstige Arbeitsbedingungen nicht Gegenstand einer Betriebsvereinbarung sein, die durch Tarifvertrag geregelt sind oder üblicherweise geregelt werden. Aus dieser Regelungssperre folgt das Verbot einer Regelung durch Betriebsvereinbarung, sobald die Arbeitsbedingungen erstmalig tariflich mit Wirkung für den Betrieb geregelt sind.

Fallbeispiel

Für die X-GmbH gilt ein Lohntarifvertrag. Die Betriebsparteien wollen diesen insoweit ergänzen, als sie einen pauschalen Zuschlag von zehn Prozent auf die tariflichen Entgelte vereinbaren. Darüber wird eine entsprechende Betriebsvereinbarung geschlossen. Diese Betriebsvereinbarung ist unwirksam, weil sie gegen die Regelungssperre des § 77 Abs. 3 BetrVG verstößt, da das Arbeitsentgelt tariflich geregelt ist.[146] ◄

---

[143] Siehe dazu Abschn. 2.2.7 „Betriebsvereinbarungen".
[144] Siehe bereits grundlegend BAGE 3, 1.
[145] BAG, NZA 2015, 943.
[146] Ausführlich dazu BAG, NZA 2006, 1170.

Soweit nicht anders vereinbart, sind Betriebsvereinbarungen mit einer Frist von drei Monaten ordentlich kündbar. In der Praxis nutzen die Betriebsparteien aber oftmals die Möglichkeit, andere Kündigungsregelungen oder eine begrenzte Laufzeit zu vereinbaren.

Das Aushandeln und der Abschluss von Betriebsvereinbarungen gehören daher zum Kernbereich der Betriebsparteien. Der Arbeitgeber und der Betriebsrat haben grundsätzlich gleichermaßen ein Interesse daran, belastbare Regelungen mit Geltung für den gesamten Betrieb zu finden. Naturgemäß geht die inhaltliche Interessenlage der Betriebsparteien genauso auseinander wie das Interesse daran, bestimmte Punkte überhaupt zum Regelungsgegenstand zu machen. So hat etwa der Arbeitgeber ein starkes Interesse daran, das Mitbestimmungsrecht des Betriebsrates hinsichtlich möglicher Überstunden durch eine Betriebsvereinbarung zu regeln, um nicht wegen jeder einzelnen Überstunde die erforderliche Zustimmung einholen zu müssen. Auf der anderen Seite hat der Betriebsrat zahlreiche Anliegen wie z. B. die Schaffung der Möglichkeit der Erbringung der Arbeitsleistung im Homeoffice. Beide Seiten haben für ihre jeweiligen Anliegen keinen rechtlichen Anspruch, den sie einseitig durchsetzen könnten und sind daher wechselseitig darauf angewiesen, miteinander im Verhandlungswege angemessene Lösungen zu erarbeiten. Je besser die vertrauensvolle Zusammenarbeit zwischen den Betriebsparteien funktioniert, desto umfassender ergeben sich Möglichkeiten zum Abschluss von Betriebsvereinbarungen.

3.4.3.13 Durchsetzung der Beteiligungsrechte

Die vorgenannten Rechte des Betriebsrates gegenüber dem Arbeitgeber stehen vielfach im Streit zwischen den Betriebsparteien. Die Bewertung tatsächlicher Gegebenheiten und auch deren rechtliche Würdigung können wie in allen Mehrparteienverhältnissen auseinandergehen. Es stellt sich daher die praktische Frage, wie Betriebsrat und Arbeitgeber ihre Konflikte miteinander lösen können.

Dafür sind im Arbeitsrecht grundsätzlich zwei verschiedene Möglichkeiten vorgesehen, die jeweils in den zuvor gemachten Ausführungen auch bereits zur Sprache kamen. Beide Kontrahenten haben die Möglichkeit, vorhandene Streitpunkte durch eine Einigungsstelle oder ein arbeitsgerichtliches Verfahren klären zu lassen. Beide Verfahren stehen jedoch nicht als Wahlmöglichkeiten nebeneinander. Aus den einzelnen betriebsverfassungsrechtlichen Regelungen ergibt sich jeweils gesondert, welcher Weg bestritten werden muss. Das Betriebsverfassungsgesetz weist einzelne Streitfälle der Einigungsstelle zu und eröffnet für andere Fragestellungen den Weg zu den Arbeitsgerichten.

Fallbeispiel

Der Arbeitgeber ordnet in einer Abteilung des Betriebes Überstunden an. Als der Betriebsrat davon erfährt, ist er erbost, da er von einer Verletzung seines Mitbestimmungsrechtes nach § 87 Abs. 1 Nr. 3 BetrVG ausgeht. Um für die Zukunft praktikable

Regelungen unter Beachtung seiner Rechte zu haben, nimmt der Betriebsrat Verhandlungen über den Abschluss einer Betriebsvereinbarung zu Überstunden auf. Da eine
Einigung nicht zustande kommt, ruft der Betriebsrat das Arbeitsgericht an, um eine
Betriebsvereinbarung feststellen zu lassen. Damit wird er keinen Erfolg haben, denn
er hätte nach § 87 Abs. 2 S. 1 BetrVG eine Einigungsstelle einfordern müssen.◄

Die Betriebsparteien müssen daher zunächst eine grundlegende Kenntnis darüber
haben, welche Möglichkeiten zur Durchsetzung ihrer Rechte bestehen. Darüber hinaus
ist es erforderlich, dass die Grundsystematik einer Einigungsstelle und eines arbeitsgerichtlichen Verfahrens bekannt ist. Nachfolgend sind deshalb beide Verfahren in ihren
Grundzügen darzustellen.

3.4.3.13.1 Einigungsstelle
Zur Beilegung von Meinungsverschiedenheiten zwischen Arbeitgeber und Betriebsrat,
Gesamtbetriebsrat oder Konzernbetriebsrat ist nach § 76 Abs. 1 BetrVG eine Eini-
gungsstelle zu bilden. Die Einigungsstelle ist eine Art selbstständige Schlichtungsstelle,
welche aus einem unparteiischen Vorsitzenden (in der Praxis meistens ein erfahrener
Arbeitrichter oder Arbeitsrechtsprofessor) und einer gleichen Anzahl von Beisitzern des
Arbeitgebers und des Betriebsrates besteht.

Da die Entscheidung der Einigungsstelle durch einen Mehrheitsbeschluss gefällt wird,
kommt der Stimme des Vorsitzenden das entscheidende Gewicht zu. Im besten Fall gelingt
es dem Vorsitzenden durch eine gute Verhandlungsführung jedoch, eine einvernehmliche
Regelung herbeizuführen. Andernfalls verbleibt es bei der praktischen Entscheidungs-
gewalt des Vorsitzenden.[147] Wegen der großen Bedeutung der Person des Vorsitzenden
kommt eine Einigung über seine Bestellung zwischen den Betriebsparteien nicht immer
zustande. Für diesen Fall entscheidet das Arbeitsgericht über seine Bestellung. Das Gleiche gilt für die Anzahl der Beisitzer, also für die Größe der Einigungsstelle. Letzteres
kann insbesondere vor dem Hintergrund der Kosten der Einigungsstelle von Bedeutung
sein, welche nach § 78a BetrVG der Arbeitgeber zu tragen hat.

Die Einigungsstelle tagt nicht öffentlich und unterliegt der Leitung des Vorsitzenden.
Dieser bestimmt auch Ort und Zeit der Sitzungen, soweit darüber kein Einvernehmen
erzielt werden kann.

Ist die Einigungsstelle zu einer einvernehmlichen Regelung gekommen, ist das Verfahren damit abschließend erledigt. Musste dagegen eine Mehrheitsentscheidung mit der
ausschlaggebenden Stimme des Vorsitzenden getroffen werden, unterliegt der Spruch der
Einigungsstelle einer Rechtskontrolle durch das Arbeitsgericht. Rechtskontrolle meint
dabei nicht eine vollumfängliche und inhaltliche Überprüfung durch das Arbeitsgericht,
sondern nur eine Kontrolle hinsichtlich der Frage einer möglichen Rechtswidrigkeit
getroffener Regelungen oder einer Überschreitung des Ermessens durch den Vorsitzenden. Bei der Überprüfung einer getroffenen Ermessensentscheidung ist maßgeblich, dass

---

[147] BVerfG, NJW 1988, 1135.

der Spruch der Einigungsstelle unter angemessener Berücksichtigung der Belange des Betriebs und der betroffenen Arbeitnehmer gefällt wurde.

3.4.3.13.2 Gerichtsverfahren

Ergibt sich aus dem Betriebsverfassungsrecht keine Zuweisung einer Streitigkeit zu einer Einigungsstelle, muss eine arbeitsgerichtliche Klärung herbeigeführt werden. Dies erfolgt zwischen Betriebsrat und Arbeitgeber im arbeitsgerichtlichen Beschlussverfahren.[148]

Die inhaltliche Ausgestaltung solcher Beschlussverfahren folgt aus den jeweils einschlägigen Regelungen des Betriebsverfassungsgesetzes. So sehen z. B. die §§ 99 ff. BetrVG ein bestimmtes Zustimmungsersetzungsverfahren bei personellen Einzelmaßnahmen vor.

Schwerwiegende Verstöße des Arbeitgebers gegen die Rechte des Betriebsrats sind zudem als Ordnungswidrigkeit nach § 121 BetrVG oder sogar als Straftat nach § 119 BetrVG mit entsprechenden Sanktionen belegt.

Große praktische Bedeutung kommt § 23 BetrVG zu. Danach kann der Betriebsrat sowohl gegen einzelne seiner Mitglieder vorgehen als auch seine grundsätzlichen Rechte gegenüber dem Arbeitgeber durchsetzen. Grobe Pflichtverletzungen eines Betriebsratsmitglieds können zu seinem Ausschluss aus dem Gremium führen. Auch kann die Auflösung des Betriebsrats durchgesetzt werden. Insoweit ist auch der Arbeitgeber antragsberechtigt. Dabei ist jedoch zu unterscheiden, ob Arbeitnehmer gegen ihre arbeitsvertraglichen oder betriebsverfassungsrechtlichen Pflichten verstoßen haben. Nur Letztere können auch die genannten betriebsverfassungsrechtlichen Folgen nach sich ziehen.

Fallbeispiel

Betriebsratsmitglied Berta nimmt es mit ihren Arbeitszeiten nicht so genau. Sie kommt beharrlich zu spät zur Arbeit, weshalb der Arbeitgeber sie auch bereits wiederholt abgemahnt hat. Dem Arbeitgeber ist Berta gerade deshalb ein Dorn im Auge, weil er von ihr als Betriebsrätin eine besondere Sorgfalt und Vorbildfunktion erwartet. Er beantragt deshalb nunmehr den Ausschluss der Berta aus dem Betriebsrat. Mit diesem Anliegen wird er beim Arbeitsgericht scheitern, da die gegenständlichen Pflichtverletzungen nichts mit der Stellung der Berta als Betriebsratsmitglied zu tun haben.◄

Nach § 23 Abs. 3 BetrVG hat der Betriebsrat gegenüber dem Arbeitgeber einen allgemeinen Handlungs- bzw. Unterlassungsanspruch. Verstößt der Arbeitgeber in grober Weise gegen seine betriebsverfassungsrechtlichen Pflichten, kann der Betriebsrat arbeitsgerichtlich die Durchsetzung seiner Rechtsstellung herbeiführen. Dies erfolgt mittels arbeitsgerichtlicher Androhung und Festsetzung von Ordnungsgeldern bei Zuwiderhandlungen. Voraussetzung ist stets eine grobe Pflichtverletzung des Arbeitgebers gegenüber

---

[148] Zu den Grundzügen des Prozessrechts siehe Abschn. 4.16.

dem Betriebsrat und dessen Rechten. Das ist der Fall, wenn der Arbeitgeber objektiv erheblich und offensichtlich schwerwiegend seine Pflichten verletzt.[149]

3.5   Unternehmensmitbestimmung

Eine ganz andere Form der Mitbestimmung im Unternehmen ist die Beteiligung der Mitarbeiter an der Besetzung von Unternehmensorganen. Die Unternehmensmitbestimmung ist von der Mitbestimmung und sonstigen Beteiligungen des Betriebsrats nach den vorgenannten Regelungen zu unterscheiden. Da in beiden Konstellationen der Terminus der Mitbestimmung gebräuchlich ist, soll vorliegend zur besseren Abgrenzung für die nachfolgend darzustellende Mitbestimmung in Unternehmensorganen der Begriff der Unternehmensmitbestimmung verwendet werden.

Die Unternehmensmitbestimmung findet bei Kapitalgesellschaften (und Genossenschaften) statt und richtet sich je nach Unternehmensart und Größe des Unternehmens nach gesonderten rechtlichen Regelungen. So existieren in Deutschland drei unterschiedliche Arten der Unternehmensmitbestimmung. Die Unternehmensmitbestimmung bezieht sich jeweils auf die Entsendung von Arbeitnehmervertretern in den Aufsichtsrat. Dies erfolgt nach der Drittelbeteiligung,[150] der fast paritätischen Beteiligung nach dem Mitbestimmungsgesetz[151] oder durch die paritätische Besetzung des Aufsichtsrats nach dem Montanmitbestimmungsgesetz.[152]

3.5.1   Drittelbeteiligung

Nach dem Drittelbeteiligungsgesetz werden ein Drittel der Aufsichtsratsmandate von Arbeitnehmervertretern besetzt. Die Drittelbeteiligung ist die schwächste Form der Unternehmensmitbestimmung. Sie gilt für Aktiengesellschaften, Gesellschaften mit beschränkter Haftung, Kommanditgesellschaften auf Aktien sowie im Bereich von Versicherungsvereinen auf Gegenseitigkeit und Genossenschaften. Voraussetzung ist, dass in der Regel mehr als 500 Arbeitnehmer beschäftigt werden.

---

[149] BAG, NZA 2014, 987.

[150] Drittelbeteiligungsgesetz (Gesetz über die Drittelbeteiligung der Arbeitnehmer im Aufsichtsrat) Art. 1 des Gesetzes vom 18.05.2004 (BGBl. I S. 974), in Kraft getreten am 28.05.2004 bzw. 01.07.2004.

[151] Gesetz über die Mitbestimmun der Arbeitnehmer vom 04.05.1976, BGB L I S. 1153.

[152] Gesetz über die Mitbestimmung der Arbeitnehmer in den Aufsichtsräten und Vorständen der Unternehmen des Bergbaus und der Eisen und Stahl erzeugenden Industrie vom 21.05.1951, Bundesgesetzblatt I, S. 347.

3.5.2 Unternehmensmitbestimmung nach dem Mitbestimmungsgesetz

Vorrangig vor Drittelbeteiligung ist die Unternehmensbestimmung nach dem Mitbestimmungsgesetz. Danach wird der Aufsichtsrat mit einer gleichen Anzahl von Arbeitnehmervertretern und Mitgliedern der Anteilseigner besetzt. Gleichwohl erwächst hieraus keine eigentliche Gleichberechtigung der beiden Seiten, da die Stimme des Aufsichtsratsvorsitzenden im Streitfall (Pattsituation) doppelt zählt und der Aufsichtsratsvorsitzende nach § 27 MitbestG von der Anteilseignerseite gestellt wird.

Das Mitbestimmungsgesetz kommt zum Tragen für Aktiengesellschaften, Kommanditgesellschaften auf Aktien, Gesellschaften mit beschränkter Haftung und Genossenschaften, in denen in der Regel mehr als 2000 Arbeitnehmer beschäftigt werden.

3.5.3 Montanmitbestimmung

Im Bereich der Montanmitbestimmung erfolgt eine echte paritätische Besetzung des Aufsichtsrats. Dazu kommt ein weiteres, neutrales Mitglied. Die Montanmitbestimmung ist branchenspezifisch und bezieht sich auf die Montanindustrie (Eisen- und Stahlerzeugung sowie Kohle- und Erzbergbau). Die erforderliche Mindestanzahl der in der Regel beschäftigten Arbeitnehmer muss zudem den Schwellenwert von 1000 überschreiten.

3.5.4 Inhalte der Unternehmensmitbestimmung

In welchen Bereichen und in welchem Umfang über den Weg der Unternehmensmitbestimmung tatsächlich Einfluss auf die Geschicke des Unternehmens genommen wird, hängt nicht nur von den rechtsformspezifischen Befugnissen des jeweiligen Aufsichtsrats ab, sondern ist auch stark einzelfall- und situationsabhängig. Je nach Führungs- und Aufsichtskultur im konkreten Fall kann die Unternehmensmitbestimmung sehr zielführend oder auch konfrontativ gelebt werden. Eine vertiefte Darstellung der rechtlichen und tatsächlichen Befugnisse von Aufsichtsräten muss hier aus Platzgründen unterbleiben.[153] Auch eine weiterführende Betrachtung von Unternehmensmitbestimmung in Konzernstrukturen kann hier nicht erfolgen.[154]

---

[153] Zur gesellschaftsrechtlichen Bedeutung von Aufsichtsräten siehe ausführlich *Karsten Schmidt*, Gesellschaftsrecht.
[154] Siehe Schmidt a. a. O.

Individualarbeitsrecht

4

Das Individualarbeitsrecht hat die einzelne Rechtsbeziehung zwischen Arbeitgeber und Arbeitnehmer zum Gegenstand. In Abgrenzung zu den vorgenannten kollektivrechtlichen Fragestellungen betrachtet das Individualarbeitsrecht die persönlichen wechselseitigen Verpflichtungen der Parteien aus dem Arbeitsvertrag. Gedanklicher Ausgangspunkt für die nachfolgende Darstellung ist daher das Arbeitsverhältnis.

Zunächst sind daher die handelnden Akteure Arbeitnehmer und Arbeitgeber in den Blick zu nehmen. Anschließend wird der Arbeitsvertrag als solcher beleuchtet werden. Dabei ist sowohl dessen Anbahnung und Abschluss, als auch der daraufhin resultierende Pflichtenkreis zu beleuchten. Sodann werden die unterschiedlichen Arten von Arbeitsverhältnissen dargestellt, um abschließend auf die Fragen zur Vertragskontrolle und zum Schutz vor Diskriminierungen sowie zur Arbeitnehmerhaftung und zu Betriebsübergängen im Arbeitsverhältnis einzugehen.

Wegen der herausragenden Bedeutung des Arbeitsverhältnisses zur Existenzsicherung für den Arbeitnehmer ist allen Fragen zur Beendigung des Arbeitsverhältnisses eine besondere Aufmerksamkeit zu widmen. Die Betrachtung des Kündigungsschutzes und damit im Zusammenhang stehender Regelungen ist deshalb einem gesonderten Kapitel vorbehalten.

© Springer Fachmedien Wiesbaden GmbH, ein Teil von Springer Nature 2025   105
T. Jesgarzewski, *Arbeitsrecht*, FOM-Edition,
https://doi.org/10.1007/978-3-658-46588-9_4

4.1   Arbeitnehmer

Der Begriff des Arbeitnehmers ist gesetzlich nicht definiert. Er ist daher aus dem Arbeitsvertrag heraus abzuleiten. Der Abgrenzung des Arbeitnehmers kommt insbesondere im Hinblick auf Selbstständige eine große praktische Bedeutung zu. Hieraus folgt bereits das entscheidende Definitionsmerkmal für einen Arbeitnehmer.

Arbeitnehmer ist, wer aufgrund eines privatrechtlichen Vertrages in Dienste eines anderen zur Leistung weisungsgebundener, fremdbestimmter Arbeit in persönlicher Abhängigkeit verpflichtet ist.[1] Diese Definition muss jedoch für ihre praktische Anwendbarkeit weiter konkretisiert werden. Das gilt im besonderen Maße vor dem Hintergrund, dass sich sowohl die Wirtschafts- und Arbeitswelt als auch die vertragliche und tatsächliche Ausgestaltung der Leistungsbeziehungen zwischen Unternehmen und ihren Mitarbeitern in einem fortlaufenden und zunehmend beschleunigten Wandel befinden. Nachfolgend ist daher für die einzelnen Definitionsmerkmale ihre Abgrenzungsschärfe herauszuarbeiten.

4.1.1   Privatrechtlicher Vertrag

Arbeitnehmer ist nur, wer aufgrund eines privatrechtlichen Vertrages beschäftigt ist. Beim Arbeitsvertrag handelt es sich um einen Dienstvertrag nach § 611 BGB, was später noch ausführlich darzustellen sein wird.[2] Dies konkretisiert § 611a BGB für den Arbeitsvertrag. Durch den Arbeitsvertrag wird der Arbeitnehmer im Dienste eines anderen zur Leistung weisungsgebundener, fremdbestimmter Arbeit in persönlicher Abhängigkeit verpflichtet. Das Weisungsrecht kann Inhalt, Durchführung, Zeit und Ort der Tätigkeit betreffen. Weisungsgebunden ist, wer nicht im Wesentlichen frei seine Tätigkeit gestalten und seine Arbeitszeit bestimmen kann. Der Grad der persönlichen Abhängigkeit hängt dabei auch von der Eigenart der jeweiligen Tätigkeit ab. Für die Feststellung, ob ein Arbeitsvertrag vorliegt, ist eine Gesamtbetrachtung aller Umstände vorzunehmen. Zeigt die tatsächliche Durchführung des Vertragsverhältnisses, dass es sich um ein Arbeitsverhältnis handelt, kommt es auf die Bezeichnung im Vertrag nicht an. Unter den Arbeitnehmerbegriff fallen folglich nicht Beamte, Familienangehörige oder etwa Strafgefangene, da Grundlage ihrer jeweiligen Tätigkeit kein Arbeitsvertrag, sondern eine gesonderte gesetzliche Regelung ist. Anders liegen die Dinge bei Familienangehörigen, mit denen ausdrücklich ein Arbeitsvertrag geschlossen wurde.

---

[1] BAG, AP Nr. 117 zu § 611 BGB.
[2] Siehe Abschn. 4.5 „Arbeitsvertrag".

4.1.2 Unselbstständige Tätigkeit und persönliche Abhängigkeit

Der Arbeitnehmer muss unselbstständig tätig sein. Das ist der Fall, wenn er entgegen § 84 Abs. 1 S. 2 HGB nicht im Wesentlichen frei Inhalt, Zeit und Ort seiner Tätigkeit bestimmen kann, sondern der Weisungsbefugnis des Arbeitgebers unterliegt. Diese wiederum findet ihren gesetzlichen Niederschlag in § 106 GewO. Da die jeweilige Definition wiederum auf entsprechende Auslegungen angewiesen ist, muss beim Vorliegen eines Grenzfalles stark auf die jeweiligen Umstände des Einzelfalles abgestellt werden. Diese Begrenzungsschwierigkeit wird deutlich hinsichtlich der Beurteilung der Rechtsstellung eines Geschäftsführers einer GmbH.[3] Ist der Geschäftsführer angestellt, spricht dieser Umstand für eine Weisungsgebundenheit. Die gesetzliche Weisungsabhängigkeit gegenüber der Gesellschafterversammlung nach § 37 Abs. 1 GmbHG unterstreicht diese Wertung. Trotzdem dürfte regelmäßig keine Arbeitnehmereigenschaft vorliegen.[4] Begründet ist die regelmäßige Herausnahme des angestellten Geschäftsführers einer GmbH aus der Weisungsgebundenheit und damit dem Arbeitnehmerbegriff dadurch, dass der Geschäftsführer seinerseits die Arbeitgeberfunktion als gesetzlicher Vertreter der GmbH nach § 35 GmbHG wahrnimmt. Er bestimmt regelmäßig im Wesentlichen frei seine Tätigkeit. Weisungen der Gesellschafter stellen eine Ausnahme dar, die sich im operativen Tagesgeschäft nur ansatzweise widerspiegeln. Ein Geschäftsführer ist regelmäßig nicht in einen fremdbestimmten Organisationsbereich eingegliedert, welches auf ein entsprechendes Weisungsrecht schließen lassen könnte. Liegen die Dinge allerdings in einem konkreten Fall anders, ist auch ein angestellter Geschäftsführer Arbeitnehmer aufgrund persönlicher Abhängigkeit und Weisungsgebundenheit.

Die Schwierigkeit der Abgrenzung zwischen Arbeitnehmern und Selbstständigen wird auch deutlich anhand der Begrifflichkeiten sogenannter „freier Mitarbeiter". Die Formulierung „freier Mitarbeiter" macht bereits in ihrer Wortwahl einen Widerspruch deutlich. Einerseits soll es sich um einen Mitarbeiter handeln. Andererseits soll dieser frei sein. Beides ist nicht recht miteinander vereinbar. Auch insoweit ist nach den Kriterien der Weisungsgebundenheit und persönlichen Abhängigkeit sowie der Eingliederung in einen fremden Organisationsbereich abzugrenzen. Ist ein freier Mitarbeiter in die betrieblichen Abläufe genauso eingebunden wie dort beschäftige Arbeitnehmer, wird im Wesentlichen nur dort tätig und richtet seine Tätigkeit unmittelbar nach den Vorgaben des Unternehmens aus, liegt tatsächlich eine unselbstständige Tätigkeit vor, sodass der freie Mitarbeiter

---

[3] Der Rechtsweg zu den Arbeitsgerichten ist für Fremdgeschäftsführer daher nicht eröffnet, siehe BAG, Beschluss vom 21.01.2019–9 AZB 23/18, NZA 2019, 490.
[4] BGH, AP Nr. 14 zu § 622 BGB.

Arbeitnehmer ist. Liegen die Dinge anders, kann ein freier Mitarbeiter tatsächlich selbstständig sein, sodass er gerade nicht als Arbeitnehmer zu qualifizieren ist.[5] Dies kann etwa
bei einem Crowdworker der Fall sein.[6]

Fallbeispiel

A ist LKW-Fahrer im Betrieb des B. B möchte Sozialversicherungsabgaben sparen
und sich auch den gesamten arbeitsrechtlichen Schutzbestimmungen für Arbeitnehmer
entziehen. Er beendet daher einvernehmlich mit A das bestehende Arbeitsverhältnis.
A fährt sodann auf der Grundlage sogenannter Lieferungsverträge für den B weiterhin
Touren nach dessen Vorgaben. Dafür rechnet er entsprechend vereinbarte Vergütungen
als Selbstständiger ab und bezeichnet sich selber als Ein-Mann-Unternehmen. Da A
jedoch weiterhin weisungsgebunden und persönlich abhängig für den B eingegliedert
in dessen betrieblichen Ablauf tätig ist, arbeitet A faktisch als Arbeitnehmer. Es handelt
sich deshalb nur um einen sogenannten Scheinselbstständigen.◄

4.2   Arbeitgeber

Die Definition des Arbeitgebers gestaltet sich deutlich klarer. Arbeitgeber ist derjenige,
der mindestens einen Arbeitnehmer beschäftigt.

Arbeitgeber kann jede Rechtsperson sein, welche ihrerseits rechtsfähig ist. Das gilt
für natürliche genauso wie für juristische Personen, aber auch für sonstige Gesellschaften
wie z. B. BGB-Gesellschaft.[7] Die Stellung als Arbeitgeber erwächst aus dem bloßen
Vorhandensein mindestens eines Arbeitsverhältnisses.

Fallbeispiel

Rentner Richert benötigt ein bisschen Hilfe in seinem Haushalt. Er bittet deshalb seine
Nachbarin, ihm bei Reinigungsarbeiten unter anderem einige Stunden die Woche für
jeweils zehn Euro zur Hand zu gehen. Einige Monate später möchte die Nachbarin
Urlaub nehmen. Richert reagiert erstaunt, da er meint, doch wohl kein Arbeitgeber zu
sein. Dies wären schließlich nur Unternehmen oder Selbstständige. Hier irrt Richert, da
ihm gegenüber der Nachbarin die rechtliche Rolle des Arbeitgebers zukommt, sodass
auch Urlaub zu gewähren ist.◄

---

[5] BAG, AP Nr. 125 zu § 611 BGB.
[6] LAG München, Urteil vom 04.12.2019–8 Sa 146/19.
[7] Zur Rechtsfähigkeit der BGB-Gesellschaft grundlegend BGHZ 146, 341.

Praktisch schwieriger kann sich die Frage gestalten, wer gegenüber einem Arbeitnehmer der entsprechende Arbeitgeber ist. So ist es nicht selten der Fall, dass sich durch eine Vielzahl von Veränderungen der Rechtsform des Arbeitgebers z. B. durch Übernahmen, Fusionen oder Umwandlungen die Arbeitgeberstellung mehrfach verändert. In diesem Zusammenhang greifen zwar Schutzvorschriften wie etwa § 613a BGB mit entsprechenden Informationspflichten für den Arbeitgeber.[8] Eine lückenlose Dokumentation wird dadurch allerdings nicht gewährleistet.

Auch ist bei der Bestimmung der Person des Arbeitgebers zu beachten, dass die Verpflichtung zur Erbringung der Arbeitsleistung im tatsächlichen nicht immer direkt gegenüber dem Arbeitgeber erfüllt werden muss, sondern insbesondere im Bereich von Leiharbeit auch bei anderen zu leisten sein kann. Ganz ausnahmsweise kann sich im Fall von Arbeitnehmerüberlassungen sogar ein gesetzlicher Anspruch nach den §§ 9, 10 Abs. 1 AÜG auf Begründung eines Arbeitsverhältnisses mit entsprechender Arbeitgeberstellung ergeben.

4.3 Begründung des Arbeitsverhältnisses

Arbeitsverträge nach § 611a BGB sind privatrechtliche Verträge. Durch den Arbeitsvertrag wird der Arbeitnehmer im Dienste eines anderen zur Leistung weisungsgebundener, fremdbestimmter Arbeit in persönlicher Abhängigkeit verpflichtet. Für die Feststellung, ob ein Arbeitsvertrag vorliegt, ist eine Gesamtbetrachtung aller Umstände vorzunehmen. Zeigt die tatsächliche Durchführung des Vertragsverhältnisses, dass es sich um ein Arbeitsverhältnis handelt, kommt es auf die Bezeichnung im Vertrag nicht an.

Der Abschluss eines Arbeitsvertrages richtet sich nach den allgemeinen zivilrechtlichen Regelungen. Insbesondere sind die Grundlagen zum Vertragsabschluss nach dem allgemeinen Teil des BGB zu beachten. Der Arbeitsvertrag kommt durch Angebot und Annahme zustande. Soll das Arbeitsverhältnis (oder Ausbildungsvertrag) mit einem Minderjährigen abgeschlossen werden, bedarf dies der Zustimmung der Eltern als gesetzliche Vertreter. Zu beachten ist hierbei § 113 BGB, wonach die erteilte Zustimmung zugleich die Zustimmung in alle weiteren Rechtsgeschäfte beinhaltet, welche die Eingehung oder Aufhebung eines Dienst- oder Arbeitsverhältnisses der gestatteten Art und die Erfüllung der sich daraus ergebenden Pflichten mit sich bringt. Insoweit liegt dann eine unbeschränkte Geschäftsfähigkeit des Minderjährigen vor.

Da sich jedoch bereits im Vorfeld des Abschlusses eines Arbeitsvertrages zahlreiche rechtliche Probleme stellen, wird nachfolgend der Zeitraum der Anbahnung des Vertrages gesondert dargestellt. Zudem wird auch die Rechtsnatur des Arbeitsverhältnisses genauso zu bestimmen sein, wie die daraus erwachsenden wechselseitigen Rechte und Pflichten.

Zunächst soll nur darauf hingewiesen werden, dass der Arbeitsvertrag nicht formgebunden ist. Nach § 2 NachwG muss der Arbeitgeber aber einen Monat nach Arbeitsbeginn die

---

[8] Zu Betriebsübergängen siehe ausführlich Abschn. 4.12.

dort genannten wesentlichen Inhalte des Arbeitsvertrages schriftlich niederlegen und dem Arbeitnehmer aushändigen.[9] Erforderlich für den Arbeitsvertrag selbst sind nur Antrag und Annahme in Form zweier rechtswirksamer Willenserklärungen. Diese können auch konkludent durch eine tatsächliche Arbeitsaufnahme erfolgen.

Fallbeispiel

Frau Meyer ist Auszubildende beim Unternehmen U. Die Ausbildung verläuft zwar sehr erfolgreich, Frau Meyer soll gleichwohl aus Kapazitätsgründen nicht übernommen werden. Das Ausbildungsverhältnis endet mit Bestehen der mündlichen Prüfung. Frau Meyer kommt auch am Folgetag ordnungsgemäß zur Arbeit, begrüßt die Kollegen und den Geschäftsführer. Dieser hat völlig vergessen, dass am Vortag die Abschlussprüfung der Meyer war und weist Frau Meyer zahlreiche Arbeiten zu. Einige Tage später fragt ein Arbeitskollege den Geschäftsführer, ob Frau Meyer nun doch übernommen worden wäre. Der Geschäftsführer reagiert erstaunt, erkennt jedoch richtigerweise sofort an, dass er durch seine Anweisungen gegenüber der Frau Meyer mit dieser konkludent einen Arbeitsvertrag geschlossen hat.◄

Eine inhaltliche Konkretisierung des Vertragsinhaltes muss nicht erfolgen. Entscheidend ist einzig, dass Gegenstand des Vertrages die Erbringung von Arbeitsleistung ist, die nur gegen ein Entgelt erwartet werden kann. Die Parteien sollten jedoch von der durch § 105 GewO gebotenen Möglichkeit Gebrauch machen, alle Inhalte des Arbeitsverhältnisses miteinander ausdrücklich und zu Beweiszwecken auch schriftlich selbst zu regeln. Wie bereits zuvor zum Kollektivarbeitsrecht ausgeführt wurde, sind dabei anzuwendende Tarifverträge und Betriebsvereinbarungen zu beachten.

Zudem besteht die rechtliche Verpflichtung des Arbeitgebers, nach § 2 Abs. 1 NachwG spätestens ein Monat nach dem Beginn des Arbeitsverhältnisses die wesentlichen Vertragsbedingungen schriftlich niederzulegen, die Niederschrift zu unterzeichnen und diese dem Arbeitnehmer auszuhändigen. § 2 NachwG legt auch die entsprechenden Mindestinhalte fest, welche eine gute Orientierung für die wesentlichen Inhalte eines Arbeitsvertrages sein sollten. Da das Gesetz selber jedoch keine direkte Rechtsfolge für einen Verstoß des Arbeitgebers gegen diese Norm enthält, bestehen in der Praxis noch immer zahlreiche Arbeitsverhältnisse, deren Inhalt in keiner Weise verschriftlicht ist.

Kommt es zu Fehlern beim Abschluss eines Arbeitsvertrages, ist hinsichtlich der Rechtsfolgen zu differenzieren. Nur ganz ausnahmsweise ist ein Arbeitsvertrag wegen eines Rechtsverstoßes nichtig. Dies kann etwa bei einem sittenwidrigen Vertrag oder dem nicht genehmigten Abschluss eines Arbeitsvertrages durch einen Minderjährigen der Fall sein. Regelmäßig ist dagegen von einem fehlerhaften Arbeitsverhältnis auszugehen, welches gerade nicht unwirksam ist. Dies folgt aus der Grundüberlegung, dass ein nichtiger

---

[9] Die Bezugnahme auf Ausschlussfristen in Tarifverträgen muss ausdrücklich erfolgen, siehe dazu BAG, Urteil vom 30.10.2019–6 AZR 465/18.

Arbeitsvertrag zur Folge hätte, dass kein Anspruch auf die wechselseitigen Leistungen besteht (Arbeit oder Vergütung), der Arbeitnehmer aber oftmals seine Arbeitsleistung bereits für einen bestimmten Zeitpunkt erbracht hat. Ein nichtiges Arbeitsverhältnis würde dann dazu führen, dass der Arbeitnehmer keine Vergütungsansprüche hat.

Der wichtigste Anwendungsfall der Rechtsfigur des fehlerhaften Arbeitsverhältnisses ist die Anfechtung des Arbeitsvertrages. Wie bei allen anderen Willenserklärungen auch, ist eine Anfechtung von Angebot oder Annahme nach § 143 BGB möglich. Erforderlich dafür ist das Vorliegen eines Anfechtungsgrundes nach den §§ 119, 123 BGB, also Irrtum, Täuschung oder Drohung.[10] Die Rechtsfolge einer wirksamen Anfechtung wären nach § 142 BGB die Nichtigkeit von Anfang an (ex tunc). Da zwischen Vertragsbeginn und Anfechtung ein erheblicher Zeitraum liegen kann, würde die Rückabwicklung der bereits erbrachten Arbeitsleistung praktisch nicht durchführbar sein, weshalb für angefochtene Arbeitsverträge nur eine Nichtigkeit ab dem Moment der Anfechtung eintritt (ex nunc).[11] Alle bis dorthin erbrachten wechselseitigen Leistungen stehen deshalb weiter im Austauschverhältnis und haben entsprechenden Bestand. Die Folgen der Anfechtung sind daher vergleichbar mit denen einer fristlosen Kündigung.

4.4 Anbahnung des Arbeitsvertrages

Vor dem eigentlichen Abschluss des Arbeitsvertrages kommen die Parteien regelmäßig bereits rechtlich miteinander in Berührung. Zunächst tätigen der Arbeitgeber und der Bewerber jeweils bestimmte Aufwendungen, die sich als nutzlos erweisen, wenn später kein Arbeitsvertrag geschlossen wird. Beide Parteien haben zudem ein erhebliches Interesse daran, sich vor dem Vertragsschluss wechselseitig kennenzulernen. Seitens des Arbeitnehmers besteht hierfür die Möglichkeit, sich so gut wie möglich über den Arbeitgeber zu informieren. Entscheidet er sich dafür, bei einem konkreten Arbeitgeber (in Form einer Bewerbung) arbeiten zu wollen, ist der Informationsprozess bereits weit fortgeschritten.

4.4.1 Fragerecht des Arbeitgebers

Aufseiten des Arbeitgebers liegen die Dinge dagegen anders. Wenn dieser eine neue Arbeitskraft sucht, erfolgt das regelmäßig durch die Veröffentlichung einer Stellenanzeige, mit welcher auf die konkrete Stelle aufmerksam gemacht wird. Dabei wird bereits verdeutlicht, welche Vorstellungen der Arbeitgeber von seinem zukünftigen Beschäftigten hat. Nach Erhalt einer Bewerbung schließen sich im Erfolgsfalle ein Vorstellungsgespräch oder andere Formen des Kennenlernens (z. B. Assessmentcenter) an. Der Arbeitgeber

---

[10] Siehe dazu insbesondere zur Anbahnung des Arbeitsverhältnisses Abschn. 4.9.8.1.
[11] BAG, AP Nr. 49 zu § 123 BGB.

hat nun die Möglichkeit, seinem Informationsbedürfnis individuell Rechnung zu tragen. Er kann durch Fragebögen oder im persönlichen Gespräch all das thematisieren, was nach seiner Auffassung von Interesse ist. Dadurch wird die Gefahr begründet, dass der Arbeitgeber sein Informationsinteresse weiterfasst als es der Arbeitnehmer zu erfüllen bereit ist. Zum Schutze seiner Privatsphäre sind die Interessen des Arbeitnehmers darauf gerichtet, keine persönlichen Informationen preisgeben zu müssen. Der Arbeitgeber will jedoch möglichst viel auch über die Person des Arbeitnehmers erfahren, sodass eine Interessenkollision entsteht.

Diese Interessenkollision führt vor dem Hintergrund der Möglichkeit der Anfechtung des Arbeitsvertrages wegen arglistiger Täuschung zu einem Dilemma. Sagt der Arbeitnehmer bewusst die Unwahrheit, wäre eine Anfechtung durch den Arbeitgeber die Folge. Sagt der Arbeitnehmer dagegen die Wahrheit, wird er möglicherweise gar nicht erst eingestellt. Das Dilemma kann auch nicht durch ein Aussageverweigerungsrecht des Arbeitnehmers aufgelöst werden, da auch ein Schweigen zu einer Nichteinstellung führen würde. Das Bundesarbeitsgericht schränkt deshalb das Fragerecht des Arbeitgebers dahingehend ein, dass es dem Bewerber nicht nur die Möglichkeit zur Verweigerung einer Antwort, sondern sogar zu einer falschen Antwort gibt.[12] Welche Fragen der Arbeitgeber stellen darf und welche Fragen unzulässig sind, richtet sich folglich nach einer Abwägung zwischen dem berechtigten Informationsinteresse des Arbeitgebers und dem allgemeinen Persönlichkeitsrecht des Arbeitnehmers nach Art. 2 Abs. 1 i. V. m. Art. 1 Abs. 1 GG. Der Arbeitgeber darf grundsätzlich danach fragen, woran er ein berechtigtes, billigenswertes und schutzwürdiges Interesse hat.[13] Das ist nur dann der Fall, wenn die Beantwortung der Frage für den angestrebten Arbeitsplatz und die zu verrichtende Tätigkeit von Bedeutung ist.[14] Eine besondere Bedeutung hat hierbei das Benachteiligungsverbot des AGG, welches auch für unzulässige Fragen gilt. Die Darstellung des Benachteiligungsschutzes soll jedoch nachfolgend ausführlich und gesondert erfolgen.[15] Im hier zu erörternden Zusammenhang ist nur festzuhalten, dass diejenigen Fragen unzulässig sind, die auf die Person und die Persönlichkeit des Arbeitnehmers abstellen und nichts mit der Qualifikation oder Arbeit zu tun haben.

Fallbeispiel

Im Vorstellungsgespräch für eine Stelle als Kassiererin wird die Bewerberin gefragt, wie es mit ihrer Familienplanung aussehe und ob Vorstrafen wegen Straftaten gegen das Vermögen (z. B. Diebstahl oder Betrug) vorlägen. Beide Fragen werden mit einer Lüge beantwortet. Der Arbeitgeber ficht den Arbeitsvertrag später an, nachdem er die

---

[12] BAG, AP Nr. 2 zu § 123 BGB.
[13] BAG, NZA 1985, 57.
[14] Grundlegend BAG, AP Nr. 2 zu § 123 BGB.
[15] Siehe Abschn. 4.9 „Diskriminierungsschutz im Arbeitsverhältnis".

jeweilige Wahrheit erfahren hat. Hinsichtlich der Familienplanung hatte die Arbeitnehmerin ein Recht zur Lüge, weil es ihre persönliche Angelegenheit ist, wie sie diese gestaltet. In Bezug auf die Vermögensstraftaten liegen die Dinge jedoch anders. Aufgrund ihrer Tätigkeit als Kassiererin hat der Arbeitgeber ein berechtigtes Interesse daran zu erfahren, ob die Arbeitnehmerin im Umgang mit anvertrautem Geld vertrauenswürdig ist.[16] Die Anfechtung erfolgte daher zu Recht.◄

Das Informationsinteresse des Arbeitgebers kann sogar so weit gehen, dass den Arbeitnehmer eine Offenbarungspflicht trifft. Das kann indes nur ausnahmsweise für Umstände gelten, die für das Arbeitsverhältnis von ganz erheblicher Bedeutung sind. Das kann etwa für Krankheiten gelten, die der gegenständlichen Tätigkeit vollständig entgegenstehen oder aufgrund einer Ansteckungsgefahr eine erhebliche Gefährdung anderer nach sich ziehen.

4.4.2 Aufwendungsersatz des Arbeitnehmers

Die Aufwendungen des Arbeitgebers zur Rekrutierung neuen Personals sind dessen Betriebsausgaben. Eine Überwälzung auf den Arbeitnehmer oder erfolglosen Stellenbewerber kommt folglich nicht in Betracht. Die notwendigen Aufwendungen eines Bewerbers, die dieser im Rahmen eines Vorstellungsgespräches hat, sind diesem jedoch durch den Arbeitgeber nach den §§ 670, 662 BGB zu erstatten.[17] Da der Arbeitgeber den Bewerber zum Vorstellungsgespräch eingeladen hat, ist dies als Auftrag zu werten, weshalb auch die notwendigen Aufwendungen ersetzt werden müssen. Der Arbeitgeber kann jedoch die Kostenübernahme von vornerein ablehnen, indem er dies eindeutig in der Einladung festhält oder anderweitig ausdrücklich im Vorfeld klarstellt. In jedem Fall sind nur die notwendigen Auslagen zu erstatten, sodass Fahrt-, Verpflegungs- und Unterbringungskosten nur insoweit darunterfallen, als sie auch der Höhe nach erforderlich sind.

Fallbeispiel

Bewerber Bernd reist zum Vorstellungsgespräch um 17.00 Uhr von Hamburg nach München. Später verlangt er den Ersatz der Flug- und Hotelkosten. Da beide Positionen sich im üblichen Preissegment bewegen und die Übernachtung wegen der späten Uhrzeit des Termins erforderlich war, sind beide Positionen durch den Arbeitgeber zu tragen.◄

---

[16] BAG, NZA 2014, 1131.
[17] BAG, AP Nr. 8 zu § 196 BGB.

4.5   Arbeitsvertrag

Die Rechtsnatur des Arbeitsvertrages als privatrechtlicher Vertrag und die Regeln zu dessen Zustandekommen wurden bereits umfassend dargestellt.[18] Im Folgenden wird darauf einzugehen sein, welche wechselseitigen Rechte und Pflichten sich aus dem Arbeitsverhältnis ergeben. Dabei sind sowohl die Haupt- als auch die Nebenleistungspflichten in den Blick zu nehmen.

Vor dieser Detailbetrachtung ist jedoch einleitend und in Ergänzung zu den bereits genannten Ausführungen zunächst zu betonen, dass der Arbeitsvertrag seine Definition nicht nur aus den Regelungen zum Dienstvertrag nach den §§ 611 ff. BGB erhält. Maßgebend für das Vorliegen eines Arbeitsverhältnisses ist zudem das Bestehen eines Weisungsrechtes nach § 106 GewO. Sehr grob formuliert kann deshalb gesagt werden, dass ein Arbeitsvertrag ein Dienstvertrag mit Weisungsgebundenheit ist.

Die Art der Dienste stellt dagegen keine Möglichkeit dar, einen Arbeitsvertrag von einem sonstigen Dienstvertrag abzugrenzen. Das maßgebliche Kriterium ist die Weisungsgebundenheit, deren Gegenstück die Selbstständigkeit nach § 84 S. 2 HGB ist. Der Übergang zwischen beiden Definitionen ist im Tatsächlichen jedoch oftmals fließend, sodass sich vielfache Abgrenzungsschwierigkeiten stellen. Dies ist zuvor bereits im Hinblick auf die Definition des Arbeitnehmers verdeutlicht worden.[19]

Diese Grundsätze werden durch § 611a Abs. 1 BGB normativ konkretisiert. Danach wird der Arbeitnehmer durch den Arbeitsvertrag zur Leistung weisungsgebundener, fremdbestimmter Arbeit in persönlicher Abhängigkeit gegenüber dem Arbeitgeber verpflichtet. Das Weisungsrecht kann Inhalt, Durchführung, Zeit und Ort der Tätigkeit betreffen. Weisungsgebunden ist danach, wer nicht im Wesentlichen frei seine Tätigkeit gestalten und seine Arbeitszeit bestimmen kann. Der Grad der persönlichen Abhängigkeit hängt dabei auch von der Eigenart der jeweiligen Tätigkeit ab. Für die Feststellung, ob ein Arbeitsvertrag vorliegt, ist deshalb eine Gesamtbetrachtung aller Umstände vorzunehmen.

4.5.1   Pflichten aus dem Arbeitsverhältnis

Ist ein Arbeitsverhältnis begründet worden, ergibt sich daraus eine Vielzahl wechselseitiger Pflichten. Der Arbeitnehmer und der Arbeitgeber haben jeweils umfangreiche Rechte und Pflichten. Diese werden eingeteilt in Haupt- und Nebenleistungspflichten. Die Gesamtheit des Pflichtengefüges ist so umfassend, dass hier eine Konzentration auf die wesentlichen Punkte erfolgen muss. Dabei wird sowohl nach den Arbeitsvertragsparteien als auch nach dem vorgenannten Kriterium der Haupt- und Nebenleistungspflichten differenziert werden.

---

[18] Siehe Abschn. 4.3 zur Begründung des Arbeitsverhältnisses.
[19] Siehe Abschn. 4.1 zum Begriff des Arbeitnehmers.

4.5.1.1 Hauptleistungspflichten

Die Hauptleistungspflichten ergeben sich aus dem Wesen des Arbeitsvertrages als Dienstvertrag nach § 611 BGB. Danach stehen sich die Leistung der Dienste und die Zahlung der Vergütung gegenüber. Damit ist der Arbeitsvertrag ein klassischer Austauschvertrag mit in Wechselbeziehung stehenden Verpflichtungen. Arbeitnehmer und Arbeitgeber stehen sich jeweils als Schuldner und Gläubiger in einem Schuldverhältnis nach § 241 BGB gegenüber. Der Arbeitnehmer ist Schuldner des Arbeitgebers hinsichtlich der Arbeitsleistung. Der Arbeitgeber ist Schuldner des Arbeitnehmers in Bezug auf die Vergütung.

4.5.1.1.1 Arbeit

Der Arbeitnehmer hat nach § 611 Abs. 1 BGB die versprochenen Dienste zu leisten. Dies bedeutet nichts anderes, als dass er seine Arbeit zu erbringen hat. Was genau Gegenstand der Arbeit ist, legen die Vertragsparteien miteinander fest. Hierfür kommt zunächst der vertraglichen Regelung eine erhebliche Bedeutung zu. Da diese jedoch nicht bis ins Letzte die tatsächlich zu erbringende Arbeit konkretisieren kann, spielt in der Praxis das Weisungsrecht des Arbeitgebers eine herausragende Rolle. Insbesondere hinsichtlich der Dauer der Tätigkeit ergeben sich indes gesetzliche Grenzen, deren Kenntnis die Voraussetzung für eine ordnungsgemäße Gestaltung der vertraglichen Beziehung und darauf fußenden Ausübung des Weisungsrechts ist.

Nachfolgend soll deshalb nach einer Darstellung der Konkretisierung der Arbeitsleistung und der arbeitszeitgesetzlichen Vorgaben das Weisungsrecht des Arbeitgebers näher betrachtet werden.

4.5.1.1.1.1 Konkretisierung der Arbeitsleistung

Die Arbeitsvertragsparteien haben es in der Hand, im Rahmen ihrer vertraglichen Vereinbarungen die geschuldete Arbeitsleistung zu präzisieren. Dies kann etwa durch eine umfassende Tätigkeitsbeschreibung im Arbeitsvertrag oder einer dazugehörigen Stellenbeschreibung erfolgen. Insbesondere Ort, Art und Zeit der zu leistenden Arbeit bedürfen der Konkretisierung. Zwingend sind solche Konkretisierungen jedoch nicht. In der Vertragspraxis wird deshalb auch vielfach nur eine sehr grobe Beschreibung der geschuldeten Tätigkeit vorgenommen. Nicht selten vereinbaren die Arbeitsvertragsparteien die Beschäftigung als „Arbeiter", „(kfm.) Angestellter" oder ähnlich weitreichend. Daraus ergibt sich dann das Erfordernis einer umfassenden Konkretisierung in der täglichen Arbeit, die durch das Weisungsrecht erfolgt.

In jedem Fall hat der Arbeitnehmer die Arbeitsleistung persönlich zu erbringen. § 613 S. 1 BGB ist arbeitsrechtlich dahingehend anzuwenden, dass es keinen Zweifel an der persönlichen Verpflichtung zur Erbringung der Arbeitsleistung gibt. Der Arbeitnehmer darf keinen Dritten zur Arbeitsleistung heranziehen. Aus diesem Grundsatz folgt zwingend auch das Erlöschen des Arbeitsverhältnisses durch den Tod des Arbeitnehmers.

Die vertragliche Abrede bestimmt folglich die Reichweite des Weisungsrechts. Je konkreter die Arbeitsleistung geregelt ist, desto weiter wird das Weisungsrecht des Arbeitgebers beschränkt.

Fallbeispiel

Die Arbeitsvertragsparteien haben eine Tätigkeit als Arbeiter in Köln vereinbart. Nun eröffnet der Arbeitgeber einen neuen Betrieb in Leipzig. Will der Arbeitgeber den Arbeitnehmer in Leipzig einsetzen, muss er mit diesem entweder zusammen den Arbeitsvertrag verändern oder eine Änderungskündigung aussprechen. ◄

Der Arbeitnehmer hat seine Arbeitsleistung danach genauso anzubieten, wie sie geschuldet wird. Kommt er dieser Verpflichtung nach, hat er das ihm Obliegende zur Erfüllung des Arbeitsvertrages getan. Nur ausnahmsweise ist die Erbringung der Arbeitsleistung nicht erforderlich. So kann der Arbeitgeber den Arbeitnehmer von der Pflicht zur Erbringung der Arbeitsleistung freistellen. Dies ändert jedoch nichts am Vergütungsanspruch des Arbeitnehmers.

In Betracht kommen ferner Leistungsverweigerungsrechte des Arbeitnehmers. Dies kann etwa bei auftretenden Gesundheitsgefahren o. Ä. erfolgen.

Eine erhebliche Schwierigkeit ergibt sich in der praktischen Durchführung von Arbeitsverträgen in der Frage der Beurteilung der Leistungsqualität. Es liegt im Wesen des Arbeitsvertrages, dass die Ansprüche von Arbeitnehmer und Arbeitgeber hinsichtlich der Arbeitsqualität und des Arbeitstempos ganz erheblich divergieren können. Die Lösung dieses Problems hat der Gesetzgeber jedoch ganz bewusst nicht vorgenommen, indem er den Dienstvertrag nicht erfolgs- oder ergebnisbezogen ausgestaltet hat. Damit wird das Problem sogenannter Schlechtleistungen faktisch in den Bereich der Probleme zur Beendigung von Arbeitsverhältnissen verschoben. Eine Art Gewährleistungsrecht wie bei Werkverträgen kennt das Arbeitsrecht nicht. Der Arbeitgeber ist insbesondere nicht berechtigt, die Vergütung bei mangelhafter Arbeitsleistung zu kürzen.[20] Nur eine unberechtigte Verweigerung der Arbeit durch den Arbeitnehmer führt auch zu einem Wegfallen seines Vergütungsanspruchs.

4.5.1.1.1.2 Arbeitszeit

Wie die Arbeitszeit konkret ausgestaltet ist, wird im Arbeitsvertrag oder durch kollektivrechtliche Vereinbarungen grundsätzlich geregelt. Hier können Modelle wie Gleitzeit oder Vertrauensarbeitszeit gewählt werden. Soll der Arbeitnehmer seine Arbeitszeit im Rahmen einer Vertrauensarbeitszeit frei bestimmen können, muss gleichwohl sichergestellt sein, dass die Arbeitszeiten verlässlich und objektiv für die Arbeitnehmer erfassbar und zugänglich sind.[21]

---

[20] BAG, NZA 2007, 1015.
[21] EuGH, Urteil vom 14.05.2019 – C-55/18, NZA 2019, 683.

Die Arbeitsvertragsparteien sind in ihrer Gestaltungsfreiheit hinsichtlich der Arbeits-zeit aber durch das Arbeitszeitgesetz beschränkt. Dieses wird noch ergänzt durch Sonderregelungen für bestimmte Gruppen von Arbeitnehmern wie etwa Jugendliche, Schwangere oder Schwerbehinderte. Eine umfassende Darstellung dieser Sonderrege-lung muss hier aus Platzgründen unterbleiben. Exemplarisch sei nur darauf hingewiesen, dass Schwangere bzw. Mütter Beschäftigungsverboten zu ihrem oder des Kinderschut-zes nach den §§ 3 ff. MuSchG unterliegen. Auch Jugendliche sind aufgrund ihrer noch beschränkten Leistungsfähigkeit von bestimmten Tätigkeiten nach den §§ 22 ff. JArbSchG ausgenommen.

Durch das Arbeitszeitgesetz soll ein Schutz des Arbeitnehmers vor gesundheitli-chen Gefahren erreicht werden. Die Begrenzung der Arbeitszeit ist historisch eine der ganz großen Errungenschaften für Arbeitnehmer, um körperliche und psychische Beeinträchtigungen zu vermeiden. Auch in der heutigen Arbeitswelt stellen sich zahl-reiche Fragen hinsichtlich der Gefahr einer Überforderung von Arbeitnehmern durch zu lange Arbeitszeiten. Die Digitalisierung der Arbeitswelt und insbesondere die gra-vierende Vereinfachung von Kommunikationsmöglichkeiten können potenziell zu einem Ungleichgewicht von Arbeit und Erholung führen.

Der Gesetzgeber tritt diesen Gefahren durch die Normierung maximaler Arbeits- und minimaler Ruhezeiten entgegen. Nach § 3 S. 1 ArbZG beträgt die tägliche Höchstarbeits-zeit acht Stunden. Sonntage unterliegen zudem genau wie Feiertage einem grundsätzlichen Arbeitsverbot.[22] Ausgehend von einer maximalen Sechstagewoche beträgt die wöchent-liche Höchstarbeitszeit daher 48 h. Ergänzend ist eine Ruhezeit von grundsätzlich mindestens elf Stunden zu beachten. Zudem sind Ruhepausen nach § 4 ArbZG zu gewäh-ren. Diese betragen mindestens eine halbe Stunde nach mehr als sechs Stunden Arbeit bzw. 45 min, wenn die Arbeitszeit länger als neun Stunden andauert. Je nach Art der Tätigkeit können jedoch Ausnahmen von den vorgenannten Grundsätzen bestehen, sodass übergeordnete Notwendigkeiten wie z. B. der Betrieb eines Krankenhauses gesetzlich Berücksichtigung gefunden haben.

Die Arbeitsvertragsparteien sind daher in ihrer Gestaltungspraxis aus Gründen des Arbeitnehmerschutzes nicht vollständig frei. Auf tariflicher oder betriebsverfassungsrecht-licher Ebene bestehen dagegen nach § 7 ArbZG weitere Gestaltungsmöglichkeiten.

Im Einzelfall schwierig zu bestimmen ist, was tatsächlich als Arbeitszeit gilt. So ist etwa An- und Umkleidezeit nur dann Arbeitszeit, wenn sie fremdnützig, also primär im Interesse des Arbeitgebers ist.[23] Soweit am Dienstort keine zumutbare Umkleide- und Aufbewahrungsmöglichkeit für Privat- und Dienstkleidung zur Verfügung gestellt wird, sind die Umkleide- und Rüstzeiten im privaten Bereich ausnahmsweise vergütungspflich-tige Arbeitszeit. Dagegen zählen Arbeitswege zur privaten Lebensführung, sodass die Wegezeiten nicht vergütungspflichtig sind.[24]

---

[22] Beachte jedoch die vielschichten Ausnahmen nach den §§ 10 ff. ArbZG.
[23] BAG, NZA 2017, 323.
[24] BAG, Urteil vom 13. Oktober 2021 – 5 AZR 295/20.

Auch sind die Begriffe Arbeitsbereitschaft, Bereitschaftsdienst und Rufbereitschaft zu unterscheiden. Arbeitsbereitschaft ist nichts anderes als das zur Verfügung stehen des Arbeitnehmers für die sodann folgende Tätigkeit (Sekretariat wartet auf Anrufe). Hierbei handelt es sich naturgemäß um Arbeitszeit. Bereitschaftsdienst bindet den Arbeitnehmer zwar zum Aufenthalt an einem bestimmten Ort. Er kann dort aber eigene Tätigkeiten entfalten (sich z. B. ausruhen, bis ein Arbeitseinsatz erfolgt). Rufbereitschaft verlangt dagegen keinen bestimmten Aufenthaltsort, sondern nur die (im Regelfall telefonische) Erreichbarkeit des Arbeitnehmers. Rufbereitschaft ist daher keine Arbeitszeit, Bereitschaftsdienst dagegen schon.[25]

4.5.1.1.1.3 Weisungsrecht

Vor diesem Hintergrund kommt dem Weisungsrecht des Arbeitgebers nach § 106 GewO eine für die tatsächliche Ausgestaltung der Arbeitspflicht herausragende Rolle zu. Der Arbeitgeber kann danach Inhalt, Ort und Zeit der Arbeitsleistung nach billigem Ermessen näher bestimmen. Das betrifft auch die Ordnung und das Verhalten im Betrieb wie z. B. Kleidungsvorschriften oder Rauchverbote.

Das Weisungsrecht beinhaltet jedoch im Kern zwei Schranken. Zum einen ergibt sich aus dem vorgenannten Wortlaut die Grenze des billigen Ermessens. Zum zweiten gilt das Weisungsrecht nur, soweit die Arbeitsbedingungen nicht durch den Arbeitsvertrag, Bestimmungen einer Betriebsvereinbarung, eines anwendbaren Tarifvertrages oder gesetzliche Vorschriften festgelegt sind. Das eigentlich sehr umfassend ausgestaltete Weisungsrecht greift deshalb nur, wenn nicht kollektiv- oder individualrechtlich bereits Vereinbarungen getroffen worden sind. Folglich bestimmt die Beschreibung der Tätigkeit über die gesetzlichen Grenzen hinaus die Reichweite des Weisungsrechts des Arbeitgebers.[26]

Schwieriger zu fassen ist die rechtliche Grenze des billigen Ermessens. Damit ordnet der Gesetzgeber für die Ausübung des Weisungsrechts gegenüber dem Arbeitgeber an, dass einzelfallbezogen eine Interessenabwägung stattzufinden hat.[27] Der Arbeitgeber hat danach sowohl die jeweiligen Umstände des Einzelfalls zu ermitteln und angemessen zu berücksichtigen als auch in seine Entscheidungsfindung die Interessen des Arbeitnehmers einfließen zu lassen. Dadurch soll eine einseitige Interessendurchsetzung durch den Arbeitgeber vermieden werden, weshalb die Arbeitsgerichte nach diesem Maßstaben auch eine umfängliche Kontrolle der Rechtmäßigkeit einzelner Weisungen durchführen können.[28] Hat der Arbeitgeber eine unbillige Weisung erteilt, muss der Arbeitnehmer dieser nicht folgeleisten, sondern darf deren Umsetzung bis zu einer anderslautenden gerichtlichen Entscheidung verweigern.[29]

---

[25] Siehe BAG, NZA 2016, 1332.

[26] BAG, AP Nr. 9 zu § 106 GewO.

[27] BAG, NZA 1996, 1088.

[28] BAG, a. a. O.

[29] BAG, NZA 2017, 1452.

Schwierigkeiten bereitet in der Praxis die Bestimmung des Umfangs des Weisungsrechtes. Will der Arbeitgeber eine Veränderung von Arbeitsbedingungen herbeiführen, die nicht vom Weisungsrecht gedeckt ist, bedarf es einer Vertragsänderung. Der Umfang des Weisungsrechts und die Erforderlichkeit einer Änderungskündigung sind deshalb voneinander abzugrenzen. Arbeitgeber behalten sich deshalb arbeitsvertraglich vielfach Änderungsmöglichkeiten in der Tätigkeitsbeschreibung vor. Dies betrifft vielfach den Ort und die Art der Arbeitsleistung (sogenannter Versetzungsvorbehalt). Ob eine solche Klausel rechtmäßig ist, wird nach den allgemeinen Grundsätzen zur Inhaltskontrolle von Arbeitsverträgen im Einzelfall beurteilt.[30] Haben die Parteien wirksam einen Versetzungsvorbehalt vereinbart, folgt daraus jedoch nicht die Möglichkeit einer grenzenlosen Erweiterung des Weisungsrechts. Die Zuweisung geringwertiger Tätigkeiten ist auch bei einem Beibehalten der bisherigen Vergütung in keinem Fall möglich.[31] Für den Arbeitsort kann jedoch eine weite Versetzungsmöglichkeit bestehen, die auch eine Versetzung ins Ausland ermöglicht.[32]

4.5.1.1.2 Vergütung

Der Arbeitspflicht des Arbeitnehmers steht sein Anspruch auf Vergütung gegenüber. Der Arbeitgeber schuldet dem Arbeitnehmer nach § 611 BGB Vergütung für die Arbeit. Beide Pflichten stehen daher in einem Austauschverhältnis. Das Entgelt ist die Gegenleistung für die geleistete Arbeit. So einfach dieser Grundsatz zu formulieren ist, so umfassend sind allerdings auch die praktischen Schwierigkeiten bei der tatsächlichen und rechtlichen Bewertung.

Ausgangspunkt für die Vergütung ist zunächst § 612 BGB. Dieser konkretisiert die Vergütungspflicht des Arbeitgebers dahingehend, dass eine Vergütung sogar als stillschweigend vereinbart gilt, wenn die Arbeit den Umständen nach nur gegen eine Vergütung zu erwarten ist. Dies ist mit Ausnahme von Familien- oder Freundschaftsdiensten o. Ä. stets der Fall. Da der Arbeitsvertrag keiner Schriftform unterliegt, ist diese Regelung zur Festlegung einer Vergütungspflicht getroffen worden. Die Höhe der Vergütung bemisst sich jedenfalls nach dem üblichen, wenn keine Vereinbarung getroffen wurde.

Fallbeispiel

Klaus ist nach seinem erfolgreich abgeschlossenen Studium für sechs Monate bei der Super-AG als Praktikant tätig. Im Praktikantenvertrag ist eine Vergütung nicht vereinbart. Tatsächlich wird Klaus auf einen gerade freigewordenen Arbeitsplatz gesetzt und übernimmt sachbearbeitende Tätigkeiten im Betrieb. Nach Ende des Praktikums

---

[30] Siehe dazu ausführlich Abschn. 4.8 „Inhaltskontrolle des Arbeitsvertrages".
[31] BAG, AP Nr. 42 zu § 307 BGB.
[32] BAG, Urteil vom 30.11.2022–5 AZR 336/21.

verlangt er die Zahlung der üblichen Vergütung für die geleistete Tätigkeit. Der Arbeit-geber verweigert dies mit Hinweis auf die fehlende Vereinbarung. Dieses Argument verfängt wegen § 612 BGB jedoch nicht, sodass wegen der tatsächlich geleisteten Arbeit[33] auch die übliche Vergütung geschuldet wird.◄

4.5.1.1.2.1 Vergütungsarten

Die vorgenannten Regelungen zu § 612 BGB betreffen nur die Fallgestaltungen, in welchen nicht durch einen Arbeitsvertrag oder kollektivrechtliche Vereinbarungen die Vergütung ausdrücklich geregelt ist. Die Regelung der Vergütung ist eine der wesent-lichsten Inhalte von Tarifverträgen. Soweit tarifvertragliche Vorgaben Fragen zu Lohn und Gehalt regeln, gehen diese nach den allgemeinen Grundsätzen arbeitsvertraglichen Ver-einbarungen vor. Vorbehaltlich solcher kollektivrechtlicher Vorgaben ist es daher Sache der Arbeitsvertragsparteien, die Art und Höhe der Vergütung zu bestimmen.

In der praktischen Ausgestaltung haben sich die unterschiedlichsten Vergütungsarten herausgebildet. Am weitesten verbreitet ist die Vereinbarung eines festen monatlichen Entgeltes. Anzutreffen sind jedoch auch z. B. verschiedene Formen von Provisionen, Boni, Tantiemen, Akkordlöhne und vieles mehr. Die Arbeitsvertragsparteien haben hier einen großen Gestaltungsspielraum, welcher gesetzlich einzig durch Mindestlöhne seine Grenze findet.

Grundsätzlich ist zu unterscheiden zwischen festen und variablen Vergütungsbestand-teilen. Fest sind solche Teile des Arbeitsentgeltes, welche unabhängig von weiterer Voraussetzungen stets gezahlt werden (Festgehalt). Hinzu können Zuschläge oder Zula-gen kommen, welche gleichfalls fest vereinbart sein können. Zwingend ist dies jedoch nicht, sodass Zuschläge und Zulagen möglicherweise auch von weiterer Voraussetzungen abhängig sind. Weit verbreitet sind auch Weihnachts-, Urlaubsgelder oder andere Son-derzahlungen wie etwa Tantiemen oder sonstige Gratifikationen. Diese können variabel sowohl dem Grunde als auch der Höhe nach ausgestaltet sein, wobei das allgemein gül-tige Rechtsinstitut der betrieblichen Übung zu einer Verfestigung führen kann.[34] In jedem Fall variabel sind Akkordlöhne ohne Provisionen. Provisionen sind Zahlungen, die der Arbeitnehmer abhängig vom Erreichen bestimmter Ziele oder dem Abschluss bestimmter Geschäfte erhält. Akkordlöhne setzen auf eine Grundvergütung auf. Je nach Erreichen bestimmter Arbeitsmengen in einem vordefinierten Zeitraum wird die Grundvergütung erhöht. Möglich ist auch die Vereinbarung zu einer Teilnahme an einer betrieblichen Altersversorgung oder eine Teilhabe an der Unternehmensentwicklung wie etwa durch die Ausgabe von Aktien an den Arbeitnehmer.[35]

---

[33] Diese muss der Arbeitnehmer (Praktikant) im Streitfall beweisen; dazu ausführlich BAG, DB 2012, 1752.

[34] Dazu bereits ausführlich Abschn. 2.2.4.1 „Betriebliche Übung".

[35] Eine ausführliche Darstellung der betrieblichen Altersversorgung muss hier aus Platzgründen unterbleiben. Hierzu ist auf das BetrAVG und die dazu vorhandene Spezialliteratur zu verweisen.

Nicht näher eingegangen werden soll hier auf die sozial- und steuerrechtliche Behandlung der Vergütung des Arbeitnehmers. Dies muss Darstellungen der genannten Rechtsgebiete vorbehalten bleiben. Hingewiesen werden soll an dieser Stelle nur darauf, dass der Arbeitgeber eine Bruttovergütung schuldet und seinerseits die Abrechnung der Steuern und Sozialversicherungsbeiträge vorzunehmen hat.[36] Der Arbeitgeber zahlt daher an den Arbeitnehmer nur die Nettovergütung und führt die Steuern und Sozialversicherungsabgaben direkt ab. Für die Berechnung und Zahlung des Arbeitsentgeltes ist § 107 GewO zu beachten. Danach ist zwar grundsätzlich die Vergütung in Euro geschuldet. Darüber hinaus können aber auch Sachbezüge vereinbart werden. Die Parteien haben es also in der Hand, bei der Vergütung auch etwa die arbeitgeberseitige Stellung eines Dienstwagens, von elektronischer Ausstattung wie z. B. Handy oder Tablet oder auch sonstiger Dinge zu vereinbaren.

Die vereinbarte Vergütung ist als Gegenleistung für die geschuldete Arbeit zu zahlen. Wird darüber hinaus Arbeit geleistet (Überstunden), sind diese auch entsprechend gesondert zu vergüten. Dies wirft jedoch zwei Fragestellungen auf. Zunächst sind Überstunden nur dann gesondert zu bezahlen, wenn der Arbeitgeber diese auch angeordnet hat.[37] Vielfach fällt es dem Arbeitnehmer schwer, im Streitfall zu beweisen, dass er tatsächlich Überstunden gemacht und der Arbeitgeber dies auch tatsächlich verlangt hat. Das reine Ableisten von Überstunden reicht nicht aus, um deren Erforderlichkeit zur Bewältigung der Arbeit und die damit verbundene Anordnung durch den Arbeitgeber zu belegen.[38] Von großer praktischer Bedeutung sind daher das in Arbeitsverträgen weitverbreitete Recht zur Anordnung von Überstunden und Klauseln, die geleistete Überstunden als vom Monatsgehalt mit abgedeckt bezeichnen. Insbesondere Letztere halten einer Inhaltskontrolle nur stand, wenn sie die Anzahl der Überstunden je Monat angemessen begrenzen oder das Gehalt bereits entsprechend hoch ist.[39]

Fallbeispiel

Anton ist leitender Angestellter bei der Berta GmbH. Er erhält eine Vergütung von monatlich 10.000,00 € für eine Arbeitszeit von 40 h wöchentlich. Der Arbeitgeber verlangt des Öfteren das Leisten von Überstunden, welches Anton auch klaglos macht. Als der Arbeitgeber im Streit das Arbeitsverhältnis kündigt, fordert Anton Überstundenvergütung. Der Arbeitgeber kann dies zu Recht verwehren, da sich im Arbeitsvertrag eine Klausel befindet, wonach die Vergütung für alle geleisteten Überstunden mit dem

---

[36] Zur Strafbarkeit der Verletzung dieser Pflicht siehe etwa BGH, Urteil vom 24.09.2019–1 StR 346/188, NJW 2019, 3532.

[37] BAG, NZA 2013, 1001.

[38] BAG, a. a. O.

[39] BAG, NZA 2011, 575.

Grundgehalt abgegolten ist. Wegen des hohen Gehaltes deutlich oberhalb der Beitrags-
bemessungsgrenze für die Rentenversicherung ist diese Klausel auch inhaltlich nicht
zu beanstanden.◄

4.5.1.1.2.2 Mindestlohn

Grundsätzlich obliegt es den Arbeitsvertragsparteien, nicht nur die Art, sondern auch
die Höhe der Vergütung miteinander zu vereinbaren, soweit nicht tarifvertragliche Vorgaben bestehen. Das Finden einer für beide Seiten angemessenen Vergütungshöhe betrifft
den Kerninhalt des Arbeitsvertrages und stellt damit eine ganz wesentliche Ausprägung
der Vertragsfreiheit dar. In der sozialen Marktwirtschaft der Bundesrepublik Deutschland
ist es nur die Aufgabe des Staates, den strukturell schwächeren Arbeitnehmer vor einer
allzu einseitigen Durchsetzungsmacht des Arbeitgebers zu schützen und zugleich staatliche Vorsorge für Risiken zu treffen, die der Einzelne bzw. dessen Familienverband nicht
beherrschen können. Letzteres wird im Wesentlichen durch sozialversicherungsrechtliche Regelungen erreicht. Die gesetzliche Festlegung bestimmter Mindeststandards im
Arbeitsrecht entspringt jedoch auch diesem Schutzgedanken.

Eine solche Ausprägung von gesetzlichen Mindeststandards ist auch der Mindestlohn.
Dieser gilt seit 01.01.2015 flächendeckend und unabdingbar für alle Arbeitsverhältnisse
als Vergütungsuntergrenze. Nach § 1 MiLoG hat jeder Arbeitnehmer Anspruch auf Zahlung des Mindestlohnes als absolute Vergütungsuntergrenze. Das Mindestlohngesetz gilt
indes nicht für Praktikanten, die ein Praktikum von bis zu drei Monaten zur Orientierung
für eine Berufsausbildung machen.[40] Die Höhe des Mindestlohnes kann auf Vorschlag
der Mindestlohnkommission geändert werden.[41]

Der gesetzliche Mindestlohn ist damit eine Auffangregelung, die ergänzend zu allen
anderen gesetzlichen und vertraglichen Regelungen anzuwenden ist. Soweit sich für ein
konkretes Arbeitsverhältnis aus einer anderen Rechtsquelle eine höhere Vergütung ergibt,
geht diese dem Mindestlohn vor. Bestmöglich sollte der Mindestlohn daher praktisch nicht
zur Anwendung kommen, weil die Arbeits- oder Tarifvertragsparteien im Rahmen ihrer
Vertragsfreiheit oder Tarifautonomie bereits Vergütungsregelungen getroffen haben, die
einen Rückgriff auf den Mindestlohn entbehrlich machen.

Tatsächlich ist es jedoch keineswegs so, dass der Mindestlohn ohne praktischen
Anwendungsbereich wäre, weil flächendeckend höhere Vergütungen gezahlt werden.
Diese Tatsache bestätigt den Gesetzgeber in seiner Einschätzung der Erforderlichkeit eines
gesetzlichen Mindestniveaus für die Höhe der Vergütung. Der gesetzliche Mindestlohn ist
nach § 3 MiLoG zwingend und unverzichtbar. Er ist nach geleisteter Arbeit kraft Gesetzes
fällig und durch den Arbeitgeber zu zahlen. Da vielfach ganz unterschiedliche Vergü-
tungsbestandteile (z. B. Zuschläge, Sonderzahlungen o. Ä.) vereinbart sind, stellt sich die
Frage, ob auch alle Arbeitgeberleistungen auf den Mindestlohn anrechenbar sind. Das

---

[40] BAG, Urteil vom 30.01.2019–5 AZR 556/17, NJW 2019, 1765.
[41] Der zunächst auf 8,50 € zum 01.01.2015 festgesetzte Mindestlohn beträgt nach zwischenzeitlich
mehreren Erhöhungen ab dem 01.01.2025 12,82 €.

kann so grundsätzlich nicht festgestellt werden. Sonderzahlungen sind regelmäßig nicht auf den Mindestlohn anrechenbar.[42] Die Erfüllung des Mindestlohnanspruchs führen nur solche Zahlungen herbei, die der Arbeitnehmer unwiderruflich für die normale Leistung seiner Arbeit erhält.[43] Arbeitgeber können jedoch Sonderzahlungen auf die monatliche Vergütung umlegen und so doch zu einer Anrechnung kommen.[44]

Fallbeispiel

Anton erhält eine Stundenvergütung unterhalb des Mindestlohnes. Durch regelmäßig anfallende Nachtarbeit erhält er noch Zuschläge, bei dessen Einbeziehung der Mindestlohn überschritten würde. Nun verlangt er vom Arbeitgeber unabhängig von den Zuschlägen die Zahlung des Mindestlohnes. Der Arbeitgeber lehnt dies ab, da die Vergütung insgesamt nach seiner Ansicht den Mindestlohn bereits überschreiten würde. Hier irrt der Arbeitgeber, da Nachtarbeitszuschläge nicht auf den Mindestlohn anzurechnen sind.[45] ◄

4.5.1.1.2.3 Verjährung

Grundsätzlich unterliegt der Anspruch auf Zahlung der geschuldeten Vergütung der Verjährung. Ist Verjährung eingetreten, hat der Arbeitgeber ein Leistungsverweigerungsrecht nach § 214 BGB. Es obliegt daher dem Arbeitgeber, die ihm zustehende Einrede zu erheben.

Die Verjährungsfrist beträgt nach § 195 Abs. 1 BGB drei Jahre. Die Frist beginnt gemäß § 199 Abs. 1 BGB mit dem Ende des Jahres, in welchem der Anspruch entstanden ist und der Arbeitnehmer von den anspruchsbegründenden Tatsachen Kenntnis erlangt hat oder ohne grobe Fahrlässigkeit hätte erlangen müssen. Das Letztere ist im Arbeitsrecht kaum von Relevanz, da der Arbeitnehmer regelmäßig um die Umstände weiß, die zu einem Vergütungsanspruch führen.

Folglich handelt es sich bei der gesetzlichen Regelung zur Verjährung von Vergütungsansprüchen um einen Anwendungsfall der regelmäßigen Verjährung. Da diese disponibel ist, werden in der arbeitsrechtlichen Praxis davon abweichende Abreden getroffen.

4.5.1.1.2.4 Ausschlussfristen

Der wichtigste Anwendungsfall der Abweichung von der regelmäßigen Verjährung ist die Vereinbarung einer Ausschlussfrist. Das kann kollektiv- oder einzelvertraglich erfolgen und ist in der Praxis auch weit verbreitet. Regelmäßig werden durch solche Ausschlussfristen alle finanziellen Ansprüche wechselseitig umfasst. Ein einseitiger Ausschluss nur

---

[42] Ausführlich dazu BAG, NJW 2016, 3323.
[43] Siehe dazu EuGH, NZA 2015, 345.
[44] BAG, NJW 2016, 3323.
[45] BAG, NZA 2018, 53.

für Ansprüche des Arbeitnehmers wäre auch unwirksam.[46] Für die Wirkung von Ausschlussfristen ist indes § 4 Abs. 4 S. 3 TVG zu beachten, wonach tarifvertragliche Ansprüche nur von Ausschlussfristen betroffen sind, soweit diese auch im Tarifvertrag vereinbart sind. Unterfällt ein Anspruch einer Ausschlussfrist, geht dieser bei Versäumung der Frist unter, sodass die Rechtswirkung von Ausschlussfristen noch weiter geht, als es bei der Einrede der Verjährung der Fall wäre.

Fallbeispiel

Dörte arbeitet bei der Meyer GmbH. Auf das Arbeitsverhältnis findet ein Tarifvertrag Anwendung, danach besteht ein Anspruch auf 1000,00 € Weihnachtsgeld. Dies bemerkt Dörte jedoch erst viel später im darauffolgenden Sommer. Als sie sodann die Zahlung beansprucht, wendet der Arbeitgeber Verjährung ein, da sich im Arbeitsvertrag eine Ausschlussfrist befindet, wonach Ansprüche innerhalb von drei Monaten nach Fälligkeit geltend gemacht werden müssen. Hier irrt der Arbeitgeber, da die arbeitsvertragliche Klausel für tarifliche Ansprüche nicht greift.◄

Grundsätzlich sind auch kurze Ausschlussfristen zulässig. Weit verbreitet sind Ausschlussfristen von drei Monaten. Auch können Ausschlussfristen zweistufig gestaltet werden. Das bedeutet, dass zunächst eine Frist für die außergerichtliche und eine weitere Frist für die gerichtliche Geltendmachung gilt. Eine solche Frist darf arbeitsvertraglich nicht kürzer als drei Monate sein, da sie andernfalls den Arbeitnehmer unangemessen benachteiligt.[47] Tarifvertragliche Ausschlussfristen können indes noch kürzer sein.[48]

Ausschlussfristen müssen zudem Ansprüche auf den Mindestlohn ausdrücklich ausnehmen, um wirksam zu sein.[49] Eine diesen Umstand nicht berücksichtigende Ausschlussfrist ist insgesamt unwirksam.[50] Das folgt aus der Tatsache, dass Ansprüche auf Mindestvergütung unverzichtbar sind. Eine Ausschlussklausel in Allgemeinen Geschäftsbedingungen ist auch dann unwirksam, wenn nach ihr ausnahmslos alle Ansprüche, die sich aus dem Arbeitsverhältnis ergeben, verfallen, wenn sie nicht binnen bestimmter Fristen geltend gemacht werden, da damit auch Schadensersatzansprüche aus vorsätzlicher Vertragsverletzung und aus vorsätzlicher unerlaubter Handlung umfasst würden.[51] Dies ist gleichfalls unzulässig.

---

[46] BAG, NZA 2004, 852.
[47] BAG, NZA 2008, 293.
[48] Grundsätzlich dazu BAG, NZA 2009, 448.
[49] BAG, NZA 2016, 1539.
[50] BAG Urteil vom 13.07.2022–5 AZR 498/21.
[51] BAG, Urt. v. 26.11.2020–8 AZR 58/20.

4.5.1.1.2.5 Annahmeverzug und Betriebsrisiko

Da der Arbeitsvertrag in seinem Kerngehalt ein Dienstvertrag ist, wird der Anspruch auf Vergütung nicht erst durch eine erfolgreiche Arbeitsleistung ausgelöst, sondern entsteht bereits durch ein vertragsgemäßes Angebot der Arbeitsleistung. Dieser Grundsatz wird in § 615 BGB auch ausdrücklich festgehalten. Es ist Sache des Arbeitgebers, das ordnungsgemäße Angebot der Arbeitsleistung auch anzunehmen. Geschieht dies nicht, befindet sich der Arbeitgeber nach den §§ 293, 294 BGB in Annahmeverzug. Der Arbeitnehmer kann sodann auch die Vergütung für die infolge des Verzugs nicht geleistete Arbeit verlangen. Auch ist der Arbeitnehmer nicht zur Nachleistung verpflichtet. Das Risiko des Arbeitsausfalls trägt der Arbeitgeber, auch soweit ihn kein Verschulden daran trifft (Betriebsrisiko).

Ob der Arbeitgeber in Annahmeverzug gerät, bedingt, dass der Arbeitnehmer ein tatsächliches Angebot der vertraglich vereinbarten Leistung macht. Der Arbeitnehmer muss daher seine persönliche Arbeitsleistung zur richtigen Zeit am richtigen Ort in der richtigen Weise anbieten. Der Arbeitnehmer trägt seinerseits das Risiko, pünktlich am Ort der Arbeitsleistung zu erscheinen (Wegerisiko).

Von höchster praktischer Relevanz ist die Frage des Annahmeverzugs nach dem arbeitgeberseitigen Ausspruch einer Kündigung. Durch eine Kündigung macht der Arbeitgeber deutlich, die Arbeitsleistung des Arbeitnehmers (gegebenenfalls nach Ablauf einer Kündigungsfrist) nicht mehr in Anspruch nehmen zu wollen. Bestreitet der Arbeitnehmer daraufhin die Wirksamkeit der Kündigung im Rahmen einer Kündigungsschutzklage, können Monate oder sogar Jahre vergehen, bis eine bestandskräftige gerichtliche Entscheidung ergangen ist. Fällt diese zugunsten des Arbeitnehmers aus, hat dieser für die Vergangenheit einen Anspruch auf Nachzahlung der geschuldeten Vergütung aufgrund Annahmeverzuges. Er muss sich jedoch dasjenige anrechnen lassen, was er durch anderweitige Verwendung seiner Arbeitskraft erworben oder böswillig zu erwerben unterlassen hat. In diesen Fällen muss der Arbeitnehmer seine Arbeitsleistung nicht mehr ausdrücklich anbieten, da der Arbeitgeber diese ja bereits mittels Kündigung ausdrücklich abgelehnt hat.[52] Kündigt der Arbeitgeber das Arbeitsverhältnis fristlos, weil er meint, die Fortsetzung des Arbeitsverhältnisses sei ihm nicht zuzumuten, bietet aber gleichzeitig dem Arbeitnehmer „zur Vermeidung von Annahmeverzug" die Weiterbeschäftigung zu unveränderten Bedingungen während des Kündigungsschutzprozesses an, verhält er sich widersprüchlich. In einem solchen Fall spricht eine tatsächliche Vermutung dafür, dass das Beschäftigungsangebot nicht ernst gemeint ist, sodass der Arbeitgeber das Gegenteil beweisen muss.[53]

---

[52] Grundlegend dazu BAG, NZA 1999, 925.
[53] BAG, Urteil vom 29.03.2023–5 AZR 255/22.

Klaus wird vom Arbeitgeber gekündigt. Nach Ablauf der Kündigungsfrist ist er arbeitslos. Das Kündigungsschutzverfahren beim Arbeitsgericht endet damit, dass die Unwirksamkeit der Kündigung rechtskräftig festgestellt wird. Klaus erhält daher aufgrund des eingetretenen Annahmeverzugs seine Vergütung nachgezahlt. Da er Arbeitslosengeld bezogen hat, muss er sich dieses anrechnen lassen. Die Bundesagentur für Arbeit hat deshalb einen entsprechenden Erstattungsanspruch gegen den Arbeitgeber.◄

Dies ist einer der wesentlichen Hintergründe dafür, dass sich der Arbeitnehmer und der Arbeitgeber nach Ausspruch einer Kündigung vielfach auf bestimmte Modalitäten der Beendigung des Arbeitsvertrages außergerichtlich oder gerichtlich einigen. Gelingt dies nicht, kann der Arbeitgeber versuchen, den Arbeitnehmer für die Dauer des Kündigungsschutzverfahrens im Rahmen eines sogenannten Prozessarbeitsverhältnisses zu beschäftigen, um so sein Annahmeverzugsrisiko zu minimieren. Das stellt § 11 S. 1 Nr. 2 KSchG noch einmal ausdrücklich klar.

4.5.1.1.2.6 Vorübergehende Verhinderungsgründe

Eine weitere Sonderkonstellation hinsichtlich der Vergütungspflicht des Arbeitgebers regelt § 616 BGB. Danach bleibt der Vergütungsanspruch auch dann bestehen, wenn der Arbeitnehmer für eine verhältnismäßig nicht erhebliche Zeit durch einen in seiner Person liegenden Grund ohne sein Verschulden an der Arbeit gehindert ist. Dies beinhaltet alle Fälle der Arbeitsverhinderung mit Ausnahme der Krankheit, wonach sich ein persönliches Leistungsverweigerungsrecht nach § 275 Abs. 3 BGB ergeben würde. Die vorübergehende Verhinderung ist daher ein Spezialfall zu den Regelungen der Unmöglichkeit im allgemeinen Schuldrecht. Alle Fälle der Krankheit sind davon ausgenommen, da diese durch das Entgeltfortzahlungsgesetz gesondert geregelt werden. Auch gibt es weitere vorrangige Spezialnormen wie z. B. die Beschäftigungsverbote nach dem Mutterschutzgesetz. Ist der Arbeitnehmer nicht arbeitsunfähig krank, so kommt ein Anspruch auf bezahlte Freistellung nur in Betracht, wenn der Arztbesuch zu dem jeweiligen Zeitpunkt medizinisch notwendig ist. Das ist stets bei akuten Beschwerden der Fall. Ein persönlicher Verhinderungsgrund zur Begründung des Freistellungsanspruches liegt aber auch dann vor, wenn die ärztliche Versorgung zur Arbeitszeit erforderlich ist (z. B. Blutabnahme im nüchternen Zustand, Röntgen, MRT o. Ä.). Voraussetzung ist stets, dass der Arbeitnehmer auf die Termingestaltung des Arztes keinen Einfluss nehmen kann.

Da durch § 616 BGB der Grundsatz „Arbeit gegen Vergütung" aufgehoben wird, ist der Tatbestand durch eine weiterführende Auslegung zu konkretisieren. Voraussetzung für den Fortbestand des Vergütungsanspruchs ist die Unmöglichkeit oder Unzumutbarkeit der Arbeitsleistung aufgrund der persönlichen Verhältnisse des Arbeitnehmers. Zudem darf den Arbeitnehmer kein Verschulden an der Verhinderung treffen, wobei der Verschuldensmaßstab nicht nach § 276 BGB festzulegen ist. Den Arbeitnehmer muss ein grober

Verstoß gegen das eigene Interesse eines verständigen Menschen treffen (Verschulden gegen sich selbst).[54] Zudem muss die Arbeitsverhinderung nicht erheblich sein. Rein praktisch betrifft dies zumeist einen oder wenige Tage bzw. regelmäßig wiederkehrend einige Minuten (z. B. für Gebete).

Fallbeispiel

Arbeitnehmer Dieter ist zur Hochzeit seiner Tochter eingeladen. Dies macht es für ihn unzumutbar, an diesem Tag zu arbeiten. An dieser seiner persönlichen Sphäre entstammenden Hochzeit trifft ihn keinerlei Verschulden. Da die Verhinderung nur einen Tag umfasst, ist sie auch nicht erheblich. Im Ergebnis ist Dieter daher für den Tag der Hochzeit von der Arbeitspflicht befreit, behält jedoch seinen Vergütungsanspruch.◄

Vor dem Hintergrund dieser gesetzlichen Regelung werden insbesondere kollektivrechtlich zahlreiche Vereinbarungen getroffen, die die vorübergehende Arbeitsverhinderung unter Fortzahlung der Vergütung weiter konkretisieren. So wird etwa in Tarifverträgen oder Betriebsvereinbarungen vereinbart, dass ein oder mehrere Tage bezahlte Freistellung unabhängig von Urlaubsansprüchen für die eigene Hochzeit, einen Umzug, den Todesfall eines nahen Verwandten o. Ä. beansprucht werden können.

4.5.1.2 Nebenpflichten

Über die vorgenannten Hauptpflichten hinaus erwachsen aus dem Arbeitsverhältnis für beide Seiten zahlreiche Nebenpflichten. Da das Arbeitsverhältnis auf einer höchstpersönlichen Leistung der Dienste ausgerichtet ist, kommt es naturgemäß zu ganz vielfältigen Berührungen der wechselseitigen Interessensphären von Arbeitnehmer und Arbeitgeber. Die arbeitsvertraglichen Nebenpflichten sind daher in ihrer Gesamtbedeutung nicht zu unterschätzen.

Ihre rechtliche Grundlage haben sie in § 241 Abs. 2 BGB. Danach ist für jedes Schuldverhältnis eine umfassende Verpflichtung zur Rücksichtnahme auf die Rechtsgüter des anderen normiert. Dies gilt folglich vorliegend für den Arbeitnehmer und den Arbeitgeber gleichermaßen. Wegen der bereits erwähnten besonderen Nähe der Parteien sind die arbeitsvertraglichen Nebenpflichten deutlich umfangreicher als in anderen Schuldverhältnissen.

4.5.1.2.1 Nebenpflichten des Arbeitgebers

Regelmäßig erbringt der Arbeitnehmer seine Arbeitsleistung in der Einflusssphäre des Arbeitgebers. Dies folgt nicht zuletzt aus dem Weisungsrecht des Arbeitgebers, der Inhalt, Ort und Zeit der Arbeitsleistung näher bestimmt. In den allermeisten Fällen führt das dazu, dass der Arbeitsort und die Arbeitsbedingungen ganz wesentlich vom Arbeitgeber

---

[54] BAG, NZA 2015, 801.

vorgegeben werden. Daraus resultiert die Verpflichtung des Arbeitgebers, über die ausdrücklichen Regelungen zum Arbeitsschutz und der Unfallverhütung hinaus gegenüber seinen Mitarbeitern eine grundsätzliche Fürsorge walten zu lassen.

4.5.1.2.1.1 Fürsorgepflicht

Die Fürsorgepflicht des Arbeitgebers ist dabei umfassend zu verstehen. Der Arbeitgeber hat die grundsätzliche Verpflichtung, den Arbeitnehmer in seinen Interessen im Rahmen des Arbeitsverhältnisses zu schützen.[55] Die vornehmste Ausprägung dieses Schutzgebotes ist die Pflicht zur Vermeidung von Gefahren für das Leben und die Gesundheit des Arbeitnehmers, soweit dies nicht ohnehin bereits anderweitig ausdrücklich gesetzlich geregelt ist.[56] Dieser Grundsatz wird in § 618 BGB noch einmal ausdrücklich hervorgehoben.

Wegen der umfassenden Bedeutung der Fürsorgepflicht beinhaltet diese auch einen Persönlichkeitsschutz des Arbeitnehmers sowie einen Schutz vor (sexueller) Belästigung. Diese eigentlich als Selbstverständlichkeit aufzufassende Tatsache tritt erst in jüngerer Vergangenheit zunehmend in das gesellschaftliche und auch gesetzgeberische Bewusstsein. Der Gesetzgeber und die Rechtsprechung müssen sich verstärkt mit Fragestellung wie „Mobbing" und anderen Phänomenen fortlaufender Herabwürdigung auseinandersetzen.[57] In jedem Fall folgt aus der Fürsorgepflicht ein allgemeines Schikaneverbot.[58]

Zu beachten sind für den Arbeitgeber auch die Regelungen zum Datenschutz, die insbesondere hinsichtlich der Erhebung und Verarbeitung personenbezogener Daten des Arbeitnehmers im Hinblick auf die Führung von Personalakten von Relevanz sind. In diesem Zusammenhang ist insbesondere hinzuweisen auf § 34 BDSG, welcher ein Auskunftsrecht des Arbeitnehmers über zu seiner Person gespeicherte Daten normiert. Hieraus folgt auch ein Einsichtsrecht des Arbeitnehmers in die Personalakte, wozu ein Mitglied eines vorhandenen Betriebsrates hinzugeholt werden kann. Die Hinzuziehung eines Rechtsanwaltes dürfte nur im Ausnahmefall zulässig sein.[59]

Schließlich folgt aus der allgemeinen Fürsorgepflicht des Arbeitgebers auch, dass er über die zu leistenden Zahlungen ordnungsgemäß abzurechnen und dies auch gegenüber den Sozialversicherungsträgern nachzuweisen hat.

4.5.1.2.1.2 Maßregelungsverbot

Damit Arbeitnehmer in zulässiger Weise ihre Rechte ausüben können, besteht nach § 612a BGB ein Maßregelungsverbot für Arbeitgeber. Danach dürfen Arbeitnehmer nicht benachteiligt werden, weil sie ihre Rechte wahrgenommen haben. Daraus folgt ein allgemeines Benachteiligungsverbot. Voraussetzung für seine Anwendung ist, dass der

---

[55] BAG, NZA 2010, 337.

[56] BAG, NZA – RR 2012, 290.

[57] Siehe dazu Abschn. 4.9.4.3 „Belästigungen und Anweisungen" zu § 3 Abs. 3, 4 AGG.

[58] Grundlegend BAG, NZA 2007, 1154.

[59] Siehe dazu BAG, NZA 2016, 1344.

Arbeitnehmer das von ihm geltend gemachte Recht auch tatsächlich hat und dieses in zulässiger Weise ausgeübt wird.

Für diesen Fall ist jede Benachteiligung untersagt. Die praktische Anwendung erstreckt sich dabei insbesondere auf Kündigungen. Arbeitgebern ist es untersagt, den Arbeitnehmer für ein Verhalten zu sanktionieren, welches in der Ausübung seiner Rechte besteht.

Fallbeispiel

Das Kind des Arbeitnehmers wird plötzlich schwer krank. Der Arbeitnehmer muss dieses betreuen und meldet sich dafür bei der Arbeit ab. Der Arbeitgeber akzeptiert dies nicht und fordert zur Erbringung der Arbeitsleistung auf. Gleichwohl erscheint der Arbeitnehmer eigenmächtig nicht. Darauf folgt die arbeitgeberseitige Kündigung. Diese ist unwirksam, da der Arbeitnehmer ein Recht auf Freistellung wegen des kranken Kindes hat, sodass die Kündigung gegen das Maßregelungsverbot verstößt.◄

4.5.1.2.2 Nebenpflichten des Arbeitnehmers

Der Arbeitnehmer hat bei der Ausübung seiner vertraglich geschuldeten Arbeit eine Vielzahl von Nebenpflichten. Da der Arbeitnehmer seine Arbeitsleistung persönlich zu erbringen hat, erstrecken sich je nach konkret geschuldeter Tätigkeit zahlreiche Nebenpflichten auf sein Verhalten. Dabei darf aus der Bezeichnung als Nebenpflicht keinesfalls geschlossen werden, dass es sich um nachrangige oder untergeordnete Verpflichtungen handeln würde. Je nach Bedeutung des Arbeitnehmers und seiner Tätigkeit im Einzelfall kann es von größter Bedeutung sein, dass weit über die Erbringung der eigentlichen Arbeitsleistung hinaus ein hohes Maß an Rücksicht auf die Interessen des Arbeitgebers genommen wird.

4.5.1.2.2.1 Bestechlichkeit und Compliance

Es versteht sich von selbst, dass Arbeitnehmer nicht bestechlich sein dürfen. Auch jede Form von aktiven Bestechungshandlungen durch die Arbeitnehmer ist untersagt, auch wenn dies zum vermeintlichen Wohle des Unternehmens erfolgt. Unabhängig von der Strafbarkeit eines solchen Verhaltens liegt darin jedenfalls ein schwerwiegender Verstoß gegen die arbeitsvertraglichen Pflichten. Dies ist ein wesentlicher Bestandteil von Compliance. Der Begriff bezeichnet die Maßnahmen eines Unternehmens, die ergriffen werden, um sowohl für eine rechtskonforme und redliche Führung der Geschäfte als auch das dafür notwendige Mitarbeiterverhalten zu sorgen. Solche Maßnahmen sind geeignet, um Verstöße aufzudecken oder verhindern zu können und können beispielsweise in Form von Regeln und Richtlinien erlassen werden, soweit sie nicht bereits durch Gesetze vorgegeben werden. Arbeitgeber sind deshalb gut beraten, durch organisatorische Vorkehrungen und eine umfassende Aufklärung ihrer Mitarbeiter dafür Vorsorge zu tragen, dass ein hohes Maß an Sensibilität für ein rechtmäßiges Verhalten besteht. Dazu gehört insbesondere der Umgang mit Geschenken oder Einladungen, die ausschließlich oder jedenfalls auch einen persönlichen Mehrwert für den Arbeitnehmer beinhalten können. Es empfiehlt sich die Einführung eines umfassenden Compliance-Management-Systems, das alle Strukturen, Prozesse und Maßnahmen in einer Organisation bündelt, die dazu dienen, Regelkonformität sicherzustellen.

Fallbeispiel

Anton leitet die Abteilung Einkauf beim Wursthersteller Willfried. Um mit Anton in Verhandlungen für die Lieferung von Zutaten eintreten zu können, erhält er von der X-GmbH eine Einladung zu einer „Produktpräsentationswoche" auf den Malediven mit einem umfassenden kulturellen und kulinarischen Begleitprogramm, welches auch den Ehepartner mit einbezieht. Als der Arbeitgeber Willfried davon erfährt, wirft er dem Anton zu Recht vertragswidriges Verhalten vor, da Anton sich aus seiner Stellung als Einkäufer heraus persönlich bereichert und mindestens den Anschein von Bestechlichkeit erweckt habe und die Annahme von Geschenken o. Ä. nach den Compliance-Richtlinien des Unternehmens ab einem Wert von 30,00 € untersagt ist. ◄

4.5.1.2.2.2 Wettbewerbsverbot

Gleichfalls von großer praktischer Bedeutung ist das arbeitsvertragliche Wettbewerbsverbot. Im laufenden Arbeitsverhältnis ist es dem Arbeitnehmer verboten, zu den Leistungen des Arbeitgebers in Konkurrenz zu treten. Wer als Kfz-Mechatroniker in einer Autowerkstatt beschäftigt ist, darf nicht seinerseits ein (Neben-)Gewerbe für Autoreparaturen betreiben. Das Wettbewerbsverbot umfasst jede selbstständige und unselbstständige Tätigkeit innerhalb des Leistungsspektrums, das vom Arbeitgeber angeboten wird.

Zu unterscheiden vom Wettbewerbsverbot ist jedoch die Frage, ob ein Arbeitnehmer eine Nebentätigkeit ausüben darf. Dies ist grundsätzlich gestattet.[60] Deshalb kann im Arbeitsvertrag auch kein Nebentätigkeitsverbot vereinbart werden. Arbeitnehmer haben ein Recht auf die Ausübung einer Nebentätigkeit, soweit die berechtigten Interessen des Arbeitgebers dadurch genauso wenig beeinträchtigt werden, wie die Arbeitskraft des Arbeitnehmers. Üblich und auch zulässig ist jedoch eine Anzeigepflicht des Arbeitnehmers für eine etwaige Nebentätigkeit.

Streng zu unterscheiden vom Wettbewerbsverbot während des laufenden Arbeitsverhältnisses ist die Möglichkeit der Vereinbarung eines nachvertraglichen Wettbewerbsverbotes. Das arbeitsvertragliche Wettbewerbsverbot endet mit dem Ende des Arbeitsverhältnisses. Soll dem Arbeitnehmer über diesen Zeitraum hinaus untersagt werden, zu den Leistungen des Arbeitgebers in Konkurrenz zu treten, bedarf dies einer ausdrücklichen Vereinbarung. Da eine solche Vereinbarung einen erheblichen Eingriff in die Berufsausübungsfreiheit des Arbeitnehmers beinhaltet, ist dies nur in engen Grenzen unter Berücksichtigung der Interessen des Arbeitnehmers zulässig. Durch ein nachvertragliches Wettbewerbsverbot wird der Arbeitnehmer in seiner Möglichkeit zur Aufnahme

---

[60] Grundlegend BAG, NJW 1963, 1420.

einer neuen Tätigkeit ganz erheblich eingeschränkt. Dafür ist ihm eine Kompensations-
leistung zu gewähren (Karenzentschädigung nach den §§ 74 ff. HGB).[61] Außerdem ist
die maximale Dauer eines nachvertraglichen Wettbewerbsverbots auf maximal zwei Jahre
beschränkt.

4.5.1.2.2.3 Verschwiegenheit

Arbeitnehmer erfahren im Rahmen ihrer Tätigkeit eine Vielzahl von betriebsbezogenen
Informationen. Dies kann sowohl Betriebsgeheimnisse wie etwa Kalkulationsgrundlagen,
Kundenkontakte oder Herstellungsprozesse als auch personenbezogene Zusammenhänge
in Bezug auf Vorgesetzte oder Kollegen betreffen. Soweit eine Information nicht ohnehin
öffentlich zugänglich ist, trifft den Arbeitnehmer eine umfängliche Verschwiegenheitspflicht. Diese greift nicht nur für ausdrücklich als solche bezeichnete Betriebsgeheimnisse,
deren Verrat zusätzlich nach § 17 UWG strafbewehrt ist. Den Arbeitnehmer trifft
eine Schweigepflicht in Bezug auf alle schützenswerten betrieblichen und persönlichen
Angelegenheiten, die gegenüber jedermann gilt.

4.5.1.2.2.4 Treuepflicht

Nicht eindeutig definierbar ist die sogenannte Treuepflicht des Arbeitnehmers. Diese
beinhaltet auch eine Verpflichtung zur Wahrung der Interessen des Arbeitgebers. Hieraus
folgt bereits, dass ein möglicher Konflikt zwischen den wechselseitigen Interessen der
Arbeitsvertragsparteien im Umgang mit der Treue- und Interessenwahrungspflicht führen
kann.

Die Treuepflicht beinhaltet daher eine grundsätzliche Verpflichtung des Arbeitnehmers,
in der Sphäre des Arbeitgebers dessen Interessen nicht zuwider zu handeln. Je nach
der konkreten Art des Beschäftigungsverhältnisses und der Stellung des Arbeitnehmers
im Unternehmen ist die Reichweite dieser Nebenpflicht jedoch stark einzelfallbezogen.
Aus dem Gebot wechselseitiger Rücksichtnahme nach § 241 Abs. 2 BGB folgt auch,
dass der Arbeitgeber seinem Mitarbeiter mit einem grundsätzlichen Vertrauen begegnen
können muss. Folglich hat der Arbeitnehmer aufgrund des personenbezogenen Vertragsverhältnisses im Gegenzug auch in besonderem Maße die Interessen des Arbeitgebers zu
wahren.

Dieser Grundsatz kann jedoch nicht soweit führen, dass der Arbeitnehmer seine
persönlichen Interessen vollständig unterzuordnen hat. Dies gilt insbesondere für die
grundgesetzlich geschützten Rechtspositionen. So endet weder die Meinungsfreiheit mit
Betreten des Arbeitsplatzes noch muss der Arbeitnehmer in seiner Freizeitgestaltung die
am Arbeitsplatz gebotene Zurückhaltung walten lassen. Je nach Einzelfall können sich
jedoch die Grenzen zwischen privaten und beruflichen Belangen verschieben. Ein Mindestmaß an Loyalität gegenüber dem Arbeitgeber kann jedoch stets verlangt werden. Zur
Verdeutlichung dient das folgende Fallbeispiel:

---

[61] BAG, NZA 2017, 845.

Klaus ist Pförtner in einem Atomkraftwerk. Ute ist dessen Pressesprecherin. Beide
würden gegen ihre Treuepflicht verstoßen, wenn sie am Arbeitsplatz gegen die Nutzung von Atomkraft und für eine diese fordernde politische Partei offensiv werben. Bei
dem Pförtner Klaus wäre ein solches Verhalten in seiner Freizeit nicht zu beanstanden.
Von der Pressesprecherin Ute darf wegen ihrer herausgehobenen und öffentlichkeits-
wirksamen Stellung indes auch in ihrer Freizeit ein höheres Maß an Zurückhaltung
verlangt werden.◄

Zur allgemeinen Treuepflicht des Arbeitnehmers gehört auch die Verpflichtung zur Wahrung des betrieblichen Friedens einschließlich der Einhaltung der betrieblichen Ordnung
wie z. B. Alkohol- und Rauchverbote. Zudem hat der Arbeitnehmer alles in seiner
Handlungssphäre Mögliche zu tun, um Schäden von den Rechtsgütern des Arbeitgebers abzuwenden. Droht der Eintritt eines Schadens oder ist dies bereits erfolgt, hat der
Arbeitnehmer alles ihm Mögliche zu unternehmen, um zur Schadensabwendung bzw.
dessen Beseitigung beizutragen. Dazu gehören insbesondere auch die frühestmögliche
Meldung eines entsprechenden Ereignisses oder einer erkennbaren Entwicklung dorthin
sowie die Leistung von Überstunden zur Beseitigung. Verstößt der Arbeitnehmer gegen
seine Schadensabwendungspflicht, droht eine (Mit-)Haftung, wobei die Grundsätze zur
Arbeitnehmerhaftung zur Anwendung kommen.[62]

4.5.2 Arten von Arbeitsverhältnissen

Ein Arbeitsvertrag ist ein Dienstvertrag nach § 611 BGB, durch welchen der Arbeitnehmer weisungsgebundene Tätigkeit zu verrichten hat. Die konkrete Definition liefert
§ 611a BGB. Wie bereits zuvor ausführlich dargelegt,[63] bereitet bereits die Definition eines Arbeitsvertrages als solche erhebliche praktische Schwierigkeiten. Diese
Abgrenzungsschwierigkeiten werden noch umfangreicher durch die Tatsache, dass es
ganz unterschiedliche Formen von Arbeitsverhältnissen gibt. Da diese teilweise eigenen,
zusätzlichen rechtlichen Grundlagen unterliegen, sind nachfolgend die unterschiedlichen
Arten von Arbeitsverhältnissen mit ihren jeweiligen Besonderheiten darzustellen.

Unter Berücksichtigung ihrer jeweiligen praktischen Bedeutung sind dabei die rechtlichen Besonderheiten entsprechend hervorzuheben. Hierbei wird zunächst darauf hingewiesen, dass die Besonderheiten für bestimmte Spezialarbeitsverhältnisse wie Schiffs-
besatzungen genauso außer Betracht gelassen werden, wie die Besonderheiten des
öffentlichen Dienstes. Vorliegend sollen die unterschiedlichen Typen von Beschäftigungsverhältnissen insoweit in den Blick genommen werden, als sie von erheblicher Bedeutung

---

[62] BAG, NZA 1995, 565; zu den Grundsätzen der Arbeitnehmerhaftung siehe Abschn. 4.11.
[63] Siehe dazu Abschn. 4.5 „Arbeitsvertrag".

in der Privatwirtschaft sind und Abweichungen vom sogenannten Normalarbeitsverhältnis aufweisen. Als Normalarbeitsverhältnis wird hierfür die unbefristete Vollzeittätigkeit in einem Betrieb des Arbeitgebers zugrunde gelegt, die die Leistung geschuldeter Arbeit zum Gegenstand hat.[64]

4.5.2.1 Befristete Arbeitsverträge

Befristete Arbeitsverträge nehmen in der Arbeitsvertragspraxis einen breiten Raum ein. Als Gestaltungsinstrument des Arbeitgebers bieten sie die Möglichkeit, den Arbeitskraftbedarf für begrenzte Zeiträume zu planen und entsprechend vorzunehmen. Arbeitgeberseitig wird daher die Möglichkeit zur Befristung von Arbeitsverhältnissen als unerlässlich erkannt, um eine notwendige Personalplanung hinreichend flexibel durchzuführen.

Für Arbeitnehmer stellen befristete Arbeitsverhältnisse dagegen in den meisten Fällen nur eine unbefriedigende Beschäftigung dar, weil eine langfristige berufliche, finanzielle und damit verbunden auch familiäre und soziale Planung und Sicherung kaum möglich ist.

Diesem Spannungsfeld begegnet der Gesetzgeber dahingehend, dass nach § 1 Abs. 1 TzBfG die „Zulässigkeit" befristeter Arbeitsverhältnisse einer ausdrücklichen Regelung zugeführt wird. Fußend auf europarechtlichen Vorgaben[65] normiert das TzBfG eine zusammenhängende Regelung des Befristungsrechts.[66] Da als weitere Rechtsquelle des TzBfG die bisherige Rechtsprechung des BAG zu einzelnen Befristungstatbeständen diente, ist auch die vor Inkrafttreten des TzBfG zum 01.01.2001 ergangene Rechtsprechung nicht vollständig irrelevant geworden. Dies betrifft insbesondere die Fragestellung des Vorliegens eines sachlichen Grundes für eine Befristung.

Bei der Auslegung des TzBfG sollte stets vom Ausnahmecharakter des befristeten Arbeitsverhältnisses vom Regelfall des unbefristeten Arbeitsverhältnisses ausgegangen werden. Durch die ausdrückliche Regelung der Zulässigkeitsvoraussetzungen eines befristeten Arbeitsvertrages bringt der Gesetzgeber zum Ausdruck, dass das Regelarbeitsverhältnis, also der gesetzliche Normalfall, das unbefristete Arbeitsverhältnis sein soll. Insbesondere ist bei der Gesetzesauslegung stets darauf zu achten, dass das TzBfG keinesfalls die Möglichkeit eröffnen soll, durch die Vereinbarung von Befristungen eine Umgehung des gesetzlichen Kündigungsschutzes herbeizuführen.

Im Folgenden werden zunächst die gesetzlichen Regelungen zum Befristungsrecht grundsätzlich dargestellt, um anschließend besonders auf § 41 SGB VI hinzuweisen und die aktuelle Rechtsprechung zu beleuchten.

---

[64] Zum Ausgangspunkt des Normalarbeitsverhältnisses siehe etwa BAG, NZA 2013, 515.

[65] Richtlinie 1997/81/EG des Rates vom 15.12.1997 über Teilzeitarbeit (Teilzeitrichtlinie); Richtlinie 1999/70/EG des Rates vom 28.6.1999 über befristete Arbeitsverhältnisse (Befristungsrichtlinie).

[66] Sonderregelungen wie etwa das WissZeitVG oder das ÄrzteBefrG bleiben hier außer Betracht.

4.5.2.1.1 Zweck- und Zeitbefristung

§ 3 Abs. 1 TzBfG definiert den befristet beschäftigten Arbeitnehmer. Ein auf bestimmte Zeit geschlossener Arbeitsvertrag (befristeter Arbeitsvertrag) liegt danach vor, wenn seine Dauer kalendermäßig bestimmt ist (kalendermäßig befristeter Arbeitsvertrag) oder sich aus Art, Zweck oder Beschaffenheit der Arbeitsleistung ergibt (zweckbefristeter Arbeitsvertrag).

Gemäß § 21 TzBfG kann auch eine auflösende Bedingung zu einem befristeten Arbeitsvertrag führen. Insoweit ergeben sich jedoch keine Besonderheiten zu § 158 Abs. 2 BGB, auf den deshalb vollumfänglich verwiesen werden kann.

Eine Zeitbefristung liegt vor, wenn entweder ein konkretes Enddatum vereinbart wird oder dieses zumindest kalendarisch durch eine Frist ab einem bestimmten Ausgangszeitpunkt bestimmbar ist.

Eine Zweckbefristung verlangt dagegen, dass sich die Arbeitsvertragsparteien darüber einig sind, dass das Arbeitsverhältnis mit dem Eintritt eines bestimmten Ereignisses automatisch enden soll. Die Beschaffenheit der Arbeit oder deren Zweck müssen das Ende des Arbeitsverhältnisses bestimmen.

Zweck- und Zeitbefristung können in der Form zulässigerweise zusammenfallen, dass zusätzlich zum vereinbarten Zweck noch ein konkreter kalendarischer Zeitpunkt für das Ende des Arbeitsvertrages vereinbart wird, falls der Zweck bis dahin nicht erreicht worden sein sollte.

Fallbeispiel

Anton wird ab den 01. Oktober 2019 bei Uwe als Vertretung für Martha beschäftigt. Dem zwischen ihm und Uwe geschlossenen Vertrag ist zu entnehmen, dass das Arbeitsverhältnis längstens bis zum 30. September 2021 besteht. Sollte die Stelleninhaberin (Martha) jedoch vor Ablauf der Frist an den Arbeitsplatz zurückkehren, endet das Arbeitsverhältnis. Eine derartige Klausel ist zulässig und folglich wirksam.◀

4.5.2.1.2 Befristung mit Sachgrund

Nach § 14 Abs. 1 TzBfG ist die Befristung eines Arbeitsvertrages zulässig, wenn ein sachlicher Grund vorliegt. Für das Vorliegen eines solchen sachlichen Grundes werden acht Regelbeispiele genannt. Zur besseren Lesbarkeit werden nur die groben Linien skizziert. Auch wird auf Rechtsprechungsnachweise verzichtet, insoweit wird auf die einschlägige Kommentarliteratur verwiesen. Zu beachten ist die gerichtlich durchzuführende Rechtsmissbrauchskontrolle nach § 242 BGB, wenn mehrere für sich betrachtet rechtswirksame Sachgrundbefristungen aufeinander folgen. Das BAG hat dazu verschiedentlich Stellung genommen und die Kriterien der Anzahl der Befristungen sowie die Gesamtdauer aller aufeinander folgenden Befristungen aufgestellt. Eine solche Kontrolle ist zwar einzelfallabhängig, jedoch ist der Rechtsmissbrauch indiziert bei mehr als zehn Jahren Gesamtdauer und 15 Befristungen.[67] Die Kontrolle müsse jedoch bereits bei mehr als acht Jahren und zwölf Befristungen einsetzen.[68] Kettenbefristungen sollen so verhindert werden.

4.5.2.1.2.1 Vorübergehender Bedarf an Arbeitsleistung

Gemäß § 14 Abs. 1 S. 2 Nr. 1 TzBfG kann ein Arbeitsverhältnis befristet werden, weil der Bedarf an der Arbeitsleistung lediglich vorübergehend besteht. Dabei gibt es im Wesentlichen zwei Fallkonstellationen: Zum einen den Fall eines vorübergehend erhöhten Arbeitskräftebedarfs (z. B. Hotels in typischen Sommer-/Winterurlaubsgegenden (generell bei Saison-/Kampagnenbetrieben), vorübergehend höherer Auftragseingang, Zusatzarbeiten infolge gesetzlicher Neuregelungen etc.), zum anderen den Fall eines künftig wegfallenden Arbeitskräftebedarfs. Im Hinblick auf die Fallkonstellationen mit vorübergehend erhöhten Arbeitskräftebedarfs ist zu beachten, dass sich ein „erhöhter Bedarf" nicht auf eine bestimmte Arbeitsaufgabe (z. B. Sonderauftrag, Projekt) stützen lässt, wenn nicht feststeht, dass es zu Anschlussprojekten nicht kommen wird und der befristet Beschäftigte auch anderweitig nicht eingesetzt werden kann.

Der Sachgrund des nur zeitweiligen Bedarfs kann im Hinblick auf die Sachgrundbedürftigkeit allein der Befristungsabrede sowohl die Befristung des Arbeitsvertrages von vornherein wie auch die nachträgliche Befristung eines zunächst unbefristeten Arbeitsverhältnisses rechtfertigen.

Nach der strittigen Rechtsprechung des BAG setzt der Sachgrund des vorübergehend betrieblichen Bedarfs an der Arbeitsleistung des Arbeitnehmers voraus, dass im Zeitpunkt des Vertragsschlusses bzw. der Vereinbarung über die Befristungsabrede mit hinreichender Sicherheit zu erwarten ist, dass für eine Beschäftigung des befristet eingestellten Arbeitnehmers über das vorgesehene Vertragende hinaus kein dauerhafter Bedarf besteht. Hierüber hat der Arbeitgeber eine Prognose zu erstellen, der konkrete Anhaltspunkte zugrunde liegen müssen. Diese Prognose ist unabdingbarer Teil des Sachgrundes für die Befristung und hat sich darauf zu beziehen, ob im Zeitpunkt des Ablaufs der Befristung mit hinreichender Wahrscheinlichkeit kein dauerhafter Bedarf mehr an der Weiterbeschäftigung des Arbeitnehmers besteht. Die Anforderungen der Rechtsprechung an die tatsächlichen Grundlagen einer Bedarfsprognose sind indes hoch: Darzulegen sind das durchschnittliche Arbeitsaufkommen und der hierfür erforderliche Personalbedarf, die Tatsachengrundlagen des erhöhten Bedarfs und seiner voraussehbar nur zeitweiligen Dauer.

Fallbeispiel

Die Forschungsgruppe Max schließt mit der örtlichen Universität einen Kooperationsvertrag hinsichtlich der Untersuchung einer arbeitsrechtlichen Fragestellung. Die Vertragsdauer wird angelehnt an die voraussichtliche Bearbeitungszeit. Dem werden

---

[67] BAG, NZA 2017, 382 m. w. N. zu den vorherigen Entscheidungen.
[68] BAG, a. a. O.

Erfahrungswerte aus gleichartigen Forschungsprojekten zugrunde gelegt. Entsprechend soll das Projekt zwei Jahre andauern. Zur Unterstützung der Forschungsgruppe wird Wiebke bei der Universität angestellt. Nach Ablauf der zwei Jahre bzw. sobald die Forschungsarbeiten beendet sind, soll auch das Arbeitsverhältnis zwischen Wiebke und der Universität enden. Nach zwei Jahren sind die Forschungen tatsächlich abgeschlossen. ◄

Bereits zum Zeitpunkt des Vertragsschlusses zwischen Wiebke und der Universität war zu erwarten, dass die im Rahmen des Projektes durchzuführenden Aufgaben nicht dauerhaft anfallen werden. Dieser Umstand beruht auch auf eine fundierte, an tatsächlichen Anhaltspunkten angelehnte Prognose der Universität. Demzufolge war die Befristung des Arbeitsverhältnisses auch nach § 14 Abs. 1 S. 2 Nr. 1 TzBfG wirksam.

4.5.2.1.2.2 Anschluss an eine Ausbildung oder ein Studium

Einen weiteren Sachgrund für eine Befristung bildet die Erstanstellung nach Ausbildungs- oder Studienabschluss, um den Übergang in eine Anschlussbeschäftigung zu erleichtern.

Der § 14 Abs. 1 S. 2 Nr. 2 TzBfG findet auf beide im Gesetz genannten Personengruppen – Absolventen einer Ausbildung wie eines Studiums – gleichermaßen Anwendung.

Dabei definiert das Gesetz keinen eigenständigen Begriff der Ausbildung. Folglich liegt es nahe, ersatzweise auf § 1 Abs. 1 BBiG zurückzugreifen, der die Berufsausbildung von der Fortbildung und der Umschulung unterscheidet. Unter Berücksichtigung des Normzwecks sollten allerdings auch die Berufsbildungsverhältnisse sowie außenbetriebliche Umschulungen erfasst werden, die gemäß § 1 Abs. 5 BBiG zu einer „anderen beruflichen Tätigkeit befähigen" soll, da auch diesen Ausgebildeten in der Regel verwertbare Berufserfahrung fehlt.

Zum Begriff des Studiums zählen dagegen nicht nur Hochschul- und Fachhochschulstudiengänge, sondern auch andere staatliche und staatlich anerkannte Studiengänge; eine weitergehende Einbeziehung nicht anerkannter privater Ausbildungsstätten ist angesichts des fehlenden Schutzes der Bezeichnung zu missbrauchsanfällig. Das Promotionsstudium im Anschluss an einen Studienabschluss ist weder Ausbildung in diesem Sinne noch Studium.

Studium oder Ausbildung brauchen im Übrigen nicht erfolgreich abgeschlossen werden, um eine wirksame Befristung nach § 14 Abs. 1 S. 2 Nr. 2 TzBfG zu ermöglichen.

„Im Anschluss" an eine Ausbildung oder ein Studium erfolgt eine Befristung dann, wenn sie in zeitlichem Zusammenhang dazu bleibt. Damit wird nicht eine Nahtlosigkeit zwischen Ausbildung/Studium und Aufnahme der befristeten Tätigkeit gefordert. Deutlich mit jenem Erfordernis wird allerdings, dass der zwischen Ausbildung/Studium und befristetem Arbeitsvertrag liegende Zeitraum im Höchstfall nur wenige Monate umfassen kann; eine allgemeingültige Zeitgrenze existiert dabei nicht.

Aus dem Tatbestandsmerkmal „im Anschluss" folgt des Weiteren, dass lediglich das erste nach Beendigung der Ausbildung überhaupt begründete Arbeitsverhältnis hiervon erfasst ist. Ein zwischenzeitliches Arbeitsverhältnis, das im fachlichen Zusammenhang mit Ausbildung/Studium steht, schließt den Befristungsgrund des § 14 Abs. 1 S. 2 Nr. 2 TzBfG demnach aus. Der Gelegenheitsjob zur Finanzierung einer Urlaubsreise schließt die nachfolgende Befristung jedoch nicht aus, da es § 14 Abs. 1 S. 2 Nr. 2 TzBfG gerade darum geht, den Erwerb von Berufserfahrung zu fördern, um den Zugang zum Arbeitsmarkt zu erleichtern.

4.5.2.1.2.3 Vertretung eines anderen Arbeitnehmers

Die Vertretung vorübergehend an der Arbeitsleistung verhinderter Beschäftigter ist ein häufig gewählter Grund für die Befristung eines Arbeitsverhältnisses. Grundsätzlich anerkannte Vertretungsfälle sind Krankheit, Urlaub, Entsendung ins Ausland, Wehr-/ Ersatzdienst, Beschäftigungsverbote nach dem MuSchG, Freistellung nach dem BetrVG/ den PersVG; die Vertretung von Beschäftigten in Elternzeit ist in § 21 BEEG speziell geregelt. In allen Vertretungsfällen bleibt der vorübergehende Beschäftigungsbedarf maßgeblich. Wenn demzufolge dauernd Vertretungsbedarf für Urlaub oder Krankheit anfällt, handelt es sich dabei nicht um vorübergehenden, sondern um regelmäßigen Mehrbedarf, der eine Befristung nicht rechtfertigt.

Der Arbeitgeber muss außerdem eine Prognose für das spätere Entfallen des Arbeitskräftemehrbedarfs bei Rückkehr des Vertretenen aufstellen; sie muss also auf dessen Rückkehr an den Arbeitsplatz gerichtet sein. Eine aus tatsächlichen Gründen oftmals auch gar nicht mögliche Prognose über den genauen Zeitpunkt der Rückkehr oder die Wiederaufnahme der Arbeit im bisherigen Umfang wird nicht vorausgesetzt. Es werden an die Prognose grundsätzlich keine hohen Anforderungen gestellt, da es sich dabei um Umstände aus der Sphäre der zu vertretenden Stammkraft handelt, auf deren Verwirklichung der Arbeitgeber keinen Einfluss hat.

Wird das Vertragsverhältnis nur kurzzeitig befristet, kann eine erneute Befristung auf denselben Grund gestützt werden. Als unzulässig hat die Rechtsprechung zunächst eine sogenannte „Dauervertretung" angesehen. Eine Dauervertretung wird von der Rechtsprechung jedoch nicht bereits dann angenommen, wenn der Vertretungsfall für mehrere Jahre besteht, sondern dann, wenn bereits bei Abschluss des ersten befristeten Vertrages eine darüber hinausgehende Beschäftigung beispielsweise als sogenannter „Springer" vorgesehen war.

Fallbeispiel

Miriam ist Lehrerin an einer Schule. Aktuell wird sie jedoch aufgrund einer Schwangerschaft von der Arbeit freigestellt. Zu ihrer Vertretung wird Anja eingestellt. Kurz bevor die Arbeitsfreistellung der Miriam und folglich auch der Arbeitsvertrag der Anja endet, stellt Miriam einen Antrag auf Elternzeit, welcher unmittelbar darauf bewilligt wird. Anja könnte nun ein weiterer befristeter Vertrag zur Vertretung der Miriam angeboten werden, denn es war der Schule nicht möglich, bei Abschluss des ersten befristeten Vertrages zu prognostizieren, dass über die ursprüngliche Befristung hinaus ein Vertretungsbedarf bestand. Vielmehr ergab sich der Bedarf erst mit der Bewilligung der von Miriam beantragten Elternzeit.◄

Zwischen dem Vertretungsbedarf und der Befristung muss zudem ein Kausalzusammenhang bestehen. Dies setzt aber nicht mehr notwendig voraus, dass die Ersatzkraft unmittelbar die Aufgaben des Vertretenen übernehmen muss.

Im Übrigen ist eine Befristung wegen Vertretung auch dann gerechtfertigt, wenn die Ersatzkraft einen erst künftig als Arbeitnehmer einzustellenden Auszubildenden „vertritt". Damit wird dem Interesse des Betriebes entsprochen, die für die Ausbildung aufgewendeten Investitionen durch anschließende Beschäftigung des Auszubildenden zu amortisieren.

Die Befristung kann neben der Zeitbefristung noch zusätzlich als Zweckbefristung („bis zur Rückkehr des Vertretenen") formuliert werden. Bei Ausfall dieses Zwecks, weil der Vertretene endgültig aus dem Arbeitsverhältnis ausscheidet, endet das Arbeitsverhältnis der Ersatzkraft nicht automatisch, denn der Arbeitskräftemehrbedarf ist durch diese Entwicklung gerade nicht entfallen.

4.5.2.1.2.4 Eigenart der Arbeitsleistung

Gemäß § 14 Abs. 1 S. 2 Nr. 4 TzBfG liegt ein sachlicher Grund zur Befristung vor, wenn die Eigenart der Arbeitsleistung die Befristung rechtfertigt.

Nach der Gesetzbegründung bezieht sich dieser Befristungsgrund insbesondere auf das von der Rechtsprechung aus der Rundfunkfreiheit abgeleitete Recht der Rundfunkanstalten, programmgestaltende Mitarbeiter aus Gründen der Programmplanung lediglich für eine bestimmte Zeit zu beschäftigen.

Darüber hinaus wird auf das mit der Freiheit der Kunst begründete Recht der Bühnen verwiesen, entsprechend dem vom Intendanten verfolgten künstlerischen Konzept Arbeitsverträge mit Solisten jeweils befristet abzuschließen.

Im Sport sind insbesondere Trainer, aber auch Spitzensportler häufig nur befristet beschäftigt. Die Üblichkeit befristeter Verträge ist jedoch nicht selbst ein geeigneter Grund zu ihrer Rechtfertigung. Als maßgebliche „Eigenart" galt bei Trainern die Annahme, ihre Fähigkeit, die betreuten Sportler zu motivieren, unterläge rascher Abnutzung. Die Befristung ist bei Profisportlern wegen der Eigenart der Arbeitsleistung gerechtfertigt, da von einem Lizenzspieler im kommerzialisierten und öffentlichkeitsgeprägten Spitzensport im Zusammenspiel mit der Mannschaft sportliche Höchstleistungen erwartet und geschuldet werden, die dieser nur für eine begrenzte Zeit erbringen kann. Dies ist eine Besonderheit, die in aller Regel ein berechtigtes Interesse an der Befristung des Arbeitsverhältnisses begründet.[69]

---

[69] BAG, Urteil vom 16.01.2018–7 AZR 312/16.

4.5.2.1.2.5 Erprobung

Gemäß § 14 Abs. 1 S. 2 Nr. 5 TzBfG liegt ein sachlicher Grund vor, wenn die Befristung zur Erprobung erfolgt. Dies gilt als einer der klassischen Sachgründe für die Befristung von Arbeitsverhältnissen. Damit soll Gelegenheit gegeben werden, Leistungsfähigkeit und Eignung des Arbeitnehmers unter den Bedingungen des Arbeitsplatzes zu testen, ohne den Bestandsschutz eines regulären Arbeitsverhältnisses zu begründen.

Abzugrenzen ist die Befristung nach § 14 Abs. 1 S. 2 Nr. 5 TzBfG von der vertraglich vereinbarten Probezeit im Rahmen eines unbefristeten Arbeitsverhältnisses; Letztere erreicht zwar eine Verkürzung der zulässigen Kündigungsfrist (§ 622 Abs. 3 BGB), entbindet aber selbst bei fehlender Bewährung nicht von der Erklärung der Kündigung, falls das Arbeitsverhältnis beendet werden soll. Demgegenüber endet ein wirksam nach § 14 Abs. 1 S. 2 Nr. 5 TzBfG befristetes Arbeitsverhältnis in der Regel sogar dann mit Fristablauf, wenn sich der Arbeitnehmer bewährt hat. Nur wenn der Arbeitgeber durch entsprechendes Verhalten zurechenbar bei dem Beschäftigten das Vertrauen erzeugt hat, er werde bei Eignung und Bewährung unbefristet übernommen, kann sich ein entsprechender Anspruch ergeben.

Voraussetzung eines Sachgrundes „Erprobung" ist es, dass der Arbeitgeber während der Befristungsdauer die Eignung des Arbeitnehmers für den Arbeitsplatz tatsächlich noch feststellen will. Die Rechtsprechung verlangt dafür, es müsse beabsichtigt sein, bei Bewährung eine Dauerbeschäftigung zu begründen. Der Wunsch nach „Erprobung" zum Zwecke der Begründung eines weiteren befristeten Arbeitsvertrages ist somit kein tauglicher Sachgrund. Dies schließt allerdings die Möglichkeit einer Verlängerung der Erprobungsdauer nicht aus.

Fallbeispiel

Aaron leidet unter einem erheblichen Aufmerksamkeitsdefizitsyndrom und wird deshalb einem schwerbehinderten Menschen gleichgestellt. Diesen Umstand teilt er dem Unternehmer Uwe bei seiner Stellenbewerbung mit. Gleichwohl schließen die beiden einen zunächst unbefristeten Arbeitsvertrag. In den darauffolgenden Monaten stellt sich heraus, dass Aaron einige der ihm zugewiesenen Aufgaben zufriedenstellend erledigen kann, während die Erfüllung anderer allenfalls als mangelhaft bewertet werden kann. Aufgrund dessen beantragt Uwe beim zuständigen Integrationsamt eine Arbeitsbegleitung für Aaron. Diese wird schließlich bewilligt. Unterdessen lösen Aaron und Uwe den zuvor geschlossenen Arbeitsvertrag einvernehmlich auf und schließen im Anschluss daran einen neuen, diesmal jedoch nach § 14 Abs. 1 S. 2 Nr. 5 TzBfG befristeten Vertrag.

Obwohl Uwe bereits über einen Zeitraum von mehreren Monaten die Möglichkeit hatte, sich ein Bild von Aarons Fähigkeiten zu machen, ist die anschließende

Befristung des neuen Arbeitsvertrages nicht unwirksam. Denn die bewilligte Arbeitsbegleitung lässt auf neue Umstände schließen, welche eine solche Befristung sachlich
begründen können.◄

Die Dauer der Erprobung ist vom Gesetz nicht festgelegt, steht aber nicht im Belieben
des Arbeitgebers, sondern hat sich an die Anforderung der jeweiligen Tätigkeit zu orientieren. Steht sie zu diesen völlig außer Verhältnis, spricht das gegen die Maßgeblichkeit
des Erprobungszwecks als Befristungsgrund. Welche Zeitspanne sachlich geboten und
daher dem Arbeitnehmer zumutbar ist, hängt von den im Einzelfall übertragenen Aufgaben ebenso ab wie von den Fähigkeiten bzw. der Eignung des Arbeitnehmers; generelle
Aussagen sind entsprechend schwierig. Dennoch lässt sich den gesetzlichen Grundwertungen entnehmen, dass im Allgemeinen eine Laufzeit von sechs Monaten nicht zu lang
ist, da auch § 1 KSchG und die verkürzte Kündigungsfrist gemäß § 622 Abs. 3 BGB von
diesem Zeitraum ausgehen.

4.5.2.1.2.6 In der Person des Arbeitnehmers liegende Gründe

Gemäß der Regelung des § 14 Abs. 1 S. 2 Nr. 6 TzBfG liegt ein sachlicher Grund auch
vor, wenn in der Person des Arbeitnehmers liegende Gründe die Befristung rechtfertigen.
In Abgrenzung zu dem in § 14 Abs. 1 S. 2 Nr. 4 TzBfG geregelten Sachgrund der Eigenart der Arbeitsleistung, wonach die Befristung durch den Charakter der arbeitsvertraglich
begründeten Verpflichtung des Arbeitnehmers bedingt sein muss, kommt nach § 14
Abs. 1 S. 2 Nr. 6 TzBfG eine zulässige Befristung nur in Betracht, wenn diese unabhängig
von der Art der Arbeitsleistung durch in der Person des Arbeitnehmers liegende Gründe
gerechtfertigt ist. Das heißt nichts anderes, als dass für die Befristung Ursachen aus der
individuellen Sphäre des Arbeitnehmers in dem Sinne maßgebend sein müssen, dass sie
den Abschluss eines Arbeitsvertrages lediglich auf bestimmte Zeit aus sich heraus bedingen. Nicht ausreichend als personenbedingter Befristungsgrund sind insoweit persönliche
Merkmale des Arbeitnehmers als solche, wie gerade auch die Gesetzesbegründung mit
dem Hinweis auf das Geschlecht des Arbeitnehmers deutlich macht.

Entspricht die Befristungsvereinbarung einem Wunsch des Arbeitnehmers, ist sie
sachlich begründet. Allerdings kann das bloße Einverständnis mit dem Vertragsschluss,
gegebenenfalls dokumentiert durch eine Unterschrift, auf das Vorhandensein eines entsprechenden Wunsches gerade nicht schließen lassen, da andernfalls das Sachgrunderfordernis bei jedem bereits abgeschlossenen Arbeitsvertrag nicht mehr kontrolliert zu werden
brauchte. Eine Befristung liegt im Wunsch des Arbeitnehmers also nur dann vor, wenn
dieser nicht nur einen Arbeitsplatz zu erhalten wünschte, sei es auch einen befristeten,
sondern sein Gestaltungsinteresse gerade die Befristung umfasste. Dafür müssen objektive Anhaltspunkte bestehen, beispielsweise eine baldige Aufnahme einer Ausbildung,
eines Studiums oder den Antritt einer noch nicht abgeschlossenen Ausbildung oder es
bestehen familiäre Verpflichtungen. Die Rechtsprechung legt dabei strenge Maßstäbe an,

um abzusichern, dass die Entscheidungsfreiheit des Arbeitnehmers bei Vertragsschluss tatsächlich bestand.

Fallbeispiel

Peter ist Wissenschaftler und schließt einen unbefristeten Arbeitsvertrag mit einem Forschungsinstitut in Berlin. Ein Jahr später erhält Peter einen Ruf an die Universität Bremen als ordentlicher Universitätsprofessor. Um Peter vom Bleiben zu überzeugen, stellt das Forschungsinstitut ihm eine auf fünf Jahre befristete Forschungsprofessur in Aussicht, die mit einer Gehaltserhöhung einhergeht. Peter willigt ein, obwohl er eigentlich an einer unbefristeten Tätigkeit als Forschungsprofessor interessiert ist. Den vorherigen Arbeitsvertrag heben die Parteien unterdessen einvernehmlich auf.

Hier liegt kein sachlicher Grund für die Befristung vor, obwohl Peter frei wählen konnte zwischen dem ursprünglich unbefristeten und dem befristeten, aber für ihn unter besseren Arbeitsbedingungen stehenden Arbeitsverhältnis. Dies ist damit zu begründen, dass Peters Interesse an der Forschungsprofessur nicht zu verwechseln ist mit einem tatsächlichen Interesse an einer Befristung. Nur ein solches Interesse kann nämlich eine Befristung nach § 14 Abs. 1 S. 2 Nr. 6 TzBfG sachlich begründen. Das attraktive Angebot der Universität Bremen, das Peter damit ausschlägt, begründet konsequenterweise auch keine Befristung.◄

Als personenbezogene Sachgründe gelten auch Befristungen zur Überbrückung anderweitig nicht durch ein Arbeitsverhältnis abgedeckter Zeiträume aus sozialen Erwägungen. Damit kann dem Arbeitnehmer Gelegenheit gegeben werden, sich beruflich neu zu orientieren, Berufserfahrung zu erwerben, bis zur Aufnahme eines Studiums etwas zu verdienen, eine Versorgungsanwartschaft zu erwerben, sozialversicherungsrechtliche Nachteile zu vermeiden oder eine soziale Auslauffrist für die Stellensuche zu nutzen.

Die zulässige Höchstdauer ist bislang nicht entschieden worden. Sie sollte dem konkreten Zweck angepasst sein, z. B. bei Überbrückungen zur Stellensuche den Arbeitnehmer im Bedarfsfalle mit sofortiger Wirkung freizustellen. Mindestlaufzeiten sind angesichts der geforderten primär altruistischen Motivation des Arbeitnehmers nicht zu fordern, da auch kurzfristige Beschäftigungsverhältnisse im Sinne dieser Motivation günstiger sind als die Arbeitslosigkeit.

Die bloße Ausübung von Teilzeitarbeit ist als solche kein Grund für eine Befristung des Arbeitsvertrages. Eine solche Vereinbarung verstößt gegen das Diskriminierungsverbot nach § 4 Abs. 1 TzBfG.

Eine gesetzliche Altersgrenze für einen zwingenden Eintritt in den Ruhestand besteht nur im Beamtenrecht. Üblich sind für Arbeitsverhältnisse einzel- oder tarifvertragliche Abreden, die allerdings nicht nur den Anforderungen des Befristungsrechts zu genügen haben, sondern zusätzlich § 42 S. 2 SGB VI.

4.5.2.1.2.7 Haushaltsrechtliche Befristung

Eine Befristungsvereinbarung konnte nach der Rechtsprechung zur Befristung im öffentlichen Dienst nur unter bestimmten Voraussetzungen auf den Umstand gestützt werden, dass zukünftig im Haushalt keine Mittel für die Vergütung mehr verfügbar sein würden. Insbesondere sollte der Umstand, dass Mittel stets für das laufende Haushaltsjahr bereitgestellt werden oder die angekündigte Notwendigkeit allgemeiner Einsparungen keinen Grund dafür bieten, Arbeitsverhältnisse im öffentlichen Dienst zu befristen.

Haushaltsmittel sind solche, die nach dem öffentlichen Haushaltsrecht einem Haushaltsplan ausgewiesen sind. Eine Beschränkung auf das Bundes- und die Landeshaushaltsgesetze wurde nicht vorgenommen, sodass auch die der Gebietskörperschaften erfasst sind. Dagegen genügt es nicht, dass die zur Finanzierung der Stelle verwendeten Mittel aus einem öffentlichen Haushalt stammen, wenn die Arbeitgeber selbst nicht dem öffentlichen Haushaltsrecht unterliegen.

Die Abhängigkeit von Zuwendungen der öffentlichen Hand begründet indes keinen selbstständigen Sachgrund für eine Befristung. Etwas anderes gilt nur dann, wenn der öffentliche Geldgeber selbst detaillierte Vorgaben über die Art und Weise der Aufgabenerfüllung macht und zugleich die Förderung der Aufgabe zeitlich begrenzt; entschließt sich der Arbeitgeber die fraglichen Aufgaben für die Dauer der finanziellen Förderung durchzuführen, genügt dies als Befristungsgrund.

Haushaltsmittel sind außerdem dann für eine befristete Beschäftigung bestimmt, wenn eine Sachregelung mit der Anordnung verbunden wird, die Mittel nur für befristete Einstellungen zur Erledigung zeitlich begrenzter Tätigkeiten auszugeben. Der Haushaltsgesetzgeber muss vielmehr die Mittel im Haushaltsplan befristet zur Verfügung stellen und sie für die befristete Beschäftigung mit einer konkreten Zweckbestimmung versehen. Der Arbeitgeber muss dann auch diesem Zweck entsprechend eingesetzt und beschäftigt werden. Eine tatsächlich davon abweichende Arbeitszuweisung lässt § 14 Abs. 1 S. 2 Nr. 7 TzBfG als Sachgrund an sich wegfallen.

Abzugrenzen ist der Sachgrund des § 14 Abs. 1 S. 2 Nr. 7 TzBfG jedoch von der bloßen Gewährung von Drittmitteln zur befristeten Beschäftigung von Projektmitarbeitern. Drittmittel können von der öffentlichen Hand, aber auch aus der Privatwirtschaft bereitgestellt werden und sind keineswegs Haushaltsmittel im Sinne des § 14 Abs. 1 S. 2 Nr. 7 TzBfG.

4.5.2.1.2.8 Gerichtlicher Vergleich

Nach § 14 Abs. 1 S. 2 Nr. 8 TzBfG liegt ein sachlicher Grund für die Befristung eines Arbeitsvertrages auch vor, wenn die Befristung auf einem gerichtlichen Vergleich beruht. Mit diesem Sachgrund wird die strittige Rechtsprechung des BAG übernommen, wonach die Befristung in einem gerichtlichen Vergleich, auf welche sich die Parteien zur Beendigung eines Rechtsstreits einigen, stets sachlich gerechtfertigt ist. Eine Befristungsvereinbarung ist somit sachlich gerechtfertigt, wenn sie im Wege gegenseitigen Nachgebens von den Parteien unter Mitwirkung des Gerichts getroffen worden ist.

Durch die Mitwirkung des Gerichts soll nämlich eine ausreichende Berücksichtigung des Arbeitnehmerschutzes garantiert werden.

Für den außergerichtlichen Vergleich fehlt es an einer entsprechenden Sicherung der Bestandsschutzinteressen des Arbeitnehmers. Nach Wortlaut und Normzweck kann ein solcher Vergleich daher keinen Sachgrund in diesem Sinne darstellen.

Da es sich um Regelbeispiele handelt, ist die Aufzählung nicht abschließend. Es können daher auch weitere sachliche Gründe durch die Rechtsprechung anerkannt werden.

Für die Gestaltungspraxis von hoher Relevanz ist der Beurteilungszeitpunkt. Der sachliche Grund muss bei Vertragsschluss vorliegen. Mit hinreichender Wahrscheinlichkeit muss im Zeitpunkt des Vertragsschlusses zudem die Erkenntnis vorliegen, dass mit dem Ende der Befristung auch der Arbeitskraftbedarf endet. Es empfiehlt sich daher eine möglichst ausführliche Dokumentation im Arbeitsvertrag.

Bei mehreren aufeinander folgenden Befristungen (sogenannten Kettenbefristungen) ist nur die letzte Befristung auf das Vorliegen eines Sachgrundes zu prüfen.[70] Etwas anderes gilt nur, wenn dahingehend ein ausdrücklicher Vorbehalt vereinbart wurde.[71]

4.5.2.1.3 Befristung ohne Sachgrund

Über die zuvor genannte Möglichkeit der Befristung mit sachlichem Grund ist nach § 14 Abs. 2 TzBfG auch die sachgrundlose Befristung möglich. Gemäß § 14 Abs. 2 S. 2 TzBfG ist dies jedoch nur zulässig, wenn nicht bereits zuvor zwischen den Arbeitsvertragsparteien bzw. dem Rechtsvorgänger des Arbeitgebers[72] ein Arbeitsverhältnis bestanden hat. Der Gesetzeswortlaut „zuvor" wurde dabei vom BAG dahingehend interpretiert, dass dies einen Zeitraum von drei Jahren umfasse.[73] Damit geht das BAG indes über die Grenzen richterlicher Rechtsfortbildung hinaus.[74] Eine Vorbeschäftigung ist daher schädlich, auch wenn sie länger zurückliegt. Nur ausnahmsweise kann aufgrund eines sehr langen zeitlichen Abstands oder weil etwa nur eine sehr kurze Vorbeschäftigung vorlag, ausnahmsweise doch trotz Vorbeschäftigung rechtswirksam sachgrundlos beschäftigt werden.[75]

Die kalendermäßige sachgrundlose Befristung darf maximal zwei Jahre betragen. Innerhalb dieses Zeitraums dürfen maximal drei Verlängerungen erfolgen. Eine Verlängerung liegt nur vor, wenn es sich um eine nahtlose Weiterbeschäftigung ohne Änderung des Vertragsinhaltes handelt. Die Verlängerung muss zudem vor Vertragsablauf schriftlich vereinbart werden.

---

[70] Siehe bereits BAG, NZA 1986, 569.

[71] BAG, NZA 2005, 472.

[72] Entscheidend ist die Parteiidentität des Arbeitsvertrages, siehe BAG, NZA 2011, 1147.

[73] BAG, NZA 2011, 905; str., siehe bereits LAG Baden-Württemberg, NZA 2013, 7.

[74] BVerfG, NZA 2018, 774.

[75] Eine 22 Jahre zurückliegende Vorbeschäftigung ist nicht mehr schädlich, siehe dazu BAG, Urteil vom 21.08.2019–7 AZR 541/15.

Fallbeispiel

Paul schließt mit der U-GmbH einen auf ein Jahr sachgrundlos befristeten Arbeitsvertrag. Er wird als Bezirksleiter im Vertriebsbereich beschäftigt. Noch vor Ablauf des Jahres unterzeichnen die beiden Parteien ein Schreiben, in dem festgelegt wird, dass sich Pauls Einsatz als Bezirksleiter um ein weiteres Jahr verlängert. Vor dem Beginn des zweiten Einsatzjahres teilt die U-GmbH dem Paul mit, dass er nunmehr zum Gebietsverkaufsleiter ernannt wird. Er soll auch besser vergütet werden. Paul willigt ein.

Die Gesamtdauer der Befristung beträgt nach der zwischen Paul und der U-GmbH vereinbarten Vertragsverlängerung zwei Jahre. Innerhalb dieser Vereinbarung wurde auch lediglich die Vertragslaufzeit geändert, nicht jedoch die anderen Arbeitsbedingungen. Ebenso ist die erforderliche Schriftform gewahrt. Die Tatsache, dass die Parteien im Nachhinein eine Änderung der Tätigkeit und Vergütung vereinbaren, ist für die Wirksamkeit der sachgrundlosen Befristung unschädlich. Das Arbeitsverhältnis endet mithin nach Ablauf des zweiten Einsatzjahres.◄

Die Höchstdauer von zwei Jahren und die Verlängerungsmöglichkeiten sind beidseitig tarifdispositiv. Durch Tarifvertrag kann maximal eine sachgrundlose Befristung bis zu sechs Jahren und eine bis zu neunmalige Verlängerung geregelt werden.[76]

Für neu gegründete Unternehmen verlängert sich die Maximaldauer der sachgrundlosen Befristung von zwei auf vier Jahre, innerhalb derer auch keine maximale Verlängerungsanzahl gilt. Als Existenzgründer gilt jedoch nur, wer die Tätigkeit neu aufnimmt. Neugründungen im Rahmen von Umstrukturierungen fallen daher nicht unter den Anwendungsbereich der Norm. Neugründungen im Konzernumfeld unterfallen jedoch der Sonderregelung.[77] Die Befristungsmöglichkeit nach § 14 Abs. 2a TzBfG besteht während der ersten vier Jahre nach Existenzgründung.

Mit älteren beschäftigungslosen Arbeitnehmern kann sogar eine bis zu fünfjährige sachgrundlose Befristung vereinbart werden. Nach § 14 Abs. 3 TzBfG muss der Arbeitnehmer bei Vertragsschluss bereits 52 Jahre alt und mindestens vier Monate lang beschäftigungslos sein. Auch für diesen Fall ist die Anzahl der Verlängerungen innerhalb der Maximaldauer von fünf Jahren nicht begrenzt.

4.5.2.1.4 Schriftform

Die Befristung eines Arbeitsvertrages bedarf nach § 14 Abs. 4 TzBfG der Schriftform nach § 126 BGB. Eine gerichtliche Protokollierung ersetzt die Schriftform.

Die schriftliche Vereinbarung des Vertrages muss vor Vertragsbeginn erfolgen, eine nachträgliche Befristung ist unwirksam. Unterbreitet der Arbeitgeber ein schriftliches Angebot für einen befristeten Arbeitsvertrag und macht deutlich, dass er nur einen

---

[76] BAG, Urteil vom 17.04.2019–7 AZR 410/17, NZA 2019, 1229.
[77] BAG, Urteil vom 12.06.2019–7 AZR 317/17, NZA 2019, 1568.

schriftlichen und befristeten Arbeitsvertrag schließen will, kann regelmäßig eine bloße Arbeitsaufnahme durch den Arbeitnehmer jedoch nur ein faktisches Arbeitsverhältnis und kein unbefristetes Arbeitsverhältnis begründen, da der Arbeitgeber dem Schriftformgebot entsprechen wollte.[78] Aus dem Schriftformerfordernis erwächst der Mindestinhalt insoweit, als die Zeitdauer bzw. die Zweckbefristung sowie der gegebenenfalls vorliegende sachliche Grund festgehalten werden müssen.

Auch jede befristete Verlängerung bedarf ihrerseits der Schriftform. Eine Nichteinhaltung der Schriftform hat nach § 125 BGB die Unwirksamkeit zur Folge, die sich nach § 16 TzBfG nur auf die Befristung bezieht, nicht jedoch auf den Arbeitsvertrag selbst. Folglich entfällt nur die Befristungsabrede, sodass das Arbeitsverhältnis als auf unbestimmte Zeit geschlossen gilt.

Für die Wahrung des Schriftformerfordernisses für eine Befristungsabrede ist es regelmäßig hinreichend, wenn die Parteien einen kalendermäßig bestimmten Endtermin vereinbaren. Ist ein konkretes Datum als Beendigung des Arbeitsverhältnisses schriftlich festgehalten, tangiert die Angabe des Beginns des Arbeitsverhältnisses weder den klarstellenden und warnenden noch den beweissichernden Zweck der Norm. Der Anfangszeitpunkt eines befristeten Arbeitsvertrags bedarf allenfalls dann der Schriftform, wenn er zur Bestimmung des Endzeitpunkts maßgeblich ist.[79]

4.5.2.1.5 Beendigung und ordentliche Kündigung

Befristete Arbeitsverträge enden mit Zeitablauf bzw. Zweckerreichung. Das Recht zur außerordentlichen Kündigung nach den §§ 626, 314 BGB ist davon stets unberührt.

Anders verhält es sich jedoch mit der Möglichkeit zur ordentlichen Kündigung. Diese ist nach § 15 Abs. 4 TzBfG nur statthaft, wenn sie einzel- oder tarifvertraglich ausdrücklich vereinbart ist. Für eine einzelvertragliche Vereinbarung müssen ausdrücklich die gewollten Kündigungsfristen genannt werden.

4.5.2.1.6 Rechtsfolgen

Ist die Befristung unwirksam, so gilt der Arbeitsvertrag nach § 16 TzBfG als auf unbestimmte Zeit geschlossen. Der Arbeitgeber darf jedoch frühestens zum Ablauf des unwirksam vereinbarten Vertragsendes kündigen. Durch diese Regelung wird ein umfassender Schutz des Arbeitnehmers gewährleistet.

Im Falle eines Verstoßes gegen das Schriftformgebot kann indes bereits vor dem Ablauf des unwirksam vereinbarten Vertragsendes ordentlich gekündigt werden.

Die kündigungsschutzrechtlichen Regelungen bleiben davon unberührt.

Wird ein ordnungsgemäß befristetes Arbeitsverhältnis über den vereinbarten Endzeitpunkt hinaus fortgesetzt, liegt ebenfalls ein unbefristetes Arbeitsverhältnis nach § 15 Abs. 5 TzBfG vor.

---

[78] BAG, NZA 2017, 638.
[79] BAG, Urteil vom 16.08.2023–7 AZR 300/22.

4.5.2.1.7 Entfristungsklage

Will der Arbeitnehmer sich gegen die Befristung des Arbeitsverhältnisses wehren, muss er gemäß § 17 TzBfG eine Klage auf Feststellung erheben, dass das Arbeitsverhältnis aufgrund der Befristung nicht beendet ist.

Es gilt eine Klagefrist von drei Wochen mit entsprechender Anwendung der §§ 5 ff. KSchG. Die Frist ist eine Ausschlussfrist und beginnt bei Zeitbefristungen nach den §§ 187 ff. BGB am Tage nach dem Ende des letzten Kalendertages des Arbeitsverhältnisses.

Ein zweckbefristetes Arbeitsverhältnis endet mit dem Erreichen des Zwecks, wobei nach § 15 Abs. 2 TzBfG zu beachten ist, dass die Klagefrist nur zu laufen beginnt, wenn dem Arbeitnehmer zwei Wochen zuvor eine Unterrichtung über die Zweckerreichung zugegangen ist.

Dies gilt entsprechend nach § 17 S. 3 TzBfG auch bei Zeitbefristungen, wenn das Arbeitsverhältnis über diesen Zeitpunkt hinaus fortgesetzt wird.

Unabhängig von der Art des Unwirksamkeitsgrundes müssen Arbeitnehmer die Entfristungsklage fristgerecht erheben, um die Rechtsfolge nach § 16 TzBfG auszulösen.

4.5.2.1.8 Befristung und Altersrente

Für die Befristung von Arbeitsverhältnissen bei rentennahen Arbeitnehmern ist zudem § 41 SGB VI zu beachten. Dieser lautet:

> Altersrente und Kündigungsschutz
>
> Der Anspruch des Versicherten auf eine Rente wegen Alters ist nicht als ein Grund anzusehen, der die Kündigung eines Arbeitsverhältnisses durch den Arbeitgeber nach dem Kündigungsschutzgesetz bedingen kann. Eine Vereinbarung, die die Beendigung des Arbeitsverhältnisses eines Arbeitnehmers ohne Kündigung zu einem Zeitpunkt vorsieht, zu dem der Arbeitnehmer vor Erreichen der Regelaltersgrenze eine Rente wegen Alters beantragen kann, gilt dem Arbeitnehmer gegenüber als auf das Erreichen der Regelaltersgrenze abgeschlossen, es sei denn, dass die Vereinbarung innerhalb der letzten drei Jahre vor diesem Zeitpunkt abgeschlossen oder von dem Arbeitnehmer innerhalb der letzten drei Jahre vor diesem Zeitpunkt bestätigt worden ist. Sieht eine Vereinbarung die Beendigung des Arbeitsverhältnisses mit dem Erreichen der Regelaltersgrenze vor, können die Arbeitsvertragsparteien durch Vereinbarung während des Arbeitsverhältnisses den Beendigungszeitpunkt, gegebenenfalls auch mehrfach, hinausschieben."

Diese Regelung beinhaltet sowohl kündigungsschutzrechtliche Elemente als auch Aussagen zum vertraglichen Hinausschieben des altersbedingten Vertragsendes. In Letzterem liegt die Normierung eines Befristungstatbestandes, der in Ergänzung zu § 14 S. 2 Nr. 6 TzBfG zu sehen ist. Damit ist die Frage, ob das Erreichen der Altersgrenze als Vertragsende vereinbart und mehrfach hinausgeschoben werden kann, abschließend beantwortet. Dem liegt der gesetzgeberische Wille zugrunde, bereits im Rentenalter befindlichen Personen die weitere Teilhabe am Erwerbsleben zu ermöglichen.

Der klare Wortlaut der Regelung beinhaltet jedoch nur den Fall, dass eine bestehende Vereinbarung im Endzeitpunkt hinausgeschoben wird. In allen anderen Fällen verbleibt es bei der Anwendbarkeit des § 14 S. 2 Nr. 6 TzBfG. Die gesetzgeberische Wertung dürfte jedoch auch insoweit einbezogen werden können, sodass die Anforderungen an die Gründe in der Person des Arbeitnehmers bei bereits in Altersrente befindlichen Personen herabgesetzt sein dürften.

Diese Regelung ist sachdienlich und auch europarechtlich nicht zu beanstanden.[80]

4.5.2.2 Teilzeit

Arbeitet ein Arbeitnehmer weniger als Vollzeit, liegt ein Teilzeitarbeitsverhältnis vor. Hierfür beinhaltet § 2 TzBfG eine Legaldefinition, die die regelmäßige Wochenarbeitszeit ins Verhältnis zu der eines vergleichbaren vollzeitbeschäftigten Arbeitnehmers setzt. Als teilzeitbeschäftigt gilt auch ein geringfügig Beschäftigter (sogenannte 450-Euro-Kraft) und Arbeitnehmer, welche nach § 12 TzBfG auf Abruf arbeiten.

Die Leistung von Teilzeitarbeit wird durch den Gesetzgeber auch ausdrücklich begrüßt. Dieser formuliert in § 1 TzBfG das Ziel, Teilzeitarbeit zu fördern und die Diskriminierung von Teilzeitbeschäftigten zu verhindern. Damit wird die gesellschaftliche Tatsache anerkannt, dass die Vielfalt von persönlichen oder familiären Hintergründen aufseiten des Arbeitnehmers genauso nach Möglichkeiten zur Teilzeitarbeit verlangen, wie es aufseiten des Arbeitgebers einen nur begrenzten Arbeitskraftbedarf geben kann. Die Förderung von Teilzeitarbeit trägt folglich einen Teil zum gesamtgesellschaftlichen Ziel der Vollbeschäftigung bei. Um das Ziel der Förderung von Teilzeitarbeit auch tatsächlich erreichen zu können, beinhaltet § 4 Abs. 1 TzBfG ein Benachteiligungsverbot. Teilzeitbeschäftigte Arbeitnehmer sind genauso zu behandeln wie Vollzeitbeschäftigte und dürfen nicht wegen ihrer Teilzeitarbeit benachteiligt werden. Sie erhalten daher genauso (anteilig) Urlaub, Sonderzahlungen o. Ä. wie vergleichbare vollzeitbeschäftigte Arbeitnehmer. Nur ganz ausnahmsweise kann eine Ungleichbehandlung aus sachlichen Gründen gerechtfertigt sein, wofür indes ein strenger Maßstab anzulegen ist.

4.5.2.2.1 Anspruch auf Teilzeit

Zur Erreichung des Ziels der Förderung von Teilzeitarbeit hat der Gesetzgeber einen Anspruch auf Verringerung der Arbeitszeit formuliert. Ein Arbeitnehmer, dessen Arbeitsverhältnis länger als sechs Monate bestanden hat, kann nach § 8 TzBfG verlangen, dass seine vertraglich vereinbarte Arbeitszeit verringert wird.[81] Weitere Voraussetzung neben der genannten Betriebszugehörigkeit ist nur, dass der Arbeitgeber in der Regel mehr als 15 Arbeitnehmer ausschließlich der Auszubildenden beschäftigt.

---

[80] EuGH, Urteil vom 28.02.2018 – C-46/17; siehe auch BAG, Urteil vom 19. Dezember 2018–7 AZR 70/17.

[81] Für schwerbehinderte Arbeitnehmer gilt ergänzend § 81 V SGB IX, wonach die Dauer der Betriebszugehörigkeit und einer Mindestbeschäftigtenzahl nicht greifen, jedoch andere Voraussetzungen erfüllt sein müssen.

Dieser grundsätzlich bestehende Anspruch erfährt jedoch in seiner konkreten Ausgestaltung einige Einschränkungen, die sich aus den dafür vorgesehenen Verfahren sowie möglichen Verweigerungsgründen des Arbeitgebers ergeben. Zunächst muss der Arbeitnehmer die gewünschte Verringerung und konkrete Verteilung der Arbeitszeit spätestens drei Monate vor deren Beginn geltend machen. Hierfür sind sowohl der Umfang als auch die konkrete Verteilung der Arbeitszeit präzise anzugeben, sodass der Arbeitgeber diesen nur noch zuzustimmen bräuchte, um eine entsprechende Veränderung herbeizuführen.

Fallbeispiel

Der Arbeitnehmer Dieter schreibt dem Arbeitgeber unter der Einhaltung der Frist von drei Monaten eine E-Mail, mit welcher er die Verringerung der Arbeitszeit auf ca. 20–30 Wochenarbeitsstunden wünscht. Weitere Angaben erfolgen nicht. Da der Arbeitgeber dieser Anfrage nicht entnehmen kann, wann und zu welchem Umfang zukünftig gearbeitet werden soll, liegt keine ordnungsgemäße Geltendmachung vor. ◄

Wurde der Anspruch ordnungsgemäß mitgeteilt, hat der Arbeitgeber diesen mit dem Arbeitnehmer zu erörtern und sodann die Entscheidung über die Verringerung der Arbeitszeit und ihre Verteilung spätestens einen Monat vor dem gewünschten Beginn schriftlich mitzuteilen. Dabei ist die Schriftform nach § 126 BGB einzuhalten.[82] Unterlässt der Arbeitgeber diese Mitteilung oder verletzt er die vorgeschriebene Form oder Frist, tritt eine gesetzliche Zustimmungsfiktion in Kraft. In diesem Fall gilt die seitens des Arbeitnehmers gewünschte Verringerung und Verteilung der Arbeitszeit als genehmigt.

Der Arbeitgeber muss folglich seine Ablehnung des Teilzeitverlangens ordnungsgemäß zum Ausdruck bringen. Hierfür ist zwar formell keine Begründung erforderlich,[83] jedoch darf der Arbeitgeber die Ablehnung nur auf betriebliche Gründe stützen. Solche betrieblichen Gründe liegen insbesondere vor, wenn die Verringerung der Arbeitszeit die Organisation, den Arbeitsablauf oder die Sicherheit im Betrieb wesentlich beeinträchtigt oder unverhältnismäßige Kosten verursacht. Die Tarifvertragsparteien können zudem ergänzend konkrete Ablehnungsgründe vereinbaren.

Betriebliche Gründe liegen insgesamt nur dann vor, wenn der Arbeitgeber hinreichend gewichtig betroffen ist.[84] In Bezug auf betriebliche Gründe könnte dem Arbeitnehmer entgegen gehalten werden, dass ein bestehendes Organisationskonzept, wie etwa ein Arbeitszeitmodell dem Teilzeitwunsch entgegensteht. Nicht darstellbar wäre danach etwa der Wunsch nach Teilzeit eines in Schichtarbeit Beschäftigten, der seine Arbeitszeit nur auf einen kurzen Zeitraum mitten in einer bestimmten Schicht verlangt. Eng auszulegen ist das Argument der unverhältnismäßigen Kosten. Diese sind erst dann erreicht, wenn durch den Teilzeitwunsch in ganz erheblichem Umfang neue Betriebsmittel angeschafft

---

[82] BAG, AP Nr. 34 zu § 8 TzBfG.
[83] BAG, NZA 2003, 911.
[84] BAG, NZA 2007, 1349.

werden müssten oder erhebliche Einarbeitungszeiten für Ersatzkräfte aufgewendet werden müsste.[85]

Eine erneute Verringerung der Arbeitszeit zu einem späteren Zeitpunkt kann der Arbeitnehmer frühestens nach Ablauf von zwei Jahren verlangen, nachdem der Arbeitgeber einer Verringerung zugestimmt oder sie berechtigt abgelehnt hat.

4.5.2.2.2 Erhöhung der Arbeitszeit

Hat ein Arbeitnehmer seine Arbeitszeit im Einvernehmen mit dem Arbeitgeber oder durch Geltendmachung seines vorgenannten gesetzlichen Anspruchs verringert, ist eine entsprechende Änderung des Arbeitsvertrages eingetreten. Die Arbeitszeit ist folglich dauerhaft reduziert. Vielfach beruht das Interesse der Reduzierung der Arbeitszeit jedoch auf einer nur vorübergehenden persönlichen Situation des Arbeitnehmers. Häufig ist das die Geburt und Erziehung eines Kindes oder ein anderer familiärer Umstand. Nach Eintreten einer weiteren Veränderung der Lebenswirklichkeit des Arbeitnehmers besteht deshalb oftmals das Interesse an einer Erhöhung der Arbeitszeit.

Dieses Interesse berücksichtigt der Gesetzgeber nach § 9 TzBfG durch einen individuellen Rechtsanspruch auf Verlängerung der Arbeitszeit.[86]

Teilzeitbeschäftigte Arbeitnehmer sind danach bei der Besetzung eines freien Arbeitsplatzes bei gleicher Eignung bevorzugt zu berücksichtigen, wenn sie den Wunsch nach einer Arbeitszeitverlängerung angezeigt haben. Dieser Anspruch gilt für alle Arbeitnehmer in Teilzeit und nicht nur für solche, die ihre ursprüngliche Arbeitszeit später verkürzt haben. Voraussetzung für das Berücksichtigungsgebot ist nur das Vorhandensein eines freien Arbeitsplatzes sowie die gleiche Eignung im Falle des Vorliegens personeller Konkurrenzen. Es ist deshalb Sache des Arbeitgebers, das Anforderungsprofil des freien Arbeitsplatzes zu bestimmen und die Eignung der Bewerber im Rahmen eines Beurteilungsspielraumes zu bewerten. Bereits dieser Umstand lässt erkennen, dass die praktische Durchsetzung der Arbeitszeitverlängerung für den Arbeitnehmer deutlich schwieriger ist als sein Anspruch auf Verringerung der Arbeitszeit.

Hinzu kommt die Möglichkeit für den Arbeitgeber, die Verlängerung der Arbeitszeit wegen dringender betrieblicher Gründe zu verweigern. Zwar wird durch die gesetzliche Formulierung (dringend) deutlich, dass die Gründe von ganz erheblichem Gewicht sein müssen. Gleichwohl liegt hierin eine weitere Hürde für den Arbeitnehmer.

Es stellt sich jedoch die Frage eines härteren Rechtsanspruchs auf Verlängerung der Arbeitszeit. Grundsätzlich können die Vertragsparteien vereinbaren, eine Verringerung der Arbeitszeit nur befristet vorzunehmen, sodass anschließend die ursprüngliche Arbeitszeit wiederauflebt. Einen Anspruch auf befristete Teilzeit sieht das Gesetz nur im Rahmen der sogenannten Brückenteilzeit des § 9a TzBfG vor. Danach kann ein Arbeitnehmer, dessen Arbeitsverhältnis länger als sechs Monate bestanden hat, verlangen, dass seine vertraglich vereinbarte Arbeitszeit für einen im Voraus zu bestimmenden Zeitraum verringert

---

[85] BAG, NZA 2004, 975.
[86] BAG, NZA 2007, 255.

wird. Der begehrte Zeitraum muss mindestens ein Jahr umfassen und darf höchstens fünf Jahre betragen. Der Arbeitnehmer hat aber nur dann einen Anspruch auf zeitlich begrenzte Verringerung der Arbeitszeit, wenn der Arbeitgeber in der Regel mehr als 45 Arbeitnehmer beschäftigt. Zudem kann eine Ablehnung des Antrages erfolgen, wenn entsprechend § 8 Abs. 4 TzBfG betriebliche Gründe entgegenstehen. Auch müssen nach § 9a Abs. 2 TzBfG je nach Größe des Unternehmens nur eine bestimmte Quote an befristeten Teilzeitarbeitsverhältnissen gestattet werden.

Fallbeispiel

Fridolin ist Vater eines Kindes geworden. Nachdem die Kindesmutter für einige Jahre Mutterschutz und Elternzeit beansprucht hatte, will Fridolin für ein paar Jahre seine Vollzeittätigkeit auf 20 Wochenstunden reduzieren und später wieder in Vollzeit tätig werden. Sein Arbeitgeber beschäftigt nur 23 Mitarbeiter. Friedolin beansprucht daher ordnungsgemäß nach § 8 TzBfG die Verringerung der Arbeitszeit und verlangt ergänzend die Befristung der Verringerung für drei Jahre. Der Arbeitgeber stimmt der Verringerung zu, verweigert aber die Befristung. In Ermangelung eines Anspruchs auf die geforderte Befristung nach § 9a TzBfG wird Fridolin diese auch nicht unter Zuhilfenahme des Arbeitsgerichtes durchsetzen können.◄

4.5.2.3 Arbeit auf Abruf

Eine Sonderform der Ausgestaltung eines Arbeitsverhältnisses ist die sogenannte Arbeit auf Abruf gemäß § 12 TzBfG. Arbeitgeber und Arbeitnehmer können vereinbaren, dass der Arbeitnehmer seine Arbeitsleistung entsprechend dem Arbeitsanfall zu erbringen hat. Der Arbeitgeber hat damit die Möglichkeit eines aus seiner Sicht sehr flexiblen Einsatzes des Mitarbeiters. Für den Arbeitnehmer bedeutet das jedoch fehlende Planungssicherheit, sodass dem einige gesetzliche Grenzen gesetzt werden.

Die Vereinbarung muss grundsätzlich eine bestimmte Dauer der wöchentlichen und täglichen Arbeitszeit festlegen. Vereinbaren Arbeitgeber und Arbeitnehmer Arbeit auf Abruf, legen aber die Dauer der wöchentlichen Arbeitszeit nicht fest, gilt grundsätzlich nach § 12 Abs. 1 Satz 3 TzBfG eine Arbeitszeit von 20 h wöchentlich als vereinbart. Eine Abweichung davon kann im Wege der ergänzenden Vertragsauslegung nur dann angenommen werden, wenn die gesetzliche Regelung nicht sachgerecht ist und objektive Anhaltspunkte dafür vorliegen, die Parteien hätten bei Vertragsschluss übereinstimmend eine andere Dauer der wöchentlichen Arbeitszeit gewollt.[87] Das Gesetz vermutet folglich zugunsten des Arbeitnehmers eine bestimmte Mindestarbeitszeit, sodass auch entsprechende Vergütungsmöglichkeiten bestehen.

Ähnliches gilt für die tägliche Arbeitszeit, die nicht zu sehr zulasten des Arbeitnehmers zersplittert sein darf, sodass dieser nicht mehrfache Wegezeiten auf sich nehmen

---

[87] BAG, Urteil vom 18. Oktober 2023–5 AZR 22/23.

muss. Wenn die Dauer der täglichen Arbeitszeit nicht festgelegt ist, hat der Arbeitgeber die Arbeitsleistung des Arbeitnehmers jeweils für mindestens drei aufeinander folgende Stunden in Anspruch zu nehmen.

4.5.2.4 Berufsausbildungsvertrag

Anders als die vorgenannten Typen von Arbeitsverhältnissen hat ein Berufsausbildungsvertrag nicht nur den Austausch von Arbeitsleistung und Vergütung zum Gegenstand. Zwar schuldet auch der Auszubildende seine Arbeitskraft, aus dem Wesen der Ausbildung folgt jedoch dessen hervorstehender Zweck. Dieser ist auf die Ausbildung, also das Lernen und Lehren gerichtet. Nach § 2 BBiG wird dieser Ausbildungszweck nicht nur im Betrieb des Arbeitgebers, sondern auch in dafür vorgesehenen schulischen Einrichtungen verfolgt (Berufsschulen o. Ä.). Wie das je nach Branche und Beruf konkret ausgestaltet ist, ergibt sich aus den jeweiligen berufsspezifischen Ausbildungsordnungen. Das gesetzliche Grundmodell ist die sogenannte duale Ausbildung, wonach schulisches und betriebliches Lernen gleichberechtigt nebeneinanderstehen.

Auf einen Berufsausbildungsvertrag ist nach § 10 Abs. 2 BBiG das für den Arbeitsvertrag geltende Recht anzuwenden, soweit sich aus dem Berufsbildungsgesetz nichts anderes ergibt. Nachfolgend sind daher für das Verständnis eines Ausbildungsvertrages die sich aus dem Berufsbildungsgesetz ergebenden Besonderheiten in ihren Kernelementen darzustellen.

In Ergänzung zum Nachweisgesetz hat der Ausbilder unverzüglich nach Abschluss des Berufsausbildungsvertrages den wesentlichen Inhalt des Vertrages schriftlich niederzulegen. Den Mindestinhalt dieser Niederschrift bestimmt § 11 Abs. 1, 2 BBiG. In der Praxis halten die Berufsverbände hierfür Formulare vor. Die Niederschrift ist wechselseitig zu unterzeichnen. Aus diesen Verpflichtungen erwächst aber kein Schriftformgebot für die Wirksamkeit eines Vertrages. Der Ausbildungsvertrag selbst ist nicht formgebunden.

Auszubildende müssen eine angemessene Vergütung erhalten. Wegen der Ausnahme der Anwendbarkeit des Mindestlohngesetzes nach § 22 MiLoG kann dieser jedoch auch deutlich unterhalb des Mindestlohnes liegen. Für die Höhe der Ausbildungsvergütung kann es tarifvertragliche Vorgaben geben. Grundsätzlich ist die Vergütungshöhe jedoch wie im sonstigen Arbeitsrecht auch Sache der Vertragsparteien. Hinweise und Empfehlungen der Berufsverbände haben insoweit keinen verbindlichen Charakter, sondern geben nur einen Orientierungsrahmen. Je nach Beruf, Branche oder Region ist die Ausbildungsvergütung daher ausgesprochen unterschiedlich. Anders als bei sonstigen Arbeitsverträgen ist für ein Ausbildungsverhältnis eine Probezeit zwingend vorgeschrieben. Diese muss nach § 20 BBiG zwischen einem und vier Monaten betragen. Ein Verzicht auf diese Probezeit ist ausgeschlossen. Auch eine Anrechnung eines der Ausbildung vorausgegangenen Praktikums ist nicht möglich.[88]

---

[88] BAG, NZA 2016, 228.

Einer gesonderten Regelung ist auch die Kündigung des Ausbildungsverhältnisses zugeführt. Während der vereinbarten Probezeit können beide Vertragsparteien ohne Vorliegen von Gründen jederzeit fristlos kündigen. Damit wird dem Umstand Rechnung getragen, dass für den Ausbilder genauso wie für den Auszubildenden zu Beginn der Ausbildung noch ein erhebliches Maß an Unsicherheit bestehen kann, sodass eine sehr einfache und kurzfristige Möglichkeit zur Lösung vom Vertrag vorgehalten wird. Anders liegen die Dinge nach Ablauf der Probezeit. Ist die Probezeit erfolgreich absolviert worden, soll insbesondere der Auszubildende in hohem Maße vor einer späteren Beendigung des Arbeitsverhältnisses geschützt werden. Der Ausbilder darf daher nach § 22 BBiG nur noch aus wichtigem Grund fristlos kündigen. Hierfür gelten die grundsätzlichen Maßstäbe des § 626 BGB, wobei das Wesen der Ausbildung im Rahmen der erforderlichen Interessenabwägung seine Berücksichtigung findet.[89] Der Auszubildende selbst darf mit einer Vierwochenfrist ordnungsgemäß kündigen, wenn er die Ausbildung aufgeben oder sich für eine andere Berufstätigkeit ausbilden lassen will.

Die Berufsausbildung endet mit Bestehen des letzten Ausbildungsteils, also vielfach der mündlichen Prüfung, vgl. § 21 BBiG. Da dies bereits zeitlich vor dem vertraglich vereinbarten Ende des Ausbildungszeitraums sein kann, sollten Arbeitgeber frühzeitig über eine Weiterbeschäftigung eine Vereinbarung treffen. Geschieht dies nicht und wird der Auszubildende einfach weiterbeschäftigt, ist nach § 24 BBiG ein Arbeitsverhältnis auf unbestimmte Zeit geschlossen worden.

Fallbeispiel

Vera erlernt den Beruf der Industriekauffrau. In der kommenden Woche Montag hat sie ihre mündliche Abschlussprüfung. Diese wird sodann auch bestanden. Am Dienstag kehrt sie wieder zurück in ihre Abteilung und bekommt dort zahlreiche Arbeitsaufträge, die sie auch wie immer ordnungsgemäß erledigt. Einige Tage später trifft sie den Personalchef, welcher ihr die freudige Mitteilung macht, dass sie im Anschluss an ihre nunmehr erfolgreich bestandene Ausbildung einen Jahresvertrag aufgrund einer erforderlichen Elternzeitvertretung für einen Kollegen erhalten solle. Das entsprechende schriftliche Vertragsangebot unterzeichnet Vera klugerweise nicht, da sie sich bereits in einem unbefristeten Arbeitsverhältnis befindet.◄

4.5.2.5 Leiharbeit

Ein weiterer Typ von Arbeitsverhältnis ist die Leiharbeit, welche auch als Zeitarbeit bezeichnet wird. Grundlage eines Leiharbeitsverhältnisses ist das Arbeitnehmerüberlassungsgesetz (AÜG). Durch Leiharbeit schafft der Gesetzgeber eine Möglichkeit für Arbeitgeber, einen nur vorübergehenden Arbeitskraftbedarf abzudecken. Die Besonderheit eines Leiharbeitsverhältnisses besteht darin, dass die Rechtsstellung des Arbeitgebers

---

[89] Zur fristlosen Kündigung aus wichtigem Grund siehe ausführlich Abschn. 4.13.1.2.1.

und der tatsächliche Ort der Arbeitsleistung auseinanderfallen. Der Arbeitnehmer ist zwar bei seinem Arbeitgeber kraft Arbeitsvertrages abhängig beschäftigt. Die konkrete Arbeitsleistung wird jedoch bei einem anderen Unternehmen erbracht. Die rechtliche Gestaltung dieses Dreiecksverhältnisses zwischen den beteiligten Akteuren ist deshalb nachfolgend darzulegen. Dabei ist insbesondere die Schutzwürdigkeit des Arbeitnehmers zu betrachten, die sich aus einem Wechsel der Arbeitsorte ergibt.

Leiharbeit wird in § 1 Abs. 1 AÜG legal definiert und auch hinsichtlich der Beteiligten terminologisch konkretisiert. Danach bedürfen Arbeitgeber, die als Verleiher Dritten (Entleihern) Arbeitnehmer (Leiharbeitnehmer) im Rahmen ihrer wirtschaftlichen Tätigkeit zur Arbeitsleistung überlassen (Arbeitnehmerüberlassung), der Erlaubnis. Arbeitnehmer werden zur Arbeitsleistung überlassen, wenn sie in die Arbeitsorganisation des Entleihers eingegliedert sind und seinen Weisungen unterliegen.

Der Leiharbeitnehmer schließt folglich mit dem Verleiher (auch genannt Zeitarbeitsunternehmen) einen Arbeitsvertrag. Dieser beinhaltet die wechselseitigen Leistungspflichten, wie insbesondere die Pflicht zur Erbringung der Arbeitsleistung gegen Zahlung der vereinbarten Vergütung. Zugleich ist auch geregelt, dass der Leiharbeitnehmer seine Arbeitsleistung bei dem Entleiher zu erbringen hat. Der Entleiher und der Leiharbeitnehmer haben mithin keine arbeitsvertragliche Beziehung. Dem Entleiher steht jedoch das arbeitsrechtliche Weisungsrecht gegenüber dem Leiharbeitnehmer zu. Im Gegenzug trifft ihn auch die Verpflichtung zur Unfallverhütung und zum sonstigen Arbeitsschutz. Diese Rechte und Pflichten erwachsen dem Entleiher aus dem Arbeitnehmerüberlassungsvertrag, welchen er mit dem Verleiher schließt.

Dem Schutz des Arbeitnehmers dienen insbesondere zwei Grundprinzipien, die denkbare Umgehungsgestaltungen verhindern sollen. Zum einen ist die Arbeitnehmerüberlassung zeitlich zu begrenzen, damit nicht ein Ausleihverhältnis der dauerhaften Substituierung eines Stammarbeitsverhältnisses dient. Zum zweiten sollten Leiharbeitnehmer nicht schlechter vergütet werden als die Stammbelegschaft (Equal-Pay).

Der erste Grundgedanke ist gesetzlich in § 1 AÜG klar geregelt.[90] Die Arbeitnehmerüberlassung darf nur vorübergehend erfolgen.[91] Der Verleiher darf denselben Leiharbeitnehmer nicht länger als 18 aufeinander folgende Monate demselben Entleiher überlassen und der Entleiher darf denselben Leiharbeitnehmer nicht länger als 18 aufeinander folgende Monate tätig werden lassen.

Der Grundsatz des Equal-Pay ist jedoch nur mit Einschränkungen gesetzlich normiert. Nach § 8 AÜG sind zwar auch für Leiharbeitnehmer die im Betrieb des Entleihers für einen vergleichbaren Arbeitnehmer des Entleihers geltenden wesentlichen Arbeitsbedingungen einschließlich des Arbeitsentgelts zu gewähren. Diese Regelung ist jedoch teilweise tarifdispositiv. Ein Tarifvertrag kann von dem eben genannten Gleichstellungsgrundsatz abweichen. Dies ist wiederum hinsichtlich der Vergütung nur für eine begrenzte

---

[90] Grundlage hierfür ist bereits die Richtlinie des Rates vom 19.11.2008 über Leiharbeit RL 2008/104/EG.
[91] Zu diesem gesetzgeberischen Grundgedanken siehe ausführlich BAG, NZA 2013, 1296.

Zeit gestattet. Gemäß § 8 Abs. 4 AÜG kann hinsichtlich des Arbeitsentgelts vom Gleichstellungsgrundsatz nur für die ersten neun Monate einer Überlassung an einen Entleiher
durch Tarifvertrag abgewichen werden. Arbeitgeber, die als Verleiher Leiharbeitnehmer an
einen Dritten überlassen, können vom „Equal-Pay-Grundsatz" folglich nur durch Tarifvertrag abweichen. Eine Abweichung kraft Arbeitsvertrages ist nur wirksam, wenn für den
Entleihzeitraum das einschlägige Tarifwerk für die Arbeitnehmerüberlassung aufgrund
einer Bezugnahme vollständig und nicht nur teilweise anwendbar ist.[92]

Fallbeispiel

Sandra fängt als Leiharbeitnehmerin zum 01. Januar bei einer Personalservicegesellschaft an. Auf das Arbeitsverhältnis findet ein Tarifvertrag der Zeitarbeitsbranche
Anwendung, wonach Sandra eine Bruttovergütung von 2400,00 € monatlich erhält.
Bereits ihr erster Arbeitseinsatz wird für ein ganzes Jahr bei dem Entleiherbetrieb vereinbart. Dort wird für die Sandras Tätigkeit ausführende Standkräfte eine Vergütung
von monatlich 3000,00 € gezahlt. Sandra verlangt daher zurecht von ihrer Arbeitgeberin (Personalservicegesellschaft) sodann für die letzten drei Monate ihres Einsatzes
auch die Zahlung von monatlich 3000,00 €, weil die tariflich vereinbarte Vergütung
nur für neun Monate den Equal-Pay-Grundsatz vorgeht.◄

In der Praxis zu beachten ist auch die betriebsverfassungsrechtliche Rolle von Leiharbeitnehmern. Diese sind als Arbeitnehmer des Verleihunternehmens auch dort betriebsverfassungsrechtlich nach § 14 AÜG anzusiedeln. Unabhängig davon müssen sie jedoch auch in
die tatsächliche Vertretung durch den Betriebsrat des Entleiherbetriebes einbezogen werden. Deshalb sind sie nach § 7 BetrVG ab einer Einsatzzeit von drei Monaten auch in den
Kreis der Wahlberechtigten für den Betriebsrat aufgenommen. Die Wählbarkeit für einen
Betriebsrat kommt ihnen indes nur im Verleihunternehmen selbst zu.

4.6 Urlaubsrecht

Ein Mensch kann sich nur über einen begrenzten Zeitraum konzentrieren und sein Leis-
tungsvermögen in den unterschiedlichsten Bereichen abrufen. Arbeitnehmer können daher
gar nicht in der Lage sein, ihre Arbeitsleistung dauerhaft auf einem gleichbleibend hohen
Niveau aufrecht zu erhalten. Die einzelnen Arbeitsintervalle müssten daher durch Ruhepausen unterbrochen werden. Dies alleine ist jedoch nicht hinreichend, um über einen
Zeitraum von Monaten und Jahren die Leistungsfähigkeit eines Arbeitnehmers zu gewährleisten. Auch arbeitsfreie Tage oder Wochenenden sind nicht ausreichend, um einen
Arbeitnehmer die erforderliche Auffrischung seiner Kräfte zu ermöglichen. Losgelöst von
Erwägungen, dass Arbeitnehmer auch familien- oder freizeitbezogene Interessen haben,

---

[92] Bundesarbeitsgericht, Urteil vom 16. Oktober 2019–4 AZR 66/18.

besteht folglich schon aus dem Arbeitsverhältnis selbst heraus eine Notwendigkeit für die Gewährung von Urlaub.

Jedem Arbeitnehmer ist deshalb jedes Jahr Erholungsurlaub zu geben. Dieser ist nach § 1 BUrlG zu bezahlen, als wenn der Arbeitnehmer seine Arbeitsleistung erbracht hätte. Der Erholungsurlaub ist deshalb eine Form der bezahlten Freistellung der Pflicht zur Erbringung der Arbeitsleistung. Anspruch auf Urlaub erwächst daher auch während der Elternzeit, kann jedoch durch den Arbeitgeber nach § 17 II BEEG anteilig gekürzt werden. In Zeiten unbezahlten Sonderurlaubs oder während der Passivphase der Altersteilzeit entsteht jedoch kein Urlaubsanspruch, da dies mit dem Sinn und Zweck des Erholungsurlaubs unvereinbar wäre.[93]

Der Erholungsurlaub beträgt nach § 3 BUrlG mindestens 24 Werktage, wobei als Werktage alle Kalendertage gelten, die nicht Sonn- oder gesetzliche Feiertage sind. Im Ergebnis entspricht der Mindesturlaub somit vier Wochen.[94] Dieser Mindesturlaub gilt unabhängig davon, auf wie viele Tage je Woche die Arbeitszeit tatsächlich verteilt ist. Die Anzahl der Urlaubstage muss in Summe stets mindestens zu vier Wochen Erholungsurlaub führen.

Fallbeispiel

Chantal arbeitet in Teilzeit für 20 h pro Woche, verteilt von Montag bis Freitag zu je vier Stunden vormittags. Maik arbeitet bei demselben Arbeitgeber in Vollzeit 40 h je Woche gleichfalls von Montag bis Freitag. Maik ist deshalb der Ansicht, dass Chantal nur zehn Tage Urlaub pro Jahr bekommen dürfe, da er die doppelte Arbeitszeit leiste und 20 Tage Urlaub hat. Hier irrt Maik, weil beide Arbeitnehmer je 20 Urlaubstage benötigen, um vier Wochen Erholungsurlaub zu erhalten.◄

Praktisch haben die allermeisten Arbeitnehmer jedoch über den gesetzlichen Mindesturlaub hinaus einen weitergehenden Urlaubsanspruch. So werden häufig arbeits- oder tarifvertraglich weitere Urlaubstage vereinbart. Üblich sind insoweit zwischen fünf und sechs Wochen Jahresurlaub, wobei in Einzelfällen auch ein noch längerer Erholungsurlaub vorkommt.

Den vollen Urlaubsanspruch erhält der Arbeitnehmer erst, nachdem die Wartezeit von sechs Monaten seit Beginn des Arbeitsverhältnisses abgelaufen ist.[95] Beginnt das Arbeitsverhältnis im laufenden Kalenderjahr, erhält der Arbeitnehmer je ein Zwölftel des Jahresurlaubs pro Monat der Beschäftigungsdauer. Wer also zum 01.04. des Jahres eine Arbeit antritt, erhält für das laufende Kalenderjahr nur neun Zwölftel des Jahresurlaubs. Scheidet der Arbeitnehmer nach Erfüllung der Wartezeit in der zweiten Jahreshälfte aus

---

[93] Ausführlich dazu BAG, Urteil vom 19.03.2019–9 AZR 315/17.

[94] Der Mindesturlaub von vier Wochen wird nach Art. 7 der Richtlinie 2003/88/EG vom 4. November 2003 auch bereits europarechtlich vorgegeben.

[95] Die Wartezeit muss nur einmal erfüllt werden und läuft nicht jährlich neu, siehe dazu BAG, NZA 2007, 330.

dem Unternehmen aus, besteht jedoch Anspruch auf den vollen Jahresurlaub.[96] Bei einem Wechsel des Arbeitgebers ist dem Arbeitnehmer vom alten Arbeitgeber der bereits genommene Urlaub zu bescheinigen (Urlaubsbescheinigung).[97] Dieser kann dann vom neuen Arbeitgeber entsprechend berücksichtigt werden.

4.6.1 Urlaubsgewährung

Der Erholungsurlaub ist stets auf das laufende Kalenderjahr bezogen, wie sich bereits aus den zuvor genannten Grundlagen ergibt. Der Arbeitnehmer hat daher einen Anspruch darauf, dass ihm der Urlaub auch im laufenden Kalenderjahr ermöglicht wird. Um den beabsichtigten Erholungszweck auch erreichen zu können, muss der Urlaub jedoch auch im erheblichen Maß zeitlich auf die persönlichen Bedürfnisse des Arbeitnehmers abgestellt werden. Der Arbeitnehmer muss folglich im Kern seine Urlaubswünsche auch durchsetzen können. Dies kann indes mit den Interessen anderer Arbeitnehmer oder denen des Arbeitgebers kollidieren. Nach § 7 Abs. 1 BUrlG kann der Arbeitgeber deshalb den gewünschten Urlaubszeitpunkt verweigern, wenn dem dringende betriebliche Belange oder sozialvorrangige Urlaubswünsche anderer Arbeitnehmer entgegenstehen. Der Arbeitgeber darf dagegen nicht den Erholungsurlaub seinerseits zeitlich festlegen.[98] Etwas anderes gilt nur, wenn der Arbeitnehmer selbst keinerlei Urlaubswünsche äußert. In diesem Fall ist der Arbeitgeber jedoch nicht verpflichtet, Urlaub zu erteilen.[99]

Dringende betriebliche Belange liegen vor, wenn durch eine Urlaubsgewährung für den Arbeitnehmer der notwendige Betriebsablauf nicht mehr aufrechterhalten werden kann. Dies ist nur in Ausnahmefällen der Fall, da es grundsätzlich Sache des Arbeitgebers ist, eine hinreichende Personalstärke vorzuhalten und auch Urlaubsvertretungen zu organisieren. Praktisch häufiger stehen Urlaubswünsche anderer Arbeitnehmer entgegen. Insbesondere die Betreuung von Kindern oder andere familiäre Erfordernisse führen für die betreffenden Arbeitnehmer zu einer vorrangigen Berücksichtigung. Arbeitnehmer haben zudem einen Anspruch auf die Erteilung auf Erholungsurlaub im direkten Anschluss an eine Rehabilitationsmaßnahme.

Fallbeispiel

Dieter möchte gerne im Juli des Jahres Urlaub nehmen, da er mit vielen Freunden gemeinsam eine Reise tätigen möchte. Betrieblich ist es erforderlich, dass entweder

---

[96] BAG, 2007, 330.

[97] BAG, NZA 2015, 827 stellt klar, dass der Arbeitnehmer nicht nur einen Anspruch auf die Urlaubsbescheinigung gegen den alten Arbeitgeber, sondern auch eine Vorlagepflicht gegenüber dem neuen Arbeitgeber hat.

[98] BAG, NZA 1987, 379.

[99] BAG, NZA 2009, 538.

Dieter oder seine direkte Kollegin Klaudia anwesend ist. Klaudia ist alleinerziehende Mutter von zwei schulpflichtigen Kindern und muss ihren Urlaub in den Sommerferien im Juli nehmen, da eine Betreuung der Kinder anderweitig nicht darstellbar ist. Wegen dieser sozialen Gesichtspunkte bei Klaudia darf der Arbeitgeber Dieters Urlaubswunsch verweigern.◄

Zu beachten ist, dass Erholungsurlaub nur dann erfüllbar ist, wenn der Arbeitnehmer von seiner Pflicht zur Erbringung der Arbeitsleistung auch freigestellt werden kann. Das ist insbesondere dann nicht der Fall, wenn der Arbeitnehmer arbeitsunfähig erkrankt ist.[100]

4.6.2 Übertragbarkeit

Da der Urlaub im laufenden Kalenderjahr zu nehmen und zu gewähren ist, geht der Urlaubsanspruch grundsätzlich mit Ende des Jahres unter. Hat ein Arbeitnehmer seinen Erholungsurlaub nicht bis zum Jahresende genommen, fällt dieser ersatzlos weg. Nach § 7 Abs. 3 BUrlG wird der Urlaubsanspruch ausnahmsweise noch in das erste Quartal des Folgejahres übertragen, wenn dringende betriebliche Gründe oder in der Person des Arbeitnehmers liegende Gründe dies rechtfertigen. Reine Urlaubswünsche des Arbeitnehmers sind dafür folglich nicht hinreichend. Dringende betriebliche Gründe liegen vor, wenn der Arbeitgeber den beantragten Urlaub im laufenden Kalenderjahr nicht gewährt hat, da die Anwesenheit des Arbeitnehmers erforderlich war. Gründe in der Person des Arbeitnehmers sind regelmäßig dessen krankheitsbedingte Arbeitsunfähigkeit zum Jahresende. Innerhalb des Folgequartals des nächsten Kalenderjahres sind die Urlaubswünsche des Arbeitnehmers sodann verbindlich, um den Erholungsurlaub auch tatsächlich erfüllen zu können. Schwieriger liegen die Dinge, wenn eine Krankheit des Arbeitnehmers anhält, also der Urlaub gar nicht erfüllbar ist. Bei einer entsprechend lang andauernden Arbeitsunfähigkeit könnte sich deshalb ein ganz erheblicher Urlaubsanspruch ansammeln, sodass sich an eine jahrelange Krankheit ein monatelanger Urlaub anschließen würde. Dies ist jedoch nicht unbegrenzt der Fall, da der Erholungsurlaub in solchen Konstellationen 15 Monate nach dem Ende des laufenden Kalenderjahres verfällt.[101] Arbeitnehmer müssen jedoch stets auf den drohenden Verfall eines noch vorhandenen Resturlaubs hingewiesen werden, damit diese Rechtswirkung eintreten kann.[102]

---

[100] Grundsätzlich EUGH, NZA 2009, 135.

[101] Auch hier grundsätzlich EUGH, NZA 2009, 135; detailliert BAG, NZA 2012, 1216; BAG, AP Nr. 67 zu § 7 BUrlG.

[102] BAG, Urteil vom 19.02.2019–9 AZR 406/17, NZA 2019, 1435.

Sarah erkrankt schwer. Die Krankheit dauert das komplette nächste und übernächste Jahr an. Erst im darauffolgenden Mai wird Sarah wieder gesund. Nunmehr möchte sie gerne den angesammelten Jahresurlaub der letzten drei Jahre nehmen. Der Arbeitgeber weist jedoch richtigerweise darauf hin, dass nur der Urlaub aus dem letzten Jahre noch nicht verfallen ist. Der Urlaub aus den jeweiligen Jahren davor ist jeweils 15 Monate nach Jahresende untergegangen.◄

Die Arbeitsvertragsparteien können jedoch auch andere Übertragungsregelungen vereinbart. Dies ist auch tarifvertraglich möglich. Hierbei muss zudem zwischen dem gesetzlichen Mindesturlaub und Mehrurlaub differenziert werden. Vertragliche Urlaubsregelungen nehmen deshalb inzwischen einen großen Raum ein.

4.6.3   Urlaubsabgeltung

Wird das Arbeitsverhältnis beendet, ist noch vorhandener restlicher Urlaub nach § 7 Abs. 4 BUrlG abzugelten.

Der Urlaubsabgeltungsanspruch hat einen finanziellen Ausgleich des Urlaubsanspruchs zur Folge. Die Frage nach einer Urlaubsabgeltung kommt nur bei einer Beendigung des Arbeitsverhältnisses zum Tragen. Dies hat in der Praxis vor allem dann Bedeutung, wenn im laufenden Arbeitsverhältnis Urlaubsansprüche entstanden sind, diese aber etwa wegen langanhaltender Krankheit des Arbeitnehmers oder dringender betrieblicher Belange über einen längeren Zeitraum nicht gewährt werden konnten und auch eine Freistellung zum nahenden Ende des Arbeitsverhältnisses nicht in Betracht kam.

Mit Beendigung des Arbeitsverhältnisses entsteht ein Abgeltungsanspruch über den gesamten Urlaubsanspruch, den der Arbeitnehmer bis zum Beendigungszeitpunkt noch hätte beanspruchen können. Dieser Anspruch entsteht unabhängig vom Beendigungsgrund.

Das Entstehen des Urlaubsabgeltungsanspruchs geschieht durch Umwandlung des Urlaubsanspruchs, ohne dass es weiterer Handlungen der Arbeitsvertragsparteien bedarf. Der Abgeltungsanspruch ist ein reiner Geldanspruch.[103] Voraussetzung ist einzig das Bestehen des Urlaubsanspruchs, dessen Erfüllung mit der Beendigung des Arbeitsverhältnisses nunmehr unmöglich geworden ist. Der Urlaubsabgeltungsanspruch ist direkt auf die Zahlung eines Geldbetrages gerichtet. Ein solcher Abgeltungsanspruch ist daher auch vererblich und pfändbar. Stirbt ein Arbeitnehmer, gehen alle noch ausstehenden Vergütungsansprüche gemäß § 1922 BGB im Wege der Universalsukzession auf die Erben über. Der Urlaubsabgeltungsanspruch gehört als geldwerter Anspruch zum Vermögen des

---

[103] BAG, NZA 2012, 1087.

Erblassers und daher zu Erbmasse.[104] Ansprüche auf Urlaubsabgeltung verjähren in drei Jahren nach dem Schluss des Kalenderjahres, in dem das Arbeitsverhältnis endet, auch wenn der Arbeitgeber seine urlaubsrechtlichen Mitwirkungspflichten zuvor nicht erfüllt hatte.[105]

4.6.4 Sonderregelungen

Unabhängig vom vorgenannten Erholungsurlaub gibt es noch einige Sondertatbestände, die gleichfalls eine bezahlte Freistellung von der Pflicht zur Erbringung der Arbeitsleistung unter Urlaubsgesichtspunkten nach sich ziehen. Zunächst erhalten schwerbehinderte Menschen einen zusätzlichen Urlaub von einer Woche je Kalenderjahr nach § 208 Abs. 1 SGB IX. Dies gilt allerdings nicht für Schwerbehinderten gleichgestellte Arbeitnehmer. Auch Jugendliche haben einen erweiterten Zusatzanspruch. Dieser beträgt nach § 19 JArbSchG abhängig vom konkreten Lebensalter jeweils mehr als die vier Wochen Mindesturlaub nach dem Bundesurlaubsgesetz.

Darüber hinaus kann noch landesgesetzlich ein Anspruch auf Bildungsurlaub bestehen. Auch tarifvertraglich wird oftmals Bildungsurlaub vereinbart oder die landesgesetzliche Regelung erweitert. Der Bildungsurlaub ist dabei aber nicht als Erholungsurlaub ausgestaltet, sondern beinhaltet ein Recht des Arbeitnehmers auf Freistellung zu Bildungszwecken.

4.7 Familienzeiten

Arbeitnehmer haben losgelöst von Fragen des Erholungsurlaubs auch unter bestimmten familiären Voraussetzungen Anspruch auf Freistellung von der Arbeit. Hierbei gibt es sowohl Tatbestände einer bezahlten Freistellung als auch solche, in denen die Pflicht zur Arbeitsleistung genauso entfällt wie der Vergütungsanspruch. Wesentlich sind hier insbesondere der Mutterschutz sowie die Eltern- und Pflegezeit.

4.7.1 Mutterschutz

Zum Schutz der (werdenden) Mutter und des Kindes sieht das Mutterschutzgesetz zahlreiche Einschränkungen und Verbote für die Erbringung der Arbeitsleistung vor. Die Kernzeit von sechs Wochen vor dem voraussichtlichen Tag der Entbindung sowie innerhalb von acht Wochen nach der Entbindung besteht ein Beschäftigungsverbot. Die

---

[104] EuGH, NZA 2014, 651; BAG, Urteil vom 22.01.2019–9 AZR 45/16, NZA 2019, 829.
[105] BAG, Urteil vom 31.01.2023–9 AZR 456/20.

(werdende) Mutter ist folglich vollständig von der Pflicht zu Erbringung der Arbeitsleistung befreit. Grundsätzlich entfällt auch die Vergütungspflicht des Arbeitgebers. Durch die Krankenkasse wird Mutterschaftsgeld gezahlt, welches durch den Arbeitgeber jedoch bis zum Erreichen des zuletzt gezahlten Entgeltes aufzustocken ist.

Darüber hinaus sieht das Mutterschutzgesetz zahlreiche Beschäftigungseinschränkungen und Beschäftigungsverbote vor, die auf konkret zu leistende Tätigkeiten der schwangeren Mutter abstellen. Hierfür nimmt das Gesetz durch seinen Wortlaut selbst eine detaillierte Aufstellung vor, sodass eine weitergehende Darstellung vorliegend unterbleiben kann. Zu beachten sind die grundsätzlichen individuellen Beschäftigungsverbote, welche im Kern auf den Schutz der (werdenden) Mutter und des (ungeborenen) Kindes abstellen.

4.7.2 Elternzeit

Durch die vorgenannten Zeiträume des Mutterschutzes kann erkennbar den Bedürfnissen eines Kindes bzw. dessen Familie nicht Rechnung getragen werden. Im Anschluss an die Zeiten des Mutterschutzes muss daher die Möglichkeit bestehen, dass zumindest ein Elternteil die Möglichkeit zur Betreuung des Kindes hat. Diesem familiären Bedarf trägt die Elternzeit Rechnung.

§ 15 BEEG normiert vor diesem Hintergrund einen Anspruch auf Elternzeit. Elternteile haben je nach Alter des von ihnen selbst betreuten Kindes das Recht, für einen bestimmten Zeitraum Elternzeit vom Arbeitgeber zu verlangen. Dadurch soll die Betreuung und Erziehung eines Kindes in den ersten Lebensjahren gefördert werden. Die Dauer der Elternzeit kann grundsätzlich bis zur Vollendung des dritten Lebensjahres des Kindes gestaltet werden. Das Gesetz eröffnet jedoch auch darüber hinausgehende Möglichkeiten, deren Darstellung hier im Einzelnen unterbleiben soll. Die Inanspruchnahme der Elternzeit führt zum Wegfall der Arbeitspflicht. Die wechselseitigen Pflichten aus dem Arbeitsverhältnis ruhen insgesamt. Als Lohnersatzleistung steht für den Arbeitnehmer die Möglichkeit offen, Elterngeld zu beantragen. Dabei handelt es sich um eine staatliche Leistung, die grundsätzlich zwei Drittel des letzten durchschnittlichen Nettolohnes beträgt und auf maximal 1800,00 € monatlich für grundsätzlich ein Jahr beschränkt ist. Eine Verteilung auf zwei Jahre bei entsprechender Reduzierung ist gleichfalls möglich. Zusätzlich können noch kurze Verlängerungen für den jeweils anderen Elternteil beansprucht werden.

Während der Elternzeit besteht indes kein Arbeitsverbot. Es wird ausdrücklich die Möglichkeit eröffnet, in der Elternzeit mit verringerter Arbeitszeit zu arbeiten. Dies kann sowohl bei demselben Arbeitgeber als auch an anderer Stelle erfolgen. Soweit nicht während der Elternzeit gearbeitet wird, hat der Arbeitgeber das Recht, nach § 17 BEEG den Erholungsurlaub entsprechend zu kürzen. In der Elternzeit wird in diesem Fall kein Urlaubsanspruch erworben.

Der Arbeitnehmer muss die Elternzeit schriftlich vom Arbeitgeber verlangen. Hierfür ist die strenge gesetzliche Schriftform nach § 126 BGB einzuhalten.[106] Zudem sind je nach Alter des Kindes Fristen einzuhalten. Bis zur Vollendung des dritten Lebensjahres des Kindes ist das Verlangen spätestens sieben Wochen vor Beginn, danach spätestens 13 Wochen vor Beginn geltend zu machen. Einer Zustimmung des Arbeitgebers bedarf es nicht. Aufseiten der Arbeitnehmer ist bei der Wahl des Zeitpunkts der Beanspruchung der Elternzeit der Kündigungsschutz nach § 18 BEEG in den Blick zu nehmen. Dieser beginnt je nach Kindesalter frühestens acht bzw. 15 Wochen vor Beginn der Elternzeit.

4.7.3 Pflegezeit

Dankenswerterweise werden die Menschen in Deutschland aufgrund einer sich ständig verbessernden gesellschaftlichen Gesamtsituation immer älter. Trotz oder gerade wegen eines gleichfalls erheblichen medizinischen Fortschritts steigt damit aber auch der Pflegebedarf für ältere Menschen. Diese gesamtgesellschaftliche Aufgabe ist auf unterschiedlichsten Ebenen abzudecken. Einen eher kleinen Beitrag dazu wird durch das Pflegezeitgesetz und das Familienpflegezeitgesetz geleistet, das es Arbeitnehmern ermöglicht, Angehörige in häuslicher Umgebung zu pflegen.

Arbeitnehmer haben nach § 3 PflegeZG einen Anspruch auf Freistellung von der Arbeit für sechs Monate, wobei eine Ausdehnung auf bis zu 24 Monate möglich ist. Die Pflegezeit kann nur einmal zusammenhängend in Anspruch genommen werden.[107] Auch eine teilweise Freistellung in Form einer Reduzierung der Arbeitszeit ist möglich. Der Anspruch auf Vergütung ruht für diesen Zeitraum jedoch auch (teilweise). Für die Zeit der Pflege kann zwar ein zinsloses Darlehen beantragt werden, im Kern hat der Arbeitnehmer aber keine Kompensation für den Wegfall der Vergütung.

Neben diese auf eine längere Dauer angelegte Pflege besteht nach § 2 PflegeZG auch ein Recht auf Akutpflege für bis zu zehn Arbeitstage je Kalenderjahr.

4.8 Inhaltskontrolle des Arbeitsvertrages

Durch das Schuldrechtsmodernisierungsgesetz[108] wurden die §§ 305 ff. BGB in das BGB integriert. Dabei wurde die Bereichsausnahme für das Arbeitsrecht des § 23 AGBG a.F. nicht übernommen. Der Gesetzgeber wollte die bisher auf § 242 BGB gestützte Billigkeitskontrolle von Arbeitsverträgen[109] in die Systematik der AGB-Kontrolle einfügen.

---

[106] BAG, NZA 2016, 1137.

[107] BAG, NZA 2012, 323.

[108] Gesetz zur Modernisierung des Schuldrechts v. 26.11.2001, BGBl. I, S. 3183.

[109] Vgl. etwa noch BAG AuR 2004, 235; ausführlich und kritisch hierzu Staudinger-*Coester*, § 310 Rn. 85 f. m. w. N.

Die mit der Anwendung des § 242 BGB verbundene Rechtsunsicherheit sowie die daraus resultierende partielle Divergenz in der Inhaltskontrolle von arbeitsrechtlichen Verträgen und sonstigem Zivilrecht[110] sollten beseitigt werden.[111]

Die Bereichsausnahme des § 23 AGBG a.F. wurde allerdings nicht ersatzlos gestrichen, sondern durch § 310 Abs. 4 BGB teilweise ersetzt. Danach findet im kollektivarbeitsrechtlichen Bereich keine Kontrolle nach den §§ 305 ff. BGB statt. Arbeitsverträge sind der Kontrolle nach §§ 305 ff. BGB unterworfen, wobei die Besonderheiten im Arbeitsrecht angemessen zu berücksichtigen sind. Der Gesetzgeber hat sich damit ausdrücklich zum Schutzbedürfnis von AN gegenüber einseitig vorformulierten Arbeitsbedingungen bekannt.

Ziel der Einbeziehung von Arbeitsverträgen in die AGB-Kontrolle war der gesetzgeberische Wille, das Schutzniveau der Inhaltskontrolle von Arbeitsverträgen nicht gegenüber dem allgemeinen Zivilrecht zurückstehen zu lassen.[112] Durch die in § 310 Abs. 4 S. 2 BGB erfolgte Anordnung der angemessenen Berücksichtigung der Besonderheiten im Arbeitsrecht wurde indes eine Hintertür für die Rechtsprechung offen gelassen. Die Arbeitsgerichte haben es danach in der Hand, die Kontrolle von Arbeitsverträgen unter Verweis auf etwaige Besonderheiten des Arbeitsrechts anders als bei sonstigen Verträgen zu handhaben. In der Literatur sind hierzu unzählige Versuche unternommen worden, arbeitsrechtliche Besonderheiten zu konkretisieren und zu systematisieren.[113]

Nachfolgend ist daher zunächst die AGB-rechtliche Inhaltskontrolle im Allgemeinen darzustellen, um sodann die arbeitsrechtlichen Besonderheiten herauszuarbeiten. Erst im Anschluss an diese grundlegenden Ausführungen können einzelne aktuelle Judikate genauer analysiert werden.

Dabei wird insgesamt die gesetzgeberisch intendierte Bewertung zu berücksichtigen sein, dass es durch die Rechtsprechung tatsächlich zu einer weitgehenden Verstetigung bei der angemessenen Berücksichtigung arbeitsrechtlicher Besonderheiten in der AGB-Kontrolle gekommen ist und dass das Schutzniveau nicht hinter dem allgemeinen Zivilrecht zurücksteht.[114]

---

[110] *Preis* zeigt sowohl die Gemeinsamkeiten auf, ZIP 1989, 885, als auch übersichtlich die Rspr. zur alten Rechtslage, AuR 1994, 139.

[111] BT-Drucks. 14/6857, S. 53 ff.; dazu MüKo-*Basedow*, § 310 Rn. 91; Ulmer/Brandner/Hensen-*Ulmer* (nachf. zit. *Ulmer*, Fn. 5), § 310 BGB Rn. 138 ff.; Wolf/Lindacher/Pfeiffer–*Stoffels* (nachf. zit. *Stoffels*, Fn. 5), Anh. zu § 310 Rn. 3.

[112] BT-Drucks. 14/6857, S. 53 ff.; zum Ende der arbeitsrechtlichen Billigkeitskontrolle vgl. BAG, AuR 2005, 422.

[113] Vgl. statt vieler *Hromadka*, NJW 2002, 2532; Übersicht bei *Schaub*, ArbR-Hdb. § 32.

[114] Wiedergabe der Rspr. bis 2006 bei *Zundel*, NJW 2006, 1237 ff.; ähnlich *Worzalla*, NZA Beilage 3/2006, 123 ff.; *Preis*, ebd., 115 ff. formuliert ausführlicher die Voraussetzungen der AGB-Kontrolle.

4.8.1 Definition Allgemeine Geschäftsbedingungen

Stellen Arbeitsverträge AGB nach § 305 Abs. 1 BGB dar, sind diese gemäß § 310 Abs. 4 BGB der Kontrolle der §§ 305 ff. BGB zu unterziehen.[115] AGB sind alle für eine Vielzahl von Verträgen vorformulierten Vertragsbedingungen, die bei Vertragsschluss einseitig gestellt werden. Eine Vielzahl von Verträgen wird bei wenigstens drei Verträgen angenommen,[116] wobei die Verwendungsabsicht ausreicht.[117] Zudem lässt § 310 Abs. 3 BGB die einmalige Verwendung bei Verträgen genügen, die ein Unternehmer nach § 14 BGB einem Verbraucher nach § 13 BGB stellt. Da Arbeitnehmer durch das *BAG* zutreffend als Verbraucher eingestuft werden,[118] erfüllen Arbeitsverträge gemäß § 310 Abs. 3 BGB stets diese erste Voraussetzung des § 305 Abs. 1 BGB.[119]

In der Praxis werden Arbeitsverträge nahezu ausschließlich vom Arbeitgeber vor Vertragsschluss fertig formuliert und dem Arbeitnehmer zur Unterzeichnung vorgelegt, sodass sie nach § 305 Abs. 1 BGB als vorformuliert gelten.[120] Ein „Stellen der Bedingungen" liegt vor, wenn der Inhalt des Vertrages nicht verhandelt wird, sondern der Verwender diese einseitig aufgrund eigener Gestaltungsmacht zum Vertragsgegenstand erhebt.[121] Da vorformulierte Arbeitsverträge in der Vertragspraxis nicht Gegenstand ernsthafter und offener Verhandlungen sind, wird dieses Definitionsmerkmal des § 305 Abs. 1 BGB bei Arbeitsverträgen regelmäßig erfüllt.[122] Bezüglich des Stellens der Bedingungen liegt nach § 310 Abs. 3 Nr. 1 BGB die Beweislast für das Gegenteil beim Arbeitgeber, da der Vertragsinhalt als gestellt gemäß § 305 Abs. 1 BGB gilt. Nur wenn der konkrete Arbeitsvertrag tatsächlich von beiden Parteien gemeinsam verhandelt und schließlich ausgefertigt wird, verschließt sich der Anwendungsbereich der §§ 305 ff. BGB. Folglich muss in der Prüfungspraxis von einem Regel-Ausnahme-Verhältnis zugunsten der AGB-Eigenschaften von Arbeitsverträgen ausgegangen werden. Werden ausnahmsweise einzelne Regelungen nach § 305b BGB individuell ausgehandelt, erhalten derartige Individualabreden Vorrang

---

[115] Dies gilt nach Art. 229 § 5 S. 2 BGB seit 1.1.2003 uneingeschränkt.

[116] BGHZ 130, 50, 57 f.; BAG, AuR 2005, 422.

[117] Erman-S. *Roloff,* § 310 Rn. 10.

[118] *BAG* 25.5.2005, 5 AZR 572/04, NZA 2005, 1111, unter Berücksichtigung von BT-Drucks. 14/7052 S. 190.

[119] Zu Einmalklauseln vgl. *BAG,* a. a. O.; Staudinger-*Coester,* § 310 Rn. 99; Palandt-*Grüneberg,* § 310 Rn. 51.

[120] Zur weiten Auslegung der Vorformulierung vgl. etwa BGH, NJW 1999, 2180.

[121] BGHZ 130, 57; BAG, a. a. O. fordert ein wirkliches Aushandeln.

[122] BAG, NZA 2010, 939; *Ulmer,* Fn. 5, § 310 BGB Rn. 143; noch deutlicher Däubler/Bonin/Deinert–*Deinert* (nachf. zit. *Deinert,* Fn. 16), § 310 Rn. 12 ff.; *Stoffels,* Fn. 5, Anh. zu § 310 Rn. 38.

vor der AGB-Regelung.[123] Dies erfolgt jedoch unbeschadet der Prüfung des Restvertrages anhand der §§ 305 ff. BGB.

4.8.2   Sachlicher Anwendungsbereich

Gemäß § 310 Abs. 4 BGB wird der sachliche Anwendungsbereich für Arbeitsverträge gesondert festgelegt. Arbeitsverträge sind nach gefestigter Definition alle Verträge zwischen Arbeitgeber und Arbeitnehmer, also Personen, die in weisungsgebundener persönlicher Abhängigkeit fremdbestimmte Arbeit für einen anderen zu verrichten haben.[124] Gegenstand des Arbeitsvertrages sind die entgeltliche Erbringung der Arbeitsleistung sowie die mit den gegenseitigen Leistungspflichten verbundenen Bedingungen. Vom Arbeitsvertrag zu unterscheiden sind alle Verträge zwischen Arbeitgeber und Arbeitnehmer, die nicht in Zusammenhang mit der Arbeitsleistung stehen, also etwa Arbeitnehmermiet- oder Arbeitnehmerdarlehensverträge.[125]

Für die AGB-Kontrolle von Arbeitsverträgen gelten nach § 310 Abs. 4 BGB zwei Besonderheiten. Zunächst ist § 305 Abs. 2, 3 BGB nicht anzuwenden, da das NachwG insoweit eine hinreichende Möglichkeit der Kenntnisnahme darstellen soll.[126] De lege lata kann daher unter Verweis auf § 2 NachwG und die eindeutige Formulierung des Gesetzestextes keine andere Auslegung erfolgen. De lege ferenda sollte diese Anwendungsbeschränkung jedoch ersatzlos entfallen. Die Regelung verkompliziert als Sonderregel die Handhabung des AGB-Rechtes, ohne dass es dafür eine sachliche Notwendigkeit gäbe. Zudem sind die Regelungen des NachwG nicht Wirksamkeitsvoraussetzung des Arbeitsvertrages.[127] Des Weiteren ist zu berücksichtigen, dass das BAG über den Umweg des § 307 BGB gleichwohl eine Art Einbeziehungskontrolle im Bereich der Jeweiligkeitsklauseln vornimmt, welche etwa auf ein Klauselwerk (etwa Tarifvertrag) in seiner jeweils gültigen Fassung verweisen.[128]

Der wesentliche Regelungsgehalt des § 310 Abs. 4 BGB liegt darin, dass die AGB-Kontrolle von Arbeitsverträgen die im Arbeitsrecht geltenden Besonderheit angemessen zu berücksichtigen hat. Darin liegen zwei Einfallstore für gerichtliche Auslegungen. Zum einen mangelt es an einer verbindlichen Definition, was arbeitsrechtliche Besonderheiten

---

[123] BAG, NZA 2007, 801; siehe Staudinger-*Coester*, § 310 Rn. 93 ff.; *Stoffels*, Fn. 5, Anh. zu § 310 Rn. 37; ob insoweit eine Billigkeitskontrolle erfolgen kann oder nicht, soll hier nicht untersucht werden; dazu zutr. *Benecke*, AuR 2006, 341 m. w. N.

[124] Grundlegend BAGE 18, 54; ausführlich Staudinger-*Coester*, § 310 Rn. 90.

[125] BAG, AuR 1993, 220.

[126] BT-Drucks. 14/6857 S. 54.; dazu MüKo-*Basedow*, § 310 Rn. 92.

[127] Staudinger-*Coester*, § 310 Rn. 95 m w N.; *Ulmer*, Fn. 5, § 310 BGB Rn. 149.

[128] Zu dieser Form einer Quasi-Einbeziehungskontrolle etwa BAG, NZA-RR 2011, 255; BAG, NZA 2009, 154.

sind. Zum zweiten sind etwaige Besonderheiten „angemessen" zu berücksichtigen, sodass auch insoweit Interpretationsspielraum gegeben ist.

4.8.3 Auslegungsgrundsätze

AGB sind nach § 305c Abs. 2 BGB im Zweifel zulasten des Verwenders auszulegen. Sind nach dem Wortlaut der Klausel mindestens zwei Auslegungsmöglichkeiten möglich, kommt die Auslegungsregel zum Tragen.[129] Die Auslegung erfolgt am Maßstab des verständigen Vertragspartners und der Berücksichtigung der Interessen der normalerweise beteiligten Verkehrskreise bei vergleichbaren Verträgen.[130] Die Klausel ist im Falle einer Mehrdeutigkeit nach der kundenfreundlichsten Anwendung, das heißt für den Arbeitnehmer günstig anzuwenden.[131] Dies kann auf zweierlei Weise erfolgen. Entweder die Prüfung legt der Inhaltskontrolle nach den §§ 307 ff. BGB die kundenfreundlichste Auslegung zugrunde, oder die kundenfeindlichste Interpretation wird einer Wirksamkeitskontrolle unterzogen.

Das *BAG* wendet § 305c Abs. 2 BGB in strittiger Rechtsprechung nach der erstgenannten Variante an.[132] Im Wege der Inhaltskontrolle wird eine Auslegung der gegenständlichen Klausel durchgeführt, die dann die Anwendbarkeit der Klausel wegen einer möglichen arbeitnehmerfreundlichen Interpretation zur Folge hat.[133] Diese Herangehensweise ist abzulehnen.[134] Dadurch wird die Klauselauslegung mit der Inhaltskontrolle unnötig vermengt, obwohl eine scharfe Trennung prüfsystematisch möglich und nötig wäre. Zudem birgt diese Herangehensweise die unnötige Gefahr einer geltungserhaltenden Reduktion.[135] Schließlich wird damit erreicht, dass arbeitsvertragliche Klauseln Bestand haben, die nach strenger Interpretation des § 305c Abs. 2 BGB an der Inhaltskontrolle scheitern müssten. Es liegt aber weder im Interesse des Gesetzgebers noch ist es für Rechtsanwender von Vorteil, wenn interpretationsfähige arbeitsvertragliche Regelungen zwar formal Bestand haben, jedoch nur, weil sie in einer bestimmten Art und Weise ausgelegt werden dürfen. Hier wird der Vertragsgestaltungspraxis unnötigerweise ein Tor geöffnet, unbestimmte Klauseln zur Anwendung zu bringen und diese in der Hoffnung auf fehlende Kenntnis des Arbeitnehmers zu dessen Lasten anzuwenden. Die Auslegungsregel ist daher streng anzuwenden, um insoweit keine mittelbare geltungserhaltende Reduktion zu ermöglichen. Nur auf diese Weise wird der für den Vertragspartner größte Schutz

---

[129] Grundlegend BGH NJW-RR 2004, 1247.

[130] *Stoffels,* Fn. 5, Anh. zu § 310 Rn. 55.

[131] *Lamrich/Thüsing,* Tarifautonomie im Wandel, S. 135 m. w. N.

[132] BAG AuR 2005, 422.

[133] BAG, a. a. O.

[134] Zutr. *Reinecke,* AuR 2003, 416; ErfK-*Preis* §§ 305–310 BGB Rn. 42.

[135] Statt vieler Palandt-*Grüneberg,* § 305c, Rn. 20. m. w. N.; nicht ganz so deutlich BGH, NJW 1994, 1798; inzwischen jedoch BGH, NJW 2008, 2172.

erreicht, welcher vom Gesetzgeber mit den §§ 305 ff. BGB intendiert wurde. Vor der eigentlichen Inhaltskontrolle nach den §§ 307 ff. BGB ist daher der Klauselinhalt entsprechend der genannten Auslegung festzuhalten und dann in dieser für den Vertragspartner ungünstigsten Form der Wirksamkeitsprüfung zu unterziehen.

Widersprechen sich zwei Klauseln im selben Vertrag, liegt indes ein Fall der Inhaltskontrolle vor.[136]

Fallbeispiel

Eine in einem Arbeitsvertrag wirksam einbezogenen AGB-Klausel schreibt Folgendes vor: „*Als Sonderleistung zahlt der Arbeitgeber dem Arbeitnehmer ein Weihnachtsgeld in Höhe eines brutto Monatsgehalts (…). Die Zahlung von Sonderleistungen liegt im freien Ermessen des Arbeitgebers und begründet keinen Rechtsanspruch des Arbeitnehmers*". Zwar sind beide Teile der Klausel – insbesondere der Zahlungsvorbehalt – dem Wortlaut nach eindeutig und bedürfen entsprechend keiner Auslegung nach § 305c Abs. 2 BGB. Gleichwohl stehen sie in einem Widerspruch zueinander. Folglich unterstehen sie der Inhaltskontrolle nach §§ 307 ff. BGB. Hier wird von einem Verstoß gegen das Transparenzgebot gemäß § 307 Abs. 1 S. 2 BGB auszugehen sein, der letztlich zur Unwirksamkeit des Zahlungsvorbehalts führt.◄

4.8.4   Überraschende Klauseln

Nach § 305c Abs. 1 BGB werden überraschende Klauseln nicht Vertragsbestandteil. Überraschend ist eine Klausel, wenn das Vertrauen des Rechtsverkehrs in eine funktionsgerechte Ausgestaltung der AGB missachtet wird.[137] Die Klausel darf also nicht objektiv ungewöhnlich sein. Für das Überraschungsmoment ist die berechtigte Erwartung des Vertragspartners maßgebend, welche nach einem verobjektivierten Maßstab unter Berücksichtigung der Umstände des Einzelfalls zu beurteilen ist.[138] Das Verbot der überraschenden Klauseln wurde bereits nach altem Recht auf Arbeitsverträge angewandt.[139] So gilt weiterhin der Grundsatz, dass nur solche Klauseln überraschend sein können, deren Verwendung in Arbeitsverträgen nicht üblich ist und daher nicht vom Arbeitnehmer erwartet werden kann.[140]

---

[136] BAG, NZA 2010, 445.
[137] BGH WM 1992, 1895, 1897.
[138] BGH NJW 1995, 2637, 2638; BGH, NJW 1988, 558, 559.
[139] BAG, AP Nr. 2 zu § 241 BGB.
[140] Staudinger-*Coester*, § 310 Rn. 97.; *Stoffels*, Fn. 5, Anh. zu § 310 Rn. 44.

Praktische Bedeutung hat das Überraschungsmoment vor allem in Bezug auf Ausschlussklauseln und Verweisungen auf Tarifverträge.[141] In Bezug auf Ausschlussklauseln muss jedoch inzwischen konstatiert werden, dass diese gefestigten Eingang in die Arbeitsvertragspraxis gefunden haben.[142] Der Arbeitnehmer wird daher regelmäßig nicht überrascht durch eine derartige vertragliche Gestaltung.[143] Etwas anderes kann sich aus besonderen Umständen des Einzelfalls ergeben, etwa wenn besonders kurze Fristen vereinbart werden oder diese sich nur auf bestimmte Ansprüche aus dem Arbeitsverhältnis beziehen. Bei Verweisungsklauseln auf Tarifverträge gilt Ähnliches. Unbeschadet der Kenntnis einer etwaigen Tarifgebundenheit seines Arbeitgebers muss der Arbeitnehmer regelmäßig damit rechnen, dass im Arbeitsvertrag eine Verweisungsklausel auf bestimmte (auch fremde) Tarifverträge vorgenommen wird. Die Frage der Zulässigkeit derartiger Klauseln ist dann im Rahmen der Inhaltskontrolle zu beantworten.

Fallbeispiel

Eine von verschiedenen in den Arbeitsvertrag mit einbezogenen AGB-Klausel wird mit der Überschrift „§ 23 Verschiedenes" betitelt. In § 23 des Arbeitsvertrages heißt es dann unter anderem: „(...) *Die Betriebsordnung ist vollumfänglich Bestandteil des Vertrages.*" In der Betriebsordnung lässt sich sodann eine Ausschlussfrist von Ansprüchen des Arbeitnehmers gegen den Arbeitgeber finden.◄

Zwar sind derartige Ausschlussklauseln nicht unüblicher Bestandteil von Tarifverträgen, deren Anwendbarkeit wird wiederum häufig durch die Einzelarbeitsverträge vereinbart. So ist es doch ungewöhnlich, dass derartige Ausschlussfristen in einer Anlage des Einzelarbeitsvertrages geregelt werden und sodann durch eine entsprechende Formular-Klausel Vertragsbestandteil werden sollen. Bereits die Tatsache, dass der Verweis auf die Betriebsordnung lediglich unter „Verschiedenes" gefasst wird und es keinen weiteren Hinweis darauf gibt, dass die Betriebsordnung wichtige Vertragsbestimmungen enthält, spricht für einen ungewöhnlichen Umstand im Sinne von § 305c Abs. 1 BGB. Demzufolge werden die in der Betriebsordnung festgehaltenen Ausschlussfristen nicht Vertragsbestandteil.

Zu beachten ist zudem die Grenze der Formulierung von Ausgleichsquittungen.[144]

4.8.5 Inhaltskontrolle

Nach den §§ 307 ff. BGB sind AGB der Inhaltskontrolle zu unterziehen. Gemäß § 307 Abs. 3 BGB sind jedoch solche Klauseln von der Inhaltskontrolle ausgenommen, die

---

[141] BAG, a. a. O.; ausführlich *Däubler,* NZA Beilage 3/2006, 134 ff.
[142] Differenziert *Preis,* ebd., 115, 116.
[143] BAG, AuR 2001, 196.
[144] BAG, NZA 2014, 200.

den Gegenstand der Hauptleistung (Leistungsbeschreibung) oder unmittelbar den dafür vorgesehenen Preis (Preisvereinbarungen) festlegen.[145] Die formularmäßige unmittelbare Festlegung von Preis[146] und Leistung[147] ist damit der Inhaltskontrolle entzogen. Diese Ausnahme von der Inhaltskontrolle ist jedoch eng zu fassen, sodass die Festlegung von Nebenentgelten und die Konkretisierung von Leistungsbestandteilen der Inhaltskontrolle unterworfen sind.[148]

Im Arbeitsvertrag sind unmittelbare Abreden über das Arbeitsentgelt und die Arbeitsleistung als gegenseitige Hauptleistungspflichten kontrollfrei.[149] Dem Richter ist es daher insbesondere versagt, in die von den Parteien bestimmte Angemessenheit des Entgeltes durch die §§ 307 ff. BGB einzugreifen.[150] Insoweit verbleibt es bei den allgemeinen Regeln, also insbesondere § 138 BGB. Kontrollfrei ist nur die unmittelbare Leistungsfestlegung, nicht die Modifikation von Leistungsbestandteilen (etwa Klauseln zu Überstunden oder Formulierungen zu Vergütungssystemen),[151] Preisnebenabreden (Ausgleichsquittungen oder Befristung einzelner Bedingungen)[152] sowie Freiwilligkeits- oder Widerrufsvorbehalten.[153] Auch Verweisungsklauseln auf Tarifverträge außerhalb ihres Geltungsbereiches unterliegen der Inhaltskontrolle, da ihre Richtigkeitsgarantie sich nach richtiger Ansicht nur auf tarifgebundene Parteien erstreckt.[154]

4.8.5.1 Klauselverbote der §§ 309, 308 BGB

Die Inhaltskontrolle von Arbeitsverträgen erfolgt nach den bereits genannten Maßstäben anhand der §§ 309, 308, 307 BGB. Da Arbeitnehmer Verbraucher nach § 13 BGB sind,[155] können die §§ 308, 309 BGB gemäß § 310 Abs. 1 BGB bei der Inhaltskontrolle

---

[145] Erman–*S. Roloff,* § 307 Rn. 38.

[146] Erman–*S. Roloff,* a. a. O.; ausführlich *Stillner,* VuR 1988, 19.

[147] BGH NJW 2001, 1132, 1132 f.; BGH NJW 2000, 577, 578 f.; BGH NJW 1999, 2279, 2280; BGH NJW 1985, 3013.

[148] BGH NJW 2000, 651; BGH NJW 1983, 1854, 1855, BGHZ 81, 229, 233; grundlegend dazu *Westermann* – Zehn Jahre AGBG 135, 148 ff.; zutr. *Preis,* Fn. 8, 115, 117 ff.

[149] Zur Anwendbarkeit der §§ 305 ff. BGB bei Aufhebungsverträgen ausführlich *Giesing,* Inhaltskontrolle und Abschlusskontrolle arbeitsrechtlicher Aufhebungsverträge, S. 28 ff. m. w. N.; insoweit hat jedoch BAG, AuR 2004, 273, entschieden.

[150] BAG, AuR 2005, 381; ausführlich dazu ErfK-*Preis* §§ 305–310 BGB Rn. 36 m. w. N.

[151] ErfK-*Preis* §§ 305–310 BGB Rn. 38 f. m. w. N.

[152] ErfK-*Preis,* a. a. O. Rn. 40 m. w. N.

[153] Staudinger-*Coester,* § 310 Rn. 114; ausführlich *Preis,* Fn.8, 115, 121; deutlich *Benecke,* AuR 2006, 337 ff.

[154] Zutr. *Annuß,* AuR 2006, 1333, 1334; ausführlich *Lamrich/Thüsing,* Tarifautonomie im Wandel, S. 123 ff.

[155] BAG 25.5.2005, 5 AZR 572/04, AuR 2005, 422; ausführlich *Preis,* Fn. 8, 115, 117.

unmittelbare Anwendung finden.[156] Anhand der §§ 309, 308 BGB sind arbeitsvertragliche Klauseln im Einzelfall zu prüfen. Trotz der Möglichkeit der Wertung über unbestimmte Rechtsbegriffe[157] ist bei einer Einschlägigkeit der §§ 309, 308 BGB regelmäßig von einer Unwirksamkeit der Klausel auszugehen.[158]

Nur ganz ausnahmsweise kann durch Kompensation über andere Regelungen im Vertrag unter Berücksichtigung der Gesamtumstände bei wertender Betrachtung eine Wirksamkeit der zu prüfenden Klausel angenommen werden, wobei die dann folgende Prüfung nach § 307 BGB noch als weitere Hürde zu nehmen ist.

Eine Darstellung der einzelnen Klauselverbote muss hier aus Platzgründen unterbleiben und wird der Analyse einzelner Urteile vorbehalten.[159] So kann etwa die Vereinbarung einer Vertragsstrafe für eine Vertragsbeendigung durch den Arbeitnehmer entsprechend der Wertung des § 309 Nr. 6 BGB eine unangemessene Benachteiligung des Arbeitnehmers darstellen.[160]

4.8.5.2 Generalklausel des § 307 BGB

Herzstück der AGB-Kontrolle ist § 307 BGB. Wird kein Verstoß gegen die §§ 309, 308 BGB festgestellt, sind die AGB am Maßstab des § 307 BGB zu prüfen.[161] Nach § 307 Abs. 1 BGB sind Klauseln unwirksam, die den Vertragspartner entgegen den Geboten von Treu und Glauben unangemessen benachteiligen. Durch die Inhaltskontrolle nach § 307 BGB soll Vertragsgerechtigkeit unter Berücksichtigung der beiderseitigen Interessen (wieder)hergestellt werden.[162] Prüfungsgegenstand ist der objektive Vertragsinhalt[163] unter den Umständen, wie sie sich im Zeitpunkt des Vertragsschlusses[164] dargestellt haben. Es ist also auf die Klauselverwendung unter Berücksichtigung der Vertragsart und der typischen Interessen der beteiligten Verkehrskreise abzustellen.

Entscheidend ist jedoch stets der Einzelfall. Die Systematik der Prüfung folgt dem Aufbau des § 307 BGB, welcher nach § 307 Abs. 2 BGB zunächst zwei Regelbeispiele

---

[156] *Ulmer,* Fn. 5, § 310 BGB Rn. 144 m. w. N.; dagegen will *Stoffels,* Fn. 5, Anh. zu § 310 Rn. 63 den § 309 BGB mit Verweis auf die Gesetzesbegründung unzutreffender Weise nur mit Einschränkungen anwenden.

[157] Siehe neben § 308 BGB auch § 309 Nr. 5b BGB sowie § 309 Nr. 8b dd BGB.

[158] Vgl. ErfK-*Preis* §§ 305–310 BGB Rn. 41; *Ulmer,* Fn. 5, § 310 BGB Rn. 148.

[159] *Schaub,* § 32 Rn. 35 ff.

[160] BAG, Urteil vom 17. 3. 2016–8 AZR 665/14.

[161] BGH NJW 1988, 2465; BGH NJW 1985, 2585, 2586; BGH NJW 1984, 1531, 1532; Ulmer/Brandner/Hensen–*Hensen,* § 309 Nr. 6 Rn. 11; siehe auch *Paulusch,* Zehn Jahre AGBG, 55, 66.

[162] Ulmer/Brandner/Hensen–*Fuchs,* § 307 Rn. 1 f.

[163] Der Prüfungsmaßstab wird generalisiert, siehe Palandt–*Grüneberg,* § 307 Rn. 4; Erman-*S. Roloff,* § 307 Rn. 5; Wolf/Lindacher/Pfeiffer–*Wolf,* § 307 Rn. 6; MüKo-*Basedow/Kieninger,* § 307 Rn. 35; *Fuchs,* a. a. O., § 307 Rn. 2.

[164] *Medicus,* NJW 1995, 2577, 2580 f.; Wolf/Lindacher/Pfeiffer–*Wolf,* § 307 Rn. 93 f.; *Fuchs,* a. a. O., § 307 Rn. 93 ff.

anführt, welche vorrangig zur Generalklausel des § 307 Abs. 1 S. 1 BGB anzuwenden sind. Abzuschließen ist die Inhaltskontrolle mit dem Transparenzgebot des § 307 Abs. 1 S. 2 BGB.

4.8.5.2.1 Kontrollmaßstab des § 307 Abs. 2 Nr. 1 BGB

Nach § 307 Abs. 2 Nr. 1 BGB ist im Zweifel von einer unangemessenen Benachteiligung auszugehen, wenn die Klausel gegen das gesetzliche Leitbild des dispositiven Rechts[165] einschließlich des gerade für das Arbeitsrecht bedeutsamen Richterrechts[166] verstößt. Richterrecht ist als Prüfungsmaßstab jedoch nur insoweit zu berücksichtigen, als es seinerseits den Wertungen der §§ 305 ff. BGB entspricht.[167] Tarifverträge und erst recht Betriebsvereinbarungen können dem dispositiven Recht dagegen nicht zugeordnet werden, da sie ihre Bindungswirkung nur im Rahmen des jeweiligen Geltungsbereichs entfalten können.[168]

Die Abweichung ist anhand eines Rechtslagenvergleichs mit und ohne Klausel zu ermitteln.[169] Die dadurch entstehende Vermutungsregel für eine unangemessene Benachteiligung bei einer Abweichung vom Gesetz ist nur dann widerlegt, wenn eine Gesamtwürdigung der Vertragsumstände eine solche unangemessene Benachteiligung des Kunden nicht erkennen lässt.[170] Durch die Anwendung als Prüfungsmaßstab soll das dispositive Recht eine gewisse Leitbildfunktion[171] und Verbindlichkeit[172] erhalten.[173] Gegen das gesetzliche Leitbild wird verstoßen, wenn die Klausel der Interessenbewertung des dispositiven Rechts widerspricht. Die Abweichung vom gesetzlichen Leitbild muss aber wesentlich sein. Folglich ist stets ein Beurteilungsspielraum eröffnet, der durch eine Betrachtung des gesamten Regelungsinhaltes des Vertrages auszufüllen ist.[174]

Fallbeispiel

Eine in einem Arbeitsvertrag eingebettete AGB-Klausel regelt: *„Der Arbeitnehmer erhält jährlich am 15. April als Schätzung seines Beitrags zum Erfolg eine Bonuszahlung*

---

[165] MüKo-*Kieninger,* § 307 Rn. 60.

[166] ErfK-*Preis* §§ 305–310 BGB Rn. 42; Staudinger-*Coester,* § 310 Rn. 1110.

[167] Staudinger-*Coester,* § 310 Rn. 110.

[168] Zutr. Staudinger-*Coester,* § 310 Rn. 110; MüKo-*Basedow,* § 310 Rn. 96; *Ulmer,* Fn. 5, § 310 BGB Rn. 150 f.; *Stoffels,* AGB-Recht, Rn. 180; zur Gegenansicht vgl. nur *Däubler,* NZA 2001, 1329 m. w. N.

[169] Die Norm engt wie § 307 Abs. 2 Nr. 2 BGB zugleich die Wertungsspielräume für eine unangemessene Benachteiligung ein, dazu Staudinger-*Coester,* § 307 Rn. 231 ff.

[170] BGH NJW 2003, 1447, 1448.

[171] BGHZ 54, 106, 110; BGHZ 41, 151, 154.

[172] BGH NJW 1986, 179, 180.

[173] BGH NJW 1994, 1069, 1070.

[174] Siehe nur Erman-*S. Roloff,* § 307 Rn. 26.

i. H. v. 5 % des erwirtschafteten Gewinns. Für den Fall, dass dieser Vertrag nach weiteren fünf Jahren noch Bestand hat, ist dem Arbeitnehmer dieselbe Summe erneut zu zahlen. "◄

Problematisch wird es dann, wenn der betroffene Arbeitnehmer vor Ablauf der fünf Jahre kündigen und nicht auf die zu wiederholende Sonderzahlung verzichten möchte. Der zweite Satz der Klausel steht im Widerspruch mit § 611a BGB, da er dem Arbeitnehmer de facto einen bereits erarbeiteten Lohn entzieht. Gleichermaßen wird es dem Arbeitnehmer dadurch unzulässig erschwert, sein Kündigungsrecht auszuüben. Entsprechend ist auch von einem Wertungswiderspruch mit der dem Arbeitnehmer durch Art. 12 Abs. 1 GG garantierten Berufsfreiheit auszugehen. Satz zwei der Klausel stellt also aufgrund der Vermutungsregel aus § 307 Abs. 2 Nr. 1 BGB eine unangemessene Benachteiligung dar und ist mithin unwirksam. Dem Arbeitnehmer sind etwaige Sonderzahlung trotz einer Kündigung vor Ablauf der fünf Jahre zu zahlen.

4.8.5.2.2 Kontrollmaßstab des § 307 Abs. 2 Nr. 2 BGB

Gemäß § 307 Abs. 2 Nr. 2 BGB wird die Vermutungsregel für das Vorliegen einer unangemessenen Benachteiligung für den Fall aufgestellt, dass der AGB-Verwender wesentliche sich aus dem Vertrag ergebende Pflichten soweit einschränkt, dass der Vertragszweck gefährdet ist.[175] Dadurch wird in der AGB-Prüfung der Bereich erfasst, in welchem kein dispositives Recht als Prüfungsmaßstab vorliegt.[176] Dabei ist auf die Natur des Vertrages abzustellen, die sich aus dem von der Verkehrsauffassung geprägten Leitbild des Vertrages ergibt.[177] Die Natur des Vertrages bestimmt sich wiederum nach dem Vertragstyp, seinen typischen Zielen und dem wirtschaftlichen Zweck.[178] Der Verwender darf sich nicht von seinen Kardinalpflichten freizeichnen oder seine Haftung wesentlich einschränken.[179] Kardinalpflichten sind die Pflichten, mit denen der Vertrag „stehen und fallen" soll.[180] Dies sind vor allem die Pflichten, die die Durchführung des Vertrages überhaupt erst ermöglichen,[181] wobei dies auch für Nebenpflichten gelten kann.[182] Eine Gefährdung des Vertragszwecks liegt danach vor, wenn die wirtschaftlichen Ziele und Vorstellungen

---

[175] BAG 25.4.2007, AuR 2007, 323.

[176] Erman-*S. Roloff*, § 307 Rn. 31 weist zutr. auf die Ergänzungswirkung zu § 307 Abs. 2 Nr. 1 BGB hin.

[177] Palandt-*Grüneberg*, § 307 Rn. 32; zu ermitteln sind die vertragstypenspezifischen Gerechtigkeitserwartungen.

[178] Vgl. Erman-*S. Roloff*, § 307 Rn. 32, Soergel-*Stein*, § 9 AGBG Rn. 42; Staudinger-*Coester*, § 9 AGBG Rn. 207 spricht von zentralen Leistungs- und Schutzerwartungen.

[179] BGHZ 49, 356, 363.

[180] Vgl. etwa BGH NJW 1993, 335; BGHZ 149, 57, 60.

[181] BGHZ 103, 316, 324 spricht von besonderem Vertrauen des Vertragspartners.

[182] Wolf/Lindacher/Pfeiffer-*Wolf*, § 307 Rn. 143; vgl. auch BGH NJW 1985, 914, 915; BGH NJW 1985, 320, 322; BGHZ 83, 301, 308.

des Vertragspartners derart in der Hintergrund gedrängt werden, dass eine unangemessene Risikoverlagerung auf ihn erfolgt und dadurch sogar Schäden drohen können.[183]

4.8.5.2.3 Generalklausel des § 307 Abs. 1 S. 1 BGB

Die Generalklausel des § 307 Abs. 1 S. 1 BGB erklärt eine unangemessene Benachteiligung des Vertragspartners für unwirksam. Benachteiligungen sind alle Beeinträchtigungen der rechtlich anerkannten Interessen. Die Unangemessenheit kann sich einerseits aus den bereits erläuterten Vermutungsregelungen des § 307 Abs. 2 BGB ergeben, andererseits auch direkt aus der Generalklausel folgen. Maßstab hierfür ist das Vorhandensein einer Schieflage des Gleichgewichtes zwischen den Parteien durch die AGB-Klausel.[184] Das wiederum ist nach einer wertenden Abwägung des gesamten Vertragsinhaltes zu ermitteln,[185] wozu die Interessen der Parteien, die Anschauungen der beteiligten Verkehrskreise und die Verkehrssitte heranzuziehen sind.[186] Gemäß § 310 Abs. 3 BGB sind hierbei ergänzend auch die konkreten individuellen Umstände, einschließlich persönlicher Eigenschaften und Geschäftserfahrung des Arbeitnehmers sowie dessen Angewiesenseins auf die Leistung heranzuziehen.[187]

Die Interessenabwägung hat dabei grundsätzlich typisierend und überindividuell zu erfolgen.[188] Eine Kompensation von Nachteilen durch andere Abreden ist zwar möglich, bedarf jedoch eines inhaltlichen Zusammenhanges im Vertrag.[189] Hierbei sind die Gebote von Treu und Glauben einzubeziehen. Diese sollen die Vertragspartner in ihrer jeweiligen sozialen Rolle erkennbar machen.[190] Ein Verstoß gegen § 307 Abs. 1 BGB ist danach anzunehmen, wenn der Verwender einseitig und missbräuchlich eigene Interessen auf Kosten des anderen durchzusetzen versucht, ohne einen angemessenen Ausgleich zu gewähren.[191] Hierbei sind insbesondere die Art des Arbeitsvertrages, die Stellung des Arbeitnehmers sowie die vertragliche Risikoverteilung[192] zu berücksichtigen.[193] So ist etwa eine vertragliche Verlängerung der Kündigungsfrist auch für den Arbeitnehmer entsprechend der des Arbeitgebers nach § 622 Abs. 2 BGB zwar grundsätzlich zulässig.[194]

---

[183] Siehe nur Erman-S. *Roloff,* § 307 Rn. 34.

[184] MüKo-*Kieninger,* § 307 Rn. 6 ff. führt ausdrücklich das Äquivalenzprinzip an.

[185] BGHZ 106, 259, 263; BGHZ 86, 135, 142.

[186] BGHZ 106, 259, 263; BGHZ 116, 1, 4; *BGH* NJW 1989, 582, 582 f.

[187] BAG, AuR 2005, 381.

[188] BGH NJW 2001, 3401, 3406; BGH NJW 1996, 2155, 2156; Wolf/Horn/Lindacher–*Stoffels,* Anh. zu § 310 Rn. 63.

[189] BGH NJW 2003, 888,889; BAG, NZA 2004, 727.

[190] Staudinger-*Coester;* § 307 Rn. 35.

[191] BGH NJW 2003, 886, 887; BGH NJW 2000, 1110, 1111; BGHZ 120, 108, 118; BAG, AuR 2005, 381; Wolf/Horn/Lindacher–*Stoffels,* Anh. zu § 310 Rn. 65.

[192] Der AG hat das Betriebsrisiko zu tragen, siehe BAG, AuR 2004, 474.

[193] ErfK-*Preis* §§ 305–310 BGB Rn. 46 ff. m. w. N.

[194] BAG, NZA 2009, 1337.

Die Vereinbarung einer sehr langen Kündigungsfrist von drei Jahren kann jedoch je nach Art des Arbeitsverhältnisses unangemessen sein.[195]

Fallbeispiel

Die R-GmbH spricht ihrer Arbeitnehmerin Laura eine außerordentliche Kündigung aus. In dem Kündigungsformular lässt sich folgender Passus finden: *„Die Kündigung wird akzeptiert und mit Unterschrift bestätigt. Auf eine Klage gegen die Kündigung wird verzichtet."* Laura unterschreibt das Formular.

Zwar sind Klageverzichtsverträge zwischen Arbeitnehmern und Arbeitgebern grundsätzlich zulässig. Vorliegend versucht die R-GmbH jedoch einseitig auf Kosten der Laura ihre eigenen Interessen durchzusetzen. Dies ist nur mit § 307 Abs. 1 S. 1 BGB vereinbar und nicht missbräuchlich, wenn dem Arbeitnehmer ein angemessener Ausgleich gewährt wird. Da dies hier nicht der Fall ist, stellt die Verzichtsklausel eine unangemessene Benachteiligung für Laura dar und ist folglich unwirksam.◄

4.8.5.2.4 Transparenzgebot

Gemäß § 307 Abs. 1 S. 2 BGB kann sich eine unangemessene Benachteiligung daraus ergeben, dass die Klausel nicht klar und verständlich ist. Nach § 307 Abs. 3 S. 2 BGB gilt das Transparenzgebot auch für ansonsten von der Inhaltskontrolle ausgenommenen preis- und leistungsbeschreibenden Klauseln. Durch das Transparenzgebot soll klargestellt werden, dass der Vertragspartner des AGB-Verwenders seine Rechte und Pflichten hinreichend deutlich zur Kenntnis nehmen kann.[196] (Siehe Fallbeispiel unter Abschn. 4.8.3 „Auslegungsregel"!). Nur, wenn er sich seiner Rechtsposition bewusst ist, kann er abschätzen, ob er den Vertrag überhaupt schließen will. Bei Beurteilung der Deutlichkeit der Klausel ist auf die Kenntnismöglichkeit eines typischerweise bei Verträgen dieser Art zu erwartenden Vertragspartners abzustellen.[197] Dieser wiederum muss den Anforderungen an einen aufmerksamen und sorgfältigen Vertragspartner im Wirtschaftsverkehr genügen. Die Klausel muss daher insgesamt bestimmt,[198] verständlich und übersichtlich sein.[199] Auch insoweit sind die konkreten Fähigkeiten und Kenntnisse des Arbeitnehmers sowie seine Stellung zu berücksichtigen.[200] Besondere Bedeutung hat das Transparenzgebot für den Bereich der Leiharbeit: Intransparent ist eine Verweisung auf einen von einer sogenannten Christlichen Gewerkschaft geschlossenen Tarifvertrag, hilfsweise (für den Fall

---

[195] BAG, NZA 2018, 297.

[196] BGH NJW 1999, 2279, 2280; vgl. Staudinger-*Coester,* § 310 Rn. 112; *Stoffels,* Fn. 5, Anh. zu § 310 Rn. 68.

[197] BGHZ 115, 177, 185.

[198] BAG, AiB 1989, 363, mit Anm. *Schoden.*

[199] BGH NJW 1995, 2286; BGHZ 116, 1, 4; BGHZ 106, 42, 49.

[200] Staudinger-*Coester,* § 310 Rn. 112; dies wird verkannt von *Bauer,* SAE 2006, 11, 12.

dessen Unwirksamkeit) auf den mit DGB-Gewerkschaften geschlossenen Tarifvertrag – eine nicht seltene Klausel, mit der versucht wird, das Equal-Pay-Gebot zu unterlaufen und sich gleichzeitig für den Fall der Unwirksamkeit der von den sogenannten Christlichen Gewerkschaften abgeschlossenen Tarifvertrag abzusichern.

4.8.6 Angemessene Berücksichtigung der Besonderheiten im Arbeitsrecht

Bei der Kontrolle von Arbeitsverträgen nach den genannten Grundsätzen gemäß §§ 305 ff. BGB sind die arbeitsrechtlichen Besonderheiten angemessen zu berücksichtigen. Dies gilt auch für die Bewertung einer überraschenden Klausel.[201] Das Gesetz selbst definiert diese Begrifflichkeiten nicht, sodass insoweit besondere Verantwortung bei der Gerichtsbarkeit liegt.

4.8.6.1 Arbeitsrechtliche Besonderheiten

Arbeitsrechtliche Besonderheiten sind nach zutreffender Auffassung alle rechtlichen und tatsächlichen Abweichungen des Arbeitsrechts vom allgemeinen Zivilrecht.[202] Allerdings ist hierbei zu bedenken, dass sich nicht alles arbeitsvertraglich Übliche als arbeitsrechtliche Besonderheit in einen Bestandsschutz manifestiert, da dadurch die Zielsetzung der §§ 305 ff. BGB konterkariert würde.[203] Auch bei der Prüfung bisherigen Richterrechts ist zu beachten, dass dieses nicht ungeprüft als arbeitsrechtliche Besonderheit fortgesetzt wird.[204] Aufgrund der dem Richterrecht immanenten Dynamik und der Wertungen des AGB-Rechts muss daher der Prüfauftrag des § 310 Abs. 4 BGB auch insoweit ernst genommen werden, als gefestigtes Richterrecht sich daran zu messen lassen hat.[205] Andernfalls würde bisheriges Richterrecht trotz veränderter Rechtslage ungeprüft fortbestehen.

Fallbeispiel

Die Arbeitsvertragsparteien vereinbaren die Zahlung einer Vertragsstrafe von zwei Bruttomonatsgehältern für den Fall, dass der Arbeitnehmer bereits vor Arbeitsaufnahme wieder kündigt. Das verstößt zwar gegen § 309 Nr. 6 BGB, wonach solche Vertragsstrafen gegenüber Privatpersonen verboten sind. Weil nach § 888 ZPO eine

---

[201] Zutreffend *Annuß,* AuR 2006, 1333, 1335.

[202] BAG, AuR 2004, 148 f.; Staudinger-*Coester,* § 310 Rn. 104; Palandt-*Grüneberg,* § 310 Rn. 51; *Ulmer,* Fn. 5, § 310 BGB Rn. 148.

[203] Zutr. *Deinert,* Fn. 16, § 310 Rn. 64 ff.; *Stoffels,* Fn. 5, Anh. zu § 310 Rn. 16 ff.; im Ergebnis auch *Annuß* AuR 2006, 1333, 1335.

[204] *Deinert,* Fn. 16, § 310 Rn. 75 f.; *Stoffels,* Fn. 5, Anh. zu § 310 Rn. 17.

[205] Das Richterrecht kann jedoch als Indikator für arbeitsrechtliche Besonderheiten gelten, vgl. Staudinger-*Coester,* § 310 Rn. 104.

Vollstreckung der Arbeitsleistung aber nicht möglich ist, besteht hier eine arbeitsrechtliche Besonderheit. Es darf daher doch eine Vertragsstrafe vereinbart werden. Diese ist mit zwei Gehältern aber unangemessen hoch, sodass die Klausel trotzdem unwirksam ist.[206] ◄

4.8.6.2 Angemessenheit

Die Besonderheiten sind bei der Inhaltskontrolle angemessen zu berücksichtigen. Die Angemessenheit beurteilt sich nach den Erfordernissen des Einzelfalls. Zunächst ist nach den genannten Grundsätzen der §§ 305 ff. BGB zu prüfen. Das Prüfungsergebnis ist sodann dahingehend zu untersuchen, ob arbeitsrechtliche Besonderheiten bestehen. Sodann sind diese Besonderheiten nach dem Kriterium der Wesentlichkeit zu berücksichtigen.[207] Es ist also zu fragen, ob die Besonderheiten des Arbeitsrechts ein verändertes Ergebnis zeigen. Dies muss in einer Abwägung zwischen zivilrechtlicher Wertung und arbeitsrechtlicher Besonderheit erfolgen.[208] Daraus folgt ein Regel-Ausnahme-Prinzip im Verhältnis der §§ 305 ff. BGB zu den arbeitsrechtlichen Besonderheiten.[209]

4.8.7 Zusammenfassung

Das BAG nimmt zunächst eine Inhaltskontrolle nach den vom BGH entwickelten Maßstäben vor. Erst anschließend wird überprüft, ob die angemessene Berücksichtigung arbeitsrechtlicher Besonderheiten das gefundene Ergebnis verschiebt. Bei den arbeitsrechtlichen Besonderheiten stechen insbesondere die kollektivrechtlichen Gestaltungselemente hervor.

Dieser Prüfungsweg ist notwendig, weil er die vom Gesetzgeber intendierte Abkehr vom arbeitsrechtlichen Sonderweg der Billigkeitskontrolle angemessen nachvollzieht und dem Rechtsanwender in der Kautelarpraxis einen einheitlichen Prüfungsmaßstab an die Hand gibt.

Die Vertragspraxis steht daher unter einer ständigen Überprüfung durch die Arbeitsgerichtsbarkeit. Welche Abwägungsergebnisse dies im Einzelfall zutage fördert, ist daher in ständiger Veränderung befindlicher Gegenstand der Rechtswirklichkeit.

---

[206] BAG, Urteil vom 21.07.2018–8 AZR 378/16.
[207] Staudinger-*Coester*, § 310 Rn. 102 m. w. N.
[208] Staudinger-*Coester*, § 310 Rn. 107.
[209] *Stoffels*, Fn. 5, Anh. Zu § 310 Rn. 16 ff.

4.9   Diskriminierungsschutz im Arbeitsverhältnis

Durch das Allgemeine Gleichbehandlungsgesetz (AGG)[210] hat der Bundesgesetzgeber eine spezialgesetzliche Ausprägung des allgemeinen Gleichbehandlungsgrundsatzes des Art. 3 GG vorgenommen. Hintergrund des gesetzgeberischen Handels war jedoch die Umsetzung europarechtlicher Anforderungen, die in verschiedenen Richtlinien ausgeprägt wurden. Diese sind im Kern die sogenannte Antirassismus-Richtlinie (2000/43/EG), die Rahmenrichtlinie Beschäftigung (2000/78/EG), die Gender-Richtlinie (2002/73EG)[211] und die Richtlinie zur Gleichstellung der Geschlechter auch außerhalb der Arbeitswelt (2004/113/EG). Die Anwendung des AGG ist daher stets vor dem Hintergrund der europarechtlichen Vorgaben zu sehen, deren Konkretisierung und Auslegung nicht selten aufgrund einzelner Judikate des EuGHs unmittelbar auf das nationale Recht abstrahlt.

Durch das AGG werden keine anderen gesetzlichen Regelungen verdrängt oder ersetzt. Die gesetzlichen Wertungen des AGG gelten daher stets neben den sonstigen arbeitsrechtlichen Grundlagen. Der Zweck des AGG zielt gerade darauf, seine Wertentscheidungen in alle Bereiche des (Arbeits-)Rechts einfließen zu lassen.

Das AGG statuiert ein allgemeines Benachteiligungsverbot, das in alle Bereiche des Zivilrechts ausstrahlt. Schutzobjekt des Gesetzes ist dabei kein konkreter Personenkreis. Abgestellt wird auf gesetzlich normierte Merkmale, die den Schutzbereich eröffnen.

Für das Arbeitsrecht wurde dabei ein eigenes Anwendungsfeld geschaffen, das durch eigens für das Arbeitsrecht formulierte Einzelnormen abgegrenzt wird. Hieraus resultieren wiederum bestimmte arbeitsrechtliche Teilbereiche, die jeweils für sich betrachtet konkrete Rechtsfolgen nach sich ziehen. Diese sind insbesondere Fragestellungen, die sich bei der Anbahnung des Arbeitsverhältnisses ergeben. Das AGG ist jedoch auch auf das laufende Arbeitsverhältnis und auf die Gründe für dessen Beendigung anzuwenden.

Im Folgenden wird die grundsätzliche Systematik des Gesetzes unter arbeitsrechtlichen Gesichtspunkten dargestellt und sodann die Unterteilung für die Anwendungsfelder in der Anbahnung, der Durchführung und bei der Beendigung des Arbeitsverhältnisses vorgenommen.

In diesem Zusammenhang ist auch der besondere Schutz für schwerbehinderte Menschen nach dem SGB IX zu beachten. Hier wird insbesondere eine Vorbildwirkung für öffentliche Arbeitgeber betont. So besteht für diese etwa eine Einladungspflicht nach § 165 Satz 3 SGB IX für schwerbehinderte Bewerber, falls diese nicht evident fachlich

---

[210] Allgemeines Gleichbehandlungsgesetz vom 14. August 2006 (BGBl. I S. 1897), zuletzt geändert durch Art. 8 des Gesetzes vom 3. April 2013 (BGBl. I S. 610).

[211] Siehe inzwischen die Neufassung zusammen mit den Richtlinien 2006/54/EG des Europäischen Parlaments und des Rates vom 5. Juli 2006 zur Verwirklichung des Grundsatzes der Chancengleichheit und Gleichbehandlung von Männern und Frauen in Arbeits- und Beschäftigungsfragen (Abl. EG Nr. L 204 S. 23).

ungeeignet sind. Die Einladung zum Vorstellungsgespräch beinhaltet auch das Erfordernis, einen Ersatztermin anzubieten, wenn der sich bewerbende schwerbehinderte Mensch seine Verhinderung vor der Durchführung des vorgesehenen Termins unter Angabe eines hinreichend gewichtigen Grundes mitteilt und dem Arbeitgeber die Durchführung eines Ersatztermins zumutbar ist.[212] Die Pflicht des öffentlichen Arbeitgebers zur Einladung schwerbehinderter Menschen zu einem Vorstellungsgespräch ist aber nicht analog auf private Arbeitgeber auszudehnen.

4.9.1 Benachteiligungsmerkmale

Ausgangspunkt des Gesetzes ist die Zielsetzung nach § 1 AGG. Danach sollen Benachteiligungen wegen der dort enumerativ aufgezählten Merkmale verhindert oder beseitigt werden. Diese Aufzählung ist abschließend.

Es ist jedoch bei der sogleich vorzunehmenden Definition der Merkmale darauf zu achten, dass nach den weiteren gesetzlichen Regelungen neben einer unmittelbaren Benachteiligung auch eine mittelbare Benachteiligung zu unterbinden ist, welche folglich nicht direkt auf eines der Benachteiligungsmerkmale abstellt.

Nach § 1 AGG werden acht Merkmale festgelegt. Diese sind:

4.9.1.1 Rasse
Rasse umschreibt die Herkunft eines Menschen zu einer bestimmten Gruppe aufgrund bestimmter lebenslänglicher und vererblicher äußerlicher Erscheinungsmerkmale, wie Hautfarbe, Physiognomie oder Körperbau.

4.9.1.2 Ethnische Herkunft
Über das Merkmal Rasse hinaus bezeichnet ethnische Herkunft die Zugehörigkeit zu einer Bevölkerungsgruppe, die durch gemeinsame Eigenschaften, beispielsweise Volkstum (Kultur, Tradition, Gebräuche), Sprache, aber auch Religion verbunden ist und daher als kulturell unterscheidbar gilt (z. B. Sikhs, Sorben, Kurden); die kennzeichnenden Merkmale sind allerdings nicht vererblich.

Fallbeispiel

Katja ist russische Staatsbürgerin und arbeitet für die international tätige E-AG. Eines Tages ordnet die E-AG an, dass sämtliche Mitarbeiter, welche die Staatsangehörigkeit eines von den US-Sicherheitsbestimmungen erfassten Landes besitzen, im innerbetrieblichen E-Mail-Verkehr den „TR" (Trade restricted)-Zusatz erhalten sollen. Katja ist hiervon betroffen. Sie sieht darin eine Benachteiligung ihrerseits aus Gründen der Rasse oder wegen der ethnischen Herkunft.

---

[212] BAG, Urteil vom 23.11.2023–8 AZR 164/22.

Dies ist allerdings abzulehnen. Der Begriff der Rasse knüpft nämlich regelmäßig an bestimmte körperliche Merkmale an und nicht an den Besitz einer Staatsangehörigkeit. Ebenso wenig kann die Staatsangehörigkeit unter die Definition der ethnischen Herkunft gefasst werden.◄

4.9.1.3 Geschlecht

Geschlecht bezeichnet die Zugehörigkeit zu einem der Geschlechter. Dies beinhaltet auch den Schutz des sog. Dritten Geschlechts und umfasst damit auch alle Bereiche der Intersexualität.

4.9.1.4 Religion

Religion ist Glaube an das über die direkt erfahrbare Existenz hinausgehende bzw. der Glaube an eine oder mehrere übernatürliche Wesenheiten (Gottheit), insbesondere die großen Religionen wie Christentum, Judentum, Islam und Hinduismus. Das pauschale Verbot des Tragens eines Kopftuchs durch eine islamische Lehrkraft im Dienst schon wegen der bloß abstrakten Eignung zur Begründung einer Gefahr für den Schulfrieden oder die staatliche Neutralität in einer öffentlichen bekenntnisoffenen Gemeinschaftsschule ist unverhältnismäßig und daher verfassungskonform dahin auszulegen, dass es nur im Fall einer konkreten Gefahr für den Schulfrieden oder die staatliche Neutralität gilt.[213]

Fallbeispiel

Linda bewirbt sich bei der D-GmbH. Im Bewerbungsgespräch offenbart sie, dass sie und ihre beste Freundin kürzlich eine „neureligiöse" Bewegung in Gang gesetzt haben. Sie bezeichnen sich selbst als Hexen und glauben an eine lebensspendende Fruchtbarkeitsgöttin. Der D-GmbH ist das alles zu bunt. Sie entscheidet sich deshalb für einen anderen Bewerber.

Hier kann eine Benachteiligung aus Gründen der Religion bejaht werden, da es weder auf die Zahl der Anhänger noch auf die soziale Relevanz der Organisation ankommt, um als Religion klassifiziert werden zu können.◄

4.9.1.5 Weltanschauung

Weltanschauung ergänzt das Merkmal der Religion. Sie unterscheidet sich von der Religion durch fehlenden transzendenten Bezug; sie bezeichnet das umfassende Konzept oder Bild des Universums oder die Beziehung zwischen Mensch und Universum, nicht

---

[213] Bundesarbeitsgericht, Urteil vom 27. August 2020–8 AZR 62/19.

jedoch bloße politische Auffassungen oder Sympathie für eine politische Partei[214] oder persönliche Einstellungen.

4.9.1.6 Behinderung

Der Behindertenbegriff aus § 1 AGG ist medizinisch-sozial zu verstehen.[215] Erfasst werden somit Einschränkungen, die insbesondere auf physische, geistige oder psychische Beeinträchtigungen zurückzuführen sind und ein Hindernis für die Teilhabe am Berufsleben bilden[216] oder, soweit es um die Anwendung im Zivilrecht geht, die Teilhabe am Zivilrechtsverkehr erschweren. Einschränkungen sind dabei nur dann auch Behinderungen, wenn es sich um Abweichungen von dem für das Lebensalter typischen Zustand handelt und es wahrscheinlich ist, dass sie von langer Dauer sind.[217]

4.9.1.7 Alter

Das Merkmal „Alter" meint Lebensalter, schützt also gegen Ungleichbehandlungen, die an das Lebensalter anknüpfen. Der Schutz wirkt dabei sowohl zugunsten von Alten als auch von Jungen.[218]

4.9.1.8 Sexuelle Identität

Dieses Merkmal umfasst heterosexuelle, homosexuelle, bisexuelle, transsexuelle oder zwischengeschlechtliche Menschen sowie Menschen während und nach einer Geschlechtsumwandlung. Nicht geschützt sind allerdings abnorme sexuelle Verhaltensweisen wie Nekrophilie, Pädophilie oder Sodomie. Geschützt ist folglich nur die sexuelle Identität als solche, also das sexuelle Ich-Verständnis der Person, nicht deren sexuelles Verhalten.

Fallbeispiel

Marie ist Grundschullehrerin. In ihrer Freizeit betreibt sie einen Swingerclub und verkehrt auch des Öfteren in diesem. Als dies den Verantwortlichen bekannt wird, soll ihr gekündigt werden.

Dies stellt jedoch eine Benachteiligung wegen ihrer sexuellen Identität dar. Denn unter den Begriff der sexuellen Identität sind auch sozial wenig angesehene sexuelle Praktiken zu fassen, solange sie nicht die Grenze der Strafbarkeit überschreiten.◄

---

[214] BGH, NJW 12, 1725.
[215] EuGH, NZA 06, 839.
[216] EuGH, a. a. O.
[217] EuGH, NZA 13, 553.
[218] BAG, NZA 10, 327.

4.9.2 Persönlicher Anwendungsbereich

Der persönliche Anwendungsbereich für das Arbeitsrecht stellt auf den Begriff des Beschäftigten ab. Dieser wird in § 6 AGG legal definiert.

Beschäftigter ist danach, wer

- Arbeitnehmer,
- Auszubildender,
- arbeitnehmerähnliche Person oder zur Heimarbeit Beschäftigter,
- Bewerber für ein Beschäftigungsverhältnis,
- bereits aus dem Unternehmen ausgeschiedener Beschäftigter,
- Selbstständiger oder Organmitglied

ist.

Der Arbeitnehmerbegriff stellt auf die bekannte Rechtsprechung des BAG ab, welche die Kriterien privatdienstlicher Vertrag, entgeltliche Dienstleistung und Weisungsgebundenheit festlegt.[219] Arbeitnehmerähnliche Personen sind Selbstständige, die jedoch aufgrund wirtschaftlicher Abhängigkeit von nur einem Auftraggeber vorliegend wegen ihrer vergleichbaren Schutzbedürftigkeit gemäß § 12a TVG wie Arbeitnehmer zu behandeln sind.

Von hoher Praxisrelevanz ist die Erweiterung des persönlichen Anwendungsbereichs auf Bewerber (vgl. Fallbeispiel in Abschn. 4.9.1.4 zu „Religion"!) und bereits ausgeschiedene Beschäftigte, sodass auch insoweit (noch) die im Folgenden darzustellenden Ansprüche bestehen können. Soweit es um den beruflichen Aufstieg geht, sind auch Organmitglieder wie etwa GmbH-Geschäftsführer nach § 35 GmbHG oder Vorstände der AG nach § 76 AktG und Selbstständige in den persönlichen Anwendungsbereich einbezogen (siehe dazu Abschn. 4.9.3 zum sachlichen Anwendungsbereich).

4.9.3 Sachlicher Anwendungsbereich

Der sachliche Anwendungsbereich wird in § 2 AGG bestimmt. Danach gilt das Benachteiligungsverbot im Arbeitsrecht für alle Phasen des Arbeitsverhältnisses von der Anbahnung bis über die Beendigung hinaus. Sowohl individual- als auch kollektivrechtliche Regelungen und Maßnahmen sind umfasst.

Zu beachten ist § 2 Abs. 4 AGG. Nach dessen Wortlaut gelten für Kündigungen ausschließlich die Bestimmungen zum allgemeinen und besonderen Kündigungsschutz. Diese Regelung ist jedoch europarechtswidrig, da diese dem AGG zugrunde liegenden

---

[219] Grundlegend BAGE 41, 247, 253.

Richtlinien widersprechen. Danach sind auch Kündigungen als solche vom Benachteiligungsverbot umfasst.[220] § 2 Abs. 4 AGG ist folglich unbeachtlich, sodass auch Kündigungen nach den Wertungen des AGG zu prüfen sind.

4.9.4 Benachteiligungsverbot

Nach § 7 Abs. 1 AGG besteht ein grundsätzliches Verbot der Benachteiligung von Beschäftigten wegen eines der Merkmale nach § 1 AGG. Eine Verletzung dieser Norm beinhaltet daher einen Verstoß gegen die arbeitsvertraglichen Pflichten. Dies gilt auch für das Fragerecht des Arbeitgebers und das Direktionsrecht nach § 106 GewO.

Bestimmungen in Vereinbarungen, die gegen das Benachteiligungsverbot verstoßen, sind gemäß § 7 Abs. 2 AGG unwirksam. Die Unwirksamkeit bezieht sich dabei nur auf den Teil der Regelung, der die Benachteiligung beinhaltet, die übrige Vereinbarung bleibt bestehen. Die Zweifelsregelung nach § 139 BGB findet folglich keine Anwendung. Eine geltungserhaltende Reduktion auf das noch zulässige Maß der unwirksamen Regelung scheidet aufgrund der klaren Wertung des § 7 Abs. 2 AGG aus.

Die Definition der Benachteiligung findet sich in § 3 AGG. Danach sind sowohl unmittelbare als auch mittelbare Benachteiligungen unzulässig.

4.9.4.1 Unmittelbare Benachteiligung

Eine unmittelbare Benachteiligung ist nach § 3 Abs. 1 AGG eine weniger günstige Behandlung wegen eines der Merkmale nach § 1 AGG, die eine Person im Vergleich zu einer anderen Person in derselben oder in einer vergleichbaren Situation erfährt. Um dies zu beurteilen, ist eine Vergleichsbetrachtung anzustellen, die auch mit einer fiktiven Person erfolgen kann. Entscheidend für das Vorliegen einer weniger günstigen Behandlung ist eine wertende Betrachtung eines objektiven Dritten, nicht das subjektive Empfinden des Betroffenen. In diese wertende Betrachtung sind die Gesamtumstände einzubeziehen, sodass auch Kompensationen möglich sein können. Die Benachteiligung muss zwar wegen eines Merkmals nach § 1 AGG erfolgen, eine Benachteiligungsabsicht als subjektive Komponente ist jedoch nicht erforderlich.[221]

Die Schlechterstellung muss bereits abgeschlossen oder noch andauern. Das Bevorstehen derselben oder einer entsprechenden Gefahr reicht noch nicht aus.

Nach § 3 Abs. 1 S. 2 AGG ist eine Benachteiligung wegen einer Schwangerschaft stets eine unmittelbare, da diese nur bei Frauen auftreten könne. Daraus ist zu schließen, dass eine unmittelbare Benachteiligung in allen Fällen vorliegen dürfte, in denen zwar nicht direkt an ein Merkmal des § 1 AGG angeknüpft wird, die Benachteiligung aber damit in einem untrennbaren Zusammenhang steht.[222]

---

[220] Zur Konkretisierung des Richtlinieninhalts siehe EuGH, NZA 2006, 839.
[221] BAG, NJW 2011, 550.
[222] Ausführlich dazu H/W/K – *Rupp,* § 3 AGG, Rn. 5.

4.9.4.2 Mittelbare Benachteiligung

Nach § 3 Abs. 2 AGG verstoßen auch mittelbare Benachteiligungen gegen das Benachteiligungsverbot. Eine mittelbare Benachteiligung liegt nach dem Gesetzeswortlaut vor, wenn dem Anschein nach neutrale Vorschriften, Kriterien oder Verfahren Personen wegen eines in § 1 AGG genannten Grundes gegenüber anderen Personen in besonderer Weise benachteiligen können. Es sei denn, die betreffenden Vorschriften, Kriterien oder Verfahren sind durch ein rechtmäßiges Ziel sachlich gerechtfertigt und die Mittel sind zur Erreichung dieses Ziels angemessen und erforderlich. Die mittelbare Benachteiligung ist daher zunächst merkmalsneutral. Die tatsächliche Betroffenheit der jeweiligen nach den Merkmalen des § 1 AGG definierten Gruppen ist jedoch sehr ungleich. Es besteht folglich zwar die Möglichkeit, dass die Merkmalsgruppen nach § 1 AGG (Männer und Frauen, Junge und Alte etc.) stets gleich behandelt sein könnten, de facto ist indes nur eine Teilgruppe sehr stark betroffen.

Entscheidend ist daher die Bildung der Vergleichsgruppen, um eine mittelbare Benachteiligung herauszuarbeiten. Nach ständiger Rechtsprechung des BAG sind dafür die beteiligten Personenkreise und deren Betroffenheit durch die gegenständliche Ungleichbehandlung zueinander prozentual ins Verhältnis zu setzen.[223] Im Rahmen eines Bewerbungsverfahrens ist folglich der Bewerberkreis als Vergleichsgruppe heranzuziehen.

Nach dem Gesetzeswortlaut muss der prozentuale Vergleich dazu führen, dass eine Untergruppe innerhalb der Vergleichsgruppe „in besonderer Weise" benachteiligt werden kann. Das soll bereits stets dann der Fall sein, wenn eine Gruppe einen höheren Prozentsatz der Betroffenheit aufweist als eine andere.[224] Dies ist jedoch insoweit zu relativieren, als eine Verhältnismäßigkeit im Einzelfall durchzuführen ist, deren Ergebnis erst das Vorliegen einer mittelbaren Benachteiligung bestätigt oder nicht („es sei denn, …").

Fallbeispiel

In einem Tarifvertrag wird festgelegt, dass Bewerber zwischen 1,65 und 1,98 Meter groß sein müssen.

Die Auswertung einer Statistik hat ergeben, dass mehr als 40 % der Frauen, allerdings nur etwa drei Prozent der Männer kleiner als 165 cm sind. Die tarifvertragliche Regelung ist deshalb als eine mittelbare Diskriminierung von Frauen nach §§ 3 Abs. 2, 1 AGG beim Zugang zum jeweiligen Beruf zu werten.◄

---

[223] BAG, NZA 2010, 947 m. w. N.
[224] Dahingehend H/W/K – *Rupp*, § 3 AGG, Rn. 5 m. w. N unter Hinweis auf die Rechtfertigungsmöglichkeiten.

4.9.4.3 Belästigungen und Anweisungen

Über die vorgenannten unmittelbaren und mittelbaren Benachteiligungen hinaus stellen auch Belästigungen und insbesondere sexuelle Belästigungen eine unzulässige Benachteiligung dar. Auch stellt die Anweisung zu einer Benachteiligung nach § 1 AGG bereits für sich genommen eine Benachteiligung dar.

4.9.4.3.1 (Sexuelle) Belästigung

Durch den Begriff der Belästigung wird ein eigener Tatbestand geschaffen, der die Benachteiligungstatbestände des § 3 Abs. 1, 2 AGG ergänzt. Eine Belästigung besteht in fortgesetzten Verhaltensweisen, die darauf gerichtet sind, die Würde der betreffenden Person aufgrund eines Merkmals nach § 1 AGG herabzusetzen. Die Verhaltensweise muss nur objektiv dafür geeignet sein, auf dem subjektiven Empfängerhorizont kommt es nicht an.

Es muss sich aber um eine fortgesetzte Verhaltensweise handeln, die ein feindliches Klima nach sich zieht, also etwa Einschüchterungen, Beleidigungen, Anfeindungen oder andere Erniedrigungen.[225] Diese Definition dürfte eine hohe Nähe zum nichtrechtlichen Begriff des Mobbings aufweisen.

Der Begriff der sexuellen Belästigung konkretisiert dieses im Hinblick auf § 2 Abs. 1 Nr. 1–4 AGG. Eine sexuelle Belästigung ist demnach eine Benachteiligung, wenn ein unerwünschtes, sexuell bestimmtes Verhalten vorliegt. Das beinhaltet sowohl sexuelle Handlungen und Aufforderungen zu solchen. Dazu gehören alle Formen sexuell bestimmter Berührungen, das Zeigen pornografischer Bilder und vergleichbare Handlungen, die dazu dienen, die Würde der betreffenden Person herabzusetzen. Die Abgrenzung zur Belästigung liegt folglich in der sexuellen Bestimmtheit.

Fallbeispiel

Philip und Hannah – beide Arbeitnehmer desselben Unternehmens – sind alleine im Frühstücksraum. Philip spricht Hannah auf ihre Oberweite an und fragt, ob diese „echt" sei und er sie nicht mal berühren dürfe. Hannah ist entsetzt und verlässt den Raum. Am nächsten Morgen greift Philip der Hannah in einem Moment der Unachtsamkeit an die Brust.

Nicht nur das Berühren in der Tabuzone stellt eine sexuelle Belästigung im Sinne von § 3 Abs. 4 AGG dar, sondern bereits die auf die Oberweite anspielende Frage, da sie neben dem anzüglichen und bedrängenden vor allem auch einen sexuellen Charakter hat.◄

---

[225] BAG, NZA 2010, 387.

4.9.4.3.2 Anweisungen

Nach § 3 Abs. 5 AGG stellt bereits die Anweisung zu einer Benachteiligung für sich genommen eine Benachteiligung dar. Diese muss vorsätzlich erfolgen. Ein Unrechtsbewusstsein ist dagegen nicht erforderlich. Nach dem Wortlaut des Gesetzes („jemand eine Person") müssen der Anweisende und der Angewiesene nicht in einem Direktionsverhältnis nach § 106 GewO stehen, sodass auch Anweisungen an Dritte in Betracht kommen können.[226]

4.9.5 Rechtfertigungsgründe

Nach den §§ 8 ff. AGG kann eine Benachteiligung nach § 1 AGG ausnahmsweise gerechtfertigt sein.

4.9.5.1 Unterschiedliche Behandlung wegen beruflicher Anforderungen

Eine unterschiedliche Behandlung ist nach § 8 Abs. 1 AGG gerechtfertigt, wenn diese wegen der Art der auszuübenden Tätigkeit oder der Bedingungen ihrer Ausübung eine wesentliche und entscheidende berufliche Anforderung darstellt, sofern der Zweck rechtmäßig und die Anforderung angemessen ist. Für das Arbeitsrecht ist diese Norm folglich die zentrale Rechtfertigungsgrundlage. Die Benachteiligung nach § 1 AGG muss daher auf die Verfolgung eines rechtmäßigen Zieles gerichtet sein. Das Fehlen oder Vorliegen des Merkmals nach § 1 AGG muss zudem eine entscheidende und wesentliche Anforderung für das Erfüllen der beruflichen Anforderung sein. Dies ist der Fall, wenn der Arbeitnehmer die vertraglich geschuldete Leistung nicht oder nicht ordnungsgemäß erbringen kann.

Der Schwerpunkt des Normanwendungsbereichs liegt in der fehlenden Möglichkeit der nicht ordnungsgemäßen Erbringung der Leistung (z. B. männliches Model für Frauenkleidung). Die Rechtfertigungsmöglichkeit nach § 8 AGG ist daher stark einzelfallbezogen zu prüfen und entzieht sich einer generalisierenden Betrachtung. Nur mit größter Vorsicht ist der Versuch zu betrachten, unternehmenspolitische Ausrichtungen als Rechtfertigungsgrund anzuführen. So stellt es bereits keine Rechtfertigung einer Diskriminierung wegen des Geschlechts dar, wenn ausdrücklich eine weibliche Lehrkraft für den Sportunterricht von Mädchen an einem Gymnasium gesucht wird.[227]

Fallbeispiel

Eine Schule sucht ausdrücklich eine Lehrerin für den Sportunterricht. Es bewirbt sich ein Lehrer. Dieser wird wegen seines Geschlechts abgelehnt. Darin liegt eine

---

[226] Streitig, anders etwa H/W/K-*Rupp,* § 3 AGG Rn. 19 m. w. N.
[227] BAG, Urteil vom 19.12.2019–8 AZR 2/19.

Benachteiligung wegen des Geschlechts, sodass der abgelehnte Stellenbewerber einen Anspruch auf Entschädigung nach § 15 II AGG hat.◄

Nach § 9 AGG kann zudem eine Differenzierung nach der Religion oder Weltanschauung zulässig sein, wenn das jeweilige Bekenntnis im Hinblick auf die Vereinigung (z. B. Kirche) oder die Tätigkeit eine gerechtfertigte berufliche Anforderung darstellt. Dies ist jedoch eng auf die konkrete Tätigkeit zu beziehen. So darf ein katholischer Chefarzt vom kirchlichen Arbeitgeber nicht deshalb gekündigt werden, weil er nach einer Scheidung wieder verheiratet ist und damit dem kirchlichen Recht widerspricht.[228]

Fallbeispiel

Die Glaubensgemeinschaft S sucht zum nächstmöglichen Zeitpunkt einen Personalsachbearbeiter, der rein administrative Aufgaben erfüllen soll. Auf die Stelle bewirbt sich der konfessionslose Dennis. Aufgrund dessen lehnt S die Bewerbung ab. Sie möchte nur Personen beschäftigen, die ihren Glauben teilen.

Eine derartige Diskriminierung wäre nicht gemäß § 9 AGG gerechtfertigt. Anders gelagert wäre der Fall, wenn Dennis etwa erzieherische oder pastorale Tätigkeiten wahrnehmen soll.◄

4.9.5.2 Rechtfertigung wegen des Alters

Ist eine unterschiedliche Behandlung wegen des Alters objektiv und angemessen und durch ein legitimes Ziel gerechtfertigt, ist sie nach § 10 AGG zulässig. Dies ist im Wege einer Verhältnismäßigkeitsprüfung zu ermitteln. § 10 AGG ist damit als speziellere Regelung zu § 8 AGG anzusehen.

Der gewählte Zweck muss geeignet und erforderlich sein, das Ziel zu erreichen und die Interessen der benachteiligten Gruppen dürfen nicht übermäßig beeinträchtigt sein. Zur Konkretisierung sieht § 10 S. 3 AGG acht Regelbeispiele vor, die eine objektive Rechtfertigung beinhalten. Diese Aufzählung ist nicht abschließend.

Die Rechtsprechung des BAG ist insoweit zurecht stark einzelfallbezogen, sodass eine mögliche Rechtfertigung wegen des Alters stets im Vorfeld sorgfältig zu prüfen ist.[229] Die durch § 622 Abs. 2 S. 1 BGB festgelegten unterschiedlich langen Kündigungsfristen je nach Beschäftigungsdauer stellen keine Altersdiskriminierung dar.[230] Anders liegen die Dinge jedoch bei § 622 Abs. 2 S. 2 BGB, wonach Beschäftigungszeiten vor der

---

[228] BAG, Urteil vom 20.02.2019–2 AZR 746/14, NZA 2019, 901.
[229] Siehe nur etwa BAG, NZA 2010, 1412 („junger Bewerber" gesucht ist unzulässig); BAG, NZA 2013, 498 („Hochschulabsolvent/Young Professional" gesucht ist gleichfalls unzulässig).
[230] BAG, NZA 2014, 1400.

Vollendung des 25. Lebensjahres keine Berücksichtigung finden sollen. Diese Regelung ist nicht gerechtfertigt und daher auch nicht anzuwenden.[231]

4.9.6   Schadensersatz- und Entschädigungsansprüche

Zentrale Anspruchslage für finanzielle Forderungen ist § 15 AGG. Danach kann ein Beschäftigter Schadensersatz- und Entschädigungsansprüche geltend machen. Diese Ansprüche stehen nebeneinander. Der Beschäftigte kann also über eine Entschädigung für immaterielle Schäden hinaus Schadensersatz fordern, wenn er einen materiellen Schaden darlegen und im Streitfall beweisen kann. Zudem sind die Ansprüche auch kumulativ nicht abschließend, wie § 15 Abs. 5 AGG klarstellt.

4.9.6.1   Schadensersatz

Nach § 15 Abs. 1 AGG schuldet der Arbeitgeber dem Beschäftigten Schadensersatz für den durch einen Verstoß gegen das Benachteiligungsverbot entstandenen Schaden. Der Schaden ist nach den §§ 249 ff. BGB zu ermitteln, der auch den Erfüllungsschaden erfassen kann. § 15 Abs. 6 AGG steht nicht entgegen, da diese Regelung das Entstehen des Beschäftigungsverhältnisses, nicht jedoch den Ersatzanspruch betrifft.

Die Berechnung der Schadenshöhe wird indes bei nicht erfolgten Einstellungen nur bis zu dem Zeitpunkt vorgenommen, zu dem die erste Möglichkeit zur Kündigung bestehen würde. Auch ist ein anderweitiger, böswillig nicht getätigter Verdienst schadensmindernd zu berücksichtigen. Bei nicht erfolgten Beförderungen ist die Vergütungsdifferenz jedoch dauerhaft schadensbildend, da insoweit keine hypothetische Änderungsmöglichkeit für den Arbeitgeber besteht (etwa durch Änderungskündigung).

Der Schadensersatz setzt ein Verschulden des Arbeitgebers voraus, das nach den allgemeinen Regeln der §§ 276, 278 BGB zu ermitteln ist. Dieses zusätzliche Erfordernis dürfte auch europarechtskonform sein, da nach § 15 Abs. 2 AGG ein hinreichender verschuldensloser Anspruch normiert wird.[232]

4.9.6.2   Entschädigungsanspruch

Von noch größerer Praxisrelevanz als der Schadensersatzanspruch ist der Anspruch auf Entschädigung nach § 15 Abs. 2 AGG. Dies liegt daran, dass weder ein konkreter Schaden nachgewiesen werden muss, noch ein Verschulden des Arbeitgebers erforderlich ist.

Da es sich um einen Anspruch auf immateriellen Ausgleich handelt, wird dessen Vorliegen vermutet.

Die zu zahlende Entschädigung muss angemessen sein. Die konkrete Ausgestaltung dieses unbestimmten Rechtsbegriffs obliegt daher dem erkennenden Gericht, welches die objektiven Tatsachen für seine Entscheidung zu benennen und gewichten hat. Die Norm

---

[231] EuGH, NZA 2010, 85.
[232] Zum Diskussionsstand siehe etwa H/W/K-*Rupp,* § 15 AGG Rn. 3 m. w. N.

verfolgt jedoch auch einen Sanktionszweck, sodass auch Genugtuungsgedanken und der Grad des Verschuldens zu berücksichtigen sind.

Die Höhe der Entschädigung ist für abgelehnte Stellenbewerber nach § 15 Abs. 2 S. 2 AGG auf maximal drei Bruttomonatsgehälter begrenzt, wobei dies nur für den Fall gilt, dass auch bei einer benachteiligungsfreien Entscheidung keine Einstellung erfolgt wäre. Anspruchsgegenstand ist indes kein Vergütungsanspruch, sondern wiederum eine Entschädigung als solche, sodass keine Sozialabgaben oder Steuern anfallen.

Von großer Praxisrelevanz ist die Ausschlussfrist des § 15 Abs. 4 AGG. Danach müssen Ansprüche nach § 15 Abs. 1, 2 AGG binnen zwei Monaten beim Arbeitgeber schriftlich geltend gemacht werden. Die Frist beginnt mit dem Zugang der Ablehnung. Diese Frist ist europarechtskonform.[233] Sie kann auch durch eine Klagerhebung gewahrt werden, wenn die Zustellung demnächst nach § 167 ZPO erfolgt.[234] Zu beachten ist zudem, dass diese Frist tarifvertraglich disponibel ist.

Hinzuweisen ist abschließend auf die Klagefrist des § 61b Abs. 1 ArbGG, wonach eine Klage auf Entschädigung nach § 15 AGG innerhalb von drei Monaten erhoben werden muss, nachdem der Anspruch schriftlich geltend gemacht worden ist.

4.9.7 Beweislastregelung

§ 22 AGG beinhaltet eine gesonderte Beweislastregelung für das AGG. Diese findet nicht nur auf die Ansprüche aus § 15 AGG Anwendung, sondern auch auf das Vorliegen einer nicht gerechtfertigten Benachteiligung, die zu einer Unwirksamkeit nach § 7 AGG führt. Die Beweislastregelung gilt folglich für alle Arten von Regelungen und Maßnahmen im Arbeitsverhältnis; von der Anbahnung bis über die Kündigung hinaus.

Danach erfolgt die Beweisführung auf zwei Stufen. Zunächst sind durch den Arbeitnehmer Indizien vorzubringen und zu beweisen, die auf eine Benachteiligung hindeuten. Insoweit trifft den Arbeitnehmer folglich die volle Darlegungs- und Beweislast.

Auf der zweiten Ebene findet jedoch eine Verschiebung der Beweislast zum Arbeitgeber statt. Dieser muss nun seinerseits darlegen und beweisen, dass entgegen der Indizien keine Benachteiligung stattgefunden hat.

In der Praxis gewinnt die Beweislastregelung daher umso mehr an Gewicht, je geringer die Gerichte die Anforderungen an Indizien stellen. Insoweit ist kein strenger Maßstab anzulegen. Danach genügt es für das Vorliegen eines Indizes für eine Benachteiligung, wenn sich daraus nach allgemeiner Lebenserfahrung eine überwiegende Wahrscheinlichkeit für eine Benachteiligung ergibt.[235]

---

[233] BAG, USK 2012, 174; zur Problematik siehe noch EuGH, NZA 2010, 869.
[234] BAG, NZA 2014, 924.
[235] BAG, NZA 2010, 383.

4.9.8   Praktische Auswirkungen des AGG auf das Arbeitsverhältnis

Im Folgenden sollen sodann die praktischen Auswirkungen des Benachteiligungsverbots auf das Arbeitsverhältnis skizziert werden. Dabei ist nach den Phasen der Anbahnung, des Laufens und der Beendigung des Arbeitsverhältnisses zu differenzieren. Auf eine Wiedergabe der umfangreichen bisherigen Rechtsprechung wird insoweit unter Verweis auf die Kommentarliteratur verzichtet.

4.9.8.1   Anbahnung des Arbeitsverhältnisses

Bereits im Vorfeld des Arbeitsverhältnisses wird der Schutzzweck des AGG durch die Tatsache erreicht, dass abgelehnte Stellenbewerber als Beschäftigte im Sinne des AGG gelten und daher Ansprüche nach § 15 AGG geltend machen können.

Sucht der Arbeitgeber selber aktiv nach Interessenten, muss er bereits bei der Stellenausschreibung darauf achten, keine Indizien für Benachteiligungen wegen eines Merkmals nach § 1 AGG zu setzen. Ausschreibungen sind daher gemäß § 11 AGG insbesondere neutral nach Geschlecht und Alter sowie nach den sonstigen Merkmalen zu formulieren. Da insbesondere Fotos aussagekräftig hinsichtlich verschiedener Merkmale sein können, sollte zudem keine Bewerbung mit Foto verlangt werden.

Übersandte Bewerbungsunterlagen sind sorgfältig zu behandeln, auf Verlangen zurückzusenden und andernfalls zu vernichten. Jedenfalls innerhalb der Fristen nach § 15 Abs. 4 AGG sollten diese jedoch zu Dokumentationszwecken aufbewahrt werden. Zudem sollte der Arbeitgeber seinerseits die Kriterien für die Auswahlentscheidung sorgfältig dokumentieren, um gegebenenfalls doch vorliegenden Indizien entgegentreten zu können.

Ein weiteres Themenfeld stellt der Konflikt zwischen dem vorvertraglichen Informationsinteresse des Arbeitgebers und dem Interesse des Arbeitnehmers zum Schutze seiner Privatsphäre dar. Grundsätzlich sind nur solche Fragen des Arbeitgebers zulässig, bei denen das Informationsinteresse des Arbeitgebers die Interessen des Bewerbers überwiegen.[236] Dies dürfte bei einer Frage mit Bezug zu einem der Merkmale nach § 1 AGG zur Folge haben, dass diese unwirksam ist. Unzulässige Fragen dürfen mit einer Lüge beantwortet werden. Je weniger eine Frage die fachliche Qualifikation und je mehr diese die Privatsphäre des Bewerbers betrifft, desto eher ist die Frage unzulässig.

Fußen Einstellungsentscheidungen auf unzulässigen Fragen, werden darüber hinaus Ansprüche nach § 15 AGG ausgelöst.

4.9.8.2   Laufendes Arbeitsverhältnis

Im laufenden Arbeitsverhältnis hat der Arbeitgeber nach § 12 AGG die erforderlichen Maßnahmen zu ergreifen, die einen Schutz vor Benachteiligungen nach § 1 AGG ermöglichen. Dies umfasst auch den Schutz vor Benachteiligungen durch Dritte wie etwa Kollegen oder Kunden. Wie diese Maßnahmen konkret ausgestaltet sein müssen, richten sich nach den Umständen des Einzelfalls. Dabei spielt die Größe des Betriebes und

---

[236] Ausführlich BAG, AP Nr. 59 zu § 123 BGB.

die Struktur der Belegschaft genauso eine Rolle wie die Art und der Umfang etwaiger Vorkommnisse. Aus diesen objektiven Maßstäben ist die Erforderlichkeit abzuleiten.

Fallbeispiel

So wären im Beispielsfall in Abschn. 4.9.4.3.1 (sexuelle Belästigung) die Versetzung in einen anderen Betrieb – falls die Unternehmensstruktur und die Geeignetheit zur Prävention dies erlauben – und falls nicht, gar die (fristlose) Kündigung von Philip als erforderlich zu betrachten.◄

Hinzu kommt nach § 12 Abs. 2 AGG die Verpflichtung des Arbeitgebers, durch Schulungen oder andere geeignete Maßnahmen präventiv in die Belegschaft zu wirken. Ein Unterlassen derartiger Maßnahmen kann im Falle später auftretender Benachteiligungen im Betrieb ein eigenes Organisationsverschulden des Arbeitgebers mit den Folgen des § 15 AGG begründen.[237]

Für das eigene Verhalten des Arbeitgebers gilt, dass insbesondere die Ausübung des Weisungsrechtes nach § 106 GewO nicht gegen das Benachteiligungsverbot verstoßen darf.

Sind bereits Benachteiligungen durch Beschäftigte im Betrieb aufgetreten, hat der Arbeitgeber nach § 12 Abs. 3 AGG auf diese arbeitsrechtlich einzuwirken. Dem eindeutigen Wortlaut der Norm folgend ist dabei je nach Einzelfall das ganze Spektrum arbeitsrechtlicher Maßnahmen bis hin zur Kündigung in Betracht zu ziehen. Welche Maßnahme im Einzelfall zu ergreifen ist, ist im Rahmen einer Verhältnismäßigkeitsprüfung unter Berücksichtigung des Gesetzeszwecks des AGG zu prüfen. Zudem hat der Arbeitgeber nach § 12 Abs. 5 AGG auch Schutzmaßnahmen für seine Beschäftigten bei Benachteiligungen durch Dritte wie etwa Geschäftspartner zu ergreifen, wobei deren Umfang stark vom Einzelfall abhängen dürfte.

Darüber hinaus sind Beschwerdemöglichkeiten nach § 13 AGG vorzuhalten. Dies muss je nach Betriebsgröße nicht durch eine gesonderte Einrichtung erfolgen, sondern kann auch durch Benennung der Vorgesetzten, des Arbeitgebers oder anderer geeigneter Personen als zuständige Stelle vollzogen werden.

Schließlich kann dem Arbeitnehmer nach § 14 AGG ein Leistungsverweigerungsrecht zustehen, wenn der Arbeitgeber keine oder offensichtlich ungeeignete Maßnahmen zur Unterbindung einer (sexuellen) Belästigung am Arbeitsplatz ergreift. Dies gilt unbeschadet des § 273 BGB.

---

[237] Dazu und zur Frage etwaiger Wiederholungsverpflichtungen siehe H/W/K-*Rupp,* § 12 AGG Rn. 2.

4.9.8.3   Beendigung des Arbeitsverhältnisses

Wie bereits ausgeführt, ist entgegen dem Wortlaut des § 2 Abs. 4 AGG das Benachteiligungsverbot auch auf die Beendigung des Arbeitsverhältnisses, also insbesondere arbeitgeberseitige Kündigungen anzuwenden.

Die Wertung des AGG – speziell das grundsätzliche Benachteiligungsverbot – ist daher über die arbeitsrechtlichen (und allgemeinen) Generalklauseln für die Prüfung der Wirksamkeit einer Kündigung einzubeziehen. Dies gilt namentlich für die Prüfung einer Kündigung nach dem KSchG bei der Beurteilung der Frage der Sozialwidrigkeit.[238] Liegt eine unzulässige Benachteiligung vor, kann die Kündigung nicht durch einen Grund in der Person oder im Verhalten des Arbeitnehmers begründet oder aus betrieblichen Gründen erfolgt sein. Folglich liegt keine soziale Rechtfertigung mit der Folge der Unwirksamkeit der Kündigung vor. Ein Einfallstor für das AGG liegt auch in der Gewichtung der Sozialauswahlkriterien nach § 1 Abs. 3 KSchG, die nicht zu einer Benachteiligung wegen der Merkmale nach § 1 AGG führen darf. Der Versuch, die Kündigungsfristen des § 622 Abs. 2 BGB als Benachteiligung wegen des Alters zu qualifizieren, ist indes gescheitert.[239]

Außerhalb des Anwendungsbereiches des KSchG ist das Benachteiligungsverbot über die §§ 138, 242 BGB zur Geltung zu bringen.

4.10   Entgeltfortzahlung

Nach § 1 EFZG hat der Arbeitgeber die Vergütung an gesetzlichen Feiertagen und im Krankheitsfall des Arbeitnehmers im Rahmen der weiteren gesetzlichen Bestimmungen fortzuzahlen.[240] Dies gilt für alle Arbeitnehmer einschließlich der Auszubildenden.

Die Verpflichtung zur Entgeltfortzahlung ist deshalb ein Bestandteil der gesellschaftlichen Gesamtlastenverteilung insbesondere im Hinblick auf das individuell kaum beherrschbare Risiko der Krankheit. Wenn ein Arbeitnehmer arbeitsunfähig erkrankt, ist er an der Erbringung der Arbeitsleistung gehindert. Gleichwohl muss er zur Sicherung seiner Existenz Einkünfte erzielen. Würde die Vergütungspflicht in Ermangelung einer Arbeitsleistung ersatzlos wegfallen, hätte das für den Arbeitnehmer und möglicherweise eine dazugehörige Familie existenzbedrohenden Charakter. In Bezug auf das Lebensrisiko Krankheit wurde deshalb durch das Entgeltfortzahlungsgesetz eine partielle Risikoverteilung hin zum Arbeitgeber vorgenommen, die den sozialrechtlichen Regelungen vorgelagert ist. In einem begrenzten Rahmen wird folglich auch der Arbeitgeber am Krankheitsrisiko des Arbeitnehmers beteiligt.

Darüber hinaus ist dem Arbeitgeber einseitig die Folge eines Arbeitsausfalls durch gesetzliche Feiertage auferlegt.

---

[238] BAG, NZA 2009, 361.
[239] BAG, NZA 2014, 1400.
[240] Instruktiv für die Feiertagsvergütung BAG, Urteil vom 16.10.2019–5 AZR 352/19.

4.10.1 Entgeltfortzahlung an Feiertagen

Fällt Arbeitszeit auf einen gesetzlichen Feiertag, ist der Arbeitnehmer von der Pflicht zu Erbringung der Arbeitsleistung befreit. Etwas anderes gilt nur, wenn zwischen den Parteien die Feiertagsarbeit ausdrücklich vereinbart wurde.

Die Pflicht zur Zahlung des Arbeitsentgeltes für feiertagsbedingt ausgefallene Arbeitszeit erlischt dagegen nicht. Nach § 2 Abs. 1 EFZG hat der Arbeitgeber dem Arbeitnehmer das Arbeitsentgelt zu zahlen, das dieser ohne den Arbeitsausfall erhalten hätte. Der Arbeitnehmer erhält daher genau das Entgelt, das er bekommen hätte, wenn er ganz normal in Ermangelung eines Feiertages zur Arbeit erschienen wäre. Dazu gehören auch entsprechende Zulagen wie z. B. für Schichtarbeit.[241]

4.10.2 Entgeltfortzahlung im Krankheitsfall

Kann der Arbeitnehmer infolge Krankheit seine Arbeitsleistung nicht erbringen, behält er seinen Vergütungsanspruch für die Dauer der in § 3 EFZG beschriebenen Zeiträume, sofern ihn kein Verschulden trifft.

Grundsätzlich gilt ein Fortzahlungszeitraum von maximal sechs Wochen. Dauert die Krankheit länger, endet die Vergütungspflicht des Arbeitgebers. Sodann ist der Arbeitnehmer auf das Sozialversicherungsrecht verwiesen, wonach ihm regelmäßig Ansprüche auf Krankengeld gegen seine gesetzliche Krankenkasse zustehen.

Der Entgeltfortzahlungszeitraum von maximal sechs Wochen bezieht sich jedoch nur auf dieselbe Krankheit. Wird der Arbeitnehmer aufgrund unterschiedlicher Krankheiten arbeitsunfähig, erhält er jeweils einen Anspruch auf Entgeltfortzahlung von bis zu sechs Wochen. Der Arbeitnehmer ist beweispflichtig dafür, dass es sich bei einer weiteren Erkrankung nicht um dieselbe Krankheit handelt.[242] Dabei ist es praktisch schwierig abzugrenzen, ob es sich um einen einheitlichen Verhinderungsfall handelt, sodass es hier maßgeblich auf die ärztlichen Feststellungen ankommt.

Fallbeispiel

Sarah ist im Mai des Jahres mehrere Wochen arbeitsunfähig, da sie sich eine schwere Grippe eingefangen hat. Sodann erleidet sie im Juli des Jahres einen Unfall, der einen komplizierten Bruch des Beines nach sich zieht. Da es sich nicht um dieselbe Krankheit handelt, erhält Sarah für beide Zeiten der Arbeitsunfähigkeit jeweils maximal sechs Wochen Entgeltfortzahlung durch ihren Arbeitgeber.◄

---

[241] Ausführlich etwa BAG, NZA 2013, 974.
[242] BAG, Urteil vom 11.12.2019–5 AZR 505/18.

Wird der Arbeitnehmer dagegen infolge derselben Krankheit erneut arbeitsunfähig, verbleibt es grundsätzlich dabei, dass nur maximal sechs Wochen Entgeltfortzahlung erfolgen. Hiervon werden jedoch zwei Ausnahmen gemacht.

Wegen erneuter Arbeitsunfähigkeit aufgrund derselben Krankheit entsteht der Anspruch auf bis zu sechs Wochen Entgeltfortzahlung neu, wenn der Arbeitnehmer mindestens sechs Monate nicht infolge derselben Krankheit arbeitsunfähig war oder seit Beginn der ersten Arbeitsunfähigkeit infolge derselben Krankheit eine Frist von zwölf Monaten abgelaufen ist. Beide Ausnahmen führen zu einem erneuten Anspruch auf bis zu sechs Wochen Entgeltfortzahlung. Im ersten Fall muss der Arbeitnehmer für sechs Monate zwar nicht gesund sein. Er darf jedoch nicht in diesem Zeitraum von sechs Monaten dieselbe Krankheit erleiden. Unabhängig davon ist die zweite Ausnahme zu betrachten. Der Arbeitnehmer hat auch dann einen erneuten Anspruch auf Entgeltfortzahlung, wenn er zwölf Monate nach dem Beginn der ersten Arbeitsunfähigkeit erkrankt. Ob eine neue Krankheit vorliegt, ist in der Praxis oft schwer zu ermitteln, sodass zwar zunächst der Arbeitnehmer hierfür beweispflichtig ist, der Arbeitgeber dem jedoch mit Substanz entgegentreten muss. Die Abstufung der Darlegungslast beim Streit über das Vorliegen einer neuen Erkrankung i.S.v. § 3 Abs. 1 EFZG, wonach der Arbeitnehmer Tatsachen vorzutragen hat, die den Schluss erlauben, es habe keine Fortsetzungserkrankung bestanden, begegnet weder unions- noch verfassungsrechtlichen Bedenken. Dem steht nicht entgegen, dass der hiernach erforderliche Vortrag im Regelfall mit der Offenlegung der einzelnen zur Arbeitsunfähigkeit führenden Erkrankungen im maßgeblichen Zeitraum verbunden ist.[243]

Fallbeispiel

Stefan hat chronische Migräne. In unregelmäßigen Abständen bekommt er Krankheitsschübe, die ihn vollständig außer Gefecht setzen. Im April des Jahres ist es wieder soweit. Er bekommt einen mehrwöchigen Migräneanfall. Im August und Dezember sowie im Februar des Folgejahres trifft es ihn jeweils erneut schwer. Für diese Zeiträume erhält er insgesamt maximal sechs Wochen Entgeltfortzahlung, da keine sechsmonatige Krankheitsunterbrechung vorlag. Als Stefan dann im Mai wieder an Migräne erkrankt, beginnen neue sechs Wochen zu laufen. Zwar fehlt es wiederum an einer sechsmonatigen Krankheitsunterbrechung. Seit Beginn der ersten Arbeitsunfähigkeit ist aber eine Frist von zwölf Monaten abgelaufen.◄

Ein Anspruch auf Entgeltfortzahlung besteht jedoch nur, wenn dem Arbeitnehmer an der Krankheit kein Verschulden trifft. Der hierfür anzulegende Verschuldensmaßstab entspricht aber nicht dem Grundsatz des § 276 Abs. 1 BGB, wonach Vorsatz und Fahrlässigkeit zu vertreten sind. Wäre dies der Fall, müsste der Arbeitnehmer bereits für Verstöße gegen die Sorgfaltspflicht einstehen, die dann zu einem Verlust des Anspruchs auf Entgeltfortzahlung führen würden. Ein so weitgehender Ausschluss der Entgeltfortzahlung

---

[243] BAG, Urteil vom 18.01.2023–5 AZR 93/22.

soll jedoch gerade nicht erfolgen. Dem Arbeitnehmer ist nur dann der Anspruch auf Entgeltfortzahlung zu verwehren, wenn ihm ein Verschulden gegen sich selbst zur Last fällt. Es muss sich um einen groben Verstoß gegen das eigene Interesse eines verständigen Menschen handeln.[244] Dies ist im hohen Maße anhand des Einzelfalls zu bewerten. Ein häufiger Streitpunkt bei der Frage des Verschuldens einer Arbeitsunfähigkeit zwischen den Arbeitsvertragsparteien besteht etwa im Hinblick auf sportliche Betätigungen des Arbeitnehmers. In einer sportlichen Betätigung liegt jedoch in aller Regel kein Verschulden gegen sich selbst. Selbst das Durchführen von außergewöhnlichen Sportarten wie z. B. Drachenfliegen, ist für sich betrachtet noch nicht als ein grober Verstoß zu werten.[245] Insgesamt dürften daher auch sehr verletzungsgeneigte oder gefährliche Sportarten für den Arbeitnehmer möglich sein, ohne dass ihm im Falle einer eintretenden Verletzung ein Verschuldensvorwurf gemacht werden kann.

Ein schuldhaftes Handeln im Sinne von § 3 EFZG liegt daher insgesamt nur in Ausnahmefällen vor. Dies kann etwa die Verursachung eines Verkehrsunfalls unter Drogen- oder Alkoholeinfluss der Fall sein. Im Streitfall hat der Arbeitgeber das Verschulden des Arbeitnehmers zu beweisen, sodass in der Praxis seitens der Arbeitgeber praktisch eher selten hinterfragt wird, ob den Arbeitnehmer ein Verschulden gegen sich selbst trifft.

In Hinblick auf den Anspruch auf Entgeltfortzahlung ist ferner zu beachten, dass dieser nach § 3 Abs. 4 EFZG erst nach Ablauf der ersten vier Wochen des Arbeitsverhältnisses entstehen kann.

4.11 Arbeitnehmerhaftung

Arbeitnehmer kommen im Rahmen ihrer Tätigkeit mit hohen Vermögenswerten in Berührung. Je nach ihrer konkreten Tätigkeit tragen sie Verantwortung für werthaltige Wirtschaftsgüter des Arbeitgebers oder solche von Geschäftspartnern. Auch besteht die vielfältige Möglichkeit, dass Arbeitnehmer durch tatsächliche oder rechtliche Rechtshandlung wie etwa in Zusammenhang mit dem Abschluss oder Durchführung von Verträgen eine hohe wirtschaftliche Verantwortung tragen. Obwohl Arbeitgeber und Arbeitnehmer sich nach Kräften bemühen können, Fehler und dadurch verursachte Schäden im Arbeitsprozess zu vermeiden, ist dies nicht vollständig zu verhindern. Es liegt in der Natur der Sache, dass Arbeitnehmer auch Fehler bei der Erbringung ihrer Arbeitsleistung machen können. Der Eintritt von Schäden für den Arbeitgeber kann deshalb nicht ausgeschlossen werden.

Eine Gesamtschau der beiden vorgenannten Aspekte offenbart die Problematik der Arbeitnehmerhaftung. Müsste ein Arbeitnehmer für alle von ihm verursachten Schäden gegenüber dem Arbeitgeber privat haften, würde dies oftmals zu einer wirtschaftlichen

---

[244] BAG, NZA 2015, 801.
[245] BAG, AP Nr. 45 zu § 1 LohnFG.

Überforderung führen. Die Haftung eines Arbeitnehmers für durch ihn bei der Ausübung seiner Tätigkeit verursachte Schäden muss daher von der normalen zivilrechtlichen Haftung abweichen.

Fallbeispiel

Bodo ist Baggerfahrer. Der von ihm genutzte Bagger hat einen Wert von einer Mio. Euro. Aufgrund einer leichten Unachtsamkeit des Bodos wird der Bagger ganz erheblich beschädigt. Die Reparaturkosten betragen 300.000,00 €. Diese Konstellation lässt klar erkennen, dass Bodo keinesfalls den von ihm verursachten Schaden ersetzen kann.

Nach den allgemeinen zivilrechtlichen Maßstäben haftet Bodo seinem Arbeitgeber wegen der Verletzung seiner Pflicht zur ordnungsgemäßen Erbringung der Arbeit nach den §§ 280 Abs. 1, 241 BGB. Darüber hinaus kommt auch eine deliktsrechtliche Haftung in Betracht. Maßgeblich für die zivilrechtliche Haftung ist dabei das Vorliegen eines schuldhaften Handelns nach § 276 Abs. 1 S. 1 BGB. Die Verletzungshandlung muss folglich vorsätzlich oder fahrlässig erfolgt sein. Unter Anwendung dieser zivilrechtlichen Grundsätze müsste der Baggerfahrer des vorgenannten Beispiels vollumfänglich haften, da ihm eine Sorgfaltspflichtverletzung zur Last fällt.◄

Um diese nicht sachgerechte Folge zu verhindern, hat das Bundesarbeitsgericht ein gesondertes ausdifferenziertes und abgestuftes System für die Arbeitnehmerhaftung entwickelt.[246]

4.11.1 Haftung gegenüber dem Arbeitgeber

Zunächst hat jedoch bereits der Gesetzgeber mit § 619a BGB die vorgenannte schuldrechtliche Haftung nach den §§ 280 Abs. 1, 241 BGB hinsichtlich der Beweislastverteilung modifiziert. Abweichend von § 280 Abs. 1 BGB hat danach der Arbeitnehmer dem Arbeitgeber nur dann Schadensersatz zu leisten, wenn er die Pflichtverletzung auch zu vertreten hat. Die Beweislast dafür trifft folglich den Arbeitgeber. Eine inhaltliche Aussage zum Haftungsmaßstab des Vertretenmüssens liegt darin jedoch nicht.

An dieser Stelle kommt die durch Richterrecht ausgeprägte Arbeitnehmerhaftung zum Tragen. Verursacht der Arbeitnehmer in Ausübung seiner betrieblichen Tätigkeit einen Schaden gegenüber dem Arbeitgeber, erfolgt eine Schadensteilung nach dem Grad des Verschuldens. Eine betriebliche Tätigkeit liegt vor, wenn der Arbeitnehmer in Ausübung der ihm übertragenen Aufgaben handelt.[247]

---

[246] BAG, NZA 1994, 1083 m. w. N.
[247] BAG, NZA 2003, 37.

4.11.2 Verschuldensgrade

In analoger Anwendung der gesetzlichen Möglichkeit einer Schadensteilung aufgrund eines vorhandenen Mitverschuldens nach § 254 BGB nimmt das Bundesarbeitsgericht eine Schadensverteilung zwischen den Arbeitsvertragsparteien vor.[248] Unabhängig davon kann jedoch auch ein tatsächliches Mitverschulden des Arbeitgebers vorliegen. In diesem Fall findet nicht nur eine Anwendung der nachgenannten Grundsätze zur Arbeitnehmerhaftung, sondern auch vorgelagert eine direkte Berücksichtigung des Mitverschuldens statt. Das kommt insbesondere dann in Betracht, wenn der Arbeitgeber durch fehlerhafte Organisationen, Anleitung oder Überwachung schadensverursachende Beiträge leistet.[249]

Konkret wird zur Arbeitnehmerhaftung nach dem Grad des Verschuldens dahingehend unterschieden, dass zwischen Vorsatz und Fahrlässigkeit unterschieden wird. Zudem ist innerhalb der Fahrlässigkeit weiterführend zu differenzieren. Gesetzlicher Ausgangspunkt ist folglich § 276 Abs. 1 S. 1 BGB.

Hat der Arbeitnehmer den Schaden vorsätzlich verursacht, haftet er vollständig und alleine.[250] Bei grober Fahrlässigkeit gilt in der Regel das Gleiche.[251] Die Haftung kann jedoch der Höhe nach begrenzt sein, wenn das Einkommen des Arbeitnehmers in einem krassen Missverhältnis zum Schadensrisiko und daraus resultierenden Schadenshöhe steht. Fällt dem Arbeitnehmer dagegen nur leichteste Fahrlässigkeit zur Last, haftet er gar nicht. Bei mittlerer Fahrlässigkeit findet dagegen eine einzelfallbezogene quotale Verteilung des Schadens dem Grunde nach statt, die für den Arbeitnehmer auch einkommensbezogen der Höhe nach begrenzt ist.[252]

Eine vorsätzliche Handlung des Arbeitnehmers setzt voraus, dass der konkrete Schaden als mindestens möglich vorausgesehen und billigend in Kauf genommen wird.[253] Vertraut der Arbeitnehmer darauf, dass der Schaden nicht eintreten wird, liegt darin nur grobe Fahrlässigkeit.[254] Grobe Fahrlässigkeit ist das Außerachtlassen der im Verkehr erforderlichen Sorgfalt in einem ungewöhnlich hohen Maß. Es muss dasjenige unbeachtet gelassen werden, welches unter den gegebenen Umständen jedem hätte einleuchten müssen. Der Arbeitnehmer muss folglich in nicht zu entschuldigender Form gegen die an ihn gestellten Anforderungen verstoßen haben.[255] Leichteste Fahrlässigkeit ist dagegen ein einfaches Fehlverhalten, welches etwa aus geistigen oder körperlichen Fehlhandlungen besteht (sich vergreifen oder versprechen o. Ä.). Der durchschnittliche Fall einer fahrlässigen Handlung liegt in der Verletzung der im Verkehr erforderlichen Sorgfalt nach § 276 Abs. 2

---

[248] Instruktiv BAG, NZA 1988, 579.
[249] BAG, NZA 2002, 612.
[250] BAG, AP Nr. 137 zu § 611 BGB.
[251] BAG, a. a. O.
[252] BAG, NZA 1988, 579.
[253] Siehe bereits BGHZ 7, 311.
[254] BAG, NZA 2003, 37.
[255] BAG, NZA 2006, 1428.

BGB. Wäre der Schaden bei der Anwendung der im konkreten Fall gebotenen Sorgfalt vorauszusehen und vermeidbar gewesen, trifft den Arbeitnehmer mittlere Fahrlässigkeit.

Die vorgenannten Unterscheidungen sind dabei in sehr hohem Maße von den konkreten Umständen des Einzelfalls abhängig und können wegen der nicht überblickbaren Vielschichtigkeit der zu betrachtenden Sachverhalte auch nicht als absolut trennscharfe Grenzen betrachtet werden. Dies gilt namentlich für die Abstufungen der Fahrlässigkeit, welche auch innerhalb der drei genannten Kategorien noch einer Binnendifferenzierung bedürfen. So kann eine mittlere Fahrlässigkeit praktisch bereits fast grob sein. In einem anderen Fall kann eine mittlere Fahrlässigkeit gerade so erreicht sein, sodass noch fast eine leichte Fahrlässigkeit vorliegt. Auch das ist bei der jeweiligen Verteilung des konkreten Schadens zu berücksichtigen.

Ein wichtiges Abwägungskriterium ist zudem die Frage, ob der eingetretene Schaden versichert oder jedenfalls versicherbar ist. Insbesondere bei Kraftfahrzeugen ist das Vorliegen einer Vollkaskoversicherung zu berücksichtigen. Hat der Arbeitgeber keine Vollkaskoversicherung abgeschlossen, ist auch dieser Gesichtspunkt zulasten des Arbeitgebers zu berücksichtigen, da er seinerseits trotz Versicherbarkeit bewusst ein Risiko in Kauf genommen hat.

> **Fallbeispiel**
>
> Marvin ist Kraftfahrer und verdient netto 2000,00 €. Der von ihm gesteuerte Lkw hat einen Wert von 200.000,00 €. Durch eine Unachtsamkeit beim Abbiegevorgang kollidiert der Lkw mit einem Hindernis am Fahrbahnrand. Es entsteht an Sachschaden von 40.000,00 €, welchen der Arbeitgeber von Marvin ersetzt verlangt, weil keine Vollkaskoversicherung besteht. Da dem Arbeitnehmer mittlere Fahrlässigkeit aufgrund seiner Sorgfaltspflichtverletzung zur Last fällt, ist der Schaden aber nur quotal zu teilen. Wäre der Lkw versichert gewesen, hätte der Arbeitgeber nur einen Schaden in Höhe der Selbstbeteiligung und der Höherstufung erlitten. Nur diese Schadenshöhe ist angemessen zu teilen.◄

4.11.3 Mankohaftung

Eine eigene Fallgruppe des innerbetrieblichen Schadensausgleichs zwischen Arbeitnehmer und Arbeitgeber bildet die sogenannte Mankohaftung. Die Frage einer Mankohaftung meint den Eintritt eines Schadens in Form eines eingetretenen Fehlbestandes an anvertrauten Waren oder Bargeld. Die Wichtigkeit dieses Sonderfalles wird aus der Vielzahl von möglichen Konstellationen deutlich, in welchen der Arbeitnehmer aufgrund seiner Tätigkeit Verantwortung für Waren oder Gelder übernimmt (z. B. Verkäufer, Kassierer).

Auch in diesem Bereich erfolgt die Verteilung des eingetretenen Schadens nach dem zuvor genannten Grad des Verschuldens des Arbeitnehmers. Dies kann in der Praxis jedoch wegen erheblicher Aufklärungsschwierigkeiten des zugrunde liegenden Sachverhaltes dazu führen, dass die Verschuldensbestimmung nur schwer möglich ist. Vielfach bedingen Arbeitgeber sich deshalb vertraglich eine verschuldensunabhängige Mankohaftung des Arbeitnehmers aus. Solche Abreden sind aber nur wirksam, wenn der Arbeitnehmer im Gegenzug auch eine entsprechend hinreichende Vergütung (Mankovergütung) erhält.[256] Wegen der starken Einzelfallbezogenheit sind deshalb sowohl Mankovereinbarungen als auch entsprechende Schadensersatzforderungen nach den Kriterien der Angemessenheit und Zumutbarkeit zu prüfen.

4.11.4 Haftung gegenüber Dritten

Die vorgenannten Haftungserleichterungen gegenüber dem Arbeitgeber betreffen nur Schadensereignisse, die diesem gegenüber eintreten. Häufig kommt jedoch ein Dritter durch Handlungen eines Arbeitnehmers zu Schaden. In diesem Bereich gelten die Grundsätze der Arbeitnehmerhaftung nicht.

Gleichwohl wird praktisch der Geschädigte stets versuchen, sich mit der Geltendmachung seines Schadens an den Arbeitgeber zu wenden. Insoweit findet auch eine schuld- oder deliktsrechtliche Zurechnung der Handlung des Arbeitnehmers nach den §§ 278 Abs. 1, 831 Abs. 1 BGB statt. Leistet der Arbeitgeber auf den Schaden des Dritten, könnte er beim Arbeitnehmer Regress nehmen. Sodann kommen doch wieder die Grundsätze der Arbeitnehmerhaftung zum Tragen, da in diesem Verhältnis ein innerbetrieblicher Schadensausgleich stattfinden würde.

Fallbeispiel

Bernd ist Bauarbeiter. Bei der Durchführung von Bauarbeiten für seinen Arbeitgeber beschädigt er leicht fahrlässig ein nahe der Baustelle ordnungsgemäß geparktes Auto eines Dritten. Diesem leistet der Arbeitgeber Schadensersatz. Er kann jedoch keinen Rückgriff bei Bernd nehmen, da dieser wegen der leichten Fahrlässigkeit als Arbeitnehmer nicht haftet.◄

Sollte ausnahmsweise einmal nicht der Arbeitgeber wegen eines Schadens beansprucht werden, sondern ein Dritter direkt an den Arbeitnehmer herantreten, gelten die gleichen Grundsätze. Der Arbeitnehmer hat folglich einen Freistellungs- oder Rückgriffsanspruch gegenüber dem Arbeitgeber, falls er im Innenverhältnis haftungsfrei wäre. Träfe den Arbeitnehmer eine anteilige Haftungsquote, würde es insoweit jedoch bei der anteiligen

---

[256] BAG, Urteil vom 27.10.1988–6 AZR 177/87.

Haftung des Arbeitnehmers verbleiben. Zu ernsthaften Schwierigkeiten für den Arbeitnehmer kommt es indes, wenn der Arbeitgeber insolvent ist. In diesen Fällen kann der Arbeitnehmer sich weder auf eine Freistellung berufen noch seinerseits Rückgriff nehmen, sodass er den durch ihn verursachten Schaden in dieser Ausnahmekonstellation doch zu tragen hat.[257]

4.11.5 Haftung gegenüber anderen Betriebsangehörigen

Kommt es zu einer Verletzung eines anderen Betriebsangehörigen, sind §§ 104 Abs. 1, 105 SGB VII zu beachten. Hier schlägt die Haftungsprivilegierung für Arbeitsunfälle durch. Der geschädigte Arbeitnehmer wird mit seinem Schaden an die gesetzliche Unfallversicherung verwiesen, gegen welche ein verschuldensunabhängiger sozialrechtlicher Anspruch besteht und in diesem Bereich für eine gesamtgesellschaftlich angemessene Risikoverteilung sorgt.

Da der Arbeitgeber bei Vorliegen eines Arbeitsunfalls nach diesen Normen gerade nicht persönlich haften soll, muss dies auch zwischen Betriebsangehörigen gelten. Wäre dies nicht der Fall, könnte durch einen Regress im Innenverhältnis der Arbeitgeber doch wieder in die Haftung genommen werden, sodass der Gesetzeszweck unterlaufen würde. Betriebsangehörige haften untereinander deshalb für Verletzungshandlungen nur bei Vorsatz. Werden dagegen Sachschäden verursacht, verbleibt es auch unter Betriebsangehörigen bei der normalen zivilrechtlichen Haftung.

4.12 Betriebsübergang

Das Arbeitsverhältnis besteht zwischen dem Arbeitnehmer und dem Arbeitgeber. Der Arbeitnehmer ist eine Person, die nach § 613 BGB ihre Arbeitsleistung auch persönlich zu erbringen hat. Welche Rechtspersönlichkeit der Arbeitgeber aufweist, ist dagegen weit weniger eindeutig.

Arbeitgeber ist, wer mindestens einen Arbeitnehmer beschäftigt. Regelmäßig verfolgt der Arbeitgeber einen bestimmten Zweck, für dessen Erreichung der Arbeitnehmer eingesetzt wird. Worin genau dieser Zweck besteht, kann dahinstehen. Oftmals besteht indes ein unternehmerischer Hintergrund.

Der Arbeitgeber hat es in der Hand, sein Unternehmen oder einen Teil davon an einen anderen zu übertragen, welcher dann den vorgenannten Zweck fortführt, modifiziert oder sich anderweitig dazu verhält. In solchen Konstellationen ist die Frage zu beantworten, was mit dem bestehenden Arbeitsverhältnis geschieht. Für solche rechtsgeschäftlichen Betriebsübergänge ordnet § 613a BGB einen Übergang des Arbeitsverhältnisses auf den

---

[257] BGH, NJW 1989, 3273; Die Anwendung dieser allgemeinen zivilrechtlichen Grundsätze erscheint hier jedoch wegen der potenziellen Überlastung des Arbeitnehmers unbillig.

Erwerber an. Es findet folglich ein Arbeitgeberwechsel statt. Ein Betriebsübergang kann auch in der Form erfolgen, dass die Arbeitsverhältnisse der betreffenden Arbeitnehmer zunächst auf einen ersten Erwerber und dann auf einen zweiten oder weitere Erwerber übergehen.[258] In einer solchen Situation kann der Arbeitnehmer ein etwa noch bestehendes Recht, dem durch den vorangegangenen Betriebsübergang eingetretenen Übergang seines Arbeitsverhältnisses zu widersprechen, allerdings nur dann noch wirksam ausüben, wenn er erfolgreich dem mit dem weiteren Betriebsübergang verbundenen Übergang seines Arbeitsverhältnisses auf den neuen Inhaber widersprochen hat.[259] Dafür müssen aber die Arbeitnehmer informiert sein, ob bei mehreren Transaktionen auch die wirtschaftliche Verantwortung für den Betrieb rechtlich übergeht, also ein Betriebsinhaberwechsel auf den Zwischenerwerber stattfindet.[260] Die sich daraus ergebenen Konsequenzen und die Rechtsstellung des Arbeitnehmers bedürfen der Konkretisierung. Nachfolgend sind deshalb die Voraussetzungen und Rechtsfolgen eines Betriebsübergangs in Bezug auf das Arbeitsverhältnis darzustellen.

4.12.1 Voraussetzungen des Betriebsübergangs

Ein Betriebsübergang liegt nur vor, wenn ein Betrieb oder Betriebsteil durch Rechtsgeschäft auf einen anderen Inhaber übergeht. Der Betrieb ist die wirtschaftliche Einheit als organisierte Zusammenfassung von Ressourcen zur Verfolgung einer wirtschaftlichen Tätigkeit.[261] Bei der Frage, ob ein Betrieb oder jedenfalls ein Betriebsteil vorliegt, welcher von einem neuen Inhaber fortgeführt werden soll, kommt es folglich auf eine Gesamtbetrachtung an. Hierfür hat die Rechtsprechung sieben Kriterien herausgearbeitet, die bestimmend für den Betriebsbegriff sein sollen und in einer wertenden Gesamtbetrachtung heranzuziehen sind.[262] Danach ist abzustellen auf die Art des Unternehmens, den Übergang der Betriebsmittel, die Übernahme der Belegschaft, die immateriellen Vermögenswerte wie etwa des „Know-hows", die Übernahme der Kundenbeziehungen und die Ähnlichkeit der betrieblichen Tätigkeit vor und nach der Übernahme, und die etwaige Dauer einer Unterbrechung der geschäftlichen Tätigkeit.[263] Ergibt sich nach den vorgenannten Kriterien die Fortführung des damit verfolgten wirtschaftlichen Zwecks, liegt ein Betriebsübergang vor, der den Übergang der bestehenden Arbeitsverhältnisse auf den neuen Inhaber zur Folge hat. Wegen der großen Unterschiede möglicher Betriebsarten ist diese Betrachtung stark einzelfallbezogen. So kann etwa ein Betriebsübergang im Bereich einer Dienstleistungstätigkeit bereits durch die Übertragung des „Know-hows" und der

---

[258] Sog. Kettenbetriebsübergang, vgl. BAG, Urteil vom 21.08.2014 – Az: 8 AZR 619/13.

[259] BAG, Urteil vom 19.11.2015 – Az: 8 AZR 773/14.

[260] BAG, Urteil vom 15.12.2022–2 AZR 99/22.

[261] Richtlinie 01/23/EG; dazu BAG, NZA 1998, 251.

[262] Grundlegend EuGH, NZA 1997, 433.

[263] EuGH, a. a. O.

Kundenbeziehungen vorliegen, weil es insoweit für die Erreichung des wirtschaftlichen Zwecks auf Betriebsmittel nicht ankommt. In einem anderen Fall würde ein Betriebsübergang im Bereich einer Warenproduktion insbesondere die Übertragung der Betriebsmittel voraussetzen, weil diese dort den wesentlichen Teil ausmachen.

Fallbeispiel

Die A-GmbH stellt unterschiedliche Kunststoffprodukte an zwei verschiedenen Standorten her. Die Produktpalette des einen Standorts ist ein echter Exportschlager und macht dem Unternehmen deshalb viel Freude. Die an dem anderen Standort hergestellten Produkte sind dagegen allesamt Verlustbringer. Die Geschäftsführung der A-GmbH beschließt deshalb, den unwirtschaftlichen Standort vollständig mit allen Betriebsmitteln und Produktionsprozessen an einen Konkurrenten zu verkaufen. Die bestehenden Arbeitsverträge gehen deshalb nach § 613a Abs. 1 S. 1 BGB auf das Käuferunternehmen über.◄

Die zweite Voraussetzung eines Betriebsübergangs ist, dass ein Wechsel der Rechtspersönlichkeit des Betriebsinhabers stattfindet. § 613a BGB ist immer dann einschlägig, wenn eine neue Rechtsperson Betriebsinhaber wird. Ob es sich dabei um eine natürliche oder juristische Person oder eine andere Form von Gesellschaft handelt, ist unerheblich. Entscheidend ist der Wechsel des Rechtssubjektes.[264] Der neue Inhaber muss den Betrieb tatsächlich fortführen. Ob das der Fall ist, muss nach den tatsächlichen Umständen bewertet werden.[265] Wird der Betrieb vor dem Übergang auf einen anderen Inhaber stillgelegt, tritt mithin kein Betriebsübergang ein. Insoweit ist zur Vermeidung von Missbräuchen die Dauer einer Stilllegung des Betriebes zu betrachten.

Die dritte Voraussetzung für einen Betriebsübergang ist die Übertragung durch Rechtsgeschäft. Ein rechtsgeschäftlicher Übergang meint im Kern eine vertragliche Übertragung. Der Begriff ist aber weit auszulegen und beinhaltet nur eine Abgrenzung zu den Fällen der Gesamtrechtsnachfolge (z. B. Erbe). Zur Eröffnung des Anwendungsbereichs des § 613a BGB ist lediglich die rechtsgeschäftliche Ermöglichung zur Fortführung des Betriebes durch den alten Inhaber erforderlich, sodass der neue Betriebsinhaber den Betrieb im eigenen Namen führen kann.[266] Auf die Art des Rechtsgeschäftes kommt es nicht an.

4.12.2 Rechtsfolgen des Betriebsübergangs

Liegt ein Betriebsübergang vor, löst das die Rechtsfolgen des § 613a BGB aus. Diese sind wegen ihrer erheblichen Praxisrelevanz nachfolgend ausführlich darzustellen.

---

[264] EuGH, NZA 2014 423.
[265] BAG, NZA 2008, 825.
[266] BAG, NZA 2006, 597.

4.12.2.1 Widerspruchsrecht

Der Übergang des Arbeitsverhältnisses auf den neuen Inhaber und damit verbundenen Rechtsfolgen treten nicht ein, wenn der Arbeitnehmer dem Übergang widerspricht. Der Arbeitnehmer hat nach § 613a Abs. 6 BGB das Recht, dem Übergang innerhalb eines Monats schriftlich gegenüber dem alten Arbeitgeber oder dem neuen Inhaber zu widersprechen. Der Widerspruch muss nicht begründet werden. Die Monatsfrist beginnt erst zu laufen, wenn der Arbeitnehmer über den Übergang nach § 613a Abs. 5 BGB informiert wurde. Danach muss der bisherige Arbeitgeber oder neue Inhaber die von dem Übergang betroffenen Arbeitnehmer vor dem Übergang in Textform über den geplanten Zeitpunkt und den Grund des Übergangs sowie die rechtlichen, wirtschaftlichen und sozialen Folgen und die hinsichtlich der Arbeitnehmer in Aussicht genommenen Maßnahmen unterrichten. Die Anforderungen an eine solche Unterrichtung sind hoch. Auch ein Verzicht auf das Widerspruchsrecht muss daher unmissverständlich erklärt werden.[267] Der Arbeitgeber muss die Belehrung fehlerfrei durchführen, sodass im Ergebnis für die Arbeitnehmer eine umfassende und zutreffende Rechtsberatung vorliegt.[268] Der Arbeitnehmer soll eine sachgerechte Entscheidungsgrundlage für die Ausübung seines Widerspruchsrechts erhalten. Bereits der kleinste Fehler in der Unterrichtung hat zur Folge, dass die einmonatige Widerspruchsfrist nicht zu laufen beginnt.[269] In diesen Fällen hat der Arbeitnehmer ein zeitlich unbefristetes Widerspruchsrecht. Dieses unterliegt jedoch den Grundsätzen der Verwirkung nach Treu und Glauben gemäß § 242 BGB. Eine Verwirkung des Widerspruchsrechts tritt ein, wenn der Arbeitnehmer bei dem neuen Inhaber einfach weiterarbeitet und zusätzlich durch eigene Handlungen einen Vertrauenstatbestand bei dem neuen Inhaber schafft.[270] Der zeitliche Ablauf und das entstandene Vertrauen bei dem neuen Arbeitgeber müssen für das Vorliegen von Verwirkung in einer Gesamtbetrachtung dazu führen, dass angenommen werden darf, dass der Arbeitnehmer den Übergang akzeptiere und sein Widerspruchsrecht nicht mehr ausüben werde.

Fallbeispiel

Pascal ist von einem Betriebsübergang betroffen. Er wurde zwar nur unzureichend unterrichtet. Gleichwohl hat er seine Tätigkeit für rund ein halbes Jahr bei dem neuen Inhaber aufgenommen, da er dort zunächst auch sehr zufrieden war. Er hat sogar seinen Arbeitsvertrag dahingehend erneuert, dass er eine zusätzliche Aufgabe in Verbindung einer entsprechenden Sonderzulage übernommen hat. Nun will er aber doch dem Übergang widersprechen, da sich beim alten Arbeitgeber bessere Möglichkeiten abzeichnen.

---

[267] BAG, Urteil vom 28.02.2019–8 AZR 201/18, NZA 2019, 1279.

[268] BAG, NZA 2015, 866.

[269] BAG, NJW 2014, 1755.

[270] Zu dem Zeitmoment muss ein Umstandsmoment hinzutreten, welches etwa eine Vertrauensbildung durch Vertragsänderungen o. Ä. zum Gegenstand haben kann, siehe dazu ausführlich BAG, NZA 2012, 1097; zu einer langen Zeit des Weiterarbeitens ohne weitere Umstandsmomente BAG, NJW 2018, 647.

Obwohl er ein eigentlich unbefristetes Widerrufsrecht hat, ist dieses inzwischen durch den Ablauf von rund einem halben Jahr und seine Vertragsänderung als beim neuen Arbeitgeber vertrauensschaffende Maßnahme verwirkt. ◄

Erhebt der Arbeitnehmer ordnungsgemäß Widerspruch gegen den Übergang seines Arbeitsverhältnisses, verbleibt dieses bei dem alten Arbeitgeber. Der Widerspruch wirkt zurück auf den Zeitpunkt des Übergangs. Das Vertragsverhältnis zum alten Arbeitgeber ist folglich nie übergegangen. Für den Fall, dass dort keine Arbeit mehr vorhanden sein sollte, macht ein solcher Widerspruch folglich kaum Sinn, da die Kündigung durch den Arbeitgeber die regelmäßige Folge ist. Bestehen hingegen beim alten Arbeitgeber (noch) Arbeitsmöglichkeiten, sollte ein von einem Betriebsübergang betroffener Arbeitnehmer die Möglichkeit eines Widerspruchs in Erwägung ziehen.

4.12.2.2 Übergang der Arbeitsverhältnisse

Liegt ein Betriebsübergang vor, so tritt der Erwerber in die Rechte und Pflichten aus den im Zeitpunkt des Übergangs bestehenden Arbeitsverhältnissen ein. Gleichzeitig erlischt das Arbeitsverhältnis zum bisherigen Betriebsinhaber.[271] Es findet folglich ein Arbeitgeberwechsel statt.[272] Eine Zustimmung des Arbeitnehmers ist vorbehaltlich des Widerspruchsrechts aus § 613a Abs. 6 BGB nicht erforderlich.[273]

Infolge des Arbeitgeberwechsels wird der Erwerber Schuldner aller Verbindlichkeiten des bisherigen Betriebsinhabers. Er hat fortan geleistete Arbeit zu vergüten und daneben rückständige Lohnansprüche zu begleichen.[274] Bindungswirkungen aufgrund betrieblicher Übung oder einer Gesamtzusage bleiben auch im Verhältnis zum Erwerber erhalten.[275] Entsprechendes gilt für Gratifikationen und andere Sonderleistungen, die auch vom bisherigen Betriebsinhaber gewährt worden sind. Kollektivrechtliche Regelungen gelten nach § 613a BGB fort, können jedoch wiederum durch kollektivrechtliche Regelungen abgelöst werden, wobei dies auch Verschlechterungen mit sich bringen kann.[276]

Die Dauer der Betriebszugehörigkeit beim bisherigen Betriebsinhaber bleibt auch im Verhältnis zum Erwerber erhalten.[277] Sie ist bei der Berechnung von Kündigungsfristen oder der Wartezeiten nach § 4 BurlG ebenso wie bei der Berechnung finanzieller Leistungen, wie z. B. bei Abfindungen oder Lohnerhöhungen zu berücksichtigen.[278] Allerdings

---

[271] ErfK/Preis, § 614a Rn. 66.

[272] BAG NZA 1987, 524.

[273] ErfK/Preis, § 614a Rn. 66.

[274] BAG, Urteil vom 18.08.1976–5 AZR 95/75.

[275] BAG NZA 2008, 1360.

[276] BAG, Urteil vom 12.06.2019–1 AZR 154/17, NZA 2019, 1203.

[277] ErfK/Preis, § 614a Rn. 76.

[278] BAG NZA 2003, 145; 2014, 1083, Rn. 20; EuGH NZA, 2017, 585.

hat eine Anrechnung –punktuell – zu unterbleiben, wenn die Betriebszugehörigkeit bereits im Verhältnis zum bisherigen Betriebsinhaber keine rechtsbegründende Wirkung hatte.[279]

Handelsrechtliche Vollmachten stellen keine Rechte und Pflichten aus dem Arbeitsverhältnis im Sinne des § 613a BGB dar.[280] Sie bestehen alleine im (Arbeits-)Verhältnis zum bisherigen Betriebsinhaber und erlöschen infolge des Betriebsübergangs, da sie nach § 168 S. 1 BGB das rechtliche Schicksal des ihrer Erteilung zugrunde liegenden Rechtsverhältnisses teilen.

4.13 Beendigung des Arbeitsverhältnisses

Das Arbeitsverhältnis ist regelmäßig auf Dauer angelegt und hat den wiederkehrenden Austausch der Arbeitsleistung und Vergütung mit den entsprechenden Nebenpflichten zum Gegenstand. Das Regelarbeitsverhältnis ist deshalb ein unbefristetes Arbeitsverhältnis. Die gesetzlich geregelten Ausnahmen hierzu insbesondere in Form von befristeten Arbeitsverhältnissen sind deshalb als Ausnahme zu begreifen. Um ein Arbeitsverhältnis zu beenden, ist deshalb die Schaffung eines gesonderten Beendigungstatbestandes erforderlich. Soweit dies nicht bereits im Arbeitsvertrag selbst ausdrücklich vereinbart sein sollte, muss entweder eine einvernehmliche Beendigungsabrede getroffen werden oder eine der beiden Vertragsparteien muss eine Kündigung aussprechen.

Das Erzielen eines Erwerbseinkommens bildet für den Arbeitnehmer im Normalfall die Grundlage für seine wirtschaftliche Existenz. Die allermeisten Arbeitnehmer sind darauf angewiesen, ihre monatliche Vergütung für die laufenden Kosten für sich und möglicherweise auch weitere Familienangehörige zu verwenden. Dem Bestand des Arbeitsverhältnisses kommt deshalb für sie eine herausragende Bedeutung zu. Diesen Bedeutungsgehalt erkennt der Gesetzgeber in hohem Maße an, indem für die Beendigung eines Arbeitsverhältnisses durch den Arbeitgeber zahlreiche gesetzliche Vorgaben gemacht werden. Die einzige Beendigung des Arbeitsverhältnisses in Form einer Kündigung durch den Arbeitgeber ist daher mit zahlreichen Schutzvorschriften für den Arbeitnehmer ausgestaltet. Dies beinhaltet sowohl grundsätzliche Regelungen in Form eines allgemeinen Kündigungsschutzes als auch konkreten Sonderkündigungsschutz für bestimmte Gruppen von Arbeitnehmern, welcher etwa aus der Person selbst heraus (z. B. Mutterschutz) oder einer bestimmten Rolle (z. B. Betriebsrat) erwächst.

Treffen die Arbeitsvertragsparteien eine einvernehmliche Regelung zur Beendigung des Arbeitsverhältnisses oder kündigt der Arbeitnehmer, ist das Schutzbedürfnis grundsätzlich deutlich geringer. In diesen Konstellationen sind die gesetzlichen Vorgaben deshalb weniger umfangreich ausgestaltet. Ergänzend zu den zuvor bereits umfänglich beleuchteten Tatbeständen zur Vereinbarung befristeter Arbeitsverhältnisse ist vorliegend

---

[279] Siehe etwa BAG NZA 2007, 1426 bzgl. einer Jubiläumszahlung, die lediglich beim Erwerber und nicht beim Veräußerer gewährt wurde.
[280] ErfK/Preis, § 614a Rn. 78.

noch auf den vielfach verbreiteten Fall hinzuweisen, dass die Vertragsparteien auch bei einem unbefristeten Arbeitsverhältnis regelmäßig ein vertragliches Ende vereinbaren. Dies geschieht unter Berücksichtigung der sozialrechtlichen Bestimmungen zum Renteneintritt des Arbeitnehmers. Weit verbreitet ist die Aufnahme einer rechtlich auch nicht zu beanstandenden Klausel in den Arbeitsvertrag, nach welcher das Arbeitsverhältnis endet, wenn der Arbeitnehmer die Regelaltersgrenze (von derzeit 67 Jahren) erreicht.

Nachfolgend sind deshalb die wichtigsten Beendigungstatbestände ausführlich darzustellen. Dies betrifft sowohl die Regelungen zu den unterschiedlichen Arten von Kündigungen als auch die weiteren Beendigungstatbestände wie etwa Aufhebungsverträge oder die Anfechtung von Arbeitsverträgen.

Nur der Vollständigkeit halber sei erwähnt, dass ein Arbeitsverhältnis durch den Tod des Arbeitnehmers gemäß § 613 S. 1 BGB sein Ende findet. Anders liegen die Dinge jedoch, wenn der Arbeitgeber eine natürliche Person ist und stirbt. Hier wird der Arbeitsvertrag grundsätzlich mit den Erben fortgesetzt. Eine Beendigung liegt auch nicht darin, dass der Arbeitgeber in die Insolvenz geht. Daraus folgt nicht unmittelbar die Beendigung des Arbeitsverhältnisses. Auch hier muss im Rahmen der allgemeinen Regelungen ein Beendigungstatbestand etwa in Form einer Kündigung geschaffen werden. Zu beachten ist aber die hier geltende maximale Kündigungsfrist von drei Monaten zum Monatsende nach § 113 InsO.

4.13.1 Kündigung

Der in der Praxis wichtigste Beendigungstatbestand ist die Kündigung. Eine Kündigung ist eine einseitige empfangsbedürftige Willenserklärung, die damit den allgemeinen Regelungen zu Willenserklärungen nach dem BGB unterliegt. Insbesondere sind alle Voraussetzungen zur Form, dem Zugang und den Regelungen zur rechtsgeschäftlichen Vertretung nach den §§ 104 ff. BGB auf sie anwendbar.

Kündigungen werden jedoch in unterschiedlichen Formen ausgesprochen. So wird nach ordentlichen und außerordentlichen Kündigungen unterschieden. Bereits aus der Formulierung „außerordentliche“ Kündigung wird deutlich, dass für diese ein gesonderter Maßstab anzulegen ist. Im Folgenden sind daher beide Arten von Kündigungen mit ihren jeweils spezifischen Voraussetzungen zu betrachten. Auch sogenannte Änderungskündigungen sind gesondert zu erläutern, da für diese Form von Kündigungen gleichfalls gesetzliche Spezialregelungen gelten. Erst nach einer einführenden Darstellung der Kündigungsarten wird auf die Regelungen zum Kündigungsschutz eingegangen werden können.

Allen Arten der Kündigung ist gemeinsam, dass sie nach § 623 BGB der Schriftform bedürfen. Die elektronische Form ist ausgeschlossen, sodass nach § 126 BGB eine Kündigung einer Originalunterschrift bedarf. Eine Kündigung per Fax oder E-Mail oder auch durch sonstige moderne Kommunikationsmedien ist nicht wirksam. Auch muss eine

Kündigung stets eindeutig ihr Ziel, also die Beendigung des Arbeitsverhältnisses, erkennen lassen und darf nicht unter irgendwelchen Bedingungen erfolgen, deren Eintritt nicht ausnahmslos von Willen des Empfängers abhängt (so bei der Änderungskündigung).[281]

Gleichfalls für alle Kündigungen zu beachten ist das Erfordernis des Zugangs nach § 130 BGB. Die Kündigung muss danach so in den Machtbereich des Empfängers gelangen, dass dieser die Möglichkeit der Kenntnisnahme hat. Der Zugang bei einem Einwurf einer Kündigung in den Hausbriefkasten ist demnach bewirkt, wenn nach den gewöhnlichen Verhältnissen und Gepflogenheiten des Verkehrs am Zustellort regional eine Kenntnisnahme erfolgen kann.[282] Besteht Streit über den Zugang einer Kündigung, muss der Kündigende diesen beweisen. Daraus folgt das praktische Erfordernis, den Zugang von Kündigungen durch Boten oder besondere Postdienstleistungen beweissicher dokumentieren zu lassen.

Fallbeispiel

Arbeitgeberin Annika möchte ihren Mitarbeiter Martin kündigen. Sie fertigt eine ordnungsgemäße Kündigung an, die sie nach Unterschriftsleistung höchstpersönlich bei Martin zu Hause in den Briefkasten wirft. In einem späteren Streit stellt sich heraus, dass Martin diese Kündigung nach seinen Angaben nie erhalten habe. Im Falle einer gerichtlichen Auseinandersetzung stünden daher nur beide Aussagen gegeneinander. Da Annika beweispflichtig für den Zugang ist, wird das Gericht gegen sie entscheiden müssen.◄

Eine Kündigung muss vom Arbeitgeber bzw. dessen gesetzlichem Vertreter unterschrieben sein. Soll ein Vorgesetzter wie z. B. ein Abteilungsleiter o. Ä. eine Kündigung unterschreiben, muss er seine Vertretungsbefugnis nach den §§ 164 ff. BGB durch eine Originalvollmacht des Arbeitgebers nachweisen. Andernfalls kann der Arbeitnehmer nach § 174 BGB die Kündigung unverzüglich zurückweisen.

Soweit ein Erfordernis besteht, dass die Kündigung in bestimmter Form zu begründen ist, muss dies noch nicht in der Kündigung selbst formuliert sein. Aus welchen Gründen eine Kündigung tatsächlich erfolgt, ist deshalb aus dem Kündigungsschreiben selbst nicht immer ersichtlich. Erst während einer nachgelagert erfolgenden Auseinandersetzung besteht das Begründungserfordernis, falls die Kündigung überhaupt als solche begründungsdürftig ist.

Wie bereits ausgeführt, ist vor jeder Kündigung ein im Betrieb vorhandener Betriebsrat nach § 102 BetrVG anzuhören.[283] Auch wurde bereits bei der Darstellung der Grundsätze zur Gleichbehandlung im Arbeitsverhältnis darauf hingewiesen, dass eine Kündigung

---

[281] Zur Bedingung durch Änderungskündigung siehe sogleich dazu Abschn. 4.13.1.3.
[282] BAG, Urteil vom 22.08.2019–2 AZR 111/19, NJW 2019,3666.
[283] Siehe dazu bereits Abschn. 3.4.3.8.2.4 „Anhörungsrecht bei Kündigungen".

nicht gegen das Benachteiligungsverbot des AGG verstoßen darf.[284] Schließlich ist auch bereits erörtert worden, dass sich aus § 613a BGB die Unwirksamkeit von Kündigungen ergeben kann.[285] In Bezug auf diese Sonderregelungen wird daher an dieser Stelle auf eine erneute Ausbreitung verzichtet.

Hinzuweisen ist in diesem Zusammenhang jedoch auf die allgemeinen Regeln des BGB, deren Verletzung die Unwirksamkeit einer Kündigung nach sich ziehen kann. Dies gilt namentlich für die Sittenwidrigkeit nach § 138 Abs. 1 BGB und die Regelung zu Treu und Glauben gemäß § 242 BGB.

Eine Kündigung ist sittenwidrig, wenn sie das Anstandsgefühl aller billig und gerecht Denkenden verletzt. Dies ist nur ganz ausnahmsweise der Fall. Sittenwidrigkeit liegt nur in besonders krassen Fällen eines Verstoßes vor. Praktisch würde eine sittenwidrige Kündigung stets auch gegen die Grundsätze von Treu und Glauben nach § 242 BGB in Form einer unzulässigen Rechtsausübung verstoßen, sodass der strengere Prüfungsmaßstab der Sittenwidrigkeit nicht herangezogen werden muss. Erfolgt eine Kündigung aus rein willkürlichen Motiven oder stellt sich als Herabsetzung und Diffamierung dar, liegt ein solcher Fall der unzulässigen Rechtsausübung vor.[286]

Fallbeispiel

Der Arbeitgeber Klaus beschäftigt vier Arbeitnehmer. Nun kündigt er die Chantal und sagt ihr bei der Übergabe des Kündigungsschreibens vor allen anderen Arbeitskollegen, dass es zwar keinen Grund für die Kündigung gäbe, er aber keine „Schantale" beschäftigen wolle. Schließlich wisse jeder, dass alleine der Name die vollständige Blödheit garantiere. Wegen der einzig auf eine persönliche Herabsetzung ausgerichteten Begründung kann Chantal mit Erfolg Kündigungsschutzklage beim Arbeitsgericht erheben.◄

Der Vollständigkeit halber erwähnt werden muss auch die Möglichkeit, Kündigungsverbote oder zumindest Kündigungserschwerungen zu vereinbaren. Das kann sowohl kollektivvertraglich durch Tarifverträge oder Betriebsvereinbarungen als auch im Arbeitsvertrag selbst erfolgen. Wegen der vielfältigen Gestaltungsmöglichkeiten muss hier eine detaillierte Darstellung unterbleiben. Hinzuweisen ist aber auf die grundsätzlichen Grenzen des Regelungsvorbehalts des § 77 Abs. 3 BetrVG, wonach für Kündigungsschutzregeln durch Betriebsvereinbarungen enge Grenzen gezogen sind.[287] Praktisch relevant sind insbesondere tarifvertragliche Kündigungsverbote für ältere Arbeitnehmer oder Regelungen in Betriebsvereinbarungen, in welchen der Arbeitgeber für einen festgelegten Zeitraum auf den Ausspruch von betriebsbedingten Kündigungen verzichtet.

---

[284] Dazu Abschn. 4.9.4 „Benachteiligungsverbot".
[285] Siehe dazu bereits Abschn. 4.12 „Betriebsübergang".
[286] Siehe etwa BAG, NZA 2002, 87.
[287] Siehe zum Regelungsvorbehalt bereits Abschn. 2.2.7 „Betriebsvereinbarungen".

Vielfach werden Arbeitsverträge bereits einen längeren Zeitraum vor dem Beginn des Arbeitsverhältnisses geschlossen. In diesen Konstellationen kann es vorkommen, dass eine Vertragspartei bereits vor Arbeitsbeginn wieder eine Kündigung ausspricht. Dagegen bestehen auch keine rechtlichen Bedenken. Soweit Arbeitgeber vor Arbeitsbeginn kündigen, bestehen keine weiteren Besonderheiten. Insbesondere wäre auch hier ein vorhandener Betriebsrat vor Ausspruch der Kündigung anzuhören. Arbeitnehmer können unter den gleichen Voraussetzungen wie im laufenden Arbeitsverhältnis kündigen. Da Arbeitgeber aufgrund ihres Personalplanungsinteresses jedoch regelmäßig fest mit dem Arbeitsantritt des Arbeitnehmers rechnen, wird arbeitsvertraglich oftmals ein Kündigungsverbot für die Zeit vor Arbeitsbeginn vereinbart. Zur Durchsetzung dieses Kündigungsverbots wird ergänzend eine Vertragsstrafe in die entsprechende Klausel aufgenommen. Ein solcher Kündigungsausschluss ist auch grundsätzlich zulässig, weil der Arbeitgeber keinerlei Vollstreckungsmöglichkeit für seinen vertraglichen Anspruch auf Erhalt der Arbeitsleistung gemäß § 888 Abs. 3 ZPO hat. Die Höhe der Vertragsstrafe darf den Arbeitnehmer indes nicht unangemessen benachteiligen und ist deshalb begrenzt auf die Höhe der Bruttovergütung, welche dem Arbeitnehmer zu zahlen gewesen wäre, wenn dieser direkt zu Beginn des Arbeitsverhältnisses ordentlich gekündigt hätte.[288]

4.13.1.1 Ordentliche Kündigung

Der gesetzliche Regelfall der Beendigung eines Arbeitsverhältnisses ist die ordentliche Kündigung. Das Arbeitsverhältnis als Dienstverhältnis muss regelmäßig durch eine Kündigung beendet werden. Diesen Grundgedanken führt § 620 Abs. 2 BGB auch ausdrücklich aus. Aus den §§ 621 ff. BGB folgt kein Begründungserfordernis für eine Kündigung. Nach dem Grundkonzept des BGB kann ein Arbeitsverhältnis deshalb unter Einhaltung der in § 622 BGB genannten Fristen und der vorgeschriebenen Schriftform ordentlich gekündigt werden. Falls nicht ganz ausnahmsweise wie soeben ausgeführt eine rein willkürliche Kündigung erfolgt, beinhaltet das BGB keine weiteren Hürden für die Wirksamkeit der Kündigung.

Der Kündigungsschutz für Arbeitnehmer im deutschen Arbeitsrecht erwächst aus dem eigens dafür konzipierten Kündigungsschutzgesetz sowie zahlreichen Sonderregeln in verschiedenen weiteren Gesetzen. Um die Wirksamkeit einer ordentlichen Kündigung tatsächlich prüfen zu können, müssen daher die Regelungen zum sogenannten allgemeinen und besonderen Kündigungsschutz stets mitgeprüft werden. Deren vielfältige und sehr unterschiedliche jeweilige Anwendungsvoraussetzungen sind deshalb nachfolgend intensiv zu beleuchten.

Zunächst ist jedoch das allgemeine Erfordernis des Einhaltens einer Kündigungsfrist nach § 622 BGB in den Blick zu nehmen. Gemäß § 622 Abs. 1 BGB kann das Arbeitsverhältnis mit einer Frist von vier Wochen zum 15. oder zum Ende eines Kalendermonats gekündigt werden. Diese Formulierung ist wörtlich zu nehmen. Vier Wochen sind folglich

---

[288] Im Falle einer vereinbarten Probezeit wäre das bei einer Kündigungsfrist von 14 Tagen ein halbes Bruttomonatsgehalt; siehe dazu BAG, NZA 2018, 100.

28 Kalendertage. Dies darf nicht mit einer Monatsfrist verwechselt werden. Auch ist es unerheblich, ob der letzte die Frist einhaltende Tag auf einen Sonn- und Feiertag fällt. Die Frist ist stets taggenau zu berechnen. Die konkrete Anwendung der Frist des § 622 Abs. 1 BGB erfolgt zweistufig. Zunächst sind vom Tag des Zugangs der Kündigung nach § 130 Abs. 1 BGB 28 Tage zu berechnen. Im zweiten Schritt ist dann der nächstgelegene 15. oder das folgende Monatsende als Fristende zu ermitteln. Wird die Kündigungsfrist nicht ordnungsgemäß berechnet und zu einem verfrühten Termin gekündigt, kann die Kündigung regelmäßig auf das korrekte Fristende gemäß § 140 BGB umgedeutet werden. Das ist immer dann möglich, wenn der Kündigende erkennen lässt, dass zum nächsten zulässigen Termin gekündigt werden soll.[289] Hierfür ist auf dessen hypothetischen Willen abzustellen.[290] Dabei ist regelmäßig von einem Beendigungswillen des Kündigenden zum korrekten Fristende als nächstmöglichen Termin auszugehen. Etwas Anderes kann ausnahmsweise nur dann gelten, wenn der Kündigende deutlich macht, dass er ausschließlich zu dem von ihm benannten Termin kündigen will.

Fallbeispiel

Arbeitgeberin Dalin kündigt ihren Mitarbeiter Tim nach § 622 Abs. 1 BGB am 04.01. des Jahres zum 31.01. des Jahres. Hier hat Dalin die Frist versäumt, da die 28 Tage erst zum 01.02. ablaufen, sodass die Frist zum 15.02. endet. Weil der Beendigungswille zum nächstgelegenen Zeitpunkt jedoch klar erkennbar wird, kann die Kündigung auf das korrekte Fristende umgedeutet werden. Das Arbeitsverhältnis mit Tim endet folglich zum 15.02. des Jahres.◄

Die vorgenannte Frist verlängert sich für den Arbeitgeber je nach der Dauer der Betriebszugehörigkeit gemäß § 622 Abs. 2 S. 1 BGB. Dabei erfolgt die Fristberechnung nur noch zum Ende eines Kalendermonats. Sie steigert sich schrittweise auf bis zu sieben Monate zum Ende eines Kalendermonats, wenn das Arbeitsverhältnis in dem Betrieb oder Unternehmen 20 Jahre bestanden hat. Bei der Berechnung der Beschäftigungsdauer sind auch Zeiten eines Berufsausbildungsverhältnisses mitzuzählen, wenn der Auszubildende direkt in das Arbeitsverhältnis übernommen wurde.[291]

Für eine Kündigung durch den Arbeitnehmer verbleibt es dagegen bei der Frist von vier Wochen zum 15. oder zum Monatsende. Es kann jedoch arbeitsvertraglich oder kollektivrechtlich vereinbart werden, dass die gesetzliche Verlängerung der Kündigungsfrist für den Arbeitgeber in gleicher Form auch für den Arbeitnehmer gilt. Hierin liegt keine unzulässige Benachteiligung des Arbeitnehmers.[292] Unbeachtlich ist die gesetzliche

---

[289] Ausführlich dazu BAG, NZA 2008, 476.
[290] BAG, NZA 2010, 1409.
[291] BAG, NZA 2011, 334.
[292] BAG, AP Nr. 174 zu § 1 TVG; BAG, NZA 2009, 1337.

Anordnung des § 622 Abs. 2 S. 2 BGB, wonach für die Bestimmung der Betriebszugehörigkeit Beschäftigungszeiten vor der Vollendung des 25. Lebensjahrs des Arbeitnehmers nicht berücksichtigt werden. Diese Regelung ist aufgrund ihrer nicht zu rechtfertigenden Benachteiligung wegen des Alters europarechtswidrig und daher nicht anzuwenden.[293]

Fallbeispiel

Gabi und Uwe sind beide seit zehn Jahren bei der Kerzen-GmbH beschäftigt. Gabi ist inzwischen 30, Uwe bereits 40 Jahre alt. Nach dem Gesetzeswortlaut des § 622 BGB würde die Frist für eine arbeitgeberseitige Kündigung bei Gabi zwei Monate, bei Uwe dagegen vier Monate betragen, weil die ersten fünf Jahre der Beschäftigung bei Gabi nicht mitzuzählen wären. Faktisch würde Gabi allein aufgrund ihres Lebensalters eine erhebliche Schlechterstellung erfahren, sodass durch das Anwendungsverbot des § 622 Abs. 2 S. 2 BGB richtigerweise wieder die gebotene Gleichbehandlung hergestellt wird. Für beide Arbeitnehmer beträgt deshalb die arbeitgeberseitige Kündigungsfrist vier Monate zum Monatsende.◄

Während einer vereinbarten Probezeit beträgt die Kündigungsfrist zwei Wochen. Diese ist taggenau zu berechnen. Zu beachten ist, dass die Probezeit längstens sechs Monate betragen darf.[294] Wird entgegen der Höchstdauer von sechs Monaten eine längere Probezeit vereinbart, gilt nach dem Ende der ersten sechs Monate die allgemeine Kündigungsfrist des § 622 Abs. 1 BGB. Für die Anwendbarkeit der verkürzten Kündigungsfrist von zwei Wochen kommt es darauf an, dass die Kündigung noch innerhalb der sechs Monate zugeht. Das Ende der Frist darf außerhalb dieses Zeitraums liegen.

Die vorgenannten Regelungen sind tarifdispositiv. Damit ist es auch möglich, kürzere Kündigungsfristen zu vereinbaren. Individualvertraglich oder durch eine Betriebsvereinbarung kann dies jedoch nach dem eindeutigen Wortlaut des § 622 Abs. 4 BGB nicht erfolgen. Der Gesetzgeber gibt einzig den Tarifvertragsparteien das Recht, etwa aufgrund bestimmter Spezifika in einzelnen Branchen oder bestimmten Beschäftigungsgruppen bzw. einzelne Unternehmen zum Anlass zu nehmen, abweichende Sonderregelungen zu treffen. Dies kann je nach Verhandlungsmacht der Tarifparteien zu kürzeren oder längeren Kündigungsfristen im Vergleich zum Gesetz führen. Falls also keine anderslautende tarifvertragliche Regelung Anwendung findet, handelt es sich bei den Kündigungsfristen des § 622 Abs. 1–3 BGB um zwingende Mindestkündigungsfristen. Auch ist zu beachten, dass für die Kündigung des Arbeitsverhältnisses durch den Arbeitnehmer keinesfalls eine längere Frist vereinbart werden darf als für die Kündigung durch den Arbeitgeber.

Nur ganz ausnahmsweise darf nach § 622 Abs. 5 BGB für Kleinbetriebe oder bei der kurzfristigen Einstellung von Aushilfen einzelvertraglich eine kürzere Kündigungsfrist

---

[293] EuGH, NZA 2010, 85.
[294] BAG, NZA 2015, 737.

vereinbart werden.[295] Der Fall der Aushilfe liegt vor, wenn ein Arbeitnehmer nur zur vorübergehenden Aushilfe bis zur Dauer von maximal drei Monaten eingestellt wird. Kleinbetriebe mit in der Regel nicht mehr als 20 Arbeitnehmern ausschließlich der zu ihrer Berufsbildung Beschäftigten dürfen eine Kündigungsfrist von minimal vier Wochen im Arbeitsvertrag vereinbaren. Die Verkürzungsmöglichkeit ist folglich vergleichsweise gering. Für die Berechnung der Arbeitnehmerzahl ist auf die regelmäßige wöchentliche Arbeitszeit abzustellen. Beschäftigte mit nicht mehr als 20 Wochenstunden sind zu 0,5 und solche mit nicht mehr als 30 Wochenstunden sind zu 0,75 zu zählen.

In der Arbeitsvertragspraxis durchaus weit verbreitet ist die Verlängerung der Kündigungsfristen. Werden die vorgenannten Regeln beachtet, ist das auch grundsätzlich nicht zu beanstanden. Es liegt im Gestaltungsspielraum der Arbeitsvertragsparteien, längere als die gesetzlichen Kündigungsfristen zu vereinbaren. Darin liegt regelmäßig keine Benachteiligung des Arbeitnehmers. Anders können die Dinge jedoch ausnahmsweise dann liegen, wenn die Kündigungsfristen soweit über das gesetzliche Modell hinaus verlängert werden, dass darin für den Arbeitnehmer eine unangemessene Kündigungserschwerung liegt. Wird die gesetzliche Kündigungsfrist für den Arbeitnehmer erheblich verlängert, kann darin eine unangemessene Benachteiligung entgegen den Geboten von Treu und Glauben im Sinne von § 307 Abs. 1 S. 1 BGB liegen. Dies kann auch dann gelten, wenn die Kündigungsfrist für den Arbeitgeber in gleicher Weise verlängert wird. Dies ist etwa dann der Fall, wenn die Kündigungsfrist in einem Arbeitsvertrag betreffend eine nicht außergewöhnlich werthaltige Arbeitsleistung für beide Seiten auf drei Jahre zum Monatsende verlängert wird.[296]

4.13.1.2 Außerordentliche Kündigung

Die außerordentliche Kündigung stellt die Ausnahme zur Grundidee eines Dauerschuldverhältnisses dar. Gehen beide Parteien miteinander eine auf einen regelmäßigen Leistungsaustausch gerichtete Vertragsbeziehung ein, muss nach § 314 BGB stets die Möglichkeit bestehen, aufgrund eines wichtigen Grundes die Vertragsbeziehung zu beenden. Dem liegt die Überlegung zugrunde, dass selbst bei einer sehr langfristigen Bindung ganz erhebliche Störungen auftreten können. Läge für solche Ausnahmekonstellationen keine Lösungsmöglichkeit vor, wären die Vertragsparteien auch noch in Situationen aneinandergebunden, in denen ein Festhalten am Vertrag schlechterdings unzumutbar ist.

Diese Grundüberlegung wird im Hinblick auf den Arbeitsvertrag durch § 626 BGB konkretisiert. Da es sich um eine Ausnahmeregelung handelt, sind die tatbestandlichen

---

[295] Dabei ist jedoch stets § 169 SGB IX zu beachten, der eine Mindestkündigungsfrist von vier Wochen für arbeitgeberseitige Kündigungen eines Schwerbehinderten nach einer Beschäftigungszeit von sechs Monaten zwingend verlangt.

[296] Eine solche unangemessene Benachteiligung hat BAG, NZA 2018, 297 für den Arbeitsvertrag eines Fernfahrers erkannt. Anders können die Dinge allenfalls bei sehr werthaltigen Arbeitsleistungen von Schlüsselarbeitnehmern im Betrieb oder Geschäftsleitern liegen.

Voraussetzungen eng gefasst. Das Recht zur außerordentlichen Kündigung ist unabdingbar und daher bei allen Arten von Arbeitsverhältnissen beidseitig einschlägig.[297] Nach § 626 Abs. 1 BGB ist eine außerordentliche Kündigung nur zulässig, wenn ein wichtiger Grund vorliegt, der unter Berücksichtigung der Umstände des Einzelfalls und einer entsprechenden Interessenabwägung die Fortsetzung des Arbeitsverhältnisses unzumutbar macht. Hieraus folgt eine zweistufige Prüfung, die zunächst den wichtigen Grund als solchen und sodann die Interessenabwägung im Einzelfall vorsieht.[298] Zudem muss die Frist des § 626 Abs. 2 BGB beachtet werden.[299]

Das Recht zur außerordentlichen Kündigung nach § 626 BGB garantiert zwar ein unverzichtbares[300] Freiheitsrecht für jeden Vertragsteil, um sich bei gravierenden Belastungen vom Vertrag zu lösen, muss gleichwohl jedoch als Ausnahmefall betrachtet werden.[301]

In seltenen Fällen besteht ein außerordentliches Kündigungsrecht für den Arbeitnehmer. Die praktische Bedeutung hierfür ist jedoch eher gering, sodass eine umfassende Darstellung solcher Einzelfälle entbehrlich sein dürfte. Fristlose Kündigungen durch den Arbeitnehmer spielen in Fallkonstellationen eine Rolle, in welchen er seitens des Arbeitgebers schwer beleidigt wurde oder ein erheblicher Rückstand bei der Zahlung der Vergütung besteht.[302] Bei Vergütungsrückständen ist jedoch abzuwägen, ob noch zuvor die Möglichkeit besteht, den Arbeitgeber durch eine Abmahnung wieder zu einem vertragsgemäßen Verhalten zurückzuführen.

Von ganz erheblicher praktischer Relevanz ist dagegen der Ausspruch von Kündigungen durch den Arbeitgeber. Diese beschäftigen die Arbeitsgerichte regelmäßig, da dem Arbeitnehmer durch eine außerordentliche Kündigung ein schwerwiegender Vorwurf gemacht wird, welchem dieser zur Verhinderung sozialrechtlicher Folgen wie einer Sperre beim Arbeitslosengeld und dem damit verbunden Malus für den weiteren Berufsweg überwiegend entgegentreten wird. Ob ein zur Kündigung berechtigender wichtiger Grund nach § 626 Abs. 1 BGB für den Arbeitgeber vorliegt, ist in einem zweistufigen Prüfungsverfahren festzustellen.[303] Zunächst ist zu prüfen, ob ein wichtiger Grund an sich vorliegt. Sodann muss eine umfassende Interessenabwägung durchgeführt werden.

---

[297] BAGE 3, 168.

[298] Grundlegend BAG, NJW 1985, 284.

[299] Diese bedarf für die vorliegende Fragestellung jedoch keiner Vertiefung, siehe dazu etwa H/W/K-*Sandmann*, 5. Aufl. 2012, § 626 Rn. 338 ff. m. w. N.

[300] Zur Unabdingbarkeit siehe etwa HWK/-*Sandmann*, 5. Aufl. 2012, § 626 Rn. 36 ff.

[301] Kittner/Däubler/Zwanziger – *Däubler*, KSchR, 8. Aufl. 2011, § 626 Rn. 27 und ErfK/*Preis*, 12. Aufl. 2012, § 626 Rn. 5 fordern daher zurecht eine enge Auslegung der Norm.

[302] BAG, NZA 2007, 1419.

[303] BAG, NZA 2010, 1227.

4.13.1.2.1 Wichtiger Grund

Ein wichtiger Grund an sich liegt vor, wenn ein bestimmter Sachverhalt aus sich heraus ohne die konkreten und besonderen Umstände des Einzelfalls und eine Abwägung
der beiderseitigen Interessen geeignet ist, einen wichtigen Grund darzustellen. Hierfür
ist der konkrete Vorwurf zu abstrahieren und für sich betrachtet zugrunde zu legen.
Praktisch werden in der Rechtsprechung zahlreiche Fallgruppen wie z. B. Eigentums-
delikte, Beleidigungen oder schwerwiegende Belästigungen gebildet. Verstöße im privaten
Bereich können überhaupt nur dann herangezogen werden, wenn ein Bezug zu den
arbeitsrechtlichen Pflichten besteht.[304]

Fallbeispiel

Sabine nennt ihren Arbeitgeber ein altes Arschloch. Diese Beleidigung stellt für sich
betrachtet einen wichtigen Grund im Sinne des § 626 Abs. 1 BGB dar, weil darin
ein schwerwiegender Eingriff in die Vertragsbeziehung zu sehen ist. Ob die außerordentliche Kündigung insgesamt gerechtfertigt ist, bedarf jedoch der weiterführenden
Prüfung. ◄

Zusammenfassend lässt sich sagen, dass ein wichtiger Grund das Vorliegen besonders
schwerwiegender Pflichtverletzungen voraussetzt. Dies ist insbesondere der Fall, wenn
der Arbeitnehmer durch sein Verhalten gegen seine arbeitsvertraglichen Pflichten verstößt.
Das Verhalten des Arbeitnehmers kann jedoch nur dann einen wichtigen Grund darstellen, wenn es für sich genommen bereits für die Rechtfertigung einer Kündigung geeignet
wäre.[305] In diesem Zusammenhang ist darauf hinzuweisen, dass der Arbeitnehmer auch
ohne ausdrückliche vertragliche Regelungen über § 241 Abs. 2 BGB zahlreiche Nebenpflichten hat.[306] Tatsächlich ist es zwischen den Arbeitsvertragsparteien oftmals streitig,
welche Verhaltensweisen dem Arbeitnehmer gestattet oder aber untersagt sind. Im ersten
Schritt der Prüfung des § 626 BGB ist daher auf das Vorliegen verhaltensbedingter Gründe
einzugehen. Solche Kündigungsgründe können nur in einer schuldhaften Vertragsverletzung durch den Arbeitnehmer liegen.[307] Eine Pflichtverletzung kann sich hierbei sowohl
auf die arbeitsvertraglichen Hauptleistungspflichten als auch auf die Nebenpflichten nach
§ 241 Abs. 2 BGB beziehen. Insoweit ist für die Ermittlung des Pflichtengefüges vorrangig auf die vertraglichen und kollektivrechtlichen Verpflichtungen des Arbeitnehmers

---

[304] LAG München, Urteil vom 21.03.2019–13 Sa 371/18.
[305] Kittner/Däubler/Zwanziger – *Däubler,* KSchR, 8. Aufl. 2011, § 626 Rn. 35 ff.
[306] Zu den arbeitsvertraglichen Nebenpflichten siehe bereits ausführlich Abschn. 4.5.1.2.2 „Nebenpflichten des Arbeitnehmers".
[307] Kittner/Däubler/Zwanziger – *Däubler,* KSchR, 8. Aufl. 2011, § 626 Rn. 31 f.; ErfK/*Preis,*
12. Aufl. 2012, § 626 Rn. 100.

abzustellen. Eine zur Kündigung berechtigende Vertragsverletzung kommt regelmäßig nur bei dienstlichem Fehlverhalten in Betracht.[308]

In Ermangelung konkret arbeitgeberseitig ausgesprochener Verbotstatbestände ist deshalb auf die Grundsätze arbeitsvertraglicher Nebenpflichten zurückzugreifen. Diese sind jedenfalls dann im Sinne eines wichtigen Grundes verletzt, wenn der Arbeitnehmer andere Kollegen beleidigt oder sexuell belästigt[309] oder seine Arbeitszeit mit einer erheblichen privaten Internetnutzung verbringt, bei der Fertigung von Abrechnungen betrügt oder etwa den Arbeitgeber bestiehlt.[310] Diese Aufzählung darf keinesfalls als abschließend verstanden werden, sondern soll nur Beispiele dafür aufzeigen, welche Fallgruppen von praktischer Relevanz sein können. Zum besseren Verständnis wird in der nachfolgenden Darstellung beispielhaft die Fallgruppe einer Beleidigung des Arbeitgebers in Anknüpfung an das zuvor genannte Fallbeispiel umfänglich dargestellt werden.

Fallbeispiel

Ein Arbeitnehmer zieht einem Arbeitskollegen dessen Hose und Unterhose herunter, sodass dessen Genitalien entblößt werden. Darin liegt eine so schwerwiegende Verletzung des Persönlichkeitsrechts des Kollegen und damit der Pflichten aus dem Arbeitsverhältnis gegenüber dem Arbeitgeber, dass eine fristlose Kündigung gerechtfertigt ist.[311] ◄

4.13.1.2.2 Interessenabwägung

Die vorliegenden Tatsachen müssen im Einzelfall nach einer Interessenabwägung eine Fortsetzung des Arbeitsverhältnisses unzumutbar machen. In diesem zweiten Prüfungsschritt ist sodann auf die Umstände des Einzelfalls und die Interessenabwägung abzustellen. Maßgebend hierfür ist der Zeitpunkt des Zugangs der Kündigungserklärung.[312] Entscheidend ist, ob in diesem Zeitpunkt die Unzumutbarkeit der Fortsetzung auch noch bis zum Ablauf der Kündigungsfrist gegeben ist (Prognoseprinzip). Aus dem Fehlverhalten des Arbeitnehmers muss auch für die Zukunft eine erhebliche Beeinträchtigung des Arbeitsverhältnisses zu erwarten sein.

Ein nach den vorgenannten Grundsätzen festgestellter Kündigungsgrund ist folglich unter allen Umständen des Einzelfalls zu betrachten. Anschließend sind die Interessen von Arbeitnehmer (Fortsetzungsinteresse) und Arbeitgeber (Beendigungsinteresse) umfassend miteinander abzuwägen. Ist eine dahingehende Vertragsverletzung festzustellen, liegt zwar ein Grund zur außerordentlichen Kündigung vor. Die Kündigung kann jedoch nur

---

[308] Auf mögliche personenbezogene Gründe ist hier nicht näher einzugehen, siehe etwa ErfK/*Preis,* 12. Aufl. 2012, § 626 Rn. 160 m. w. N.
[309] BAG, NZA 2015, 294.
[310] BAG, NZA 2008, 1008.
[311] BAG, Urteil vom 10.08.2021–2 AZR 596/20.
[312] ErfK/*Preis,* 12. Aufl. 2012, § 626 Rn. 58.

gerechtfertigt sein, wenn kein milderes Mittel zur Verfügung steht, die Kündigung also erforderlich ist.[313] Insoweit ist stets auf das Hinreichen einer Abmahnung abzustellen.[314]

Reicht eine Abmahnung als milderes Mittel dafür aus, den Arbeitnehmer zu einem vertragsgemäßen Verhalten zurückzuführen, ist eine Kündigung aus wichtigem Grund unzulässig.[315] Aus der Interessenabwägung erfolgt damit der Grundsatz der Verhältnismäßigkeit.[316] An dieser Stelle ist daher zu erörtern, was genau eine Abmahnung ist. Diese wird zwar nicht ausdrücklich gesetzlich definiert. Ihr rechtlicher Gehalt lässt sich indes aus § 314 Abs. 2 BGB ableiten. Je nach Einzelfall muss eine Abmahnung drei Merkmale erfüllen. Erstens ist der Arbeitnehmer ganz konkret auf sein vertragswidriges Verhalten hinzuweisen. Zweitens muss der Arbeitnehmer aufgefordert werden, sich zukünftig vertragsgemäß zu verhalten. Drittens sind für den Fall erneuter Vertragsverletzungen arbeitsrechtliche Konsequenzen anzudrohen. Für eine Abmahnung sieht das Gesetz weder eine bestimmte Form noch das Einhalten einer Frist vor. Es empfiehlt sich jedoch bereits zu Beweiszwecken, Abmahnungen schriftlich auszufertigen und in der Personalakte zu dokumentieren, da im Rahmen einer möglicherweise später ausgesprochenen Kündigung auf eine vorherige Abmahnung zurückzugreifen wäre. Um den Arbeitnehmer zu einem zukünftigen vertragskonformen Verhalten aufzufordern, sollte eine Abmahnung auch zeitnah nach Kenntniserlangung über den Pflichtverstoß ausgesprochen werden. Auch kann ausnahmsweise das Recht zur Abmahnung nach Treu und Glauben gemäß § 242 BGB verwirkt sein, wenn der Arbeitnehmer redlicherweise darauf vertrauen durfte, wegen des lange zurückliegenden Verstoßes nicht mehr belangt zu werden.

Eine Abmahnung ist nur dann entbehrlich, wenn das Vertrauensverhältnis derart gestört ist, dass es auch durch eine Abmahnung nicht wiederhergestellt werden kann.[317]

Fallbeispiel

Melanie klaut eine Rolle Klopapier, woraufhin der Arbeitgeber das Arbeitsverhältnis fristlos kündigt. Zwar ist der Diebstahl an sich ein wichtiger Grund, da er einen schwerwiegenden Eingriff in die Rechtssphäre des Arbeitgebers darstellt. Aus der im zweiten Schritt durchzuführenden umfassenden Interessenabwägung könnte sich jedoch etwa aufgrund eines langjährigen unbelasteten Arbeitsverhältnisses ergeben, dass das Bestandsinteresse der Melanie überwiegt, weil das über viele Jahre aufgebaute Vertrauen durch eine Abmahnung als milderes Mittel wiederhergestellt werden könnte. Die fristlose Kündigung wäre daher unwirksam. ◄

---

[313] Kittner/Däubler/Zwanziger – *Däubler*, KSchR, 8. Aufl. 2011, § 626 Rn. 34 f.; ErfK/*Preis*, 12. Aufl. 2012, § 626 Rn. 101 unter zutreffendem Verweis auf § 1 Abs. 2 S. 1 KSchG.

[314] In Betracht können ausnahmsweise auch andere mildere Mittel wie z. B. eine Versetzung kommen. Der Regelfall eines milderen Mittels ist indes die Abmahnung.

[315] BAG, NZA 2011, 1027.

[316] BAG, a. a. O.

[317] Ausführlich dazu BAG, NZA 2011, 1027.

Wurde bereits eine Abmahnung ausgesprochen und folgt eine erneuter schwerwiegender Pflichtverstoß, der für sich betrachtet einen wichtigen Grund im zuvor genannten Sinne darstellt, ist eine fristlose Kündigung gerechtfertigt. Entscheidend ist, dass die Abmahnung einschlägig ist, sich also auf einen gleichartigen Pflichtenverstoß bezogen hat. Gleichartig meint dabei nicht, dass ein identischer Verstoß vorliegt. Einschlägig ist eine Abmahnung bereits dann, wenn die Art des Pflichtenverstoßes sich jeweils entspricht. Hätte die Melanie im vorgenannten Fallbeispiel bereits eine Abmahnung wegen eines Spesenbetruges erhalten, wäre diese als einschlägig zu werten, da es sich jeweils um Verstöße gegen das Vermögen des Arbeitgebers handelt. Auf die juristische Unterscheidung zwischen Betrug, Diebstahl sowie Unterschlagung und Untreue kommt es nicht an.

Je nach Schwere des Verstoßes ist auch darauf abzustellen, in welchem zeitlichen Zusammenhang die Abmahnung und der erneute Verstoß stehen. Je schwerwiegender die Art des Verstoßes ist, desto länger wirkt eine Abmahnung nach. Als Faustformel kann hier ein Zeitraum von etwa ein bis zwei Jahren gelten. Nur ganz ausnahmsweise ist dieser im Falle sehr schwerwiegender Verstöße noch weiter auszudehnen. Bestreitet der Arbeitnehmer den in einer Abmahnung enthaltenden Vorwurf, kann er deren Entfernung aus der Personalakte verlangen. Der Arbeitnehmer hat insoweit einen Abwehranspruch nach den §§ 1004 Abs. 1, 823 Abs. 1 BGB, da eine nicht gerechtfertigte Abmahnung das Persönlichkeitsrecht des Arbeitnehmers verletzt.[318] Ob eine Geltendmachung dieses Beseitigungsanspruchs in der Praxis angezeigt ist, sollte der Arbeitnehmer jedoch einzelfallbezogen beurteilen. Wehrt er sich unter Zuhilfenahme des Arbeitsgerichtes gegen eine Abmahnung, liegt darin nicht selten eine weitere Eskalation des Vorgangs, die das Arbeitsverhältnis zusätzlich belastet. Vielfach führt dies dann zu der Überlegung, das Arbeitsverhältnis zu beenden. Diese mögliche Folge sollte der Arbeitnehmer deshalb stets mitbedenken. Greift er eine Abmahnung nicht an, würde deren Rechtmäßigkeit im Falle einer später ausgesprochenen Kündigung ohnehin Gegenstand der arbeitsgerichtlichen Prüfung sein.

Fallbeispiel

Arbeitgeber Karl wirft seinem Mitarbeiter Martin vor, Arbeitskollegen ganz erheblich beleidigt zu haben. Martin erhält deshalb eine Abmahnung. Martin ist damit ganz und gar nicht einverstanden. Er fordert den Arbeitgeber deshalb erfolglos zur Entfernung der Abmahnung aus der Personalakte auf und reicht sodann eine entsprechende Klage beim Arbeitsgericht ein. Im Zuge der gerichtlichen Auseinandersetzung schaukeln sich beide Seiten weiter hoch, sodass letztlich auf Vermittlung des Gerichts eine Einigung dahingehenden erzielt wird, dass das Arbeitsverhältnis gegen Zahlung einer Abfindung beendet wird. Hier wäre Martin vielleicht besser beraten gewesen, die Abmahnung zu ignorieren und erst im Falle des Ausspruchs einer späteren Kündigung gegen diese

---

[318] Grundlegend BAG, NZA 1987, 518.

vorzugehen. Es hätte sich möglicherweise für Martin empfohlen, seine Sicht der Dinge schlicht im Rahmen einer Gegendarstellung mit zur Personalakte zu geben.◄

Im Rahmen der umfassenden Interessenabwägung sind nicht nur alle Umstände des Einzelfalls, sondern auch der bisherige Verlauf des Arbeitsverhältnisses, die Person des Arbeitnehmers sowie die Folgen der Kündigung für beide Seiten einzustellen. Dabei können die unterschiedlichsten Gesichtspunkte eine Rolle spielen. Bei der Person des Arbeitnehmers kommt es auf dessen Alter und Beschäftigungsdauer genauso an wie auf mögliche Unterhaltsverpflichtungen oder das Vorliegen einer (Schwer-)Behinderung. Zudem spielt der Grad des Verschuldens für den Pflichtverstoß genauso eine Rolle wie dessen tatsächliche Folge. Hierbei ist insbesondere in Betracht zu ziehen, ob es sich um sogenannte Bagatelldelikte handelt. Zwar kennt das Gesetz keine wertmäßige Bagatellgrenze. Gleichwohl ist bei einem Eingriff in die Rechtssphäre des Arbeitgebers im Bereich von nur wenigen Euros davon auszugehen, dass der Verhältnismäßigkeitsgrundsatz auch eine Geringfügigkeitsschwelle beinhaltet, unterhalb derer regelmäßig der Ausspruch einer Abmahnung hinreichend sein dürfte.

4.13.1.2.3 Ausschlussfrist

Der Ausspruch einer außerordentlichen Kündigung kann nur innerhalb der Frist von zwei Wochen nach § 626 Abs. 2 BGB erfolgen. Durch diese kurze Frist soll erreicht werden, dass möglichst schnell Rechtssicherheit für die Arbeitsvertragsparteien hergestellt wird.[319] Der Kündigende soll sich kurzfristig dazu entschließen, den vorliegenden wichtigen Grund zum Ausspruch einer außerordentlichen Kündigung zu nutzen oder dies zu lassen. Gäbe es diese Ausschlussfrist nicht, hätte es namentlich der Arbeitgeber in der Hand, das Vorliegen eines wichtigen Grundes gegenüber seinem Arbeitnehmer dauerhaft als Druckmittel zu nutzen. In Ermangelung bestehender Rechtssicherheit müsste der Arbeitnehmer in ständiger Angst davor tätig sein, dass der Arbeitgeber ihn doch noch fristlos kündigen wird.

Fallbeispiel

Maik hat bei der letzten Reisekostenabrechnung ganz erheblich betrogen und vom Arbeitgeber daraufhin 350,00 € mehr erstattet bekommen als ihm tatsächlich zustehen. Als der Arbeitgeber im Rahmen einer Innenrevision den Betrug bemerkt hat, droht er dem Maik mit dem Ausspruch einer fristlosen Kündigung, wenn dieser nicht zukünftig auch über das arbeitsvertraglich geschuldete Maß hinaus für ihn tätig sein sollte. Da Maik als mehrfacher Familienvater dringend auf das Arbeitsverhältnis angewiesen ist, müsste er sich für einen möglicherweise langen Zeitraum der Drohung des Arbeitgebers aussetzen, wenn nicht die Frist des § 626 Abs. 2 BGB die Kündigungsmöglichkeit des Arbeitgebers zeitlich begrenzen würde.◄

---

[319] BAG, NZA 2014, 529.

Die Ausschlussfrist des § 626 Abs. 2 BGB gilt für jede außerordentliche Kündigung. Sie beginnt in dem Zeitpunkt, in welchem der Kündigungsberechtigte von den für die Kündigung maßgebenden Tatsachen Kenntnis erlangt. Ist dies der Arbeitgeber, kommt es auf ihn als Person bzw. seine gesetzlichen Vertreter (z. B. GmbH-Geschäftsführer, AG-Vorstand) an, wobei diesen die Kenntnis von Vorgesetzten des zu Kündigenden zugerechnet wird, wenn deren Stellung im Betrieb nach den jeweiligen Umständen erkennen lässt, dass eine entsprechende Unterrichtung erfolgt.[320] Hierfür ist es erforderlich, dass der Vorgesetzte eine solche Funktion im Betrieb hat, die erwarten lässt, dass er in der Lage ist, einen entsprechenden Sachverhalt so zu erfassen, dass eine umfassende Meldung erfolgen kann.[321]

Die Kenntnis der maßgeblichen Umstände erfordert eine zuverlässige und so vollständige Information des Kündigungsberechtigten, dass dieser die Entscheidung treffen kann, ob die Fortsetzung des Arbeitsverhältnisses noch zumutbar ist.[322] Das beinhaltet regelmäßig die positiven Kenntnis der maßgeblichen Tatsachen. Eine auch grob fahrlässige Unkenntnis reicht dagegen nicht aus.[323]

In der Regel ist für eine umfassende Kenntnis des Sachverhalts auch die Anhörung des Arbeitnehmers erforderlich. Diese ist jedoch keine Wirksamkeitsvoraussetzung der außerordentlichen Kündigung.[324] Handelt es sich um (gezielt) verdeckte Sachverhalte, die erst Monate oder gar Jahre später zutage gefördert werden, beginnt die Ausschlussfrist folglich auch erst entsprechend spät zu laufen. Da insoweit kein schutzwürdiges Vertrauen vorhanden sein kann, ist ein solch später Beginn der Frist mit ihrem Sinn und Zweck der Schaffung von Rechtssicherheit auch vereinbar. Handelt es sich bei der zum wichtigen Grund führenden Pflichtverletzung um einen Dauertatbestand oder ein Gesamtverhalten, ist für den Fristbeginn auf den letzten Vorfall abzustellen.

Fallbeispiel

Carola ist Buchhalterin bei der Fuchs-AG. Im Rahmen ihrer Tätigkeit gelingt es ihr, unberechtigte Zahlungen an sich selbst zu veranlassen und sehr gut zu verstecken. Im Rahmen einer zwei Jahre später stattfindenden Prüfung werden die Pflichtverstöße aufgedeckt. Da die Frist von zwei Wochen folglich erst nach Kenntnis des Arbeitgebers zu laufen beginnt, kann die Carola noch innerhalb von zwei Wochen außerordentlich gekündigt werden.◄

---

[320] Bundesarbeitsgericht, Urteil vom 27.2.2020–2 AZR 570/19.
[321] BAG, AP Nr. 217 zu § 626 BGB.
[322] BAG, NZA 2015, 621.
[323] BAG, NZA 2007, 744.
[324] Zum Ausnahmefall der Verdachtskündigung siehe sogleich sowie bei BAG, NZA 2014, 1015.

Exkurs: Beleidigung des Arbeitgebers

Um die vorgenannten Grundsätze einer praxisrelevanten Prüfung zu unterziehen und so eine bessere Verständlichkeit für den Leser zu erreichen, soll nun gefragt werden, unter welchen Voraussetzungen eine außerordentliche Kündigung wegen Beleidigung des Arbeitgebers ausgesprochen werden darf. Die nachstehenden Ausführungen sind daher als beispielhafte Fallgruppe dafür zu verstehen, in welcher Form eine bestimmte Art von Vertragsverletzung nach dem Maßstab des § 626 BGB zu prüfen ist.

Nach gefestigter Rechtsprechung ist eine Ehrverletzung (Beleidigung, Verleumdung) grundsätzlich geeignet, einen wichtigen Grund darzustellen; erfüllt also die erste Prüfungsstufe.[325] Das Bundesarbeitsgericht betont zudem, dass es auf die strafrechtliche Relevanz der Ehrverletzung nicht ankommt.[326] Indes hat das Bundesarbeitsgericht selbst in der Folge keine eigene, vom strafrechtlichen Ehrbegriff abweichende Definition festgelegt, sodass bei der Frage des Vorliegens einer Ehrverletzung auf die gesicherten strafrechtlichen Begriffsbestimmungen zurückgegriffen werden kann.[327] Die daraus resultierende Vertrauensverletzung bedarf jedoch besonderer Gewichtung.[328]

Die Ehrverletzung muss zudem grob,[329] das heißt von gesteigerter Schwere sein, was in einer wertenden Betrachtung unter Berücksichtigung etwaiger eingetretener Kränkungen oder jedenfalls einer darauf zielenden Absicht zu beurteilen ist. Zu differenzieren ist bei verleumderischen, also gegenüber Dritten getätigten Äußerungen. Der Arbeitnehmer darf grundsätzlich auch betriebsbezogene und den Arbeitgeber heftig kritisierende Äußerungen tätigen, wenn er dies in einem vertraulichen Gespräch mit Kollegen macht und keine Anhaltspunkte dafür haben kann, dass die Äußerungen dem Arbeitgeber oder Dritten mitgeteilt werden.[330] Bei Äußerungen gegenüber betriebsfremden Personen gilt diese Ausnahme jedoch nicht, da grundsätzlich weder Betriebsbezogenheit noch Vertraulichkeit anzunehmen sind.[331]

Bei der anschließend auf der zweiten Stufe vorzunehmenden Interessenabwägung bleibt es bei den allgemeinen Grundsätzen. Alle Umstände des Einzelfalls sind zu berücksichtigen und unter Gewichtung der Interessen der Vertragsparteien in eine wertende Betrachtung einzustellen.[332] Die zu beachtenden Faktoren bei der Interessenabwägung sind daher stets einzelfallbezogen und können somit auch für Ehrverletzungsdelikte nicht pauschaliert gewichtet werden.[333] Im Ergebnis muss auch bei Ehrverletzungsdelikten eine Unzumutbarkeit der Fortsetzung des Arbeitsverhältnisses bis zum Ablauf der Kündigungsfrist vorliegen.[334] Insoweit ist wiederum unter Berücksichtigung des Verhältnismäßigkeitsprinzips die außerordentliche Kündigung nur als letztes Mittel zulässig, weil

---

[325] Etwa BAG, AP § 626 BGB Nr. 151 m. w. N.

[326] Grundlegend BAG, AP § 626 BGB Nr. 13.

[327] BAG, NJW 2010, 2538 betont zwar die Unabhängigkeit von strafrechtlichen Wertungen, der Ehrbegriff als solcher differiert jedoch nicht von den Grundsätzen des BGH in Strafsachen.

[328] MüKo/*Müller-Glöge*, § 626 BGB Rn. 86 m. w. N.; Kittner/Däubler/Zwanziger – *Däubler*, KSchR, § 626 Rn. 44 f. stellt die Abwägungsgründe zugunsten des Arbeitnehmers umfassend dar.

[329] H/W/K-*Sandmann*, § 626 Rn. 242 betont dies nur für Beleidigungen, insoweit dürfte eine Ausdehnung auf alle Ehrverletzungen jedoch geboten sein; siehe auch Kittner/Däubler/Zwanziger – *Däubler*, § 626 Rn. 88.

[330] Etwa BAG, AP Nr. 66 zu § 626 BGB.

[331] BAG, ArbuR 1997, 210.

[332] BAG, NJW 1985, 284.

[333] Eine Aufstellung der möglichen Abwägungsfaktoren findet sich etwa bei HWK/*Sandmann*, § 626 Rn. 75 f.; Kittner/Däubler/Zwanziger – *Däubler*, KSchR, § 626 Rn. 42 ff.

[334] Grundsätzlich BAG, AP Nr. 4 zu § 626 BGB.

ein milderes Mittel (Abmahnung) zur Wiederherstellung des Vertrauens nicht in Betracht kommt (Prognoseprinzip).[335]

Die Frage der Wirksamkeit einer außerordentlichen Kündigung wegen einer Beleidigung muss daher regelmäßig auf der zweiten Stufe beantwortet werden. Die Einzelfallbetrachtung hat dabei einen besonderen Raum einzunehmen, um darauf fußend die Interessenabwägung durchzuführen. Bei den klassischen Ehrverletzungsfällen wird gerichtlich im wesentlichen Kern die Schwere der Ehrverletzung der Dauer der Betriebszugehörigkeit entgegengestellt.[336] Darüber hinaus werden Abwägungsgesichtspunkte wie etwa Lebensalter oder Schwerbehinderungen des Arbeitnehmers gewichtet. Eine schematische Behandlung von Kündigungen wegen Ehrverletzungsdelikten wird daher von der Rechtsprechung zutreffenderweise nicht vorgenommen. Eine Differenzierung nach persönlich ausgesprochenen Ehrverletzungen und solchen, die im Internet (namentlich bei Facebook o. Ä.) gepostet werden, sollte dabei nicht erfolgen. Unabhängig von der (Teil-)Öffentlichkeit des Internets und der Dauerhaftigkeit eines Interneteintrags wiegt die Ehrverletzung nicht leichter oder schwerer als eine auf herkömmlichem Weg ausgesprochene Äußerung.[337] Die Schwere einer Ehrverletzung kann sich nicht nach den Umständen ihres Ausspruchs, sondern nur auf den Inhalt der Äußerung und deren Begleitumstände bemessen. Andernfalls müssten für Ehrverletzungen im Internet strengere Maßstäbe angelegt werden als für andere Formen der Kommunikation. Dies wäre jedoch mit dem Zweck des § 626 BGB nicht vereinbar, der eine unabdingbare Lösungsmöglichkeit für den Arbeitsvertragspartner für Fälle beinhaltet, in denen aufgrund eines irreparablen Vertrauensbruchs eine Vertragsfortsetzung unzumutbar ist. Ausgehend vom Maßstab des Vertrauensbruchs kann es keinen Unterschied machen, ob eine Ehrverletzung etwa vor einer anwesenden Gruppe von Personen oder über das Internet vor einer noch größeren Öffentlichkeit getätigt wird. Entscheidend für den Vertrauensbruch ist die Schwere der Ehrverletzung, die sich nach ihrem Inhalt und dessen Begleitumstände bestimmt. Die gleiche Äußerung bei Facebook oder im Rahmen eines betrieblichen Gespräches hat den gleichen Ehrverletzungsgehalt und zieht daher gegebenenfalls einen gleich starken Vertrauensbruch nach sich.

4.13.1.2.4 Verdachtskündigung

Ein Sonderfall der außerordentlichen Kündigung aus wichtigem Grund ist die sogenannte Verdachtskündigung. Diese stellt insoweit eine besondere Fallgruppe der fristlosen Kündigung dar, als § 626 Abs. 1 BGB eigentlich auf das Vorliegen von Tatsachen abstellt. Bei einer Verdachtskündigung ergibt sich dagegen bereits aus ihrer Bezeichnung, dass bereits der Verdacht einer strafbaren Handlung oder einer anderen schwerwiegenden Verletzung der arbeitsvertraglichen Pflichten für den Ausspruch der Kündigung aus wichtigem Grund ausreichen kann.

Entscheidend ist, dass bereits der Verdacht der schwerwiegenden Pflichtverletzung zu einem irreparablen Vertrauensbruch führt.[338] Anders als bei einer Tatkündigung nach den zuvor genannten Maßstäben muss die vorgeworfene strafbare Handlung oder anderweitige

---

[335] Das Prognoseprinzip gilt auch für (hilfsweise) verhaltensbedingte Kündigung, dazu etwa Kittner/Däubler/Zwanziger – *Däubler,* KSchR, § 626 Rn. 34 f.

[336] LAG Rheinland-Pfalz, Urt. v. 09.02.2012–10 Sa 342/11; LAG Rheinland-Pfalz, Urt. v. 12.08.2010–11 Sa 255/10; LAG Hamm, Urt. v. 17.02.2011–15 Sa 1042/10.

[337] Anders aber LAG Hamm, BB 2012, 2688; ArbG Duisburg, BeckRS 2012, 74872; ArbG Hagen, ArbRB 2012, 293.

[338] BAG, NZA 2009, 604.

erhebliche Verfehlungen des Arbeitnehmers nicht sicher feststehen. Damit darf jedoch keine Herabsetzung des strengen Prüfungsmaßstabs des § 626 Abs. 1 BGB verbunden sein. Der Verdacht muss als solcher deswegen objektiv durch solche Tatsachen begründet sein, welcher einen verständigen und gerecht abwägenden Arbeitgeber zum Ausspruch der Kündigung veranlassen würden.[339] Auf Vermutungen gestützte Verdächtigungen reichen nicht aus. Die Tatsachen müssen zu einem dringenden Tatverdacht führen.[340] Hierfür ist das Vorliegen einer großen Wahrscheinlichkeit für das Begehen der Pflichtverletzung erforderlich. Dies ist im Rahmen einer umfassenden und wertenden Betrachtung festzustellen. Die vorgeworfene Handlung muss den gleichen Schweregrad erreichen wie hinsichtlich der zuvor genannten Tatkündigungen.

Damit letztlich ein hinreichender Tatverdacht begründet werden kann, muss der Arbeitgeber alle zumutbaren Maßnahmen zur Sachverhaltsaufklärung unternehmen. Dies erfordert insbesondere, dass dem betroffenen Mitarbeiter die Gelegenheit zur Stellungnahme gegeben wird. Nur so wird dem Arbeitnehmer die Chance gegeben, eine mögliche Entkräftung des bestehenden Verdachts herbeizuführen.[341] Die Anhörung des Arbeitnehmers hat unmittelbar nach der Kenntnisnahme von den verdachtsbegründenden Umständen, spätestens binnen einer Frist von einer Woche, stattzufinden.[342] Eine solche Anhörung des Arbeitnehmers ist folglich Wirksamkeitsvoraussetzung einer Verdachtskündigung. Liegt es nicht innerhalb der Möglichkeiten des Arbeitgebers, einen aufgeworfenen Verdacht mit eigenen Mitteln aufzuklären, darf er jedoch zunächst den Fortlauf und Ausgang eines laufenden Strafverfahrens abwarten.

Fallbeispiel

Peter und Bärbel sind Arbeitskollegen. Peter findet Bärbel ausgesprochen attraktiv. Zwar tritt er an keiner Stelle Bärbel zu nahe oder belästigt diese. Bärbel spürt Peters Zuneigung gleichwohl, was sie als ausgesprochen unangenehm empfindet. Im Rahmen eines Gesprächs zwischen den beiden wird Bärbel aggressiv. Ein Kollege hört aus einiger Entfernung, wie Bärbel lauter wird. Zudem ist ein Knall zu vernehmen. Als der dritte Kollege sich dem Geschehen nähert, sieht er Peter an der Nase bluten. Dieser behauptet, von Bärbel geschlagen worden zu sein. Obwohl Bärbel dies vehement bestreitet, wird sie sodann fristlos gekündigt. Diese Kündigung könnte als Verdachtskündigung wirksam sein, da ein dringender Tatverdacht für die Körperverletzungshandlung durch die Bärbel besteht.◄

---

[339] BAG, NZA 2008, 636.
[340] BAG, NZA 2014, 143.
[341] BAG, NZA – RR 2008, 344.
[342] BAG, NZA 2014, 1015.

4.13.1.2.5 Druckkündigung

Gleichfalls ein Sonderfall der Kündigung aus wichtigem Grund ist die sogenannte Druckkündigung. Druckkündigung meint, dass die Initiative für das Kündigungsverlangen nicht primär auf den Arbeitgeber zurückzuführen ist, sondern von einem Dritten ausgeht. Der Arbeitgeber wird mit einem Kündigungsverlangen konfrontiert. Dies ist etwa dann der Fall, wenn der Betriebsrat gemäß § 104 BetrVG vom Arbeitgeber die Kündigung eines Arbeitnehmers verlangt.[343]

Die Druckkündigung kann jedoch auch aus der Belegschaft oder sogar durch einen außerhalb des Betriebes stehenden Dritten gefordert werden. Dies kann etwa ein Kunde oder sonstiger Vertragspartner sein, welcher mit der Beendigung der Geschäftsbeziehung droht.

Die Druckkündigung muss folglich nicht auf einem tatsächlichen vorwerfbaren Verhalten des Arbeitnehmers beruhen. Hieraus ergibt sich wiederum, dass an dem Ausspruch einer Druckkündigung ganz besonders strenge Maßstäbe angelegt werden müssen. Grundsätzlich hat der Arbeitgeber sich vor seinen Arbeitnehmer zu stellen. Eine Druckkündigung ist deshalb nur ganz ausnahmsweise dann gerechtfertigt, wenn sie das einzig verbleibende Mittel dafür ist, erheblichen Schaden vom Arbeitgeber abzuwenden.

Fallbeispiel

Sascha ist bereits seit einigen Jahren bei der B-GmbH beschäftigt. In den letzten Monaten zeigt er ganz auffällige Verhaltensänderungen. Zwar kommt er seinen arbeitsvertraglichen Pflichten grundsätzlich weiter nach. Er behandelt seine Kollegen und Kolleginnen jedoch nur noch abschätzig. Obwohl er zu keinem Zeitpunkt eine tatsächliche Beleidigung ausspricht, strahlt er eine derartige Eiseskälte und Geringschätzung aus, dass alle anderen Kollegen vor ihm erhebliche Angst entwickeln. Da mehrere Gesprächsversuche durch den Arbeitgeber und sogar eine Versetzung in eine andere Abteilung völlig fruchtlos verlaufen sind, verlangt der Betriebsrat nunmehr die Entlassung des Sascha. Dem wird der Arbeitgeber durch den Ausspruch einer Druckkündigung nachkommen müssen.◄

4.13.1.2.6 Provozierte außerordentliche Kündigung

Hinzuweisen ist abschließend auf den Fall einer außerordentlichen Kündigung, welches durch ein vertragswidriges Verhalten des anderen Teils veranlasst worden ist. Hierzu ordnet § 628 Abs. 2 BGB gesondert einen Schadensersatzanspruch des Kündigenden voraus. Erforderlich hierfür ist ein Auflösungsverschulden des anderen Teils, welcher die Schwere des wichtigen Grundes gemäß § 626 Abs. 1 BGB erreichen muss.[344] Die eine Partei des Arbeitsvertrages muss so schwerwiegend gegen arbeitsvertragliche Pflichten verstoßen,

---

[343] Zu den tatbestandlichen Voraussetzungen dieses Rechts des Betriebsrats siehe bereits Abschn. 3.4.3.8.2.3 „Personelle Einzelmaßnahmen".
[344] BAG, NJW 2012, 1900.

dass die andere Partei aufgrund dieses Verstoßes zur Beendigung des Arbeitsverhältnisses veranlasst wird. Es muss mithin eine Kausalität zwischen Vertragsverstoß und Kündigung liegen. Der Verstoß muss zudem schuldhaft nach § 276 BGB begangen worden sein. Die Höhe des Schadensersatzes richtet sich auf das Erfüllungsinteresse für die Zeit bis zu einer ordnungsgemäßen Beendigung des Arbeitsverhältnisses.[345]

Fallbeispiel

Mandy arbeitet bei der Auto-AG. Im Anschluss an ein Meeting mit dem Vorstand bittet der Vorstandsvorsitzende sie noch um ein Gespräch unter vier Augen. Währenddessen verlangt er von Mandy ganz direkt sexuelle Handlungen und fasst sie auch unvermittelt sexuell motiviert an. Mandy ist völlig entsetzt und erklärt sofort am nächsten Tag die fristlose Kündigung. Da die Kündigung unmittelbare Folge eines ganz schwerwiegenden Vertragsverstoßes durch den Arbeitgeber ist, hat Mandy gemäß § 628 Abs. 2 BGB Anspruch auf Schadensersatz gegen die Auto-AG.◄

4.13.1.3 Änderungskündigung

Will eine der beiden Arbeitsvertragsparteien das Arbeitsverhältnis einseitig beenden, spricht sie eine Kündigung aus. Aus den zuvor genannten Ausführungen ergibt sich bereits, dass unterschiedliche Arten von Kündigungen existieren, deren jeweilige Wirksamkeitsvoraussetzungen ganz erheblich voneinander abweichen. Begehrt eine der beiden Vertragsparteien zwar die Beendigung des bestehenden Arbeitsverhältnisses in seiner konkreten Form, soll jedoch das Arbeitsverhältnis mit veränderten Bedingungen fortgesetzt werden, wird eine Änderungskündigung ausgesprochen. Dies kann sowohl durch den Arbeitnehmer als auch durch den Arbeitgeber erfolgen. Rein praktisch geschieht dies nahezu stets durch den Arbeitgeber. Der Arbeitgeber beabsichtigt die Veränderungen der Inhalte des Arbeitsvertrages. Im Folgenden wird deshalb auch ausschließlich auf diese Fallgestaltung einer Änderungskündigung abgestellt werden.

Eine Änderungskündigung beinhaltet folglich zwei Zielrichtungen. Zum einen soll das laufende Arbeitsverhältnis beendet werden. Zum zweiten ist beabsichtigt, das Arbeitsverhältnis ohne Unterbrechung zu geänderten Konditionen fortzuführen. Die Veränderung der Vertragsbedingungen besteht regelmäßig in einer Schlechterstellung des Arbeitnehmers. Andernfalls, also bei einer intendierten Besserstellung des Arbeitnehmers wäre eine Änderungskündigung auch kaum erforderlich. Der Arbeitnehmer würde seinerseits den verbesserten Bedingungen schlicht zustimmen. Die eigentliche Zielrichtung einer Änderungskündigung besteht daher darin, die Vertragsbedingungen einseitig zugunsten des Arbeitgebers zu verändern.

Des Mittels einer Änderungskündigung muss sich der Arbeitgeber immer dann bedienen, wenn er sein Ziel nicht mehr durch die Ausübung seines Weisungsrechts nach § 106

---

[345] BAG, NZA 2002, 1323.

GewO erreichen kann.[346] Rechtlich besteht die Änderungskündigung deshalb aus zwei zunächst gesondert zu betrachteten Willenserklärungen.[347] Diese sind der Ausspruch einer Kündigung und einem Angebot zum Abschluss eines Arbeitsvertrages. Für beide Willenserklärungen sind daher auch unabhängig voneinander ihre Wirksamkeitsvoraussetzungen zu prüfen. Auch ist sowohl für die Kündigung als auch für das Vertragsangebot die Reaktionsmöglichkeit des betroffenen Arbeitnehmers separat zu betrachten.

4.13.1.3.1 Kündigung bei Änderungskündigung

Die Kündigung als eines der beiden Elemente der Änderungskündigung kann sowohl aus einer ordentlichen als auch aus einer außerordentlichen Kündigung bestehen. Da eine außerordentliche Kündigung aber zumeist auf eine endgültige Vertragsbeendigung wegen des Vorliegens eines wichtigen Grundes gerichtet ist, kommt dies praktisch kaum vor. Die Änderungskündigung beinhaltet folglich regelmäßig eine ordentliche Kündigung. Diese ist wie alle anderen Kündigungen auch hinsichtlich ihrer Wirksamkeit nach den jeweils einschlägigen Bestimmungen zu prüfen. Es gilt somit das Schriftformgebot nach § 623 BGB genauso wie die Pflicht zur Anhörung eines vorhandenen Betriebsrats nach § 102 BetrVG. Je nach Art der ordentlichen Kündigung und unter Berücksichtigung der Person des betroffenen Arbeitnehmers sind ferner alle Regelungen zum allgemeinen oder besonderen Kündigungsschutz zu beachten.[348] Zusammengefasst beurteilt sich die Frage nach der Wirksamkeit der Kündigung völlig unabhängig von dem Vorliegen eines Änderungsangebots betreffend den gegenständlichen Arbeitsvertrag. Die Unterbreitung eines Änderungsangebots ist jedoch bei der inhaltlichen Prüfung der Kündigung materiell zu berücksichtigen, da der Arbeitgeber mit dem Änderungsangebot jedenfalls auch einen Anhaltspunkt für eine soziale Rechtfertigung gibt.[349]

Fallbeispiel

Bernhard wird eine Änderungskündigung durch seinen Arbeitgeber ausgesprochen. Die Kündigung erfolgt als ordentliche Kündigung, weil der Arbeitgeber in Bernhards Tätigkeitsbereich einen erheblichen Auftragsrückgang habe. Durch den angebotenen Änderungsvertrag würde Bernhard in einer anderen Abteilung eine völlig andere Aufgabe übernehmen, die mit einer Gehaltseinbuße von monatlich 500,00 € verbunden wäre. Bernhard sieht sich daher entweder der Arbeitslosigkeit oder einer erheblichen Gehaltsreduzierung ausgesetzt. Welche Möglichkeiten Bernhard in dieser Situation hat, sollen nachfolgend noch erörtert werden.◄

---

[346] Siehe dazu bereits Abschn. 2.2.9 „Direktionsrecht".
[347] BAG, NZA 2010, 333.
[348] Dazu zugleich Abschn. 4.13.2 „Allgemeiner Kündigungsschutz" und Abschn. 4.13.3 „Sonderkündigungsschutz".
[349] BAG, NZA 2006, 92.

4.13.1.3.2 Vertragsangebot

Im unmittelbaren Zusammenspiel mit der vorgenannten Kündigung muss der Arbeitgeber dem Arbeitnehmer ein Angebot zur Fortsetzung des Arbeitsverhältnisses unter veränderten (praktisch verschlechterten) Bedingungen unterbreiten.[350] Da nur beide miteinander verbundenen Elemente zum Vorhandensein einer Änderungskündigung führen, bedarf auch das Änderungsangebot der Schriftform.[351] Für das Änderungsangebot gelten ansonsten die allgemeinen Regelungen für Willenserklärungen. Das Angebot muss deswegen nach § 145 BGB hinreichend bestimmt sein. Die Annahme des Angebots muss dazu führen, dass der Vertrag unter den vereinbarten Bedingungen auch zustande kommt. Unklarheiten oder irgendwelche Vorbehalte dürfen mit dem Änderungsangebot nicht verbunden sein. Auch liegt dann keine Änderungskündigung mehr vor, wenn erst nach dem Zugang einer zuvor ausgesprochenen Kündigung ein Änderungsangebot unterbreitet wird.

4.13.1.3.3 Möglichkeiten des Arbeitnehmers

Aus dem genannten Fallbeispiel wird die schwierige Ausgangslage des Arbeitnehmers deutlich. Nimmt er die Vertragsänderung an, begibt er sich willentlich in ein zumeist deutlich schlechteres Arbeitsverhältnis. Nimmt er das Angebot nicht an, und wehrt sich gerichtlich gegen die Kündigung, trifft ihn ein erhebliches Risiko. Verliert er das Kündigungsschutzverfahren, ist er arbeitslos. Er hat dann nicht einmal mehr das aus seiner Sicht schlechtere Arbeitsverhältnis. Dieses Dilemma könnte dazu führen, dass der Arbeitnehmer zur Meidung von existenzbedrohenden Risiken geneigt wäre, freiwillig verschlechterte Arbeitsbedingungen zu akzeptieren. Hier schafft § 2 KSchG einen Ausweg.

Nach § 2 KSchG kann der Arbeitnehmer das Änderungsangebot unter dem Vorbehalt annehmen, dass die Änderung der Arbeitsbedingungen nicht sozial ungerechtfertigt ist. Diesen Vorbehalt muss der Arbeitnehmer dem Arbeitgeber spätestens innerhalb von drei Wochen nach Zugang der Kündigung erklären. Hieraus folgen für den Arbeitnehmer mithin drei Reaktionsmöglichkeiten. Er kann das Änderungsangebot annehmen, gegen die Kündigung gerichtlich vorgehen oder das Vertragsangebot unter Vorbehalt annehmen.

4.13.1.3.3.1 Annahme des Änderungsangebots

Die erste Möglichkeit besteht darin, das Angebot zur Änderung des bestehenden Arbeitsvertrages vorbehaltlos anzunehmen. Dann wird die Änderung des Arbeitsvertrages entsprechend wirksam. Es kommt ein neuer Arbeitsvertrag mit geändertem Inhalt zustande. Die zuvor ausgesprochene Kündigung verliert damit ihre Wirksamkeit, da sie sich nur auf das alte, noch nicht geänderte Arbeitsverhältnis bezogen hat.

Da der Abschluss eines Arbeitsvertrages als solcher nicht formgebunden ist und insbesondere nicht der Schriftform unterliegt, könnte die Annahme des Änderungsangebots auch mündlich oder gar konkludent durch entsprechende Verrichtung der geschuldeten

---

[350] BAG, NZA 2010, 333.
[351] BAG, NZA – RR 2011, 155.

Tätigkeit erfolgen. Dies empfiehlt sich jedoch aus Beweisgründen keinesfalls. Wie ausgeführt, muss ein schriftliches Änderungsangebot vorliegen. Dessen Annahme sollte deshalb genauso schriftlich erfolgen, um jedem Missverständnis oder gar Streit vorzubeugen.

Diese Möglichkeit führt deshalb zu einer direkten und endgültigen Änderung bzw. Verschlechterung des Vertragsinhaltes. Sie dürfte folglich für den Arbeitnehmer nur dann eine gute Lösung sein, wenn er keinerlei Erfolgsaussichten dafür erkennt, den ursprünglichen Arbeitsvertrag auch unter Zuhilfenahme des Arbeitsgerichts fortsetzen zu können.

4.13.1.3.3.2 Ablehnung des Änderungsangebots

Der Arbeitnehmer kann das Änderungsangebot auch endgültig ablehnen. Damit ist die Vertragsänderung abschließend nicht zustande gekommen. Der Arbeitnehmer kann sich in diesem Fall nicht mehr gerichtlich gegen die vorgeschlagene Änderung der Arbeitsbedingungen zur Wehr setzen. Eine gerichtliche Überprüfung der sozialen Rechtfertigung der vorgeschlagenen Vertragsänderungen ist nicht mehr statthaft. Es besteht nur noch der Weg, die Kündigung als solche anzugreifen. Erhebt der Arbeitnehmer in diesem Fall eine Kündigungsschutzklage, setzt er alle Chancen auf diese eine Karte. Gewinnt der Arbeitnehmer das Kündigungsschutzverfahren, ist das alte Arbeitsverhältnis mit den bestehenden Vertragsbedingungen nicht wirksam beendet worden, sodass der Arbeitnehmer zu unveränderten Vertragsbedingungen weiterarbeiten kann. Unterliegt er aber im arbeitsgerichtlichen Verfahren, wurde das Arbeitsverhältnis durch die als rechtswirksam bestätigte Kündigung aufgelöst. Der Arbeitnehmer hat in diesem Fall überhaupt kein Arbeitsverhältnis mehr. Die endgültige Ablehnung des Änderungsangebotes sollte für ihn folglich nur in Erwägung gezogen werden, wenn er sehr sicher in Bezug auf seine gerichtlichen Erfolgsaussichten ist.

4.13.1.3.3.3 Annahme des Angebots unter Vorbehalt

In den allermeisten Fallkonstellationen dürfte der durch § 2 KSchG eröffnete Weg aus Sicht des Arbeitnehmers der sicherste sein. Der Arbeitnehmer nimmt das Angebot zur Änderung des Arbeitsvertrages unter dem Vorbehalt an, dass dieses nicht sozial ungerechtfertigt ist. Damit zeigt der Arbeitnehmer an, mit den veränderten Bedingungen nicht einverstanden zu sein. Zugleich wird erklärt, dass das Arbeitsverhältnis nicht beendet werden soll. Die Arbeitsvertragsparteien streiten somit nur noch darüber, unter welchen Bedingungen das Arbeitsverhältnis fortläuft. Gegenstand der sodann folgenden gerichtlichen Überprüfung ist die Frage der sozialen Rechtfertigung der Änderung der Arbeitsbedingungen nach § 1 KSchG.[352] Die Annahme des veränderten Arbeitsvertrages ist damit unter eine rückwirkende auflösende Bedingung nach § 158 BGB gestellt. Der Arbeitnehmer erhebt zugleich mit der Annahme des Änderungsangebots unter dem zuvor genannten Vorbehalt Kündigungsschutzklage beim Arbeitsgericht. Diese wird auch Änderungsschutzklage genannt. Die Risikoverteilung dieser Kündigungsschutzklage ist

---

[352] Grundlegend BAG, NJW 1982, 2687; ausführlich zur sozialen Rechtfertigung Abschn. 4.13.1.3.3.4 „Soziale Rechtfertigung der Änderungskündigung".

deutlich zugunsten des Arbeitnehmers verschoben. Gewinnt er das Gerichtsverfahren, tritt die auflösende Bedingung (der Vorbehalt) ein. Die Änderung der Arbeitsbedingungen ist gemäß § 8 KSchG unwirksam. Es verbleibt bei den ursprünglichen Vertragsbedingungen. Verliert der Arbeitnehmer den Prozess, fällt der erklärte Vorbehalt weg. Das Arbeitsverhältnis wird in diesem Fall mit den veränderten Arbeitsbedingungen fortgesetzt. Das Risiko einer Arbeitslosigkeit ist somit ausgeschlossen.

Fallbeispiel

Dem noch immer ratlosen Bernhard aus dem letzten Fallbeispiel kann nun mit der durch § 2 KSchG eröffneten Möglichkeit geholfen werden. Da er weder mit der Beendigung des Arbeitsvertrages noch mit einer Verschlechterung der Vertragsbedingungen einverstanden ist, sollte er das Änderungsangebot unter dem Vorbehalt der Prüfung der sozialen Rechtfertigung annehmen und zugleich innerhalb von drei Wochen nach Zugang der Kündigung Kündigungsschutzklage erheben. Je nach Ausgang des Rechtsstreits behält er entweder den bestehenden Arbeitsvertrag oder jedenfalls den neuen Vertrag zu veränderten Bedingungen.◄

4.13.1.3.3.4 Soziale Rechtfertigung der Änderungskündigung

Wie sich bereits aus den vorgenannten Ausführungen ergibt, ist der Prüfungsgegenstand für die Frage der sozialen Rechtfertigung einer Änderungskündigung im Falle der Annahme des Änderungsangebots unter Vorbehalt nicht die Kündigung als solche. Inhaltlicher Prüfungsgegenstand des Kündigungsschutzverfahrens ist die soziale Rechtfertigung der veränderten (verschlechterten) Vertragsbedingungen. Es ist deshalb zu klären, ob die Änderungen der Arbeitsbedingungen nach § 1 KSchG sozial gerechtfertigt sind. Der Prüfmaßstab ist jedoch teilweise anders als bei einer reinen Beendigungskündigung, die wegen der Anwendbarkeit des Kündigungsschutzgesetzes auch nach § 1 KSchG zu prüfen wäre.

Die Änderungskündigung muss zunächst einen an sich geeigneten Kündigungsgrund aufweisen, welcher die beabsichtigte Vertragsänderung rechtfertigt.[353] Dieser Grund muss für alle zu ändernden Vertragsbestandteile gegeben sein. In Betracht kommen hierfür nach § 1 KSchG personen-, verhaltens- oder betriebsbedingte Gründe. Eine Detaildarstellung muss hier zur Meidung von Wiederholungen zunächst unterbleiben.[354]

Praktisch unterliegt die Änderungskündigung hinsichtlich der Frage ihrer sozialen Rechtfertigung einer zweistufigen Prüfung. Im ersten Schritt muss geklärt werden, ob einer der vorgenannten Gründe für die Vertragsänderung vorliegt.[355] In der zweiten Stufe ist im Rahmen einer Verhältnismäßigkeitsprüfung eine umfassende Interessenabwägung durchzuführen.[356] Die geänderten Arbeitsbedingungen müssen zum Erreichen

---

[353] BAG, NZA 2013, 1409.

[354] Dazu ausführlich Abschn. 4.13.2.2.1 bis 4.13.2.2.3.

[355] BAG, NZA 2015, 805.

[356] BAG, a. a. O.

des vorliegenden Kündigungsgrundes geeignet und erforderlich sein. Ferner dürften die
geänderten Vertragsbedingungen nur soweit vom bisherigen Vertragsinhalt abweichen,
wie das zur Erreichung des mit der Änderungskündigung verfolgten Zwecks auch erforderlich ist.[357] Dies muss für alle geänderten Vertragsbedingungen jeweils einzeln und
auch in einer Gesamtbetrachtung gelten. Werden diese Voraussetzungen auch nur von
einer einzigen Vertragsänderung nicht erfüllt, ist die Änderungskündigung insgesamt nicht
sozial gerechtfertigt. Zusammengefasst dürfen dem Arbeitgeber zur Erreichung des mit
der Änderungskündigung erfolgten Ziels keine milderen Mittel wie etwa eine geringfügi-
gere Vertragsänderung oder die punktuelle Ausübung seines Weisungsrechts nach § 106
GEWO zur Verfügung stehen.

4.13.2 Allgemeiner Kündigungsschutz

Unter Berücksichtigung der vorgenannten Ausführungen zur ordentlichen Kündigung
wäre an dieser Stelle ein Zwischenfazit zum Kündigungsschutz ernüchternd. Wie ausgeführt lägen die Hürden für den Ausspruch einer ordentlichen Kündigung durch den
Arbeitgeber nicht hoch. Die Systematik des Kündigungsschutzes entfaltet erst dann ein
hohes Schutzniveau für den Bestand des Arbeitsverhältnisses aus Sicht des Arbeitnehmers, wenn der allgemeine Kündigungsschutz des Kündigungsschutzgesetzes Anwendung
findet. Unbeschadet etwaiger Tatbestände aus dem Bereich des Sonderkündigungsschutz-
gesetzes (z. B. für Betriebsräte oder Schwangere) wird durch das Kündigungsschutzgesetz
die gesetzgeberische Wertung umgesetzt, dass dem existenzsichernden Charakter des
Arbeitsverhältnisses ein hohes Gewicht beigemessen wird.

Da das Kündigungsschutzgesetz jedoch nicht auf jede ordentliche Kündigung
anzuwenden ist, ist zunächst der Anwendungsbereich trennscharf darzustellen. Erst
anschließend ist der materielle Gehalt des Kündigungsschutzgesetzes in den Blick zu
nehmen.

Zuvor soll indes auf die grundsätzliche Wertung des Bestandschutzes eingegangen
werden. Zudem entfalten einige Regelungen des Kündigungsschutzgesetzes auch über
dessen Anwendungsbereich hinaus praktische Bedeutung, sodass auch diese einleitend zu
benennen sind.

Durch das Kündigungsschutzgesetz soll eine Abwägung der Interessen des Arbeitgebers und des Arbeitnehmers in Bezug auf die Beendigung eines bestehenden Arbeitsverhältnisses getroffen werden. Der Arbeitgeber artikuliert mit dem Ausspruch einer
Kündigung ein Beendigungsinteresse hinsichtlich des Arbeitsverhältnisses. Diesem ist im
Hinblick auf die Grundsätze der Vertragsfreiheit auch im Wesentlichen Rechnung zu tragen. Dies gilt unabhängig davon, ob das Beendigungsinteresse des Arbeitgebers aus seiner
eigenen Sphäre herrührt, oder dem Bereich des Arbeitnehmers zuzuordnen ist. Der Arbeitgeber muss die grundsätzliche Möglichkeit haben, ein bestehendes Arbeitsverhältnis auch

---

[357] BAG, NZA 2015, 40.

unterhalb der Schwelle des Vorliegens eines wichtigen Grundes kündigen zu können. § 13 Abs. 1 S. 1 KSchG stellt daher auch ausdrücklich klar, dass die Regelungen zum Ausspruch einer außerordentlichen Kündigung durch das Kündigungsschutzgesetz nicht berührt werden. Das grundsätzliche anerkennenswerte Beendigungsinteresse kann jedoch nicht einseitig und grenzenlos durchsetzbar sein. Dem steht das Fortsetzungsinteresse des Arbeitnehmers gegenüber, der in besonderer, oftmals existenzsichernder Weise auf den Erhalt seiner Beschäftigung angewiesen ist. Der Arbeitnehmer ist regelmäßig auf seinen Verdienst aus der abhängigen Beschäftigung angewiesen, um sich und möglicherweise weitere Familienangehörige zu versorgen. Auch das Fortsetzungsinteresse des Arbeitnehmers ist deshalb grundsätzlich von einem hohen Gewicht. Je nach Schwere der jeweiligen Interessenlage im konkreten Einzelfall sollte daher im Ergebnis eine sachgerechte Auflösung dieses Konfliktes stehen. Das Kündigungsschutzgesetz schafft hierfür die rechtlichen Grundlagen, indem es das Beendigungsinteresse des Arbeitgebers im Hinblick auf eine sogenannte soziale Rechtfertigung kategorisiert. Den gesetzlichen Wertungen folgend, muss der Rechtsanwender eine Gewichtung des Beendigungsinteresses vornehmen. In Bezug auf das Fortsetzungsinteresse des Arbeitnehmers ist in ähnlicher Weise zu verfahren. Auch hierfür schafft das Kündigungsschutzgesetz tatbestandliche Vorgaben, aus denen sich die Möglichkeit der Gewichtung im Einzelfall ergibt. Hierfür werden auch die weiteren Beschäftigten mit in den Blick genommen, um erforderlichenfalls auch eine Bestimmung der Schutzwürdigkeit einzelner Beschäftigter im Vergleich zueinander erreichen zu können.

Das Kündigungsschutzgesetz ist deshalb als zwingendes Recht ausgestaltet. Es ist nur möglich, aus seinen Regelungen dahingehend abzuweichen, dass der Kündigungsschutz für den Arbeitnehmer noch verstärkt wird. Das Grundniveau des Kündigungsschutzgesetzes kann daher nicht unterschritten werden.[358]

Stets zu beachten ist ferner, dass die §§ 4–7 KSchG auf alle Kündigungen unabhängig von der Frage des Anwendungsbereichs des Kündigungsschutzgesetzes Anwendung finden. Diese regeln die Frist zur Erhebung einer Kündigungsschutzklage. Will der Arbeitnehmer geltend machen, dass eine Kündigung sozial ungerechtfertigt oder aus anderen Gründen rechtsunwirksam ist, so muss er innerhalb von drei Wochen nach Zugang der schriftlichen Kündigung Klage beim Arbeitsgericht auf Feststellung erheben, dass das Arbeitsverhältnis durch die Kündigung nicht aufgelöst ist. Dies gilt völlig unabhängig davon, was für eine Art von Kündigung aus was für einem Grund ausgesprochen worden ist. Die Klagefrist ist eine prozessuale Frist, die stets eingehalten werden muss. Deren Versäumung führt dazu, dass die Kündigung in Wirksamkeit erwächst. Nur ganz ausnahmsweise kann nach den § 5 ff. KSchG wegen einer außerordentlichen Verhinderung des Arbeitnehmers die Drei-Wochen-Frist überschritten werden.

---

[358] BAG, NZA 2014, 1083.

4.13.2.1 Anwendungsbereich

Das Kündigungsschutzgesetz findet nur auf die ordentlichen Kündigungen Anwendung, welche vom gesetzlichen Anwendungsbereich auch ausdrücklich umfasst sind. Der Anwendungsbereich wird auf zweierlei Art und Weise bestimmt.

Zunächst gibt es einen sachlichen und persönlichen Geltungsbereich gemäß § 1 Abs. 1 KSchG. Sachlich gilt das Gesetz nur für ordentliche Kündigungen durch den Arbeitgeber. Dies entspricht der zuvor ausgeführten Zielsetzung des Gesetzes, welche ausdrücklich auf den Bestandschutz des Arbeitsverhältnisses für den Arbeitnehmer gerichtet ist. Die Eröffnung des persönlichen Geltungsbereichs erfordert, dass der Arbeitnehmer länger als sechs Monate in demselben Betrieb oder Unternehmen ohne Unterbrechung beschäftigt ist. Dieser Zeitraum soll dem Arbeitgeber Gelegenheit geben, sich zunächst ein Bild vom Arbeitnehmer machen zu können. Diese Wartezeit korrespondiert daher mit der Probezeit gemäß § 622 Abs. 3 BGB. Soweit nicht ein bestimmter Sonderkündigungstatbestand greift, können daher Arbeitnehmer innerhalb einer vereinbarten Probezeit von längstens sechs Monaten noch außerhalb der Anwendung des Kündigungsschutzgesetzes gekündigt werden.[359]

Geschützt durch den persönlichen Anwendungsbereich sind zudem nur Arbeitnehmer. Nicht umfasst vom allgemeinen Kündigungsschutz sind Heimarbeiter und freie Mitarbeiter, wenn sie tatsächlich selbstständig tätig sind. Zwar sind Auszubildende auch Arbeitnehmer. Für sie gelten jedoch die Sonderregelungen des Berufsbildungsgesetzes, sodass für die Anwendung des allgemeinen Kündigungsschutzgesetzes kein Raum verbleibt. Das Berufsbildungsgesetz geht als Spezialgesetz dem Kündigungsschutzgesetz vor. Eine Ausnahme vom Anwendungsbereich stellt auch § 14 KSchG dar, wonach Angestellte in leitender Stellung vom Kündigungsschutz ausgenommen werden. Dies sind insbesondere die gesetzlichen Vertreter von juristischen Personen oder die Vertreter von Personengesellschaften. Ausgenommen sind auch die leitenden Angestellten, soweit diese zur selbstständigen Einstellung oder Entlassung von Arbeitnehmern berechtigt sind. Für Letztere gilt im Kern, dass der Arbeitgeber ihnen gegenüber ohne Begründung einen Auflösungsantrag nach § 9 Abs. 1 S. 2 KSchG stellen kann. Der leitende Angestellte hat dann zwar keine Möglichkeit, das Arbeitsverhältnis fortzusetzen. Ihm steht jedoch ein entsprechender Abfindungsanspruch zu. Dies hat seine Begründung darin, dass leitende Angestellte für den Arbeitgeber Schlüsselfunktionen wahrnehmen und daher vergleichsweise leichter auswechselbar sein müssen. Der Abfindungsanspruch hat dann kompensatorischen Charakter.

Von kaum zu überschätzender praktischer Relevanz ist der betriebliche Anwendungsbereich. Dieser wird durch § 23 Abs. 1 KSchG bestimmt. Danach gelten die Regelungen zum Kündigungsschutzgesetz zunächst nur für Betriebe und Verwaltungen des privaten und öffentlichen Rechts. Hiermit werden insbesondere Privathaushalte als Arbeitgeber aus dem allgemeinen Kündigungsschutz herausgenommen, da diese keine Betriebe sind.

---

[359] Vertiefend dazu: BAG, NZA 2014, 1083.

Die hohe praktische Relevanz des betrieblichen Anwendungsbereichs folgt aus der sogenannten Kleinbetriebsklausel. § 23 Abs. 1 KSchG formuliert in sehr umständlicher Art und Weise, dass mehr als zehn Arbeitnehmer im Betrieb beschäftigt sein müssen, um das Gesetz zur Anwendung zu bringen. Praktisch müssen deshalb mindestens 10,25 Arbeitnehmer regelmäßig im Betrieb beschäftigt sein. Für kleinere Betriebe gilt das Kündigungsschutzgesetz nicht. Die auf den ersten Blick merkwürdig erscheinende Zahl von 10,25 Arbeitnehmern ergibt sich aus einer denkbaren Rechenkonstellation gemäß § 23 Abs. 1 S. 4 KSchG. Bei der Feststellung der Zahl der beschäftigten Arbeitnehmer sind nämlich Teilzeitbeschäftigte mit einer regelmäßigen wöchentlichen Arbeitszeit von nicht mehr als 20 h mit 0,5 und nicht mehr als 30 h mit 0,75 zu berücksichtigen. Die Anzahl von mindestens 10,25 muss „in der Regel" erreicht werden. Dies bedeutet, dass ganz kurzfristige Schwankungen nicht zu berücksichtigen sind. Wird etwa für einen kurzen Zeitraum der Mindestwert über- oder unterschritten und zu genau diesem Zeitpunkt eine Kündigung ausgesprochen, kommt es nicht auf den Stichtag, sondern auf die regelmäßige Beschäftigung an.

Fallbeispiel

Veronika arbeitet für einen Pflegedienst. Dieser beschäftigt dauerhaft elf Arbeitnehmer in Vollzeit. Ganz unerwartet kündigt ein Kollege zum 31.08. des Jahres. Der Pflegedienst will die Stelle zum 01.10. des Jahres auch wieder besetzen, weil die Auftragslage dies zwingend erfordert. Im Monat September soll jedoch die günstige Gelegenheit genutzt werden, der aus Sicht des Arbeitgebers aufmüpfigen Veronika zu kündigen, da dann das Kündigungsschutzgesetz keine Anwendung findet. Schließlich beschäftigt der Pflegedienst im September des Jahres nur noch zehn Arbeitnehmer. Nachdem Veronika die Kündigung erhalten und Kündigungsschutzklage erhoben hat, stellt das Arbeitsgericht zutreffender Weise die Anwendung des Kündigungsschutzgesetzes fest, weil es dafür auf die Anzahl der regelmäßig Beschäftigten ankommt, welche bei elf Arbeitnehmern liegt.◄

Maßgeblich ist die Größe des Betriebes und nicht die des Unternehmens. Ein Betrieb ist die organisatorische Einheit, innerhalb derer der Arbeitgeber mit seinen Arbeitnehmern durch Einsatz technischer und immaterieller Mittel bestimmte arbeitstechnische Zwecke fortgesetzt verfolgt.[360] Folglich ist für die Definition des Betriebes insbesondere auf die Organisationseinheit und den damit verbundenen Leitungsapparat in personellen und sozialen Angelegenheiten abzustellen.[361] Aufgrund der voranschreitenden Zeit kommt der Übergangsregelung des § 23 Abs. 1 S. 2 KSchG nur noch eine begrenzte Bedeutung zu. Bestand das nunmehr gekündigte Beschäftigungsverhältnis bereits vor dem

---

[360] BAG, AP Nr. 48 zu § 23 KSchG; zur grundsätzlichen Verfassungskonformität der Kleinbetriebsklausel siehe BVerfG, Az. 1 BvR 1250/08.
[361] Grundlegend BAG, NZA 2001, 831.

01.04.2004, müssen seinerzeit und zum Zeitpunkt der Kündigung nur jeweils mehr als fünf Arbeitnehmer regelmäßig im Betrieb beschäftigt gewesen sein. Für diesen geringeren Schwellenwert gilt zudem, dass Ersatzeinstellungen für ausgeschiedene Altarbeitnehmer dann nicht mitzuzählen sind.[362] Wenn also das nunmehr gekündigte Beschäftigungsverhältnis bereits vor dem 01.01.2004 bestand und damals mehr als fünf, jedoch nicht mehr als zehn Arbeitnehmer beschäftigt waren und heute im Zeitpunkt der Kündigung das Gleiche gilt, kommt es drauf an, dass es sich bei den seinerzeitigen Arbeitskollegen um dieselben handelt wie heute.

Fallbeispiel

Boris ist bereits seit dem Jahr 2000 bei der Kran-OHG beschäftigt. Diese hat schon damals und bis heute stets zwischen sechs und acht Mitarbeiter beschäftigt. Von den zum Jahreswechsel 2003/2004 beschäftigten Arbeitskollegen des Boris ist aber nur noch einer verblieben. Alle anderen Kollegen wurden inzwischen durch andere Arbeitnehmer ersetzt. Für die heute ausgesprochene Kündigung des Boris greift deswegen das Kündigungsschutzgesetz nicht.◄

4.13.2.2 Soziale Rechtfertigung

Kernelelement des allgemeinen Kündigungsschutzes nach dem Kündigungsschutzgesetz ist § 1 Abs. 1 KSchG. Eine Kündigung ist unwirksam, wenn sie sozial ungerechtfertigt ist. Gemäß § 1 Abs. 2 KSchG ist eine Kündigung nur dann gerechtfertigt, wenn sie durch Gründe, die in der Person oder in dem Verhalten des Arbeitnehmers liegen oder durch dringende betriebliche Erfordernisse, die einer Weiterbeschäftigung des Arbeitnehmers in diesem Betrieb entgegenstehen, bedingt ist. Das Kündigungsschutzgesetz kennt folglich drei Möglichkeiten einer sozialen Rechtfertigung. Diese sind zunächst grundsätzlich darin zu unterscheiden, dass die Gründe in der Person oder im Verhalten des Arbeitnehmers aus dessen Sphäre resultieren, betriebsbedingte Gründe dagegen der Sphäre des Arbeitgebers zuzuordnen sind. Alle drei möglichen Kündigungsgründe sowie der Oberbegriff der sozialen Rechtfertigung sind jeweils für sich betrachtet als unbestimmte Rechtsbegriffe zu betrachten. Sie bedürfen daher einer umfassenden Konkretisierung, die sich nur teilweise aus dem Gesetz selbst ergibt. Nachfolgend sind deshalb die einzelnen Kündigungsgründe so präzise wie möglich zu spezifizieren.

Zuvor sind jedoch die Grundlagen zu betrachten, welche für alle Möglichkeiten der sozialen Rechtfertigung in gleicher oder jedenfalls ähnlicher Form Geltung beanspruchen. Als erstes ist festzuhalten, dass der maßgebliche Zeitpunkt für die Frage einer vorliegenden sozialen Rechtfertigung der Moment des Zugangs der Kündigung ist.[363] Auch gilt, dass mindestens einer der drei möglichen sozialen Rechtfertigungen vollständig vorliegen

---

[362] BAG, NZA 2013, 1197.
[363] BAG, NZA-RR 2012, 465.

muss. Eine wertende Gesamtbetrachtung unter Berücksichtigung einzelner Elemente aller drei verschiedenen Kündigungsgründe ist nicht möglich.[364]

Für alle drei Kündigungsgründe gilt gleichermaßen, dass eine Kündigung nur als letztes Mittel ausgesprochen werden darf und dem Grundsatz der Verhältnismäßigkeit entsprechen muss. Gibt es ein weniger einschneidendes Mittel als die Kündigung, ist dieses zu wählen. Dieses könnte etwa eine Änderungskündigung sein.[365] Im Ergebnis muss folglich die Kündigung geeignet und erforderlich sein, um das angestrebte Ziel zu erreichen. Sie darf zudem nicht unverhältnismäßig im engeren Sinne, also unangemessen unter Berücksichtigung der wechselseitigen Interessen sein.[366]

Liegt eine personen- oder verhaltensbedingte Kündigung vor, zielt die Kündigung darauf ab, zukünftige Störungen des Arbeitsverhältnisses durch dessen Beendigung zu unterbinden. Die Kündigung kann deshalb nur gerechtfertigt sein, wenn ihr eine negative Prognose in Bezug auf die weitere Durchführung des Arbeitsverhältnisses zugrunde liegt. Aus der Person des Arbeitnehmers bzw. dessen Verhalten in der Vergangenheit muss abgeleitet werden können, dass auch in der Zukunft mit gleichartigen erheblichen Störungen des Arbeitsverhältnisses zu rechnen ist.[367] Bei einer betriebsbedingten Kündigung liegen die Dinge naturgemäß anders, weil dort der Wegfall der Beschäftigungsmöglichkeit auf einer unternehmerischen Entscheidung beruht, also aus der Sphäre des Arbeitgebers resultiert. Hier ist folglich keine negative Prognose anzustrengen, sondern zu prüfen, ob gerade aufgrund der unternehmerischen Entscheidung keine Beschäftigungsmöglichkeit mehr besteht.[368]

4.13.2.2.1 Personenbedingte Kündigung

Eine Möglichkeit für die soziale Rechtfertigung einer Kündigung ist das Vorliegen von Gründen in der Person des Arbeitnehmers. Die sogenannte personenbedingte Kündigung ist in ihren tatbestandlichen Voraussetzungen jedoch nicht ausdrücklich gesetzlich geregelt. § 1 Abs. 2 KSchG zählt diese nur als eine der drei Möglichkeiten zur sozialen Rechtfertigung auf. Die konkrete Ausgestaltung einer personenbedingten Kündigung hängt daher im ganz erheblichen Maße von den durch die Rechtsprechung entwickelten Vorgaben ab.

4.13.2.2.1.1 Grundlagen

Eine personenbedingte Kündigung liegt immer dann vor, wenn der Kündigungsgrund zwar in der Sphäre des Arbeitnehmers liegt, diesen jedoch kein Verschulden daran trifft. Hierin liegt auch die Abgrenzung zur verhaltensbedingten Kündigung als dritte Möglichkeit der sozialen Rechtfertigung. Liegt ein durch den Arbeitnehmer steuerbares Verhalten

---

[364] Zur Vertiefung: BAG, NZA 1998, 143.

[365] So zutreffend BAG, NZA 1991, 181.

[366] BAG, NZA-RR 2007, 571.

[367] Grundlegend BAG, NZA 1991, 185.

[368] BAG, NZA 2015, 679.

vor, kommt nur eine verhaltensbedingte Kündigung in Betracht. Kann der Arbeitnehmer die vertraglich geschuldete Arbeitsleistung aufgrund (fehlender) Fähigkeiten bzw. Eigenschaften oder etwa wegen einer nicht vorwerfbaren Einstellung erbringen, müsste eine personenbedingte Kündigung ausgesprochen werden.[369]

Die ordnungsgemäße Begründung einer personenbedingten Kündigung ist in vier Schritten zu prüfen.[370] Zunächst muss wie zuvor ausgeführt ein Grund in der Person des Arbeitnehmers vorliegen. Hieraus ist im Wege einer Negativprognose abzuleiten, dass der Arbeitnehmer zukünftig nicht in der Lage sein wird, die vertraglich geschuldete Arbeitsleistung ordnungsgemäß zu erbringen. Zudem muss die Kündigung zugleich das einzige und auch letzte Mittel sein, um die zuvor festgestellte Vertragsstörung zu beseitigen. Schließlich ist im Wege einer umfassenden Interessenabwägung festzustellen, dass die Interessen des Arbeitgebers an der Beendigung des Arbeitsverhältnisses überwiegen.

Von erheblicher Bedeutung innerhalb der vorgenannten Prüfungsschritte ist insbesondere, ob für den Arbeitnehmer trotz einer festgestellten Einschränkung der Möglichkeit zur Erbringung der vertraglich geschuldeten Arbeitsleistung eine anderweitige Weiterbeschäftigungsmöglichkeit besteht. Ist ein freier Arbeitsplatz vorhanden, auf welchem die personenbedingten Gründe nicht oder nur unbedeutend eine Rolle spielen werden, ist diese Stelle dem Arbeitnehmer zur Fortführung des Arbeitsverhältnisses anzubieten.[371] Dies gilt jedoch nur für gleichwertige oder geringer bewertete, nicht aber für höherwertige Stellen.[372] Dem Arbeitgeber ist es nicht zuzumuten, den Arbeitnehmer zur Sicherung des Arbeitsverhältnisses auch noch zu befördern.

Fallbeispiel

Nicolai ist Fernfahrer. Seitens der Straßenverkehrsbehörde wird ihm die Fahrerlaubnis auf Dauer entzogen. Es besteht auch keine Aussicht darauf, die Fahrerlaubnis zu einem späteren Zeitpunkt wiederzuerlangen. Der Arbeitgeber beschäftigt lediglich 17 Fernfahrer, einen Kraftverkehrsmeister und eine Bürokraft. Der Arbeitgeber kündigt nunmehr personenbedingt, da Nicolai zukünftig nicht mehr in der Lage sein wird, seine Arbeitsleistung vertragsgemäß zu erbringen. Nicolai wendet dagegen ein, dass die Stelle des Kraftverkehrsmeisters derzeit unbesetzt wäre und er diese übernehmen könne, da der Kraftverkehrsmeister nicht selber mit dem Lkw fahren müsse, sondern im Kern überwachende und disponierende Aufgaben habe.

Dieser Einwand greift indes nicht, da es sich bei der Stelle des Meisters um eine höherwertige Position handelt, die dem zu kündigenden Arbeitnehmer nicht angeboten werden muss.◄

---

[369] Instruktiv BAG, NZA 2011, 1084.
[370] Siehe etwa BAG, NZA 2007, 680.
[371] BAG, NZA 2005, 612.
[372] BAG, NZA 2011, 39.

Personenbedingte Kündigungen kommen etwa in Betracht, wenn der Arbeitnehmer ein für die Arbeitsleistung erforderliches Qualifikationsmerkmal verliert, eine mehrjährige Haftstrafe antreten muss[373] oder sich in einer Form strafbar macht, die aufgrund des Aufgabenbereichs und der Stellung des Arbeitnehmers im Unternehmen eine besondere Zuverlässigkeit und damit verbundenes Vertrauen erfordert. Ist die Verhinderung des Arbeitnehmers zur Erbringung der vertraglich geschuldeten Arbeitsleistung dagegen nur vorrübergehend oder durch angemessene Umschulungs- oder Fortbildungsmaßnahmen zu beseitigen, fehlt es an der erforderlichen Negativprognose.[374] Auch ist zu beachten, dass im Rahmen der abschließend durchzuführenden umfassenden Interessenabwägung zugunsten des Arbeitnehmers auch dessen Alter und Betriebszugehörigkeit zu gewichten sind. Das gilt insbesondere für solche Zeiten, in denen das Arbeitsverhältnis störungsfrei durchgeführt worden ist. Die Beeinträchtigung der betrieblichen Belange muss folglich umso schwerwiegender sein, je höher das Bestandsinteresse des Arbeitnehmers zu gewichten ist. Zusammenfassend muss deshalb festgehalten werden, dass der Ausspruch einer wirksamen personenbedingten Kündigung für den Arbeitgeber mit erheblichen Hürden verbunden ist. Eine Fallgruppe der personenbedingten Kündigung spielt in der betrieblichen Praxis indes eine qualitativ und quantitativ herausgehobene Rolle. Dies ist die nachfolgend gesondert darzustellende krankheitsbedingte Kündigung.

4.13.2.2.1.2 Krankheitsbedingte Kündigung

Die krankheitsbedingte Kündigung stellt die praktisch wichtigste Fallgruppe der personenbedingten Kündigung dar. Zwar ist das Vorliegen einer Krankheit als solches kein Kündigungsgrund. Führt das Vorliegen einer Krankheit jedoch dazu, dass der Arbeitnehmer seine vertraglich geschuldete Arbeitsleistung nicht mehr wird erbringen können, kann sie den Ausspruch einer personenbedingten Kündigung sozial rechtfertigen. Entgegen einem weitverbreiteten Irrtum folgt aus dem Vorliegen einer Krankheit keineswegs ein Kündigungsverbot.

In leichter Abweichung von den zuvor genannten Grundsätzen wird eine krankheitsbedingte Kündigung nur in drei Stufen auf ihre Wirksamkeit geprüft. Als Erstes ist eine negative Prognose hinsichtlich des weiteren Krankheitsverlaufs anzustellen. Daraus muss sich eine erhebliche Beeinträchtigung der betrieblichen Interessen ergeben. Schließlich ist im Wege einer umfassenden Interessenabwägung zu prüfen, ob die entsprechenden Beeinträchtigungen für den Arbeitgeber eine unzumutbare Belastung zur Folge haben.[375]

4.13.2.2.1.2.1 Negative Gesundheitsprognose

Eine krankheitsbedingte Kündigung kommt nur in Betracht, wenn der Arbeitnehmer zukünftig in so erheblicher Form durch seine Krankheit beeinträchtigt sein wird, dass er

---

[373] BAG, NZA 2003, 1211.
[374] Grundlegend BAG, NJW 1983, 2897.
[375] Siehe etwa BAG, NZA 2011, 39.

die vertraglich geschuldete Arbeitsleistung nicht erbringen kann. Je nach Art der krankheitsbedingten Zeiten der Arbeitsunfähigkeit ist zu differenzieren. Der Arbeitnehmer kann entweder aufgrund einer schweren Erkrankung langanhaltend arbeitsunfähig sein. Er kann dagegen auch häufig Kurzerkrankungen erleiden, ohne dass dies zu einer langanhaltenden Arbeitsunfähigkeit führen muss.

Die negative Gesundheitsprognose ist im Wesentlichen daraus abzuleiten, wie sich die Krankheitszeiten in der Vergangenheit dargestellt haben. Der Arbeitgeber kann nur aufgrund seiner Unkenntnis der tatsächlichen Krankheitsbilder versuchen, aus den Tatsachen der Vergangenheit Rückschlüsse für die Zukunft zu ziehen. Dabei existiert keine feste Vorgabe für den zu betrachtenden Zeitrahmen, welcher aus der Vergangenheit heranzuziehen ist. Die letzten zwei bis drei Jahre dürften jedenfalls geeignet sein, als Prognosegrundlage zu dienen. War der Arbeitnehmer in diesem Zeitraum dauerhaft erkrankt oder im erheblichen Umfang aufgrund von Kurzerkrankungen arbeitsunfähig, kann der Arbeitgeber hieraus eine Negativprognose für die Zukunft anstellen. Liegen jedoch ärztliche Erkenntnisse vor, die auf eine Wiederherstellung der Arbeitsfähigkeit in absehbarer Zeit hindeuten, liegen die Dinge anders.[376]

Im Falle häufiger Kurzerkrankungen sollte jedenfalls jährlich ein Zeitraum von in der Summe mindestens sechs Wochen überschritten werden, damit dies auch in die Zukunft negativ prognostiziert werden kann.[377] Ist dagegen eine fallende Tendenz hinsichtlich der Ausfallzeiten erkennbar, spricht dies gegen eine Negativprognose. Unabhängig von dem Vorliegen der vorgenannten Voraussetzungen besteht für den Arbeitgeber stets das Risiko, dass sich nach Ausspruch der Kündigung der Gesundheitszustand des Arbeitnehmers erheblich bessert, sodass entgegen der arbeitgeberseitigen Erwartung die Arbeitsfähigkeit in absehbarer Zeit wiederhergestellt sein wird. Arbeitgeber sind deshalb gut beraten, vor dem Anstellen einer negativen Gesundheitsprognose dem Arbeitnehmer (gegebenenfalls im Rahmen eines betrieblichen Eingliederungsmanagements) Gesprächsangebote und weitere Hilfestellungen zukommen zu lassen, um die Möglichkeit von Hilfestellungen zur Genesung oder Verbesserung des betrieblichen Umfeldes zur Erbringung der Arbeitsleistung zu erörtern.

Fallbeispiel

Susanne ist seit rund zwei Jahren schwer erkrankt. Der Arbeitgeber geht davon aus, dass Susanne noch deutlich länger krank bleiben wird und spricht daher eine krankheitsbedingte Kündigung aus. Wie sich nunmehr herausstellt, befindet sich Susanne bereits auf dem Wege der Besserung. Der Arbeitgeber hat dies schlicht nicht gewusst. Die Kündigung trifft Susanne unvorbereitet und kam für sie aus heiterem Himmel. Im Rahmen der unmittelbar nach der Kündigung erhobenen Kündigungsschutzklage trägt Susanne vor, dass sie in den nächsten Monaten ihre Arbeitsfähigkeit wieder vollständig

---

[376] BAG, NZA 2001, 1071.
[377] BAG, NZA 2014, 962.

hergestellt haben wird. Dies ist auch umfassend ärztlich dokumentiert. Das Arbeitsgericht wird deshalb bereits in Ermangelung einer negativen Gesundheitsprognose die Unwirksamkeit der Kündigung feststellen.◄

4.13.2.2.1.2.2 Beeinträchtigung betrieblicher Interessen

Auf der zweiten Prüfungsebene ist für die Wirksamkeit einer krankheitsbedingten Kündigung das Vorliegen einer erheblichen Beeinträchtigung betrieblicher Interessen festzustellen. Dies ist sehr stark einzelfallbezogen. Die aufgrund der negativen Gesundheitsprognose zu erwartenden Fehlzeiten müssen so erheblich sein, sodass die betrieblichen Belange in tatsächlicher oder wirtschaftlicher Hinsicht wesentlich betroffen sind. Dies ist der Fall, wenn durch das Auftreten einer Vielzahl von Kurzerkrankungen derartige Störungen im Produktionsablauf eintreten, sodass schwierige Vertretungsfragestellungen gelöst werden müssen. Eine wirtschaftliche Belastung folgt bereits aus der Dauer der Entgeltfortzahlung von mehr als sechs Wochen.[378] Ebenso in Betracht kommt eine Störung des Betriebsfriedens durch ständige Vertretungserfordernisse oder Kundenbeschwerden wegen nicht termingerechter Vertragserfüllung infolge der unvorhergesehenen Krankheitszeiten. Der Arbeitgeber ist nicht verpflichtet, in seine Personalplanung eine angemessene Reserve einzustellen, um sich auf mögliche Krankheitszeiten einzustellen.

In Bezug auf eine langandauernde Krankheit ist dagegen weniger auf die Frage der Vertretung abzustellen. Hier kommt es mehr auf die zu erwartende Dauer der Arbeitsunfähigkeit und die damit verbundene Unsicherheit hinsichtlich einer möglichen Genesung an. Alleine die völlige Ungewissheit über die Fortdauer einer Arbeitsunfähigkeit kann zu einer erheblichen Beeinträchtigung der betrieblichen Interessen führen.[379] Wirtschaftliche Beeinträchtigung folgen aus einer langandauernden Krankheit regelmäßig nicht, da der Entgeltfortzahlungszeitraum zumeist nur einmalig in Betracht kommt.

4.13.2.2.1.2.3 Interessenabwägung

Von erheblicher Bedeutung ist die abschließende Abwägung der beiderseitigen Interessen. Hierbei ist zu fragen, ob die Beeinträchtigung des Arbeitgebers für diesen noch ist oder nicht. In diesem Zusammenhang muss geprüft werden, ob für den Arbeitnehmer noch leidensgerechte Beschäftigungsmöglichkeiten bestehen könnten oder der Arbeitgeber anderweitige organisatorische Maßnahmen zur Beseitigung seiner Beeinträchtigungen treffen kann. Die Anforderungen an den Arbeitgeber sind diesbezüglich umso höher, je länger die Betriebszugehörigkeit des Arbeitnehmers ist. Auch dessen Lebensalter und seine familiären Verhältnisse sowie eine mögliche Schwerbehinderung sind einzubeziehen. Falls der Arbeitnehmer die Krankheit durch einen Arbeitsunfall oder vergleichbare Umstände erlitten hat, ist dies ganz erheblich zu berücksichtigen.

Sämtliche einzelne Gesichtspunkte sind im Rahmen einer Verhältnismäßigkeitsprüfung umfassend abzuwägen. Dabei ist auch darauf abzustellen, ob der Arbeitgeber gemäß § 167

---

[378] BAG, NZA 2014, 962.
[379] BAG, NZA 2015, 1249.

Abs. 2 SGB IX sich durch das Angebot eines betrieblichen Eingliederungsmanagements (BEM) um die Gesundung des Arbeitnehmers bemüht hat.[380] Eine ohne Durchführung solcher milderen Mittel oder sonstiger in Betracht kommender Maßnahmen ausgesprochene Kündigung ist nur dann verhältnismäßig, wenn der Arbeitgeber darlegen und beweisen kann, dass die abgestimmten Maßnahmen nicht durchführbar sind bzw. in keinem Fall zu einer Verbesserung der Arbeitsunfähigkeit des Arbeitnehmers geführt hätten. Den Arbeitgeber trifft hierfür eine gesteigerte Darlegungslast. Dies dürfte dem Arbeitgeber regelmäßig schwerfallen. Eine dann vorliegende vorschnelle Kündigung scheitert folglich an der fehlenden Verhältnismäßigkeit. Sofern das BEM fehlgeschlagen ist, kann sich der Arbeitgeber dagegen auf dessen Durchführung und das Ergebnis berufen. Der Arbeitnehmer kann in einem solchen Fall keine anderweitigen Beschäftigungsmöglichkeiten mehr vorbringen, weil er diese bereits während des BEM hätte geltend machen müssen. Lehnt ein Arbeitnehmer entsprechende Angebote oder ein BEM im Ganzen ab, ist dies zu seinen Lasten anzuführen.

Im Rahmen der abschließend durchzuführenden Interessenabwägung besteht deshalb ein ganz erhebliches Risiko für die Begründetheit einer krankheitsbedingten Kündigung, die im erheblichen Maße von den tatsächlichen Umständen des Einzelfalls abhängt.

Fallbeispiel

Jerome ist Alkoholiker. Er arbeitet seit vielen Jahren bei der B-GmbH. Die B-GmbH beobachtet seit einigen Jahren die Krankheit des Jerome und macht ihm verschiedene Hilfsangebote. Da die Krankheitszeiten sich jedoch ganz erheblich steigern, spricht der Geschäftsführer eine entsprechende Kündigung aus. Da der Jerome im Rahmen der Kündigungsschutzklage darlegen kann, dass die Heilung versprechende Entziehungskur in wenigen Monaten angetreten werden wird, unterliegt der Arbeitgeber im Prozess. Er hat den Ausgang der Kur abzuwarten und kann erst im Falle eines Scheiterns eine krankheitsbedingte Kündigung aussprechen.[381] ◄

4.13.2.2.2 Verhaltensbedingte Kündigung

Die zweite Möglichkeit der sozialen Rechtfertigung einer Kündigung ist das Vorliegen von verhaltensbedingten Gründen. In Abgrenzung zur personenbedingten Kündigung liegt ein Verhalten des Arbeitnehmers in denjenigen Handlungen, die von ihm selbst gesteuert werden können und deshalb auch persönlich vorwerfbar sind.[382] Die Vorwerfbarkeit bemisst sich dabei regelmäßig nach dem Verschuldensmaßstab des § 276 BGB, sodass der Arbeitnehmer jedenfalls fahrlässig gegen seine Pflichten verstoßen haben muss.

Die seitens des Arbeitnehmers vorgenommene Handlung muss zu einer Verletzung seiner vertraglich geschuldeten Pflichten führen. Regelmäßig bedarf es vor dem Ausspruch

---

[380] BAG, Urteil vom 15.02.2022–2 AZR 162/22.

[381] Siehe dazu BAG, NZA – RR 2013, 627.

[382] BAG, NZA 2012, 607.

einer verhaltensbedingten Kündigung einer oder mehrerer Abmahnungen. Schließlich muss auch bei einer verhaltensbedingten Kündigung eine abschließende Interessenabwägung durchgeführt werden.

4.13.2.2.2.1 Pflichtverletzung

Der Pflichtenverstoß wiegt nicht so schwer wie bei einer außerordentlichen Kündigung. Als Pflichtverletzung für eine verhaltensbedingte Kündigung kommt grundsätzlich jedes Fehlverhalten des Arbeitnehmers in Betracht. Es ist keine besondere Schwere erforderlich. Insbesondere muss nicht die Schwelle des wichtigen Grundes nach § 626 Abs. 1 erreicht werden, sodass die verhaltensbedingte Kündigung zunächst einmal niedrigschwelliger ansetzt, als dies bei der außerordentlichen Kündigung der Fall ist. Um zu angemessenen Ergebnissen im Einzelfall zu kommen, ist auf den nachfolgenden Prüfungsebenen das Vorliegen einer oder mehrerer Abmahnungen und im Rahmen einer Interessenabwägung die Schwere der Pflichtverletzung im Einzelfall zu gewichten.

Verhaltensbedingte Kündigungen können deshalb gerade dann ausgesprochen werden, wenn zwar nicht ein einzelner ganz schwerwiegender Verstoß erfolgt ist, sich jedoch ein mehrfaches oder gar fortgesetztes Fehlverhalten des Arbeitnehmers zeigt. Hierfür können auch Fehlverhalten im außerdienstlichen Bereich relevant werden, wenn daraus Störungen des Vertrauensverhältnisses für entsprechende Tätigkeiten erwachsen. Auch kann eine ganz erhebliche und dauerhafte Minder- oder Schlechtleistung des Arbeitnehmers (low performer) eine Pflichtverletzung darstellen, wenn dieser weniger arbeitet, als er eigentlich könnte. Die Beweisführung ist in solchen Konstellationen allerdings schwierig in der Praxis.[383]

Fallbeispiel

Anna ist Kassiererin bei der Kuchen-AG. Zudem ist sie ehrenamtlich in einem örtlichen Sportverein als Finanzverantwortliche engagiert. Dort begeht sie eine Vielzahl von Veruntreuungen und wird dafür auch entsprechend verurteilt. Da ihre Stellung im Unternehmen den vertrauensvollen Umgang mit erheblichen Mengen Bargeld beinhaltet und sie bereits wegen früherer Unregelmäßigkeiten in der Kasse abgemahnt worden war, kann die Arbeitgeberin nunmehr verhaltensbedingt kündigen.◀

4.13.2.2.2.2 Abmahnung

Dem Ausspruch einer verhaltensbedingten Kündigung muss zumindest eine Abmahnung vorausgehen. Je nach Schweregrad der Pflichtverstöße können auch mehrere Abmahnungen erforderlich sein.

Dies ist in Bezug auf die verhaltensbedingte Kündigung gemäß § 1 KSchG zwar nicht ausdrücklich bestimmt, ergibt sich jedoch aus der Ausgestaltung der verhaltensbedingten Kündigung als solcher. Was genau eine Abmahnung ist, wird gesetzlich auch

---

[383] BAG, NZA 2008, 693.

nicht definiert. Deren Grundsätze können aber aus § 314 Abs. 2 BGB abgeleitet werden. Eine Abmahnung muss dreierlei Inhalte aufweisen. Die ausdrückliche Bezeichnung als Abmahnung ist dagegen nicht erforderlich. Eine Abmahnung im Rechtssinne hat zunächst den konkret vorgeworfenen Pflichtenverstoß zu bezeichnen. Zudem ist der Arbeitnehmer auf die Einhaltung der arbeitsvertraglichen Pflichten hinzuweisen. Schließlich ist dem Arbeitnehmer für den Fall der Wiederholung deutlich anzudrohen, dass weitere arbeitsrechtliche Konsequenzen bis hin zur Kündigung folgen. Gerade der letzte Punkt dient dem Arbeitnehmer als ausdrückliche Warnung. Er muss der Abmahnung unmissverständlich entnehmen können, dass sein Verhalten im Wiederholungsfall ganz erhebliche Konsequenzen in Bezug auf das Arbeitsverhältnis und möglicherweise sogar auf dessen Bestand hat. Darin liegt zugleich das Wesen der Abmahnung, welches sich abhebt von bloßen Hinweisen oder Ermahnungen. Fehlt es an der Androhung entsprechend arbeitsrechtlicher Folgen, liegt keine Abmahnung im Rechtssinne vor, sodass der Arbeitgeber sich bei solchen Maßnahmen noch unterhalb der Schwelle der Abmahnung, also faktisch in dessen Vorbereitung befindet.

Eine Abmahnung muss zudem als Voraussetzung einer verhaltensbedingten Kündigung „einschlägig" sein und in einem zeitlichen Zusammenhang mit dem wiederholten Verstoß stehen. Eine Abmahnung ist einschlägig, wenn sie gleichartige Verstöße zum Gegenstand hat. Der zeitliche Zusammenhang ist solange gegeben, wie sich aus der Warnfunktion der Abmahnung noch ableiten lässt, dass der Arbeitnehmer eine Kündigung im Falle einer Wiederholung erwarten kann. Hierfür ist auf die Umstände des Einzelfalls abzustellen. Liegt etwa ein schwerwiegender Verstoß vor, der nahezu die Schwelle zum wichtigen Grund für eine außerordentliche Kündigung erreicht hat, wirkt die Abmahnung deutlich länger als bei einem nur sehr leichten Pflichtverstoß wie z. B. einem Zuspätkommen. Als Faustformel kann je nach Schwere des Verstoßes von ca. einem bis zwei Jahren Fortwirkung ausgegangen werden.

Fallbeispiel

Celina ist im Sommer des Jahres zweimal zu spät zur Arbeit erschienen, weil ihr Wecker versagt hat. Dafür wurde sie ordnungsgemäß abgemahnt. Im Sommer des Folgejahres verstößt sie fahrlässig gegen eine Arbeitsanweisung, sodass ein kleiner Schaden an einem Bürokopierer entsteht. Der Arbeitgeber kündigt wegen dieser Pflichtverletzung und der Abmahnungen aus dem Vorjahr verhaltensbedingt. Celina wird sich dagegen erfolgreich gerichtlich wehren können, da die Abmahnung weder einschlägig ist noch aufgrund des eher leichten Verstoßes des Zuspätkommens nach über einem Jahr noch ein zeitlicher Zusammenhang besteht.◄

Nur ganz ausnahmsweise ist eine vorausgegangene Abmahnung für eine verhaltensbedingte Kündigung nicht erforderlich. Dies kann bei schweren Pflichtverstößen der Fall sein, wenn der Arbeitnehmer durch sein Verhalten erkennen lässt, dass er sich auch zukünftig nicht an seine arbeitsvertraglichen Pflichten halten wird.

4.13.2.2.2.3 Interessenabwägung

Für die verhaltensbedingte Kündigung gilt genau wie für die anderen Kündigungsarten auch das Prinzip des letzten Mittels. Der Arbeitgeber darf kein anderes, milderes Mittel zur Verfügung haben als den Ausspruch der Kündigung.

Ob das der Fall ist, ist im Wege einer abschließenden Verhältnismäßigkeitsprüfung zu ermitteln. Sämtliche Umstände des Einzelfalls sind dabei in eine Gesamtabwägung einzustellen. Die Beendigung des Arbeitsverhältnisses darf auch unter Berücksichtigung der vorausgegangenen Abmahnungen nicht außer Verhältnis zum Pflichtverstoß stehen. Die Kündigung muss sich im Ergebnis als „billigenswert und angemessen" erweisen.[384] Hierfür ist ein objektivierter Maßstab anzulegen. Ein verständig urteilender Arbeitgeber müsste die Kündigung im Ergebnis als angemessen und gerecht bewerten. Ihm müsste die Weiterbeschäftigung folglich gerade aufgrund der bereits erfolgten Abmahnungen unzumutbar sein. Wäre eine Weiterbeschäftigung auf einem anderen freien Arbeitsplatz möglich, auf welchem ein entsprechendes vertragswidriges Verhalten des Arbeitnehmers nicht fortgesetzt werden würde, hätte der Arbeitgeber eine Versetzung als milderes Mittel zu Kündigung durchzuführen.

4.13.2.2.3 Betriebsbedingte Kündigung

Der quantitativ wichtigste Fall der ordentlichen Kündigung eines Arbeitnehmers ist die betriebsbedingte Kündigung. Gemäß § 1 Abs. 2 S. 1 KSchG kann eine Kündigung auch durch dringende betriebliche Erfordernisse sozialgerechtfertigt sein. Diese dringenden betrieblichen Erfordernisse müssen einer Weiterbeschäftigung des Arbeitnehmers im Betrieb entgegenstehen. Anders als bei den beiden vorgenannten Kündigungsgründen der verhaltens- und betriebsbedingten Kündigung liegt die Ursache für die Kündigung folglich in der Sphäre des Arbeitgebers. Da der Arbeitnehmer keinerlei Ursache für die Kündigung gesetzt hat und sich auch ansonsten aus seiner Person keine Begründung für die Kündigung ergibt, ist der Arbeitnehmer im Falle einer betriebsbedingten Kündigung besonders schutzbedürftig. Diesem Schutzbedürfnis steht indes die grundsätzliche unternehmerische Freiheit des Arbeitgebers entgegen, welcher durch entsprechende Entscheidungen die Möglichkeit haben muss, sein Unternehmen zu steuern.

Das Vorliegen betriebsbedingter Gründe für die Wirksamkeit einer Kündigung unterliegt einer dreistufigen Prüfung. Zunächst ist zu fragen, ob eine unternehmerische Entscheidung vorliegt, welche sich auf tatsächlich vorliegende inner- oder außerbetriebliche Umstände stützt, die zu einem Wegfall eines Arbeitsplatzes führen. Sodann muss festgestellt werden, ob anderweitige Beschäftigungsmöglichkeiten bestehen. Abschließend ist im Wege einer Sozialauswahl nach § 1 Abs. 3 KSchG zwischen den vergleichbaren Arbeitnehmern durchzuführen.

---

[384] Grundlegend BAG, AP Nr. 85 zu § 1 KSchG 1969.

4.13.2.2.3.1 Betriebliche Gründe

Betriebliche Gründe sind dringende betriebliche Erfordernisse, die einer Weiterbeschäftigung des Arbeitnehmers in diesem Betrieb entgegenstehen. Da der Arbeitgeber bei Ausspruch einer betriebsbedingten Kündigung die Kündigungsfrist einhalten muss, ist der Wegfall der Beschäftigungsmöglichkeit auf den Zeitpunkt des Fristablaufs zu prognostizieren. Die der Kündigung zugrunde liegende unternehmerische Entscheidung muss zur Folge haben, dass mit Ende der Kündigungsfrist keine Beschäftigungsmöglichkeit mehr besteht. Dies muss nicht bereits für den Zeitpunkt des Zugangs der Kündigung der Fall sein.

Aus welchen konkreten Umständen heraus die unternehmerische Entscheidung erfolgt, ist als solches nicht relevant. Dies können sowohl innerbetriebliche Umstände als auch außerbetriebliche Veränderungen sein. Praktisch relevant für innerbetriebliche Umstände sind insbesondere Veränderungen im Betriebsablauf, die zu einem geringeren Arbeitskraftbedarf führen. Insoweit nimmt der Arbeitgeber durch seine Entscheidungen direkten Einfluss auf innerbetriebliche Vorgänge und Abläufe. Die Möglichkeiten hierfür sind so vielfältig wie das Wirtschaftsleben selbst, sodass hier eine sehr große Einzelfallabhängigkeit besteht. Dies gilt im Kern auch für außerbetriebliche Veränderungen, die auf ganz vielfältige Weise Einfluss auf den betrieblichen Arbeitskraftbedarf haben können. Eine Veränderung der konjunkturellen Lage, Verwerfung innerhalb der Marktpreise im Ein- oder Verkauf sowie das Wegbrechen von Nachfrage nach den eigenen Leistungen können genauso eine Rolle spielen wie anderweitige Verwerfungen im wirtschaftlichen Bereich. Eine abschließende Aufzählung inner- oder außerbetrieblicher Gründe als Ursachen für die zu treffende unternehmerische Entscheidung verbietet sich daher.

Entscheidend ist, dass die unternehmerische Entscheidung die Kündigung zur Folge habe muss. Die Kündigung als solche ist dagegen nicht die unternehmerische Entscheidung. Der Arbeitgeber muss das Vorliegen von Gründen feststellen, die ihn zu einer unternehmerischen Entscheidung veranlassen, welche wiederum nur durch den Ausspruch der Kündigung umgesetzt werden kann. Hinsichtlich seiner unternehmerischen Entscheidung steht dem Arbeitgeber ein großer Spielraum zur Verfügung. Er darf nur nicht unsachlich oder willkürlich entscheiden.[385] Einer tatsächlichen Überprüfung unterliegt indes die Frage, ob die Änderung der Umstände tatsächlich vorliegt und damit als zu treffende Grundlage für die Entscheidung des Arbeitgebers zugrunde gelegt wurde.

Für die soziale Rechtfertigung einer betriebsbedingten Kündigung müssen indes wie aufgeführt dringende betriebliche Erfordernisse vorliegen. Aus dieser gesetzlichen Formulierung wird deutlich, dass die getroffene unternehmerische Entscheidung nur durch eine Kündigung auch in die Tat umgesetzt werden kann. Auch die betriebsbedingte Kündigung muss deshalb nach dem Ultima-Ratio-Prinzip das letzte zur Verfügung stehende Mittel sein. Der Wegfall der Beschäftigungsmöglichkeit ist in diesem ersten Prüfungsschritt nur

---

[385] BAG, NZA 2015, 679.

auf den Betrieb zu beziehen.[386] Für die Überprüfung der unternehmerischen Entscheidung sind deshalb zunächst nur die Auswirkungen auf die Beschäftigungsmöglichkeiten im Betrieb in den Blick zu nehmen.

4.13.2.2.3.2 Anderweitige Beschäftigungsmöglichkeit

Anders liegen die Dinge hinsichtlich des Fehlens einer anderweitigen Beschäftigungsmöglichkeit. Auf dieser zweiten Prüfungsebene ist die Sicht auf den Arbeitgeber als solchen, also das Unternehmen als Ganzes zu erweitern.[387] Liegen Weiterbeschäftigungsmöglichkeiten für einen zu kündigenden Arbeitnehmer innerhalb des Unternehmens vor, sind diese auch entsprechend anzubieten. Erfolgt das nicht, liegt ein Verstoß gegen das Ultima-Ratio-Prinzip vor. Dem Arbeitnehmer sind auch solche Weiterbeschäftigungsmöglichkeiten anzubieten, die eine zumutbare Umschulungs- oder Fortbildungsmaßnahme erforderlich machen. Dies beinhaltet insbesondere angemessene Einarbeitungszeiten oder andere Maßnahmen für die Übernahme der neuen Tätigkeit. Nicht gemeint ist damit der Erwerb höherwertiger Qualifikationen oder gar Abschlüsse. Auch sind freie Arbeitsplätze zu berücksichtigen, die für den Arbeitnehmer schlechtere Arbeitsbedingungen beinhalten. Dem Arbeitnehmer muss die Möglichkeit gegeben werden, auch einer solchen vertraglichen Verschlechterung zuzustimmen, um nicht vollständig seine Beschäftigungsmöglichkeit zu verlieren. Lehnt der Arbeitnehmer dies jedoch ab, kann in der Folge die Kündigung ausgesprochen werden. Im Verhältnis zu der bisherigen Tätigkeit völlig minderwertige Arbeitsplätze müssen jedoch genauso wenig angeboten werden wie höherwertigere Stellen.[388]

Fallbeispiel

Der Arbeitgeber beabsichtigt, aufgrund des Wegbrechens eines ganz erheblichen Auftrages einem Arbeitnehmer in der Sachbearbeitung zu kündigen. Zugleich ist aber die Stelle des entsprechenden Abteilungsleiters derzeit unbesetzt. Sie werden deshalb als verantwortlicher Personalreferent gefragt, ob die Charlotte gekündigt werden kann, oder ihr zunächst die Übernahme der Abteilungsleitung angeboten werden muss. Dies können Sie verneinen, da die Abteilungsleitung eine höherwertige Tätigkeit darstellt, welche auch nicht durch zumutbare Fortbildung ausgekleidet werden kann.◄

Der Arbeitgeber ist nicht verpflichtet, freie Arbeitsplätze zu schaffen. Wird vorhandener Arbeitskraftbedarf durch den Einsatz von Leiharbeitnehmern abgedeckt, ist dies wie das Vorhandensein einer bestehenden Weiterbeschäftigungsmöglichkeit zu behandeln, da Leiharbeitnehmer gerade nicht in einem Arbeitsverhältnis zum Unternehmen stehen. Anders liegen die Dinge im Falle der Erfüllung von Arbeitsinhalten durch

---

[386] BAG, NZA 1990, 607.
[387] BAG, NZA 2013, 730.
[388] BAG, NZA 2008, 1180.

Werkunternehmer. Hat der Arbeitgeber aufgrund seiner unternehmerischen Konzeption bestimmte Aufgaben durch Werkvertrag fremd vergeben, bestehen insoweit keine Beschäftigungsmöglichkeiten mehr.[389]

4.13.2.2.3.3 Sozialauswahl

Die dritte Prüfungsebene einer betriebsbedingten Kündigung besteht in dem Erfordernis einer durch den Arbeitgeber durchzuführenden Sozialauswahl. Diese ist zwingend durchzuführen.[390] Obwohl dringende betriebliche Gründe vorliegen und keine weitere Weiterbeschäftigungsmöglichkeit besteht, ist eine betriebsbedingte Kündigung auch dann sozial ungerechtfertigt, wenn gemäß § 1 Abs. 3 KSchG bei der Auswahl des zu kündigenden Arbeitnehmers nicht nach den genannten Gesichtspunkten gehandelt wurde. Der Arbeitgeber muss nach der Dauer der Betriebszugehörigkeit, dem Lebensalter sowie den Unterhaltspflichten und der Schwerbehinderung der Arbeitnehmer auswählen. Je nach der Menge der in diese Betrachtung einzubeziehenden Arbeitnehmer muss der Arbeitgeber folglich eine ganz umfangreiche Datenerhebung mit einer darauf fußenden Gewichtung vornehmen. Praktisch erfolgt das mittels einer Punktetabelle, in welche die jeweiligen Sozialdaten der Arbeitnehmer eingetragen werden. Hieraus ergibt sich dann eine entsprechende soziale Schutzwürdigkeit je nach erreichter Gesamtpunktzahl. Die Sozialauswahl muss zu dem Ergebnis führen, dass jeweils der sozial stärkste Arbeitnehmer entlassen wird.[391] Seitens des Arbeitgebers angestellte Überlegungen zur Leistungsfähigkeit oder zur sonstigen Führung sowie zum Verhalten des Arbeitnehmers sind dagegen bei der Sozialauswahl unbeachtlich. Die Sozialauswahl dient einzig dem Schutz sozial schwächerer Arbeitnehmer gegenüber solchen, deren Schutzwürdigkeit hiernach geringer ausgestaltet ist.

Fallbeispiel

Susanne beschäftigt 20 Kollegen in ihrer Betriebsabteilung. Aufgrund eines erheblichen Auftragsrückganges und einer Umstrukturierung der Arbeitsabläufe fallen zwei Stellen im Vertrieb weg. Susanne kündigt daher die beiden langjährig beschäftigten Kollegen Karl und Klaus, da diese in den Augen der Susanne ohnehin nur noch mäßig gut arbeiten würden. Beide Arbeitnehmer werden sich gegen ihre Kündigungen erfolgreich gerichtlich zur Wehr setzen können, da erst im vorigen Jahr drei junge Kollegen ohne Familie oder Schwerbehinderung im Vertrieb neu eingestellt worden sind, sodass die seitens der Arbeitgeberin vorgenommene Sozialauswahl fehlerhaft ist.◄

---

[389] BAG, NZA 2000, 1055.

[390] Dies gilt sogar für eine außerordentliche Kündigung aus betrieblichen Gründen, siehe BAG, Urteil vom 27.06.2019–2 AZR 50/19, NZA 2019, 1345.

[391] BAG, NZA 2013, 837.

Erhebliche praktische Schwierigkeiten bereitet dem Arbeitgeber zudem die Bestimmung der vergleichbaren Arbeitnehmer des Betriebs. In die vorzunehmende Sozialauswahl sind nur diese einzubeziehen. Werden jedoch vergleichbare Arbeitnehmer nicht in die Sozialauswahl einbezogen, kann sich daraus die Fehlerhaftigkeit der Sozialauswahl ergeben. In die Sozialauswahl sind alle Arbeitnehmer einzubeziehen, die unter den Anwendungsbereich des Kündigungsschutzgesetzes fallen und die nach der vorzunehmenden betrieblichen Auswahl für die Kündigung in Betracht kommen. Das sind solche Arbeitnehmer, welche derartig vergleichbare Tätigkeiten ausführen, dass sie miteinander austauschbar wären.[392] Das sind regelmäßig all diejenigen Arbeitnehmer, welche der Arbeitgeber in Ausübung seines Weisungsrechtes nach § 106 GewO mit der entsprechenden Tätigkeit betrauen dürfte.[393] Hierbei ist maßgeblich die Frage zu beantworten, ob die Arbeitnehmer aufgrund ihrer Ausbildung und der praktischen Tätigkeit in der Lage wären, entsprechend gleichwertige Tätigkeiten in dem Bereich durchzuführen, in welchem die Kündigung ausgesprochen wird. Die Austauschbarkeit muss folglich auf den jeweiligen Arbeitsplatz bezogen sein. Ist die Zuweisung einer entsprechenden Tätigkeit jedoch arbeitsvertraglich ausgeschlossen, darf der Arbeitnehmer auch nicht in die Sozialauswahl einbezogen werden. Im Ergebnis haben diese Grundsätze zur Vergleichbarkeit von Arbeitnehmern zur Folge, dass oftmals deutlich über den jeweiligen Einsatzbereich oder die entsprechende Abteilung hinaus eine Sozialauswahl vorzunehmen ist, wenn aufgrund eines im Betrieb vielfach vorhandenen Ausbildungsniveaus ein entsprechender Austausch der einzelnen Kollegen möglich ist.

Fallbeispiel

Die Arbeitgeberin Susanne aus dem vorgenannten Fallbeispiel nimmt einen zweiten Anlauf zum Ausspruch zweier betriebsbedingter Kündigungen in ihrer Vertriebsabteilung. Nunmehr führt sie die Sozialauswahl in Bezug auf die Vertriebsabteilung auch ordnungsgemäß durch und kündigt die beiden danach am wenigsten schutzwürdigen Kollegen. Susanne hat jedoch übersehen, dass sie in die Sozialauswahl auch die weiteren Kollegen aus der Einkaufsabteilung hätte einbeziehen müssen, da diese den gleichen Ausbildungsstand und einen ganz ähnlichen Tätigkeitsinhalt aufweisen. Auch ist eine Versetzung zwischen diesen beiden Abteilungen nicht nur möglich, sondern auch gängige Praxis im Betrieb der Susanne. Da sich in der Einkaufsabteilung noch Kollegen befinden, die wiederum weniger schutzwürdig als die beiden tatsächlich gekündigten Kollegen aus dem Vertrieb sind, wird die Arbeitgeberin Susanne im Falle erhobener Kündigungsschutzklagen wiederum unterliegen.◄

---

[392] BAG, NZA 2005, 1302.
[393] BAG, NZA 2013, 837.

Zwar hat die Sozialauswahl grundsätzlich betriebsbezogen zu erfolgen. Der Begriff des Betriebes ist dabei aber nicht so streng auszulegen, wie dies nach dem Betriebsverfassungsgesetz der Fall wäre. Für den kündigungsschutzrechtlichen Zusammenhang ist auf die organisatorische Einheit abzustellen. Dies folgt aus dem Betriebsbegriff des § 23 Abs. 1 KSchG. Maßgebend hierfür ist die Leitungsstruktur, nicht dagegen eine möglicherweise vorliegende räumlich weite Entfernung.

Fallbeispiel

Karla ist Mitarbeiterin in einem Baumarkt, welcher zu einer großen Baumarktkette gehört, die im Großraum Berlin über 20 Märkte betreibt. Diese haben zwar alle einen eigenen Betriebsrat, da sie nach § 4 Abs. 1 BetrVG betriebsverfassungsrechtlich einen eigenen Betrieb darstellen. Aufgrund fehlender Leitungsmacht des jeweils vor Ort eingesetzten Marktleiters stellen die einzelnen Baumärkte jedoch keinen Betrieb im Sinne des § 23 Abs. 1 KSchG dar. Die organisatorische Leitungsmacht für alle Berliner Baumärkte ist zusammengefasst in einer entsprechenden Regionsgesellschaft, die wiederum Bestandteil des Gesamtkonzerns ist. Eine betriebsbedingte Kündigung der Karla wäre daher nur möglich, wenn die vergleichbaren Arbeitnehmer aus allen Berliner Baumärkten in die vorzunehmende Sozialauswahl einbezogen würden.◄

4.13.3 Sonderkündigungsschutz

Unabhängig von den vorgenannten grundsätzlichen Regelungen zum Kündigungsschutz und den Fragen der Einhaltung einer Kündigungsfrist kann für den Arbeitnehmer auch ein Sonderkündigungsschutz bestehen. Aufgrund bestimmter persönlicher Umstände oder auch einer bestimmten Funktion im Betrieb oder Unternehmen kann sich eine ganz besondere Schutzbedürftigkeit des Arbeitnehmers ergeben. Diesen Umständen trägt der Gesetzgeber durch die Schaffung von Sonderkündigungsschutztatbeständen Rechnung. Wenn der Gesetzgeber eine besondere Schutzbedürftigkeit konkreter Gruppen von Arbeitnehmern erkennt, kann er über den allgemeinen Kündigungsschutz hinaus weitere Erschwernisse für den Ausspruch einer Kündigung normieren. Die gesetzgeberischen Gestaltungsmöglichkeiten sind hierbei vielfältig, wie sich aus den nachfolgenden Ausführungen ergeben wird. Die Kündigungserschwernis kann etwa bis zu einem Kündigungsverbot der ordentlichen Kündigung führen oder den Ausspruch einer Kündigung von der vorherigen Zustimmung Dritter abhängig machen.

Wegen der damit verbundenen Besonderheiten des Sonderkündigungsschutzes für einzelne Gruppen von Arbeitnehmern oder Funktionsträgern besteht für den Sonderkündigungsschutz keine grundsätzliche Systematik. Die einzelnen gesetzlichen Tatbestände sind deshalb nachfolgend unabhängig voneinander darzustellen. Zu beachten ist jedoch, dass der Sonderkündigungsschutz und der allgemeine Kündigungsschutz nebeneinander stehen. Unterfällt ein Arbeitnehmer einem bestimmten Tatbestand des Sonderkündigungsschutzes, findet dieser ergänzende Anwendung über den allgemeinen Kündigungsschutz hinaus. Das Gleiche gilt für den Fall, dass ein Arbeitnehmer mehrere Tatbestände aus dem Sonderkündigungsschutz erfüllt. Auch diese finden kumulative Anwendung.

Fallbeispiel

Justine soll gekündigt werden. Der Arbeitgeber bittet seine Personalabteilung um eine entsprechende Veranlassung. Diese teilt dem Arbeitgeber mit, dass Justine schwerbehindert ist. Darüber hinaus ist sie auch Mitglied des Betriebsrates und seit einigen Wochen schwanger. Da sich aus all diesen Umständen jeweils ein eigener Sonderkündigungsschutz ergibt, muss dieser für den Ausspruch einer Kündigung über die Regelungen zum allgemeinen Kündigungsschutz hinaus beachtet werden. Im Ergebnis dürfte deshalb eine Kündigung nahezu unmöglich sein, falls der Arbeitnehmerin nicht ein ganz schwerwiegender Vorwurf für den Ausspruch einer fristlosen Kündigung gemacht werden könnte.◄

4.13.3.1 Schwangerschaft und Mutterschutz

Durch das Mutterschutzgesetz stellt der Gesetzgeber sicher, dass die (werdende) Mutter in ihrer und des Kindes Gesundheit auch im Erwerbsleben geschützt wird. Darüber hinaus soll auch der Bestand des Arbeitsverhältnisses als solcher geschützt werden. Um die (werdende) Mutter vor dem Verlust ihres Arbeitsplatzes zu schützen und so die fortlaufende Teilhabe am Erwerbsleben zu sichern, beinhaltet das Mutterschutzgesetz auch einen Sonderkündigungsschutz. Dieser ist zudem Ausprägung der grundgesetzlichen Wertentscheidung des Art. 6 Abs. 4 GG, wonach dem Staat eine besondere Fürsorgepflicht gegenüber der Mutter zukommt. Nach § 17 MuSchG ist die Kündigung gegenüber einer Schwangeren und bis zum Ablauf von vier Monaten nach der Entbindung unzulässig. Das Gleiche gilt für den Fall einer Fehlgeburt nach der zwölften Schwangerschaftswoche. Der Arbeitgeber muss jedoch zum Zeitpunkt der Kündigung Kenntnis von der Schwangerschaft oder Entbindung bzw. Fehlgeburt haben. Der Kenntnis steht es gleich, wenn die Arbeitnehmerin innerhalb von zwei Wochen nach Zugang der Kündigung dem Arbeitgeber eine dahingehende Mitteilung macht. Das Überschreiten der Frist von zwei Wochen ist zudem unschädlich, wenn die Überschreitung auf einem von der Frau nicht zu vertretenden Grund beruht und die Mitteilung unverzüglich nachgeholt wird. Dem kommt insbesondere dann praktische Bedeutung zu, wenn die Frau im Zeitpunkt der Kündigung selber noch gar nicht weiß, dass sie bereits schwanger ist. Der Beginn der Schwangerschaft ergibt sich aus den entsprechenden ärztlichen Feststellungen. Im Falle einer künstlichen Befruchtung (In-Vitro-Fertilisation) beginnt die Schwangerschaft mit dem Einsetzen des Embryos in die Gebärmutter.[394]

Fallbeispiel

Charlene erhält am 10.02. des Jahres eine ordentliche Kündigung. Da der Arbeitgeber nur vier Mitarbeiter beschäftigt, macht sie sich in Ermangelung der Anwendbarkeit des Kündigungsschutzgesetzes keine große Hoffnung, die Kündigung erfolgreich gerichtlich angreifen zu können. Gut zwei Wochen später erfährt sie anlässlich einer Routineuntersuchung beim Arzt, dass sie bereits im zweiten Monat schwanger ist und teilt dies auch sofort dem Arbeitgeber mit. Da dieser den gesetzlichen Sonderkündigungsschutz für Schwangere kennt, einigt er sich mit der Charlene unverzüglich auf die Fortsetzung des Arbeitsverhältnisses, um einer gerichtlichen Auseinandersetzung zuvorzukommen.◄

Ausnahmsweise kann auch in den Fällen der vorgenannten Kündigungsverbote eine Kündigung ausgesprochen werden, wenn nach § 17 Abs. 2 MuSchG die für den Arbeitsschutz zuständige oberste Landesbehörde die Kündigung für zulässig erklärt. Das erfolgt indes nur in ganz besonderen Fällen, da das Kündigungsverbot gegenüber Schwangeren grundsätzlich eine absolute Wirkung entfalten soll. Die behördliche Zustimmung wird deshalb nur erteilt, wenn die Kündigung nicht mit dem Zustand der Frau zusammenhängt und die Aufrechterhaltung des Arbeitsverhältnisses für den Arbeitgeber geradezu unerträglich wäre.[395] Praktisch sind die Umstände des Einzelfalls maßgeblich, welche umfassend betrachtet werden müssen. Nur wenn die Interessen des Arbeitgebers gegenüber den Schutzinteressen der Frau ganz erheblich überwiegen, kommt eine behördliche Zustimmung zur Kündigung in Betracht. Der Maßstab hierfür geht dabei sogar über das Vorliegen eines wichtigen Grundes nach § 626 Abs. 1 BGB hinaus.

4.13.3.2 Elternzeit

Der bereits genannten Konzeption des Kündigungsschutzes für (werdende) Mütter folgend, ergänzt der Gesetzgeber den Schutz des Arbeitsverhältnisses im familiären Bezug auch während der Elternzeit. Dies betrifft indes nicht mehr nur die Frau, sondern denjenigen Elternteil, welcher für sich die Elternzeit in Anspruch nimmt. Für die grundsätzlichen Regelungen zur Elternzeit und insbesondere die Voraussetzungen für deren Inanspruchnahme ist daher auf die bereits gemachten Ausführungen zu verweisen.[396]

Der Kündigungsschutz während der Elternzeit ist ähnlich absolut wie im Rahmen des Mutterschutzes. Der Arbeitgeber darf das Arbeitsverhältnis nach § 18 Abs. 1 BEEG ab

---

[394] BAG, NZA 2015, 734.
[395] BVerwG, NJW 2010, 274.
[396] Siehe Abschn. 4.7.2 „Elternzeit".

dem Zeitpunkt, von dem an Elternzeit verlangt worden ist, nicht kündigen. Dieser Kündigungsschutz beginnt jedoch frühestens acht Wochen vor Elternzeitbeginn, wenn das Kind noch keine drei Jahre alt sein sollte und frühestens 14 Wochen vor Elternzeitbeginn im Falle eines bis zu sieben Jahre alten Kindes. Arbeitnehmer sollten daher zur Wahrung ihrer Rechtsposition auch nicht vor Beginn dieser Fristen ihr Elternzeitverlangen äußern, falls sie eine Kündigung befürchten müssen. Während der Elternzeit darf der Arbeitgeber das Arbeitsverhältnis nicht kündigen. Nur ausnahmsweise und in besonderen Fällen kann eine Kündigung durch die für den Arbeitsschutz zuständige oberste Landesbehörde für zulässig erklärt werden. Materielle Voraussetzung dafür ist, dass der Arbeitgeber überwiegende Interessen gegenüber dem Arbeitnehmer geltend machen kann, die ihm eine Fortsetzung eines Arbeitsverhältnisses unzumutbar machen. Das kann etwa bei einer Stilllegung des gesamten Betriebes oder einem besonders schweren Vertragsverstoß des Arbeitnehmers gegen seine arbeitsvertraglichen Pflichten der Fall sein.[397]

4.13.3.3 Betriebsverfassungsrechtliche Funktionsträger

Wie sich aus den ausführlichen Darlegungen im Abschn. 3.4 zum Betriebsverfassungsrecht ergibt, hat ein gewähltes Betriebsratsgremium zahlreiche gesetzliche Aufgaben in Vertretung der Belegschaft gegenüber dem Arbeitgeber.[398] Um dieses Gremiumsrecht wirksam ausüben zu können, muss jedes einzelne Mitglied des Betriebsrats in vielen Fällen argumentativ und tatsächlich dem Arbeitgeber entgegentreten. Um vor Nachteilen oder gar Repressalien durch den Arbeitgeber geschützt zu sein, ist die Rechtsstellung eines Betriebsratsmitgliedes besonders auszugestalten. Andernfalls müsste ein Mitglied des Betriebsrates stets befürchten, dass es nach einer kontroversen Auseinandersetzung zwischen Betriebsrat und Arbeitgeber persönliche Folgen zu spüren hätte. Das Betriebsverfassungsgesetz kennt daher betreffend das laufende Arbeitsverhältnis zahlreiche Schutzregelungen für Betriebsratsmitglieder.[399]

Der wichtigste Aspekt in diesem Zusammenhang ist indes der Bestandsschutz für das Arbeitsverhältnis als solches. Müsste ein Betriebsratsmitglied sogar die Kündigung seines Arbeitsverhältnisses befürchten, wäre er in der Ausübung seines Amtes ganz erheblich gehemmt. Diese Wertungen sind sinngemäß auch für andere Funktionsträger in betriebsverfassungsrechtlichen Zusammenhängen anzulegen. Auch die Wahlvorstandsmitglieder, die Mitglieder einer Jugend- und Auszubildendenvertretung und die Vertrauensperson für Schwerbehinderte bedürfen eines entsprechenden Schutzniveaus.

4.13.3.3.1 Betriebsverfassungsrechtliche Ämter

Wer ein betriebsverfassungsrechtliches Amt innehat, genießt einen besonderen Kündigungsschutz, der sowohl ordentliche als auch außerordentliche Kündigungen betrifft.

---

[397] BAG, NZA 2009, 980.
[398] Siehe dazu Abschn. 3.4 „Betriebsverfassungsrecht".
[399] Zur Rechtsstellung eines Betriebsratsmitglieds siehe ausführlich Abschn. 3.4.3.1.

4.13.3.3.1.1 Ordentliche Kündigung

Eine ordentliche Kündigung eines Mitglieds des Betriebsrates, der Jugend- oder Auszubildendenvertretung ist nach § 15 Abs. 1 KSchG ausgeschlossen.[400] Dies gilt auch für die Mitglieder eines Wahlvorstandes. Sind diese ordnungsgemäß bestellt, besteht der gleiche Schutz vor ordentlichen Kündigungen. Auch Wahlbewerber fallen nach § 15 Abs. 3 KSchG unter diese Regelungen. Der Kündigungsschutz beginnt mit der Aufstellung des Wahlvorschlages. Ist ein Betriebsrat im Unternehmen noch nicht vorhanden, müssen auch die erstmaligen Initiatoren zu einer Betriebsratswahl entsprechend geschützt werden. Dies gilt nach § 15 Abs. 3a KSchG. Dem Kündigungsschutz unterfallen die ersten drei auf der Einladung bzw. Antragstellung genannten Kollegen, welche die Wahl initiieren.

Nur ganz ausnahmsweise darf eine ordentliche Kündigung in den vorgenannten Fällen erfolgen. Das ist im Falle einer Betriebsstilllegung oder jedenfalls einer Stilllegung eines Betriebsteiles nach den §§ 15 Abs. 4, 5 KSchG der Fall. Abgesehen von diesen Sonderkonstellationen ist das Verbot der ordentlichen Kündigung absolut. Eine Veräußerung oder Verpachtung ist jedoch genauso wenig eine Betriebsstilllegung wie eine Umwandlung nach dem Umwandlungsgesetz.[401] Hier greift § 613a BGB. Eine Stilllegung ist die Auflösung der bisherigen wirtschaftlichen Betätigung und Aufgabe des Betriebszwecks. Dies meint folglich die tatsächliche Schließung des Betriebs.

Fallbeispiel

Friedolin ist seit vielen Jahren im Betrieb des Fritz beschäftigt. Er hat sich nie sonderlich für den Betriebsrat und dessen Tätigkeit interessiert. Nun ist es aber zu einer Auseinandersetzung mit seinem Abteilungsleiter gekommen, weshalb Friedolin beschließt, selber für den Betriebsrat zu kandidieren. Als der Arbeitgeber Fritz dies durch den Aushang der Wahlvorschläge erfährt, ärgert er sich sehr. Er kündigt daher den Friedolin noch schnell betriebsbedingt unter Einhaltung der Kündigungsfrist, bevor Friedolin möglicherweise auch noch gewählt wird und dann bekanntermaßen Sonderkündigungsschutz genießt. Friedolin kann jedoch erfolgreich Kündigungsschutzklage erheben, da er den Sonderkündigungsschutz bereits als Wahlbewerber hat. ◄

Von erheblicher praktischer Bedeutung ist zudem der nachwirkende Schutz vor ordentlichen Kündigungen. Würde der vorgenannte Kündigungsschutz unmittelbar nach dem Ende der Amtszeit entfallen, bestünde die Gefahr, dass der Arbeitgeber diesen Zeitpunkt geradezu abwartet. Wäre ein Mitglied des Betriebsrates bis zum 30. März des Jahres im

---

[400] Für die Mitglieder eines Personalrats gilt das Gleiche nach den jeweiligen Regelungen des Bundespersonalvertretungsgesetzes und der Landespersonalvertretungsgesetze. Eine gesonderte Darstellung muss hier aufgrund der Ausrichtung dieses Lehrbuches auf das Betriebsverfassungsrecht aus Platzgründen unterbleiben.

[401] BAG, NZA 2009, 1267.

Amt und sich aus diesem heraus in Bezug auf seine betriebsverfassungsrechtlichen Aufgaben mit dem Arbeitgeber auseinandersetzen muss, könnte die Neigung des Arbeitgebers groß sein, in der direkten Folge am nächsten Tag eine ordentliche Kündigung auszusprechen. Dies verhindert § 15 KSchG durch die Festlegung sogenannter Abkühlungsphasen. Für Mitglieder des Betriebsrates beträgt diese ein Jahr nach Ende der Amtszeit. Wahlbewerber und Mitglieder des Wahlvorstandes stehen dagegen nur sechs Monate unter dem nachwirkenden Kündigungsschutz. Zu beachten ist in diesem Zusammenhang, dass der vorgenannte Kündigungsschutz auch Ersatzmitgliedern zukommen kann. Dies ist immer dann der Fall, wenn ein Ersatzmitglied als Betriebsratsmitglied amtiert. Nimmt ein Ersatzmitglied im Verhinderungsfall eines Betriebsratsmitgliedes betriebsverfassungsrechtliche Aufgaben wahr, greift der soeben dargestellte Kündigungsschutz und wirkt für ein Jahr nach. Der praktisch häufigste Anwendungsfall hierfür ist die Teilnahme an einer Sitzung für ein verhindertes Betriebsratsmitglied.

Fallbeispiel

Erwin ist erstes Ersatzmitglied für seinen örtlichen Betriebsrat. Da ein Betriebsratsmitglied erkrankt ist, nimmt Erwin vertretungsweise für dieses an einer Betriebsratssitzung teil. Einige Monate später will der Arbeitgeber Erwin aufgrund eines Kosteneinsparungsplanes des Unternehmens betriebsbedingt kündigen. Der dafür zuständige Personalreferent weist jedoch zutreffend daraufhin, dass Erwin vom Ende der Sitzung an für die Dauer eines Jahres gemäß § 15 Abs. 1 S. 2 KSchG ordentlich nicht kündbar ist.◄

4.13.3.3.1.2 Außerordentliche Kündigung

Wie sich bereits aus dem Wortlaut des § 15 KSchG ergibt, ist eine außerordentliche Kündigung aus wichtigem Grund dagegen grundsätzlich möglich. Dem liegt die Überlegung zugrunde, dass auch betriebsverfassungsrechtliche Funktionsträger keine besonders schwerwiegenden Verstöße gegen ihre arbeitsvertraglichen Pflichten begehen dürfen. Gleichwohl sind auch im Falle einer außerordentlichen Kündigung besondere Schutzbestimmungen zu beachten, die faktisch zu einer erheblich erschwerten Kündigungsmöglichkeit durch den Arbeitgeber führen. Die Zulässigkeit einer außerordentlichen Kündigung sowie auch einer Versetzung, die einen Amtsverlust nach sich ziehen würde, wird in § 103 BetrVG geregelt. Danach bedarf die außerordentliche Kündigung eines Mitglieds des Betriebsrates, der Jugend- und Auszubildendenvertretung, des Wahlvorstandes sowie von Wahlbewerbern der vorherigen Zustimmung des Betriebsrates. Eine ohne vorherige Zustimmung des Gremiums ausgesprochene Kündigung ist nichtig.[402] Der Arbeitgeber muss daher das Gremium vorab um Zustimmung ersuchen. Dieses muss darüber entsprechend beschließen. Das zu kündigende Betriebsratsmitglied darf weder an der Beratung noch an der Beschlussfassung teilnehmen, da er persönlich betroffen und

---

[402] Grundlegend BAG, NJW 1975, 181.

befangen ist. Er wird nach den allgemeinen Regelungen durch das entsprechende Ersatz-mitglied vertreten. In entsprechender Anwendung des § 102 Abs. 2 S. 3 BetrVG besteht für den Betriebsrat eine Frist von drei Tagen; die dort geregelte Zustimmungsfiktion greift aber nicht.

§ 103 Abs. 2 BetrVG bestimmt für die fehlende Zustimmung des Betriebsrates ein gesondertes arbeitsgerichtliches Verfahren. Verweigert der Betriebsrat seine Zustimmung, so kann das Arbeitsgericht sie auf Antrag des Arbeitgebers ersetzen, wenn die außeror-dentliche Kündigung unter Berücksichtigung aller Umstände gerechtfertigt ist. Das gilt gleichermaßen für eine fehlende Zustimmung innerhalb der Dreitagesfrist. Der Arbeit-geber muss zudem die stets geltende Frist für den Ausspruch einer außerordentlichen Kündigung gemäß § 622 Abs. 2 BGB beachten.[403] Innerhalb der dort normierten zwei Wochen muss der entsprechende Antrag auf Zustimmungsersetzung gestellt werden.

Inhaltlich prüft das Arbeitsgericht unter Beteiligung des zu kündigenden Arbeit-nehmers in vollem Umfang, ob die beantragte Kündigung wirksam wäre oder nicht. Prüfungsmaßstab hierfür ist § 626 BGB. Kommt das Arbeitsgericht im Zustimmungs-ersetzungsverfahren zu dem Ergebnis, dass die beabsichtigte Kündigung wirksam wäre, wird dem entsprechenden Antrag des Arbeitgebers stattgegeben. Ist die Zustimmungser-setzung rechtskräftig, kann der Arbeitgeber die außerordentliche Kündigung aussprechen. Nunmehr könnte der gekündigte Arbeitnehmer seinerseits individualrechtlich Kündi-gungsschutzklage erheben. Seine materiellen Einwände gegen die Begründetheit der außerordentlichen Kündigung wären jedoch im Wesentlichen präjudiziert, weil sich das Arbeitsgericht damit ja materiell bereits im Beschlussverfahren mit dem Betriebsrat auseinandergesetzt hat.

4.13.3.3.2 Schwerbehindertenvertretung

Zu den betriebsverfassungsrechtlichen Funktionsträgern gehört auch die Vertrauensperson der Schwerbehinderten. Diese hat eine eigene Rechtsposition gegenüber dem Arbeitgeber und vertritt nach den einschlägigen Regelungen insbesondere der §§ 177 ff. SGB IX. Da auch dies ein mögliches Konfliktpotenzial gegenüber dem Arbeitgeber beinhaltet, wird die Schwerbehindertenvertretung entsprechend einem Mitglied des Betriebsrates unter Sonderkündigungsschutz gestellt.

Dies folgt aus § 179 Abs. 3 S. 1 SGB IX. Nur dadurch ist gewährleistet, dass die Schwerbehindertenvertretung unabhängig und frei ihr Amt ausüben kann. Eine ordentliche Kündigung ist entsprechend § 15 KSchG ausgeschlossen. Genau wie gegen-über einem Betriebsratsmitglied kann nur außerordentlich fristlos aus wichtigem Grund gemäß § 626 BGB gekündigt werden. Auch hier bedarf es der vorigen Zustimmung der Schwerbehindertenvertretung, wobei die zu kündigende Vertrauensperson bei der Entscheidungsfindung über die Zustimmung befangen ist und daher vertreten wird.

---

[403] Dazu bereits Abschn. 4.13.1.2.3 „Ausschlussfrist".

4.13.3.4 Schwerbehinderte

Das Ziel der nachfolgenden Schutzbestimmungen ist es, einen potenziell vorhandenen Nachteil am Arbeitsmarkt für schwerbehinderte Menschen durch eine vorgelagerte staatliche Kontrolle vor Kündigungen möglichst auszugleichen.

Dies wird durch das Erfordernis der vorherigen Zustimmung des Integrationsamtes vor einer Kündigung eines schwerbehinderten Menschen gemäß § 168 SGB IX umgesetzt. Unabhängig von der Betriebsgröße oder anderen Voraussetzungen ist damit für jeden Schwerbehinderten gewährleistet, dass mittels staatlicher Kontrolle die Schwerbehinderung kein Aspekt bei Motivlage für eine Kündigung sein kann. Nach § 173 SGB IX werden nur dahingehende Ausnahmen gemacht, dass eine Wartefrist von sechs Monaten erreicht sein muss oder dass anderweitige Absicherungen wie etwa ein Sozialplan bestehen.

Schwerbehindert ist, wer einen Grad der Behinderung gemäß § 2 SGB IX von mindestens 50 % aufweist. Genauso unter den hier darzustellenden Kündigungsschutz fallen auch Gleichgestellte. Diese haben einen Grad der Behinderung von mindestens 30 und sind gemäß § 2 Abs. 3 SGB IX durch entsprechenden behördlichen Bescheid auf Antrag den schwerbehinderten Menschen gleichstellt worden. Zu beachten ist, dass der Arbeitgeber Kenntnis von der Schwerbehinderung oder Gleichstellung bzw. ihrer jeweiligen Beantragung haben muss.[404] Nach § 173 SGB IX muss der Gleichstellungsantrag oder auch der Antrag auf Schwerbehinderung jedoch mindestens drei Wochen vor Zugang der Kündigung gestellt worden sein. Auch müsste eine fehlende Kenntnis des Arbeitgebers innerhalb von drei Wochen nach Zugang der Kündigung mitgeteilt werden.[405]

Von eher geringer praktischer Bedeutung ist § 169 SGB IX. Danach beträgt die Mindestkündigungsfrist nach Ablauf der vorgenannten Wartezeit vier Wochen. Dies gilt selbstredend nicht für außerordentliche Kündigungen.

Der Arbeitgeber hat folglich vor Ausspruch der Kündigung bei dem für ihn zuständigen Integrationsamt einen Antrag auf Zustimmung zu stellen. Das Amt prüft dann unter Beteiligung des schwerbehinderten Menschen sowie der gegebenenfalls vorhandenen Schwerbehindertenvertretung gemäß den § 171 ff. SGB IX im Wesentlichen, ob bei der Kündigung ein Zusammenhang mit der Schwerbehinderung besteht und ob eine Weiterbeschäftigungsmöglichkeit gegeben ist. Erst nach einer erfolgten Erteilung der Zustimmung durch das Integrationsamt könnte der Arbeitgeber die Kündigung aussprechen. Zu beachten ist, dass eine vorherige Zustimmung auch dann erforderlich ist, falls das Arbeitsverhältnis aufgrund des Eintritts einer Erwerbsminderung ohne Kündigung beendet wird.[406]

Das vorgenannte Verfahren gilt auch für den Fall einer außerordentlichen Kündigung, wobei die Besonderheiten des § 174 SGB IX zu beachten sind. In Heranziehung der Frist des § 626 Abs. 2 BGB muss die Zustimmung zur außerordentlichen Kündigung gemäß

---

[404] BAG, NZA – RR 2011, 516.
[405] Ausführlich BAG, NZA 2015, 358.
[406] Vgl. BAG, NZA 2012, 1858.

§ 174 Abs. 2 SGB IX innerhalb von zwei Wochen ab Kenntnis des Arbeitgebers von den maßgebenden Tatsachen beantragt werden. Das Amt soll dann gleichfalls innerhalb zwei Wochen über den Antrag entscheiden. Sodann ist nach Vorliegen der Zustimmung die Kündigung unverzüglich auszusprechen.

4.13.3.5 Pflegezeit

Pflegt ein Beschäftigter pflegebedürftige nahe Angehörige, kann er dafür nach dem Pflegezeitgesetz oder dem Familienpflegezeitgesetz besondere Rechte gegenüber seinem Arbeitgeber in Anspruch nehmen. Hieraus erwachsen insbesondere Freistellungsansprüche. Beide Gesetze dienen der Vereinbarkeit von Familie und Beruf und beinhalten Freistellungsansprüche und die Möglichkeit der Inanspruchnahme staatlicher Aufstockung der Vergütung durch zinslose Darlehen.

Damit dem Arbeitnehmer der Bestand seines Arbeitsverhältnisses gesichert wird, finden sich in § 5 PflegeZG und § 9 Abs. 3 FPfZG Kündigungsverbote. Auch diese werden nur die Möglichkeit mit einer Ausnahme versehen, dass die für den Arbeitsschutz zuständige oberste Landesbehörde eine Kündigung ausnahmsweise für zulässig erklärt.

4.13.3.6 Betriebsbeauftragte

Da es im Unternehmen oder Betrieb zahlreiche Beauftragte für unterschiedliche Aufgaben geben kann oder muss und diese kraft ihres jeweiligen Amtes möglicherweise in eine Konfliktsituation mit dem Arbeitgeber geraten können, werden diese Beauftragten auch vor Kündigungen besonders geschützt. Andernfalls könnten sie ihre jeweiligen Ämter nicht frei und unabhängig ausüben. Wegen der ganz unterschiedlichen Typen von Beauftragten und ihrem oftmals nur sehr überschaubaren Anwendungsbereich muss hier eine umfassende Darstellung unterbleiben.

Zu nennen sind etwa der Datenschutzbeauftragte nach den §§ 4 ff. BDSG, der Gefahrgutbeauftragte § 9 GbV, der Strahlenschutzbeauftragte nach § 14 RöV, der Abfallbeauftragte nach § 60 KrWG und andere.

4.13.3.7 Wehr- und Ersatzdienst

Da die Wehrpflicht in Deutschland zum 01.07.2011 unbefristet ausgesetzt wurde, kommt dem Bestandsschutz des Arbeitsverhältnisses insoweit derzeit nur geringere praktische Bedeutung zu. Nach § 16 Abs. 8 ArbPlSchG gilt der nachfolgend dargestellte Kündigungsschutz auch für freiwillig Wehrdienstleistende. Gemäß den §§ 1, 2 ArbPlSchG darf das Arbeitsverhältnis Wehrpflichtiger nicht gekündigt werden. Das Gleiche gilt während einer Wehrübung. Für Zivildienstleistende wären die vorgenannten Regelungen entsprechend anwendbar.

4.13.4 Massenentlassung

Unabhängig von dem vorgenannten allgemeinen und besonderen Kündigungsschutz besteht noch ein weiterführendes Schutzbedürfnis von Arbeitnehmern im Falle von Massenentlassungen. Sowohl der einzelne gekündigte Arbeitnehmer als auch die (regionale) Allgemeinheit werden durch den Ausspruch einer Vielzahl von Kündigungen innerhalb kürzester Zeit ganz besonders getroffen. Eine Massenentlassung ist für den (regionalen) Arbeitsmarkt eine besonders starke Belastung, da in engem zeitlichem Zusammenhang eine Vielzahl von oftmals ähnlich qualifizierten Arbeitskräften eine neue Beschäftigung suchen muss. Es besteht deshalb ein allgemeines Interesse daran, Massenentlassungen möglichst zu vermeiden oder aber diese in ihren Folgewirkungen zu beschränkten. § 17 KSchG sieht hierfür ein bestimmtes Verfahren vor, welches dem Arbeitgeber zahlreiche Pflichten bei dem Ausspruch von Massenentlassungen auferlegt.

4.13.4.1 Anzeigepflicht

Gemäß § 17 Abs. 1 KSchG ist der Arbeitgeber verpflichtet, der Agentur für Arbeit im Falle von Massenentlassungen eine entsprechende Anzeige zu erstatten. Je nach der Größe des betroffenen Betriebes liegt danach eine Massenentlassung vor, wenn die dort genannten Schwellenwerte überschritten werden. So ist der Tatbestand einer Massenentlassung in einem Betrieb mit 30 Arbeitnehmern bereits durch die Entlassung von mehr als fünf Arbeitnehmern erfüllt. Werden dagegen in der Regel mindestens 500 Arbeitnehmer beschäftigt, so liegt eine Massenentlassung erst bei dem Erreichen von mindestens 30 Arbeitnehmern vor.

Zu beachten ist, dass die Entlassungen nicht zeitgleich erfolgen müssen. Gezählt werden alle Entlassungen, die innerhalb von 30 Kalendertagen erfolgen. Entlassung ist jede vom Arbeitnehmer nicht gewollte Beendigung des Arbeitsverhältnisses.[407] Auch stehen andere Beendigungen des Arbeitsverhältnisses einer Entlassung gleich, wenn diese durch den Arbeitgeber veranlasst worden sind. Dazu gehören etwa Aufhebungsverträge. Dies gilt indes nicht, wenn die Initiative für den Abschluss eines Aufhebungsvertrages alleine von dem Arbeitnehmer ausging. Fristlose Kündigungen aus wichtigem Grund zählen für das Erreichen der Schwellenwerte dagegen nicht mit, wie sich unmittelbar aus § 17 Abs. 4 S. 2 KSchG ergibt.

Die Massenentlassungsanzeige muss sämtlichen formellen und inhaltlichen Anforderungen des § 17 KSchG genügen. Verstößt der Arbeitgeber gegen diese Verpflichtung und macht Fehler bei den zwingend erforderlichen Angaben, führt dies zur Unwirksamkeit der Massenentlassungsanzeige. Der Anzeige für die Agentur für Arbeit ist zudem eine Stellungnahme des Betriebsrats beizufügen. Es ist aber zulässig, wenn die Kündigung schon vor Eingang der Massenentlassungsanzeige unterzeichnet war, wenn sie erst nach Eingang der Anzeige bei der Agentur für Arbeit dem Arbeitnehmer zugeht.[408]

---

[407] EuGH, NZA 2015, 1441.
[408] BAG, Urteil vom 13.06.2019–6 AZR 459/18, NZA 2019, 1638.

4.13.4.2 Beratungspflicht

Der Arbeitgeber hat nach § 17 Abs. 2 KSchG dem Betriebsrat rechtzeitig die zweckdienlichen Auskünfte in Bezug auf die geplante Massenentlassung zu erteilen. Im Mindesten hat er über die im Gesetz ausdrücklich geregelten Unterrichtungsgegenstände schriftlich zu informieren. Dies sind insbesondere die Entlassungsgründe, die Berufsgruppen der Betroffenen sowie die Auswahlkriterien. Von großer praktischer Bedeutung ist das sich daran anschließende Beratungsrecht des Betriebsrates. Arbeitgeber und Betriebsrat haben danach die Möglichkeiten zu beraten, Entlassungen zu vermeiden oder einzuschränken und ihre Folgen zu mildern.

Dieses zwingende Recht des Betriebsrats tritt neben die weiteren Mitwirkungsrechte des Betriebsrats im Falle von Kündigungen und lässt diese ausdrücklich unberührt. Dem Betriebsrat kommt daher eine wichtige Mitwirkungsfunktion bei der Vorbereitung von Massenentlassungen zu. Soweit mit der Massenentlassung jedoch keine Betriebsänderung nach § 111 BetrVG verbunden ist, verbleibt es nach § 17 KSchG bei einem reinen Beratungsrecht des Betriebsrats. Erst unmittelbar vor dem Ausspruch einer jeden einzelnen Kündigung entsteht dann zusätzlich das Anhörungsrecht nach § 102 BetrVG.

Das Ergebnis der Beratungen ist in Form einer Stellungnahme des Betriebsrates der Massenentlassungsanzeige an die Agentur für Arbeit beizufügen. Falls der Betriebsrat nach einem Scheitern der Beratungen keine Stellungnahme abgibt, hat der Arbeitgeber auch diesen Umstand entsprechend mitzuteilen und glaubhaft zu machen. Hat der Arbeitgeber dem Betriebsrat bestimmte betroffene Berufsgruppen o. Ä. nicht ordnungsgemäß mitgeteilt, kann sich aus der Stellungnahme des Betriebsrats gleichwohl ergeben, dass der Betriebsrat seinen Beratungsanspruch gemäß § 17 Abs. 2 S. 2 KSchG als erfüllt ansieht.[409]

4.13.4.3 Rechtsfolgen

Ist die Massenentlassungsanzeige nicht gemäß den gesetzlichen Anforderungen erstattet worden, ist alleine aus diesem Grund eine sodann ausgesprochene Kündigung unwirksam.[410] § 17 KSchG ist ein Verbotsgesetz gemäß § 134 BGB, sodass die Unwirksamkeit der Kündigung eine zwingende Rechtsfolge ist. Wie bei anderen Unwirksamkeitsgründen hinsichtlich einer Kündigung muss der Arbeitnehmer gleichwohl die Frist zur Erhebung einer Kündigungsschutzklage von drei Wochen nach § 4 KSchG einhalten.

Wurde die Massenentlassungsanzeige dagegen ordnungsgemäß angezeigt, können die beabsichtigten Kündigungen erfolgen. In diesem Zusammenhang muss nur die Sperrfrist von einem Monat nach § 18 Abs. 1 KSchG für die Wirksamkeit der Entlassung beachtet werden. Nur die Agentur für Arbeit könnte einer Abkürzung dieser Frist ausnahmsweise zustimmen. Im Ergebnis wird damit die Entlastungswirkung folglich nur hinausgeschoben, sodass über die Sperrfrist lediglich eine Art faktische Mindestkündigungsfrist erreicht

---

[409] BAG, NZA 2016, 1198.
[410] Ausführlich BAG, NZA 2016, 490.

wird. Die praktische Bedeutung ist indes gering, da die Kündigungsfristen nach § 622 BGB ohnehin zumeist länger oder im Einzelfall nur unwesentlich kürzer sind.

Die Agentur für Arbeit kann in Ausübung pflichtgemäßen Ermessens die Wirksamkeit der Entlassungen bis zu einem höchstens zwei Monate nach der Anzeige liegenden Termin hinausschieben.

Hat der Arbeitgeber die Massenentlassungsanzeige ordnungsgemäß durchgeführt, sollen die beabsichtigten Kündigungen auch in zeitlicher Nähe dazu erfolgen. Hierfür hat er eine sogenannte Freifrist von 90 Tagen. Innerhalb dieses Zeitraums sind die anzeigepflichtigen Kündigungen folglich auch tatsächlich auszusprechen. Sollen danach noch Kündigungen ausgesprochen werden, müsste erneut eine Massenentlassungsanzeige gefertigt werden.

Zudem hat die Agentur für Arbeit die Möglichkeit, die Einführung von Kurzarbeit zuzulassen. Dies betrifft die Zwischenzeit bis zu dem gemäß § 18 KSchG bezeichneten Zeitpunkt. Hierzu finden sich in der Praxis vielfache tarifliche Konkretisierungen.

4.13.5 Kündigungsschutzverfahren

Das Kündigungsschutzverfahren, welches systematisch auch im Rahmen des gesondert darzustellenden Prozessrechts seinen Platz hat,[411] soll hier in direktem Zusammenhang mit den materiellen Regelungen zu Kündigungen beleuchtet werden. Dies folgt zum einen aus seiner herausgehobenen Bedeutung für das Arbeitsrecht im Allgemeinen. Zum zweiten sind mit den prozessualen Fragestellungen eines Kündigungsschutzverfahrens auch zahlreiche inhaltliche Probleme direkt verbunden, sodass sich eine zusammenhängende Darstellung geradezu aufdrängt.

Will ein Arbeitnehmer geltend machen, dass eine Kündigung unwirksam ist, so muss er innerhalb von drei Wochen nach Zugang der schriftlichen Kündigung Kündigungsschutzklage beim Arbeitsgericht erheben. Das gilt für jede Form von Kündigungen und ist auch im Falle einer Änderungskündigung erforderlich. Die Kündigungsschutzklage ist das einzige rechtliche Mittel, sich gegen eine erhaltene Kündigung zur Wehr zu setzen. Unabhängig davon, aus welchem Grund der Arbeitnehmer eine Kündigung für unwirksam hält, muss er diesen dem Arbeitsgericht zur Prüfung und Entscheidung vorlegen.

Die Kündigungsschutzklage ist folglich auf die gerichtliche Feststellung gerichtet, dass das Arbeitsverhältnis durch die gegenständliche Kündigung nicht aufgelöst worden ist. Hierfür sieht § 4 KSchG eine kurze Klagefrist vor. Innerhalb von drei Wochen ab Kündigungszugang muss der Arbeitnehmer die Kündigungsschutzklage erheben. Andernfalls erwächst die Kündigung in Bestandskraft. Nur ganz ausnahmsweise kann nach den §§ 5, 6 KSchG eine verspätete Klage zugelassen werden. Dies sind jedoch absolute Ausnahmekonstellationen, welche die Arbeitsgerichte ihrerseits nochmals eng auslegen. War ein

---

[411] Dazu sogleich Abschn. 4.16 „Prozessrecht".

Arbeitnehmer trotz Anwendung aller ihm nach Lage der Umstände zuzumutender Sorgfalt an der Einhaltung der Klagefrist verhindert, kommt eine nachträgliche Klagzulassung in Betracht. Hierfür ist jedoch ein äußerster Sorgfaltsmaßstab anzulegen.[412]

Fallbeispiel

Die Arbeitnehmerin Annette befindet sich für sechs Wochen im Jahresurlaub auf den Malediven. Bereits kurz nach Urlaubsantritt erreicht sie durch Einwurf in ihren häuslichen Briefkasten die Kündigung, welche sie erst gut fünf Wochen später nach ihrer Rückkehr aus diesem entnimmt. Sofort sucht sie ihren Rechtsanwalt auf, welcher noch am selben Tag Kündigungsschutzklage erhebt und dazu ausführt, dass die Kündigung der Annette erst nach deren Urlaub zugegangen wäre. Das angerufene Arbeitsgericht wird die Klage gleichwohl abweisen, da nach Einwurf in den Briefkasten der Zugang gemäß § 130 Abs. 1 BGB erfolgt ist und die Annette sorgfaltswidrig gehandelt hat, indem sie während ihrer Abwesenheit ihren Briefkasten auf wichtige Inhalte nicht hat kontrollieren lassen.◄

Für die Praxis zu beachten ist, dass ein Klageverzicht nach Erhalt einer Kündigung im Rahmen eines durch den Arbeitgeber vorgelegten Formulars gemäß § 307 Abs. 1 S. 1 BGB nur dann rechtswirksam ist, wenn der Arbeitnehmer hierfür eine Gegenleistung erhält.[413] In welcher Form (Abfindung) diese Gegenleistung ausgestaltet wird, ist dann eine Frage der Angemessenheit.

Gemäß § 1a KSchG kann der Arbeitgeber im Falle einer betriebsbedingten Kündigung dem Arbeitnehmer jedoch die Möglichkeit geben, durch das Verstreichenlassen der Klagefrist eine Abfindung nach § 1a Abs. 2 KSchG auszulösen. Diese sogenannte Regelabfindung gilt nur in diesem spezialgesetzlichen Fall. Wird im Rahmen von Aufhebungsverträgen oder Kündigungsschutzverfahren über Abfindungen gesprochen, bestimmt sich deren Höhe einzig nach dem Verhandlungsergebnis der Parteien.

4.13.6 Weiterbeschäftigungsanspruch

Erhält der Arbeitnehmer eine außerordentliche Kündigung, soll das Arbeitsverhältnis nach Auffassung des Arbeitgebers sofort enden. Im Falle einer ordentlichen Kündigung bleibt der Ablauf der Kündigungsfrist abzuwarten. In den meisten Fällen zieht sich die Dauer eines gerichtlichen Kündigungsschutzverfahrens jedoch über diesen Zeitpunkt hinaus. Zu klären ist daher, ob die Arbeitsvertragsparteien noch eine über den Ablauf der Kündigungsfrist hinausgehende Weiterbeschäftigungspflicht treffen kann. Eine solche ordnet das Gesetz ausdrücklich nur in § 102 Abs. 5 BetrVG an. Danach ist der Arbeitnehmer

---

[412] BGH, NJW 2011, 151.
[413] Siehe etwa BAG, NZA 2015, 676.

unter den dort genannten Voraussetzungen im Falle eines Widerspruchs des Betriebsrats gegen die Kündigung bis zum rechtskräftigen Abschluss des Gerichtsverfahrens weiter zu beschäftigen.

Darüber hinaus besteht jedoch praktisch weitergehender Regelungsbedarf. Der Arbeitnehmer bietet im Zuge seiner Kündigungsschutzklage seine Arbeitskraft auch weiter an. Das gesetzlich vorgesehene Klageziel ist darauf gerichtet, das Arbeitsverhältnis fortzusetzen. Will der Arbeitgeber die Arbeitskraft des Arbeitnehmers auch während des laufenden Kündigungsschutzverfahrens weiter in Anspruch nehmen, wird er mit dem Arbeitnehmer ein sogenanntes Prozessarbeitsverhältnis begründen. Dieses ist befristet auf den Zeitpunkt der rechtskräftigen Beendigung des Rechtsstreits. Das Motiv seitens des Arbeitgebers für eine solche Regelung besteht darin, sein Prozessrisiko dahingehend zu minimieren, dass er im Falle eines Unterliegens nicht die aufgrund des eingetretenen Annahmeverzuges aufgelaufene Vergütung nachzahlen muss.

Anders liegen die Dinge dagegen, wenn der Arbeitgeber eine Kündigung ausspricht, die offensichtlich unwirksam ist und der Arbeitgeber gleichwohl daran festhält. Durch ein solches Verhalten wird in das dem Arbeitnehmer zustehende Recht auf Selbstverwirklichung durch Arbeit als Ausprägung seines allgemeinen Persönlichkeitsrechts eingegriffen. Ein solcher Eingriff ist mit den Grundsätzen von Treu und Glauben gemäß § 242 BGB unvereinbar, da insoweit im Wege der mittelbaren Drittwirkung des allgemeinen Persönlichkeitsrechts nach Art. 2 Abs. 1 i. V. m. Art. 1 Abs. 1 GG wertungsmäßig einzubeziehen ist. Hieraus hat das Bundesarbeitsgericht einen allgemeinen Weiterbeschäftigungsanspruch entwickelt, der immer dann greift, wenn im Betrieb Arbeit vorhanden ist und seitens des Arbeitgebers keine schutzwürdigenden Interessen entgegenstehen.[414] Ist eine Kündigung offensichtlich unwirksam und liegen die weiteren vorgenannten Voraussetzungen vor, muss der Arbeitnehmer auf sein Verlangen jedenfalls bis zum erstinstanzlichen arbeitsgerichtlichen Urteil weiterbeschäftigt werden. Obsiegt der Arbeitgeber, besteht kein weiterführender Beschäftigungsanspruch. Dies ist indes unwahrscheinlich, da es offensichtliche Unwirksamkeitsgründe gab. Gibt das Gericht der Kündigungsschutzklage statt und legt der Arbeitgeber dagegen Berufung ein, bleibt es bei dem Weiterbeschäftigungsanspruch, soweit nicht der Arbeitgeber besondere Umstände darlegen kann, die einer Weiterbeschäftigung entgegenstehen (z. B. Pflichtverletzung).

Fallbeispiel

Brigitte ist schwanger. Dies hat sie dem Arbeitgeber auch freudestrahlend und ordnungsgemäß angezeigt. Der Arbeitgeber ist davon jedoch ganz und gar nicht begeistert und überreicht ihr die schriftliche Kündigung. Brigitte erhebt Kündigungsschutzklage. Zugleich macht sie einen Anspruch auf Weiterbeschäftigung geltend, da sich an der betrieblichen Situation und vor allem der vielen zu erledigenden Arbeit überhaupt nichts geändert hat. Das Gericht wird wegen der offensichtlichen Unwirksamkeit

---

[414] BAG, NJW 1985, 2968.

der Kündigung und dem damit verbundenen Eingriff in das Persönlichkeitsrecht der Brigitte beiden Klaganträgen stattgeben. Darüber hinaus sollte Brigitte in Erwägung ziehen, eine Entschädigung nach § 15 Abs. 2 AGG wegen einer möglichen Diskriminierung wegen des Geschlechts geltend zu machen.[415] ◄

4.13.7 Abfindung des Arbeitnehmers

Entgegen einer weitverbreiteten Vorstellung bei vielen Arbeitnehmern regelt das Gesetz keinen Anspruch auf eine Abfindung für den Fall, dass der Arbeitnehmer gekündigt wird. Das ergibt sich bereits aus den vorgenannten Ausführungen, welche das Erheben einer Kündigungsschutzklage und das damit gesetzlich vorgeschriebene Klageziel der Weiterbeschäftigung zum Gegenstand haben. Eine Kündigungsschutzklage ist gerade nicht auf den Erhalt einer Abfindung gerichtet.

Ein Anspruch auf eine Abfindung muss sich daher aus gesonderten Regelungen ergeben. Dies kann etwa durch zwischen den Betriebsparteien vereinbarte Sozialpläne der Fall sein. Unmittelbar aus dem Gesetz folgt ein Abfindungsanspruch nur im Ausnahmefall des §§ 9 ff. KSchG. Obwohl das Gericht festgestellt hat, dass das Arbeitsverhältnis durch die Kündigung gerade nicht aufgelöst wurde, kann auf gesonderten Antrag einer der beiden Parteien das Arbeitsverhältnis gegen Zahlung einer angemessenen Abfindung aufgelöst werden. Voraussetzung dafür ist die Unzumutbarkeit der Fortsetzung des Arbeitsverhältnisses für den Arbeitnehmer oder das Fehlen der Möglichkeit einer weiteren zweckdienlichen Zusammenarbeit mit dem Arbeitnehmer. Liegt einer der Ausnahmetatbestände vor, erkennt das Arbeitsgericht auf Antrag eine Abfindung gemäß § 10 KSchG zu.

Fallbeispiel

Der Arbeitgeber hat den Max betriebsbedingt gekündigt. Die Kündigung ist indes nicht sozialgerechtfertigt. Im Laufe des darauffolgenden Kündigungsschutzverfahrens kommt es zu einer Vielzahl wechselseitiger Vorwürfe, die das Verhältnis zwischen beiden Parteien dauerhaft zerstören. Da sich eine Vielzahl dieser Vorwürfe auch im Betrieb des Arbeitgebers verbreiten und das Ansehen des Max daraufhin auch bei den Kollegen und Kolleginnen sehr großen Schaden genommen hat, woraufhin Max sogar psychisch erkrankt ist, ist eine Fortsetzung des Arbeitsverhältnisses dem Max nicht mehr zumutbar. Er wird daher mit Erfolg einen Auflösungsantrag gemäß § 9 KSchG stellen können. ◄

---

[415] Vgl. etwa BAG, NZA 2014, 722.

Unabhängig von solchen Ausnahmekonstellationen spielt die Vereinbarung von Abfindungsvergleichen zur Beendigung von Arbeitsverhältnissen eine große praktische Rolle. Den Arbeitsvertragsparteien steht es frei, im Rahmen von Aufhebungsverträgen Abfindungsregelungen zu treffen. Diese Freiheit besteht auch im Rahmen von Kündigungsschutzverfahren. Oftmals ist es das Ziel beider Vertragsparteien, ein Kündigungsschutzverfahren nicht durch ein gerichtliches Urteil zu beenden, sondern eine für beide Seiten vertretbare Beendigungslösung zu treffen. Die jeweiligen Prozessaussichten werden dann im Rahmen der Verhandlung über die Höhe einer Abfindung mit berücksichtigt. Soweit beide Parteien denn das Arbeitsverhältnis beenden wollen, erfolgt eine Verhandlung und anschließende Einigung über die Höhe der Abfindung sowie die weiteren Beendigungsmodalitäten. Diese Möglichkeit hat für beide Parteien den Vorteil, dass eine zügige Beendigung des Rechtsstreits erreicht werden kann, womit wiederum abschließende Rechtssicherheit erreicht wird. Das Arbeitsgerichtsverfahren ist daher gerade auch in dieser Hinsicht durch eine unmittelbar nach Klagerhebung erfolgende Festlegung eines Gütetermins darauf ausgerichtet, eine möglichst schnelle und endgültige Einigung herbeizuführen.[416]

Fallbeispiel

Lorenz wurde betriebsbedingt gekündigt. Er ist 27 Jahre alt, gut ausgebildet und persönlich flexibel. Nach Rücksprache mit seinem Rechtsanwalt spricht einiges dafür, dass die Kündigung nicht sozialgerechtfertigt ist. Lorenz erhebt daher ordnungsgemäß Kündigungsschutzklage. Im wenige Wochen nach Klagerhebung stattfindenden Gütetermin lässt der Arbeitgeber durchblicken, dass er sich eine Fortsetzung des Arbeitsverhältnisses nicht vorstellen kann. Lorenz will gleichfalls nicht weiterarbeiten, da er die Kündigung auch als persönlichen Angriff empfindet. Die Parteien vereinbaren daher die Beendigung des Arbeitsverhältnisses aufgrund der ausgesprochenen Kündigung gegen Zahlung einer Abfindung. Der Arbeitgeber ist froh über die abschließende Regelung der Personalfrage. Lorenz kann sich anderen beruflichen Herausforderungen widmen.◄

4.13.8 Gerichtliche Entscheidung

Findet keine Einigung zwischen den Parteien statt, muss das Arbeitsgericht durch Urteil entscheiden. Das Arbeitsgericht kann folglich eine Entscheidung zugunsten des Arbeitnehmers oder des Arbeitgebers treffen. Der einfach gelagerte Fall ist das klagabweisende Urteil. Das Arbeitsverhältnis hat in diesem Fall aufgrund der für wirksam erachteten Kündigung entsprechend geendet.

---

[416] Zum Urteilsverfahren siehe Abschn. 4.16.5.

Gibt das Arbeitsgericht der Kündigungsschutzklage des Arbeitnehmers statt, wurde das Arbeitsverhältnis durch die gegenständliche Kündigung nicht beendet. Das Arbeitsverhältnis wird daher unverändert fortgesetzt. Für die Vergangenheit ist die noch nicht gezahlte Vergütung nachzuentrichten, da der Arbeitgeber sich insoweit in Annahmeverzug befunden hat. Wurden in der Zwischenzeit durch den Arbeitnehmer anderweitige Einkünfte (z. B. durch Arbeitslosengeld I) erzielt, sind diese anzurechnen. Der Arbeitnehmer erhält in einer solchen Konstellation nur die überschießenden Vergütungsanteile.

Ist es dem Arbeitnehmer gelungen, bereits während des laufenden Gerichtsverfahrens ein neues Arbeitsverhältnis zu begründen, stellt sich ihm die Frage, welches der beiden bestehenden Arbeitsverhältnisse auf Dauer fortgesetzt werden soll. Dem Arbeitnehmer steht hierfür eine gesetzliche Wahlmöglichkeit zur Verfügung. Gemäß § 12 KSchG kann er binnen einer Woche nach Rechtskraft des Urteils gegenüber dem alten Arbeitgeber erklären, dass er das Arbeitsverhältnis nicht weiter fortsetzt. Der Arbeitnehmer hat damit folglich die Möglichkeit, sich das in seinen Augen bessere Arbeitsverhältnis für die Zukunft auszusuchen.

4.13.9 Anfechtung

Wird eine Willenserklärung wirksam angefochten, ist sie nach § 142 BGB von Anfang an nichtig. Da die allgemeinen Regelungen zu Willenserklärungen und zu den Möglichkeiten der Anfechtung im gesamten Schuld- und Vertragsrecht Anwendung finden, gilt dies selbstredend auch für das Arbeitsvertragsrecht. Wird eine auf den Abschluss eines Arbeitsvertrages gerichtete Willenserklärung wirksam angefochten, tritt folglich die Rechtsfolge der Nichtigkeit des Arbeitsvertrages ein. Wie bereits zuvor im Zusammenhang mit der Anbahnung und dem Abschluss eines Arbeitsvertrages ausführlich ausgeführt, wirkt die Anfechtung in Bezug auf Arbeitsverträge entgegen dem Wortlaut des § 142 BGB nicht rückwirkend (ex tunc), sondern für bereits in Vollzug gesetzte Arbeitsverträge erst ab dem Zeitpunkt des Wirksamwerdens der Anfechtungserklärung (ex nunc).[417]

Nur der Vollständigkeit halber soll hier noch einmal ausdrücklich im Zusammenhang mit den Möglichkeiten zur Beendigung eines Arbeitsvertrages hingewiesen werden. Dazu gehört auch die Anfechtung wegen Irrtums nach § 119 BGB oder einer Drohung oder arglistigen Täuschung nach § 123 BGB.[418] Insbesondere Fälle einer arglistigen Täuschung spielen in der Vertragspraxis eine tatsächliche Rolle. Dies gilt namentlich dann, wenn ein Arbeitnehmer über das Vorliegen bestimmter Qualifikationen oder anderer wesentlicher Merkmale durch eine Fälschung seiner Bewerbungsunterlagen oder andere Angaben vorsätzlich täuscht. Trifft der Arbeitgeber aufgrund einer solchen Täuschungshandlung

---

[417] Siehe dazu bereits Abschn. 4.3 „Begründung des Arbeitsverhältnisses".
[418] BAG, NZA 2002, 731.

seine Entscheidung zum Abschluss des Arbeitsvertrages, kann er seine entsprechende Willenserklärung wirksam anfechten.[419]

Marion hat im Rahmen ihrer Bewerbung bei der Pillen-KG von ihr selbst erstellte und damit gefälschte Arbeitszeugnisse vorgelegt, die ihr ein hohes Maß und vor allem großen Erfolg in bisherigen Vertriebstätigkeiten bescheinigen. Tatsächlich hat sie noch nie im Vertrieb gearbeitet. Der Arbeitgeber lässt sich durch die Zeugnisse und die diese verstärkenden Angaben der Marion im Vorstellungsgespräch zu einer Einstellung ohne die Vereinbarung einer Probezeit bewegen. Nach wenigen Monaten merkt der Arbeitgeber, dass der Vertriebserfolg der Marion auffällig unterdurchschnittlich ist und fragt deshalb bei den vorherigen Arbeitgebern nach, sodass der Schwindel auffliegt. Der Arbeitgeber kann nun das Arbeitsverhältnis nach den §§ 142, 143, 123 BGB mit der Wirkung ab sofort (ex nunc) gegenüber Marion anfechten. ◀

4.13.10 Aufhebungsvertrag

Der Abschluss und die Gestaltung eines Arbeitsvertrages kann zwischen den Vertragsparteien unter Berücksichtigung der allgemeinen Grenzen der Gesetze und weiterer arbeitsrechtlichen Rechtquellen grundsätzlich frei vereinbart werden. Dies folgt aus den allgemeinen Regeln der Vertragsfreiheit als Bestandteil der Privatautonomie.

Vor diesem Hintergrund muss es den Arbeitsvertragsparteien auch möglich sein, sich vertraglich auf die Beendigung des Arbeitsverhältnisses zu einigen. Eine solche einvernehmliche Regelung zur Beendigung eines bestehenden Arbeitsverhältnisses ist ein Aufhebungsvertrag.

Eine gesetzliche Regelung hierzu findet sich nicht. In § 623 BGB wird lediglich die Anordnung der Schriftform für den Abschluss eines Auflösungsvertrages geschlossen. In der Rechtspraxis hat sich indes die Begrifflichkeit des Aufhebungsvertrages durchgesetzt, sodass einzig dieser Terminus Verwendung findet. In Ermangelung einer gesetzlichen Regelung und unter Berücksichtigung der vorgenannten Grundsätze erscheint ein Aufhebungsvertrag deshalb als eine ausgesprochen geeignete Form der Beendigung eines Arbeitsverhältnisses. Beide Vertragsparteien sind sich einig. Sämtliche Regelungen zum allgemeinen oder besonderen Kündigungsschutz finden genauso wenig Anwendung wie alle anderen gesetzlichen Vorgaben zur Wirksamkeit von Kündigungen. Auch ein etwa vorhandener Betriebsrat ist bei einem Abschluss eines Aufhebungsvertrages nicht nach § 102 BetrVG anzuhören oder in anderer Form zu beteiligen. Einzig die Schriftform nach § 623 BGB ist wie erwähnt einzuhalten.

---

[419] Zur Ursächlichkeit ausführlich BAG, NZA 1994, 407.

Aus dieser auf den ersten Blick ausschließlich vorteilhaften Konstellation können indes in der Rechtspraxis ganz erhebliche Risiken erwachsen. Wie sich aus den vorherigen umfangreichen Darstellungen zur Wirksamkeit arbeitgeberseitiger Kündigungen ergibt, besteht für den Arbeitnehmer ein hohes Maß an Kündigungsschutz. Wird er mit einer Kündigung durch den Arbeitgeber konfrontiert, kann er dieser einer richterlichen Kontrolle im Wege einer Kündigungsschutzklage unterziehen. Vor dem Hintergrund des zumeist existenzsichernden Charakters eines Arbeitsverhältnisses kommt diesem hohen Schutzniveau auch eine hohe praktische Bedeutung zu. Durch den Abschluss eines Aufhebungsvertrages begibt sich der Arbeitnehmer sämtlicher Schutznormen des Arbeitsrechts. Einzig die Beweis- und Warnfunktion des Schriftformgebotes nach § 623 BGB verbleibt. Ein Widerrufsrecht hat der Arbeitnehmer auch dann nicht, wenn er den Aufhebungsvertrag außerhalb des Arbeitsortes geschlossen hat.[420]

Aus Sicht eines Arbeitnehmers ist der Abschluss eines Aufhebungsvertrages deshalb regelmäßig nur dann vorteilhaft, wenn die Initiative dafür aus seiner eigenen Interessensphäre resultiert. Will der Arbeitnehmer aus eigenem Antrieb das Arbeitsverhältnis beenden und möglicherweise die geltende Kündigungsfrist nicht einhalten, läge ein solcher Fall vor. Begehrt dagegen der Arbeitgeber den Abschluss eines Aufhebungsvertrages, sollte der Arbeitnehmer sehr sorgfältig prüfen, ob die gegenständlichen Bedingungen für ihn tatsächlich in einer wertenden Gesamtbetrachtung auch unter Berücksichtigung seiner privaten und beruflichen Situation vorteilhaft im Vergleich zu einer Fortsetzung des Arbeitsverhältnisses sind.

Sind sich die Parteien einig, einen Aufhebungsvertrag zu schließen, sind sie grundsätzlich frei in der konkreten Ausgestaltung des Vertragsinhaltes. Praktisch wird ein Aufhebungsvertrag selten auf die reine Beendigung des Arbeitsverhältnisses reduziert. In den meisten Fällen wird anlässlich der Beendigung eine Vielzahl weiterführender Regelungen getroffen, um einen möglichst umfassenden und endgültigen Abschluss der Vertragsbeziehung zu erreichen. Dazu gehören z. B. Vereinbarungen zur Zahlung einer Abfindung oder der Erteilung eines bestimmten Zeugnisses sowie die mögliche Freistellung des Arbeitnehmers von der Pflicht zur Erbringung der Arbeitsleistung bis zum vereinbarten Ende des Arbeitsverhältnisses.

Vom Aufhebungsvertrag zu unterscheiden ist dagegen der reine Abwicklungsvertrag. Dieser schafft nicht selbst einen Beendigungstatbestand wie der Aufhebungsvertrag, sondern regelt nur nachgelagert die Modalitäten einer ausgesprochenen Kündigung. Der Abwicklungsvertrag führt deshalb nicht selbst die Beendigung des Arbeitsverhältnisses herbei, sondern beinhaltet nur deren Folgen.[421] Ein Aufhebungsvertrag beendet das Arbeitsverhältnis dagegen zu dem vereinbarten Termin. Dies kann mit sofortiger Wirkung oder zu einem entsprechend vereinbarten späteren Datum der Fall sein.

---

[420] Dies gilt sogar für die private Wohnung, siehe BAG, Urteil vom 07.02.2019–6 AZR 75/18, NZA 2019, 688.

[421] BAG, NZA 2006, 48.

Wegen der einschneidenden Wirkungen für den Arbeitnehmer (Verlust des Arbeitsplatzes) können sich für den Arbeitgeber noch bestimmte Aufklärungspflichten aus
seiner allgemeinen Fürsorgepflicht gemäß Treu und Glauben nach § 242 BGB ergeben. Dies beinhaltet insbesondere den Hinweis, sich unverzüglich bei der Arbeitsagentur
arbeitsuchend zu melden, damit möglichst keine sozialrechtlichen Sperrzeiten für das
Arbeitslosengeld I eintreten. Auch hat der Arbeitgeber auf bestehende betriebliche
Altersversorgungsansprüche hinzuweisen, welche durch den Abschluss eines Aufhebungsvertrages verlustig gehen würden.

4.13.10.1 Inhaltskontrolle

Wie alle anderen Vertragsarten und insbesondere auch Arbeitsverträge unterliegen Aufhebungsverträge der allgemeinen zivilrechtlichen Inhaltskontrolle. Dies ist insbesondere
hinsichtlich der Kontrollmaßstäbe des Rechts der allgemeinen Geschäftsbedingungen nach
den §§ 305 ff. BGB von Bedeutung.[422] Ist der Aufhebungsvertrag vom Arbeitgeber
formuliert, findet aufgrund der gesetzlichen Vermutung des § 310 Abs. 3 BGB eine
solche Inhaltskontrolle statt. Dies betrifft zwar nicht die Aufhebung des Arbeitsverhältnisses als solche, dafür aber sämtliche Konditionen, zu welchen dieses geschieht. Wird
etwa ein Aufhebungsvertrag in Form eines Klageverzichtsvertrags geschlossen, bedarf
dieser zu seiner Wirksamkeit nach § 307 Abs. 1 BGB einer Gegenleistung des Arbeitgebers.[423] Auch muss der Arbeitgeber das Gebot des fairen Verhandelns beachten. Dieses
Gebot stellt nach § 311 Abs. 2 Nr. 1 i. V. m. § 241 BGB eine Nebenpflicht bei der
Aufnahme von Verhandlungen über einen Aufhebungsvertrag dar.[424] Ein konkreter Pflich-
tenkatalog zur Wahrung des Gebots fairen Verhandelns existiert nicht. Es muss daher stets
der Einzelfall betrachtet werden. Eine Verletzung des Gebots fairen Verhandelns kommt
etwa dann in Betracht, wenn die Gefahr einer Überrumpelung des Arbeitnehmers bei
Vertragsverhandlungen besteht. Eine Missachtung kann auch vorliegen, wenn die Entscheidungsfreiheit des Vertragspartners in missbilligender Weise beeinflusst wurde. Eine
solche Beeinflussung liegt aber noch nicht dann vor, wenn der Arbeitgeber dem Arbeitnehmer weder eine Bedenkzeit noch ein Rücktritts- oder Widerrufsrecht einräumt. Eine
Verhandlungssituation ist allerdings dann als unfair zu bewerten, wenn eine psychische
Drucksituation geschaffen oder ausgenutzt wird, die eine freie und überlegte Entscheidung
des Vertragspartners erheblich erschwert oder sogar unmöglich macht.

Fallbeispiel

Vanessa bekommt vom Arbeitgeber ein Schreiben vorgelegt, das zweierlei Aussagen
beinhaltet. Erstens wird ihr die Kündigung zum Ablauf des nächsten Monats ausgesprochen. Zweitens befindet sich dort die vorformulierte Erklärung, dass Vanessa

---

[422] Siehe dazu grundlegend Abschn. 4.8 „Inhaltskontrolle des Arbeitsvertrages".
[423] BAG, NZA 2008, 219.
[424] BAG, Urteil vom 7. Februar 2019 – 6 AZR 75/18, NZA 2019, 688.

auf das Erheben einer Kündigungsschutzklage verzichtet. Vanessa unterschreibt diesen Klageverzichtsvertrag. Einige Tage später bereut sie dies. Da sie keinerlei Gegenleistung für den Klageverzicht erhalten hat, ist dieser nach § 307 Abs. 1 BGB nichtig, sodass sie nunmehr doch Kündigungsschutzklage beim Arbeitsgericht erheben kann.◄

4.13.10.2 Anfechtung

Auch die Anfechtung eines Aufhebungsvertrages nach den allgemeinen Regeln zur Wirksamkeit von Willenserklärungen ist grundsätzlich möglich. Erforderlich ist das Vorliegen eines Anfechtungsgrundes. Dies wäre etwa dann der Fall, wenn der Arbeitnehmer den Aufhebungsvertrag aufgrund einer arglistigen Täuschung oder Drohung des Arbeitgebers unterschrieben hätte. Von praktischer Bedeutung ist insbesondere der Ausspruch einer widerrechtlichen Drohung durch den Arbeitgeber, um den Arbeitnehmer zur Zustimmung zu veranlassen. Eine Drohung ist die Ankündigung eines empfindlichen Übels, auf dessen Eintritt der Arbeitgeber Einfluss zu haben vorgibt. Dies ist oftmals die Androhung einer fristlosen Kündigung aus wichtigem Grund. Dem Arbeitnehmer wird eine schwerwiegende Verletzung seiner arbeitsvertraglichen Pflichten vorgeworfen, welche eine fristlose Kündigung rechtfertigen würde. Widerrechtlich wäre eine solche Drohung dann, wenn ein verständiger Arbeitgeber eine solche Kündigung nicht ernsthaft in Betracht ziehen würde. Die Drohung würde dann gezielt dazu dienen, den Arbeitnehmer einzuschüchtern, obwohl dem Arbeitgeber klar sein dürfte, dass eine fristlose Kündigung in einem arbeitsgerichtlichen Verfahren kaum Bestätigung finden könnte.[425] Hierbei wird zulasten des Arbeitgebers nicht nur auf dessen tatsächlichen Kenntnisstand im Zeitpunkt des Ausspruchs der Drohung abgestellt, sondern ihm auch dasjenige Wissen zugerechnet, welches er als verständiger Arbeitgeber nach einer umfassenden Aufklärung des Sachverhalts hätte.

Da der Arbeitnehmer jedoch für das Vorliegen der widerrechtlichen Drohung als Anfechtungsgrund in einem Gerichtsverfahren den entsprechenden Beweis führen müsste, ist das Anfechten eines Aufhebungsvertrages in der Rechtspraxis mit hohen tatsächlichen Hürden verbunden.

Fallbeispiel

Manfred absolviert regelmäßig Dienstreisen für seinen Arbeitgeber. Er ist ein sehr gewissenhafter Mitarbeiter, welcher stets größten Wert auf eine sorgfältige Abrechnung seiner Spesen legt. Er ist deshalb umso stärker überrascht, als er plötzlich zu einem Personalgespräch mit dem Geschäftsführer gerufen wird. In diesem Gespräch wird ihm sehr langsam, aber gleichwohl ausgesprochen druckvoll mitgeteilt, dass zahlreiche seiner Spesenabrechnung derart fehlerhaft seien, dass von einem systematisch betrügerischen Verhalten ausgegangen werden müsse. Manfred werde nun

---

[425] BAG, NZA 2007, 866.

aufgrund der langjährigen Zusammenarbeit noch einmalig die Chance gegeben, durch den Abschluss eines Aufhebungsvertrages zwar ohne Zahlung einer Abfindung, dafür aber mit Erteilung eines wohlwollenden Zeugnisses eine ordnungsgemäße Vertragsbeendigung herbeizuführen. Unterzeichnet Manfred den vorgelegten Arbeitsvertrag indes nicht, wird sofort eine fristlose Kündigung übergeben und eine Strafanzeige bei der Polizei gefertigt werden. Obwohl Manfred tatsächlich keinen Betrug begangen hat, bricht er unter der geschickt erzeugten Last des Gespräches zusammen und unterschreibt den Aufhebungsvertrag. Aufgrund der widerrechtlichen Drohung des Arbeitgebers kann Manfred sodann den Aufhebungsvertrag anfechten. Er muss jedoch den Ausspruch der Drohung beweisen, was ihm rein tatsächlich schwerfallen dürfte, wenn er wie oft in der Praxis über keinerlei Gesprächszeugen o. Ä. verfügt.◄

4.13.11 Zeugnis- und Arbeitspapiere

Wenn das Arbeitsverhältnis beendet wird, trifft den Arbeitgeber die Pflicht, dies auch dem Sozialversicherungsträger sowie dem Finanzamt entsprechend mitzuteilen. Gegenüber dem Arbeitnehmer sind die Arbeitspapiere vollständig auszufertigen. Dazu kann etwa die Ausfertigung einer Arbeitsbescheinigung für die Agentur für Arbeit gehören.

Das wichtigste Dokument für den Arbeitnehmer ist jedoch das Arbeitszeugnis. Hierzu beinhaltet § 109 GewO einen konkreten Zeugnisanspruch. Auf Verlangen des Arbeitnehmers hat der Arbeitgeber ein qualifiziertes Arbeitszeugnis auszufertigen. Qualifiziertes Zeugnis meint, dass das Zeugnis nicht nur die Beschäftigungsdauer und Tätigkeit als solche zum Gegenstand hat (einfaches Zeugnis), sondern auch die Führung und Leistung des Arbeitnehmers einer Bewertung unterzieht. Der Inhalt eines qualifizierten Zeugnisses wird daher ganz erheblich durch den Arbeitgeber bestimmt, wodurch nicht selten ein Streit zwischen den Parteien entsteht. Da naturgemäß nicht jede Beendigung des Arbeitsverhältnisses im völligen Einvernehmen erfolgt und das Verhältnis zwischen den Vertragsparteien deshalb ohnehin zuweilen angespannt ist, schließt sich daran oftmals auch eine unterschiedliche Wahrnehmung der Qualität der Arbeitsleistungen an.

Die Möglichkeiten, seitens der Arbeitsgerichte in die durch den Arbeitgeber vorgenommene Bewertung einzugreifen, sind zwar als solche vorhanden, wegen des gleichfalls vorhandenen Beurteilungsspielraums des Arbeitgebers indes im Tatsächlichen nicht immer groß. Grundsätzlich gilt für das Zeugnis die Anforderung der Zeugniswahrheit. Das Zeugnis soll jedoch nicht nur eine umfassende Bewertung als solche darstellen, sondern dem Arbeitnehmer auf seinem weiteren beruflichen Weg zuträglich sein. Darin kann ein gewisser Widerspruch liegen. Fertigt der Arbeitgeber ein eher schlechtes Zeugnis aus, wird es im Falle von Bewerbungsvorgängen bei neuen Arbeitgebern nicht gerade dienlich sein. Wird dagegen ein unrichtiges, weil deutlich zu gutes Zeugnis ausgefertigt, entspricht das Zeugnis nicht der Wahrheit.

Als Versuch zur Auflösung dieses Widerspruchs muss gefolgert werden, dass ein Zeugnis stets auch dann wohlwollend zu formulieren ist, wenn es negative oder kritische Bewertungsbestandteile beinhaltet. In der praktischen Handhabung von Arbeitszeugnissen hat das über die letzten Jahrzehnte indes dazu geführt, dass Zeugnisse in der breiten Masse mindestens mit der Note „gut" erteilt werden.[426] Dass dies nicht den Tatsachen des Arbeitsmarktes entsprechen kann, dürfte sich aufdrängen. Durch diese Zeugnispraxis hat die Gesamtheit der Arbeitgeber folglich den Aussagegehalt von Arbeitszeugnissen erheblich entwertet.

Für die Arbeitsgerichtsbarkeit führt diese Entwicklung aber nicht dazu, dass Arbeitnehmer stets ein Zeugnis mit der Note „gut" verlangen können.[427] Die Ausgangsbenotung liegt gemäß der gedanklich heranzuziehenden Schulnotenskala bei einem „befriedigend".[428] Streiten sich die Arbeitsvertragsparteien über die Richtigkeit der vorgenommenen Bewertung, wird von dieser Durchschnittsnote ausgegangen. Verlangt der Arbeitnehmer eine bessere Benotung, muss er beweisen, dass seine Leistungen tatsächlich überdurchschnittlich waren. Hat dagegen der Arbeitgeber schlechter als mit der Note drei bewertet, ist er in der Beweispflicht, wenn der Arbeitnehmer das Zeugnis einer gerichtlichen Prüfung unterzieht. Für beide Seiten ist die Beweisführung im Tatsächlichen jedoch sehr schwierig, da es in den meisten Arbeitsverhältnissen so etwas wie einen vollständig objektiven Bewertungsmaßstab gar nicht geben kann.

Ein Anspruch auf eine Abschlussformel hat ein Arbeitnehmer nicht, da es sich nur um eine Wiederholung und Zusammenfassung des Zeugnisinhalts handelt.[429] Ein einmal erteiltes Zeugnis bindet den Arbeitgeber. Das Interesse des Arbeitnehmers, ohne Angst vor einer Maßregelung seitens des Arbeitgebers die ihm zustehenden Rechte dem Arbeitgeber gegenüber in zulässiger Weise geltend zu machen, ist unter dem Gesichtspunkt des Maßregelungsverbots grundsätzlich höher zu bewerten als das Interesse des Arbeitgebers, den von ihm zuvor selbst gestalteten Zeugnisinhalt in Reaktion auf ein rechtmäßiges Verhalten des Arbeitnehmers grundlos nachträglich zu ändern. Ein Festhalten an dem von ihm selbst erstellten Zeugnis ist einem Arbeitgeber nur dann nicht zuzumuten, wenn sachliche Gründe vorliegen, die ein Abweichen als angemessen erscheinen lassen.[430]

Fallbeispiel

Die Arbeitnehmerin Kirsi erhält von ihrem Arbeitgeber ein qualifiziertes Abschlusszeugnis, welches die Gesamtnote „ausreichend" beinhaltet. Kirsi ärgert sich darüber

---

[426] Das LAG Berlin-Brandenburg, Urteil vom 21.03.2013 – 18 Sa 2133/12 hatte hierzu eine empirische Studie zur Auswertung von 802 Zeugnissen fertigen lassen. Fast 70 % aller Zeugnisse wiesen ein „sehr gut" oder „gut" als Gesamtnote aus, das BAG hat seine Rechtsprechung aber bestätigt, siehe BAG, Urteil vom 18.11.2014 – 9 AZR 584/13.

[427] BAG, Urteil vom 18.11.2014, 9 AZR 584/13.

[428] BAG, a. a. O.

[429] BAG, Urteil vom 25.01.2022 – 9 AZR 146/21.

[430] BAG, Urteil vom 6. Juni 2023 – Az. 9 AZR 272/22.

sehr und beauftragt einen Rechtsanwalt mit der gerichtlichen Durchsetzung ihres Anspruchs auf ein wahrheitsgemäßes Zeugnis. Nach ihrer Einschätzung müsste sie eine glatte „eins" erhalten. Der zuständige Arbeitsrichter weist nun darauf hin, dass der Arbeitgeber darzulegen und zu beweisen hat, woraus sich die negative Abweichung vom „befriedigend" ergibt. Kirsi muss dagegen darlegen und beweisen, woraus sich ihre ganz erheblich überdurchschnittlichen Leistungen ergeben sollen. Beide Parteien benennen als Zeugen für ihre jeweilige Sicht einige Arbeitskollegen, die alle bei Gericht dahingehend aussagen, dass Kirsi eine allseits geschätzte Kollegin gewesen sei, deren Leistungen genauso gut gewesen waren wie die der anderen Kollegen auch. Da der Arbeitsrichter daraus keine unter- oder überdurchschnittlichen Leistungen ableiten kann, wird das Zeugnis durch gerichtliche Entscheidung auf „befriedigend" zu korrigieren sein.◄

Der Aufbau eines Zeugnisses folgt einem bestimmten Muster. In einem qualifizierten Arbeitszeugnis werden neben einleitenden Informationen zur Person und zum Unternehmen zunächst die Tätigkeiten und Arbeitsbereiche des Arbeitnehmers umfassend dargestellt. Darauf folgt der bewertende Teil, welcher mit einer Abschluss- und Dankesformel schließen sollte. Je nach Branche, Beruf und Tätigkeit ist das praktisch sehr unterschiedlich in Umfang und Tiefe ausgestaltet. Da die Zeugnissprache grundsätzlich wohlwollend zu wählen ist, finden sich in der Praxis oftmals zwar gut klingende Formulierungen, die jedoch tatsächlich negative Bedeutungen haben. Für den Arbeitnehmer ist ein Zeugnis daher kaum ohne fachliche Hilfe vollständig verständlich. Als Orientierung für die abschließende Bewertung in Leistung und Führung können jedoch die nachfolgenden gängigen Formeln gelten, welche indes je nach Tätigkeit stark variieren. Dabei sollte indes nicht übersehen werden, dass dem oftmals zahlreiche Detailbewertungen zu anderen Punkten wie etwa Einsatzbereitschaft, Auffassungsvermögen o. Ä. vorangestellt werden.

Die Beurteilung des Verhaltens des Arbeitnehmers wird wie folgt skaliert. Zu beachten ist, dass die Reihenfolge „Vorgesetzte, Kollegen und Kunden" bereits eigene Aussagekraft hat. Wird diese nicht eingehalten, ist das bereits abwertend.

- **sehr gut:** Sein Verhalten gegenüber Vorgesetzten und Kollegen und Kunden war jederzeit vorbildlich.
- **gut:** Sein Verhalten gegenüber Vorgesetzten und Kollegen war jederzeit einwandfrei.
- **befriedigend:** Sein Verhalten gegenüber Vorgesetzten und Kollegen war einwandfrei.
- **ausreichend:** Sein Verhalten gegenüber Kollegen und Vorgesetzten war korrekt und ohne Beanstandung.
- **mangelhaft:** Es erübrigt sich zu betonen, dass sein Betragen gegenüber den Vorgesetzten und Kollegen unbelastet war.

Die Zusammenfassung der Leistung könnte etwa in der folgenden Form erfolgen. Aus der Ähnlichkeit der Formulierungen ist bereits ersichtlich, wie schwierig für einen darin ungeübten Leser die Unterscheidbarkeit ist.

- **sehr gut:** Seine Leistungen fanden stets unsere vollste Zufriedenheit.
- **gut:** Seine Leistungen fanden stets unsere volle Zufriedenheit.
- **befriedigend:** Seine Leistungen fanden unsere volle Zufriedenheit.
- **ausreichend:** Seine Leistungen fanden unsere Zufriedenheit.
- **mangelhaft:** Aufgaben, die ihm übertragen wurden, erledigte er in der Regel zu unserer Zufriedenheit.

Das Zeugnis sollte mit einer Abschlussformel schließen. Diese setzt sich aus einem Teil des Dankes und einem Schlusssatz zusammen. Fehlt es an dem Dankesteil, liegt in dem damit ausgedrückten Schweigen die Negativbewertung.

- **sehr gut:** Wir bedauern sein Ausscheiden sehr und danken ihm für stets sehr gute Leistungen. Wir wünschen ihm auf dem weiteren Berufs- und Lebensweg alles Gute und weiterhin viel Erfolg.
- **gut:** Wir bedauern sein Ausscheiden und danken ihm für die stets guten Leistungen. Wir wünschen ihm auf dem weiteren Berufs- und Lebensweg alles Gute und weiterhin Erfolg.
- **befriedigend:** Wir bedauern sein Ausscheiden und danken ihm für die guten Leistungen. Wir wünschen ihm auf dem weiteren Berufs- und Lebensweg alles Gute und Erfolg.
- **ausreichend:** Wir bedanken uns für seine Mitarbeit. Wir wünschen ihm für die Zukunft alles Gute.
- **mangelhaft:** Wir wünschen ihm alles nur erdenklich Gute, insbesondere auch Erfolg bei den weiteren Bemühungen.

4.14 Betriebliche Altersversorgung

Das gesellschaftliche Grundmodell in Deutschland ist in drei unterschiedliche Lebensphasen aufgeteilt. Die Phase der Kindheit und Jugend ist davon geprägt, dass insbesondere durch Familie und Schule eine Vermittlung von Grundwerten und Basiswissen stattfindet. In dieser ersten Lebensphase wird durch das Familienrecht sowie sozialrechtliche Ergänzungen die materielle Versorgung eines jungen Menschen geregelt. Dem schließt sich eine Berufsausbildungs- und Erwerbsphase an, die durch eine selbstständige oder unselbstständige Beteiligung am Arbeitsleben geprägt ist. Innerhalb dieser Lebensphase wird durch die eigene Arbeitsleistung nicht nur die Versorgung der nachfolgenden

Generation gewährleistet, sondern auch durch die Zahlung in unterschiedliche Renten-versicherungssysteme, die die sich im Ruhestand befindliche Generation mitfinanziert. Diese Grundüberlegung wird umgesetzt durch unterschiedliche Versorgungssysteme.

Innerhalb der gesetzlichen Rentenversicherung zahlt die erwerbstätige Generation aus ihrem jeweiligen Erwerbseinkommen Beiträge in die Rentenversicherung, welche unter Hinzunahme erheblicher ergänzender Steuermittel als Rentenleistung an die gleichzeitige Rentnergeneration ausgekehrt werden. Die auf diesem Wege zur Auszahlung gebrach-ten Rentenleistungen reichen vielfach jedoch nicht zur Sicherung eines auskömmlichen Lebensabends hin. Die Säule der gesetzlichen Rentenversicherung wird daher durch zwei weitere Versorgungssäulen gestützt, die jedoch der aktiven Mithilfe der jeweils erwerbstätigen Generation bedürfen. Dies ist zunächst naturgemäß der eigene private Ver-mögensaufbau durch privatwirtschaftliche Lebens- oder Rentenversicherung, eine eigene selbstgenutzte Immobilie oder andere vermögensbringende Maßnahmen. Die dritte Säule der Altersversorgung bezieht den Arbeitgeber mit ein und beinhaltet die sogenannte betriebliche Altersversorgung.

Die konkrete Ausgestaltung solcher betrieblichen Altersversorgungssysteme kann auf ganz unterschiedlichen Wegen erfolgen. Eine umfangreiche Darstellung muss hier aus Platzgründen unterbleiben.[431] Nachfolgend sollen jedoch die Grundzüge der verschie-denen betrieblichen Altersversorgungsmodelle kurz aufgeführt werden. Eine betriebliche Altersversorgung liegt immer dann vor, wenn Arbeitnehmern gemäß § 1 Abs. 1 S. 1 BetrAVG aufgrund des Bestehens des Arbeitsverhältnisses Leistungen der Altersversor-gung zugesagt werden.

Wie sich aus den nachfolgenden Darstellungen ergeben wird, stehen den Arbeitsver-tragsparteien unterschiedliche Wege für die betriebliche Altersversorgung offen. Damit verbunden ist auch stets die Frage, welche Arbeitsvertragspartei während der Phase des Versorgungsaufbaus die jeweiligen Beiträge zu leisten hat. Dies kann sowohl seitens des Arbeitnehmers als auch des Arbeitgebers erfolgen. Der Arbeitgeber kann bestimmte Bei-tragszusagen für das jeweilige Versorgungssystem geben. Der Arbeitnehmer kann jedoch auch im Wege der sogenannten Entgeltumwandlung eigene Bestandteile der Vergütung der betrieblichen Altersversorgung zuführen.

Hat der Arbeitnehmer mindestens fünf Jahre lang die Versorgungszusage erhalten und ist er bei Eintritt des Versorgungsfalls mindestens 25 Jahre alt, ist seine Leistungsanwart-schaft unverfallbar. Das führt in der Praxis dazu, dass auch der Arbeitnehmer, welcher den Arbeitgeber bereits gewechselt hat, von demselben bzw. dem sonstigen Versorgungsträger noch Leistungen beziehen kann. Die Versorgungszusage ist nicht mehr an das Bestehen des Arbeitsverhältnisses gebunden, sobald sie unverfallbar geworden ist.

---

[431] Hierzu wird auf die einschlägige Spezialliteratur verwiesen; vgl. dazu die dieses Buch abschließende Literaturauswahl zur Vertiefung.

Elvira ist seit sechs Jahren bei der Reifen-AG beschäftigt. Mit dem Arbeitsbeginn hat sie eine betriebliche Altersversorgungszusage erhalten, die sich auf den Zeitpunkt des Erreichens der Regelaltersgrenze bezieht. Nunmehr scheidet sie bei der Reifen-AG aus und fängt bei der Motor-GmbH eine neue Beschäftigung an. Auch dort erhält sie eine betriebliche Altersversorgung, die ganz ähnlich wie die frühere bei dem alten Arbeitgeber ausgestaltet ist. Als sie dann viel später das Regelrentenalter erreicht, erhält sie neben ihrer gesetzlichen Rente noch zwei verschiedene betriebliche Altersversorgungen aus den Arbeitsverhältnissen mit der Reifen-AG und der Motor-GmbH.◄

Eine betriebliche Altersversorgung kann auf ganz unterschiedliche Art und Weise vereinbart sein. Das kann zunächst ganz klassisch durch den Arbeitsvertrag selbst erfolgen. Möglich ist aber auch der Weg über eine Betriebsvereinbarung oder einen Tarifvertrag. Will der Arbeitgeber sich von den getroffenen Vereinbarungen wieder lösen, muss er die jeweiligen grundsätzlichen Regelungen dafür einhalten. Je nach der Art der Versorgungsvereinbarung kann dies für die Zukunft ohne Weiteres möglich sein. Hinsichtlich bereits erworbener Versorgungsanwartschaften ist dies jedoch nahezu ausgeschlossen. Für den Fall der Insolvenz des Arbeitgebers würde der sogenannte Pensionssicherungsverein an die Stelle des versorgungspflichtigen Arbeitgebers treten.

4.14.1 Direktzusage

Der unmittelbarste Fall einer betrieblichen Altersversorgung ist die Direktzusage des Arbeiters. Eine Direktzusage liegt vor, wenn der Arbeitgeber als eigenes Rechtssubjekt dem Arbeitnehmer die Zusage auf bestimmte Versorgungsleistungen (wegen Alters, Invalidität oder für Hinterbliebene) gibt. Der Arbeitgeber ist dann im Versorgungsfall unmittelbar zahlungsverpflichtet. Ihn trifft folglich das entsprechende Versicherungsrisiko dem Grunde und der Höhe nach. Dieses hat er daher auch bilanziell durch Rückstellungen abzubilden. Dem Arbeitgeber bleibt jedoch die Möglichkeit, sein Risiko durch den Abschluss von Rückversicherungen zu beschränken.

4.14.2 Direktversicherung

Will der Arbeitgeber nicht als eigenes Rechtssubjekt für den Versorgungsfall leistungspflichtig werden, muss er sich eines Dritten dafür bedienen. Dies ist im Regelfall ein Versicherungsunternehmen, welches entsprechende Produkte für den Versorgungsfall anbietet.

Bei einer Direktversicherung vereinbart der Arbeitgeber mit einer Versicherungsgesellschaft eine Lebensversicherung, welche eine Bezugsberechtigung für den Arbeitnehmer beinhaltet. Der Versicherungsfall wird dabei vertraglich definiert. Regelmäßig ist dies das Erreichen der Regelaltersgrenze oder ein anderer fixierter Zeitpunkt. Darüber hinaus kann auch eine Invaliditätszusage oder eine Hinterbliebenenversorgung erfolgen.

Da der Arbeitgeber bei dieser Form der betrieblichen Altersversorgung nur als eigener Vertragspartner der Versicherungsgesellschaft auftritt und folglich Letztere die kalkulatorischen Risiken für den Leistungsfall trägt, ist die Direktversicherung die am häufigsten gewählte Art der betrieblichen Altersversorgung.

4.14.3 Pensionskassen und Pensionsfonds

Zwischen den beiden Formen der Direktzusage und der Direktversicherung bestehen noch die Mischformen der Pensionskassen und Pensionsfonds. Beiden ist gemein, dass sie zwar nicht direkt zu einer Leistungsverpflichtung des jeweiligen Arbeitgebers führen. Allerdings ist das Versorgungsrisiko auch nicht vollständig aus der Sphäre des Arbeitgebers verlagert.

Übernimmt eine Pensionskasse die betriebliche Altersversorgung, trägt diese die Risiken der Zusage der betrieblichen Altersversorgung als eigenes Rechtssubjekt. Die Besonderheit besteht aber darin, dass die Pensionskasse von dem betreffenden Unternehmen oder aber (oft branchenbezogen) von mehreren Unternehmen gemeinsam gegründet wurde. Im Ergebnis handelt es sich somit um selbstständige Versicherungsunternehmen, die gleichwohl der Sphäre des bzw. der Unternehmen(-s) zuzuordnen sind.

Ähnlich ausgestaltet sind Pensionsfonds. Auch diese sind eigene Rechtssubjekte, die auf die Versorgung des Arbeitnehmers ausgerichtet werden. Aus ihrem Charakter als Fond folgt, dass sie im Kern als Investmentgesellschaft angelegt sind und deshalb sowohl versicherungsrechtlich hinsichtlich ihrer Vermögensanlage, aber auch finanzdienstleistungsrechtlich zu beaufsichtigen sind.

4.14.4 Unterstützungskassen

Noch deutlicher in die Sphäre des Arbeitgebers sind Unterstützungskassen einzuordnen. Eine Unterstützungskasse ist ein gemeinnütziger eingetragener Verein, der der Versorgung der Arbeitnehmer dient. Die Zuordnung zum Arbeitgeber ergibt sich daraus, dass diesem die Finanzierung obliegt. Der Arbeitnehmer erhält dann seine Versorgungsleistungen aus der Unterstützungskasse, obwohl nach dem gesetzlichen Grundmodell kein Leistungsanspruch direkt gewährt wird. Faktisch läuft es nach der ständigen Rechtsprechung des Bundesarbeitsgerichts aber genau darauf hinaus.[432]

---

[432] Siehe dazu ausführlich BAG AP Nr. 20 zu § 1 BetrAVG.

4.15 Arbeitsschutzrecht

Das Arbeitsschutzrecht ist eine Spezialmaterie des Arbeitsrechts, welches je nach enger oder weiter Betrachtung bereits bei Fragen des Mutter- und Jugendschutzes sowie der Arbeitszeit oder erst im Bereich der Unfallverhütung, Regelungen zur Beschaffenheit der Arbeitsplätze o. Ä. beginnt. Sämtliche vorstehenden Ausführungen dieses Lehrbuchs zum Arbeitsvertragsrecht und zum kollektiven Arbeitsrecht enthalten daher an der einen oder anderen Stelle Inhalte, die arbeitsschutzrechtliche Dimensionen haben. Nachfolgend soll daher nur ein Überblick über das klassische Arbeitsschutzrecht im engeren Sinne erfolgen. Dabei wird nur das Arbeitsschutzrecht in dem Sinne dargestellt werden, welches durch staatliche Überwachung geprägt ist. Eine umfassende Betrachtung muss indes auch insoweit unterbleiben, da das Arbeitsschutzrecht aufgrund der kaum greifbaren Vielzahl von Arbeitsplätzen und Tätigkeiten eine sehr kleinteilige Aufteilung erfahren hat. Zur Vertiefung dieser Thematik empfiehlt sich daher ein Einstieg in die dafür zahlreich vorhandene Spezialliteratur.[433]

4.15.1 Praktische Bedeutung des Arbeitsschutzes

Obwohl vorliegend lediglich diejenigen arbeitsschutzrechtlichen Regelungen in den Blick genommen werden, deren Einhaltung unter eine öffentliche Aufsicht gestellt ist, entfaltet der Arbeitsschutz seine eigentliche Wirkung im Rechtsverhältnis zwischen Arbeitgeber und Arbeitnehmer. Ziel des Arbeitsschutzes ist es, den Arbeitnehmer vor gesundheitlichen Gefahren aller Art an seinem Arbeitsplatz und bei seiner sonstigen Ausführung vertraglich geschuldeter Tätigkeiten zu schützen. Dieser Schutzgedanke ist umfassend und beinhaltet jede Art von Gefährdung des Arbeitnehmers in physischer und psychischer Hinsicht. So kann sich eine Gefährdung des Arbeitnehmers praktisch nicht nur durch die Möglichkeit körperlicher Schäden ergeben, sondern auch in einer psychischen Erkrankung jedweder Art bestehen. Durch eine Vielzahl unterschiedlicher Schutzgesetze z. B. im Bereich der Unfallverhütung wird auf ganz unterschiedliche Art in das Vertragsverhältnis zwischen Arbeitgeber und Arbeitnehmer eingewirkt. Verletzt der Arbeitgeber arbeitsschutzrechtliche Normen, liegt darin auch eine Verletzung schutzgesetzlicher Vorgaben gemäß § 823 Abs. 2 BGB. Daraus können folglich Schadensersatzansprüche für den Arbeitnehmer erwachsen. Auch ist der Arbeitnehmer berechtigt, seine Arbeitsleistung nach den §§ 618, 273 BGB solange zurückzuhalten, bis der Arbeitgeber die arbeitsschutzrechtlichen Vorgaben erfüllt hat.

Das Arbeitsschutzrecht verfolgt unterschiedliche Ansätze, um das vorgenannte Ziel des Arbeitnehmerschutzes zu erreichen. Neben Sonderregelungen zum Arbeitnehmerdatenschutz und Fragen der Arbeitszeitbegrenzung ist der Kern des Arbeitsschutzrechtes,

---

[433] Besonders empfehlenswert hierzu ist *Kreizberg,* Schnelleinstieg Arbeitsschutzrecht: Die wichtigsten Themen von A – Z.

namentlich der Betriebs- und Gefahrenschutz bezogen auf die jeweilige Tätigkeit und den dazugehörigen Arbeitsplatz. Kerngesetz hierfür ist das Arbeitsschutzgesetz.

Das Arbeitsschutzgesetz adressiert den Arbeitgeber dahingehend, dass dieser für die Einhaltung des gesamten Arbeitsschutzrechtes verantwortlich ist. Das beinhaltet insbesondere den jeweils ordnungsgemäßen Zustand des Arbeitsplatzes einschließlich sich darin befindlicher Betriebsmittel zu gewährleisten. Verstößt der Arbeitgeber gegen diese Verpflichtungen, kann er sich strafbar oder einer Ordnungswidrigkeit schuldig machen. Über die §§ 25 ff. ArbSchG wird der Arbeitgeber direkt in die Verantwortung genommen, wobei dies auch seine jeweiligen Vertreter betreffen kann.

Darüber hinaus wird der Arbeitsschutz durch weitere Akteure mitgewährleistet. Soweit im Betrieb ein Betriebsrat vorhanden ist, gehört der Arbeitsschutz zu seinen allgemeinen Aufgaben. Der Betriebsrat ist umfassend in Fragen des Arbeitsschutzes beratend zu beteiligen und hat darüber hinaus in vielen Fragen auch ein gesetzliches Mitbestimmungsrecht gemäß § 87 Abs. 1 Nr. 7 BetrVG. Der Betriebsrat hat zudem die Möglichkeit, behördliche Hilfe in Anspruch zu nehmen, was sich in der Praxis oftmals als Scharnierfunktion oder gar Hebel gegenüber dem Arbeitgeber erweist.

Beschäftigt der Arbeitgeber mehr als 20 Arbeitnehmer, ist unter Beteiligung des Betriebsrates zudem ein Sicherheitsbeauftragter zu bestellen, dessen konkrete Aufgaben und weitere Handlungsmöglichkeiten sich nach den jeweiligen Unfallverhütungsvorschriften der zuständigen Berufsgenossenschaft richten. Darüber hinaus sind nach § 5 des Arbeitssicherheitsgesetzes (ASiG) wiederum in Abstimmung des Betriebsrates Fachkräfte für Arbeitssicherheit zu bestellen, welche einen technischen Hintergrund aufzuweisen haben.

All die vorgenannten Akteure können jedoch nur einen bestmöglichen Rahmen für die Einhaltung von Arbeitsschutzvorschriften bieten. Von größter praktischer Bedeutung ist es deshalb, dass auch der Arbeitnehmer nach dem §§ 15 ff. ArbSchG die Arbeitsschutzvorschriften einhält. Das gilt sowohl für sein wohlverstandenes Eigeninteresse als auch gegenüber anderen Arbeitnehmern. Der Arbeitnehmer kann sich daher ausnahmsweise auch seinerseits ordnungswidrig oder gar strafbar verhalten, wenn er seinerseits gegen Arbeitsschutzvorschriften verstößt.

Auch sollte insbesondere vor dem Hintergrund einer sich stetig wandelnden Arbeitswelt tendenziell weg von körperlicher Arbeit hin zu mehr geistiger Tätigkeit durch die Arbeitsvertragsparteien und die soeben genannten Handelnden die ständig wachsende Gefahr einer psychischen Überlastung vermehrt in den Blick genommen werden. Die ständige Erreichbarkeit durch den Arbeitgeber und eine vermeintlich nur beiläufige oder kurzweilige Tätigkeit wie das Telefonieren oder Beantworten elektronischer Nachrichten o. Ä. lassen zunehmend die Sphären von Arbeit und Freizeit verschwimmen. Die Arbeitsvertragsparteien, aber auch Betriebsräte und Tarifvertragsparteien sind in diesem

Zusammenhang zunehmend herausgefordert, den sich bietenden technischen und tatsächlichen Möglichkeiten solche Rahmenbedingungen vorzugeben, die eine psychische Überlastung des Arbeitnehmers möglichst ausschließen.

Fallbeispiel

Der Betriebsrat nimmt zunehmend zur Kenntnis, dass sich bei ganz vielen Kollegen schleichend eine Arbeitskultur entwickelt, die auf eine nahezu permanente Kommunikation zum Vorgesetzten, aber auch innerhalb bestimmter Arbeitsteams ausgerichtet ist. Der Arbeitgeber scheint dem eher wohlwollend gegenüberzustehen, da er sich vermutlich einen Mehrwert durch die damit verbundene Erosion von Arbeitszeiten verspricht. Im weiteren Fortgang nehmen beide Betriebsparteien indes zur Kenntnis, dass sich zunehmend Überlastungserscheinungen bei immer mehr Kollegen zeigen. Betriebsrat und Arbeitgeber setzen sich daher mit dem Ziel zusammen, eine Betriebsvereinbarung zum Umgang mit E-Mails, Smartphones und sonstigen Kommunikationsmöglichkeiten dafür zu entwerfen, dass außerhalb der Arbeitszeiten keine oder nur noch eine begrenzte Nutzung stattfindet.◄

4.15.2 Gesundheitsschutz

Anknüpfend an die vorgenannte Thematik ist nochmals der Kernbereich des Arbeitsschutzes zu betonen. Dies ist der Gesundheitsschutz des Arbeitnehmers im ganz umfassenden Sinne.

Das Arbeitsschutzgesetz hebt diese gesetzgeberische Wertentscheidung in den §§ 3 ff. ArbSchG als Grundpflichten des Arbeitgebers auch besonders hervor. Der Arbeitgeber hat die dort normierten allgemeinen Grundsätze stets zu beachten. Das gilt für alle Bereiche des Arbeitsschutzes gleichermaßen. Der Arbeitgeber hat danach die Arbeit so zu gestalten, dass eine Gefährdung für das Leben sowie die physische und die psychische Gesundheit möglichst vermieden und die verbleibende Gefährdung möglichst gering gehalten wird. Gefahren sind an ihrer Quelle zu bekämpfen. Bei den Maßnahmen sind der Stand von Technik, Arbeitsmedizin und Hygiene sowie sonstige gesicherte arbeitswissenschaftliche Erkenntnisse zu berücksichtigen. Technik, Arbeitsorganisation, sonstige Arbeitsbedingungen, soziale Beziehungen und Einfluss der Umwelt auf den Arbeitsplatz sind sachgerecht zu verknüpfen. Spezielle Gefahren für besonders schutzbedürftige Beschäftigtengruppen sind aber zu berücksichtigen. In jedem Fall sind den Beschäftigten geeignete Anweisungen zu erteilen.

Zentraler Bestandteil hierbei ist die sogenannte Gefährdungsbeurteilung. Der Arbeitgeber hat für jeden einzelnen Arbeitsplatz alle Gefährdungen sowie die dagegen festgelegten Maßnahmen des Arbeitsschutzes zu dokumentieren. Auch muss der Arbeitgeber seine

Arbeitnehmer umfassend und regelmäßig wiederkehrend über die sie betreffenden Fragen des Arbeitsschutzes gemäß § 12 ArbSchG unterweisen.

Je nach Art der Arbeit und Beschaffenheit des Arbeitsplatzes treten zu diesen grundsätzlichen Regelungen zahlreiche Spezialnormen hinzu. Es folgt aus der Natur der Sache, dass für eine Baustelle völlig andere Regelungen existieren müssen als etwa für den Arbeitsplatz eines kaufmännischen Angestellten. Deshalb kann es auch nicht verwundern, dass es beispielsweise eine Baustellenverordnung genauso gibt wie eine Bildschirmarbeitsverordnung. All diese unterschiedlichen gesetzlichen Regelungen müssen zudem im Zusammenhang mit den inzwischen unzähligen Unfallverhütungsvorschriften der Berufsgenossenschaften gemäß § 15 SGB VII gesehen werden. Hinzu kommen ferner zahlreiche Gesetze und Verordnungen betreffend den Umgang mit bestimmten Stoffen und Materialien wie etwa das Chemikaliengesetz.

Ergänzend zum Arbeitsschutzgesetz gilt das Arbeitssicherheitsgesetz, wonach je nach Unternehmensart und Unternehmensgröße auch Betriebsärzte vorzuhalten sind. Auf die gleichfalls erforderlichen Fachkräfte für Arbeitssicherheit wurde zuvor bereits eingegangen.

4.15.3 Jugendarbeitsschutz

Neben anderen besonders schutzwürdigen Gruppen von Arbeitnehmern wie etwa Müttern oder Schwerbehinderten wird auch der Jugendarbeitsschutz gesondert gesetzlich geregelt. Dieser soll nachfolgend exemplarisch für einen Sonderschutz bestimmter Arbeitnehmergruppen dargestellt werden, nachdem zuvor bereits an geeigneter Stelle auf Mutterschutz-[434] und Schwerbehindertenrechte[435] eingegangen wurde. Dass jugendliche Arbeitnehmer eines besonderen Schutzes bedürfen, leuchtet unmittelbar ein. Da sich in der Arbeitswelt das Einstiegsalter in den Ausbildungs- und Arbeitsmarkt jedoch tendenziell immer weiter nach hinten schiebt, nimmt die Bedeutung des Jugendarbeitsschutzes stetig ab.

Jugendliche sind nach § 2 des Jugendarbeitsschutzgesetzes (JArbSchG) alle noch nicht 18 Jahre alten Arbeitnehmer, wobei bis zu einem Alter von 14 Jahren noch von Kindern die Rede ist. Eine Selbstverständlichkeit in diesem Zusammenhang bildet § 5 JArbSchG, wonach Kinderarbeit verboten ist. Leichte und kindgerechte Tätigkeiten sowie die Hilfe im Familienhaushalt sind indes ausdrücklich ausgenommen.

Der Jugendarbeitsschutz stellt insbesondere darauf ab, dass Jugendliche nicht gefährlichen oder ihre Leistungsfähigkeit übersteigenden Arbeiten ausgesetzt werden. Dazu gehören auch Akkord- oder Fließbandarbeiten.

---

[434] Siehe Abschn. 4.13.3.1 „Schwangerschaft und Mutterschutz".
[435] Siehe Abschn. 4.13.3.4 „Schwerbehinderte".

Dem Gesundheitsschutz des Jugendlichen dient auch das Erfordernis einer ärztlichen Untersuchung, nach welcher die Gesundheit des Jugendlichen im Hinblick auf die zu leistende Arbeit vor Arbeitsbeginn festgestellt werden muss. Nach den §§ 32 ff. JArbSchG können auch Nachuntersuchungen erfolgen, was zumindest innerhalb des ersten Beschäftigungsjahres sogar ausdrücklich vorgeschrieben ist. Wie in Bezug auf alle anderen Regelungen des Jugendarbeitsschutzes auch, unterliegt die Einhaltung dieser Regelung der behördlichen Überwachung, sodass der Arbeitgeber diese im Praktischen ernst nehmen sollte.

Großen Raum im Jugendarbeitsschutz nimmt die Frage der Erholungszeiten des jugendlichen Arbeitnehmers ein. Dies gilt sowohl hinsichtlich der Arbeitszeit als solcher als auch betreffend den gesetzlichen Jahresurlaub. Dieser muss nach § 19 JArbSchG mindestens 25 Werktage jährlich betragen. Für 15- und 16-Jährige ist dieser Mindesturlaub noch einmal jeweils gestaffelt erhöht auf bis zu 30 Werktage. Die Arbeitszeit darf bei Jugendlichen täglich acht Stunden nicht überschreiten. Diese Arbeitszeit muss sich in dem Korridor zwischen 06:00 und 20:00 Uhr bewegen, wenn nicht ausnahmsweise die Arbeit z. B. in einer Bäckerei oder Gaststätte stattfindet. In diesen Fällen lässt das Gesetz geringfügige Ausnahmen zu. Über den vorgenannten Grundsatz hinaus ist die Arbeit an Samstagen genauso wie an Sonntagen verboten. Die vorgenannten Regelungen sind indes tarifdisponibel, sodass sich in der Praxis zahlreiche tarifvertragliche Abweichungen gemäß § 21a JArbSchG finden.

4.16 Prozessrecht

Das Prozessrecht als Teil des gesamten Arbeitsrechts regelt diejenigen Fragestellungen, die die Verfahren vor der Arbeitsgerichtsbarkeit aufwerfen. Das Arbeitsprozessrecht ist anzuwenden auf alle Rechtsstreitigkeiten vor den Arbeitsgerichten. Alljährlich werden dort zwischen 3000 und 4000 Verfahren anhängig gemacht. Hinzu kommt ein wechselnder Bestand unerledigter Verfahren aus den Vorjahren.

Die Arbeitsgerichtsbarkeit ist eine besondere Gerichtsbarkeit nach § 1 ArbGG. Durch diese besondere Gerichtsbarkeit soll verdeutlicht werden, dass das Arbeitsrecht aufgrund der Wichtigkeit des Arbeitsverhältnisses für den einzelnen Arbeitnehmer, aber auch den Aufbau der Gesellschaft insgesamt durch ein spezielles Prozessrecht ausgestaltet werden soll.

Inhaltlicher Gegenstand der Arbeitsgerichtsbarkeit sind sogenannte Arbeitssachen, welche gemäß § 1 ArbGG besonders definiert werden. Nachfolgend wird daher die Abgrenzung der Zuständigkeit der Arbeitsgerichte zu den anderen Gerichtsbarkeiten genauso aufgezeigt werden wie der weitere Aufbau der Arbeitsgerichte und der Ablauf der einzelnen Verfahrensarten. Dabei wird die Darstellung jedoch nur auf eine erste Grundlagenvermittlung beschränkt. Wird der Rechtsanwender mit einem arbeitsgerichtlichen Verfahren konfrontiert, sollte er sich stets eines Rechtsanwalts bedienen, welcher über

vertiefte Kenntnis im materiellen und formellen Arbeitsrecht verfügt. Dies sind zuvorderst Fachanwälte für Arbeitsrecht, welche der zuständigen Rechtsanwaltskammer zum
Führen dieser Bezeichnung theoretische und praktische arbeitsrechtliche Kenntnisse nachgewiesen haben müssen. Zudem müssen Fachanwälte für Arbeitsrecht einer jährlich
wiederkehrenden Fortbildungsverpflichtung nach § 15 FAO nachkommen.

4.16.1 Grundlagen

Die deutschen Arbeitsgerichte haben bereits eine deutlich über das Bestehen der Bundesrepublik hinausreichende Rechtstradition. Je nach historischer Lesart kann man die
Arbeitsgerichte auf frühe handwerksbezogene mittelalterliche Zunftgerichte oder napo-
leonische Gerichte zurückführen, die speziell für Fragestellungen aus Arbeitsverhältnissen
gebildet waren. Von ähnlichen Rechtsgedanken getragen wie die heutigen Arbeitsgerichte
waren jedenfalls die königlichen Gewerbegerichte seit Ende des 19. Jahrhunderts, welche
in größeren Städten und Gemeinden über Streitigkeiten zwischen Gewerbetreibenden und
den dort Beschäftigten zu befinden hatten. Diese Gewerbegerichte haben bereits einen
Kerngedanken der heutigen Arbeitsgerichtsbarkeit verwirklicht, der in der sogenannten
paritätischen Besetzung besteht. Dies bedeutet, dass eine gleiche Anzahl von Arbeitnehmern und Arbeitgebern bzw. deren Vertreter Bestandteil des Spruchkörpers sind. Sehr
nahe an unseren heutigen Arbeitsgerichten kamen dann die Arbeitsgerichte zu Zeiten der
Weimarer Republik. Dort wurde durch das Arbeitsgerichtsgesetz von 1926 bereits eine
dreistufige Gerichtsbarkeit für Arbeitssachen, bestehend aus Arbeitsgerichten, Landesarbeitsgerichten und dem Reichsarbeitsgericht geschaffen. Nach dem Unrechtsstaat von
1933 bis 1945 oblag es dann den Alliierten, die Arbeitsgerichtsbarkeit neu zu gestalten
bis die Bundesrepublik Deutschland gegründet wurde und sodann fußend auf dem Grundgesetz durch die erste Fassung des Arbeitsgerichtsgesetzes von 1953 im Kern die heutige
Arbeitsgerichtsbarkeit geschaffen hat.

Wie bereits zuvor kurz angedeutet ist es noch heute ein wesentliches Prinzip der
Arbeitsgerichtsbarkeit, dass deren Spruchkörper nicht nur hauptberuflichen Richtern, sondern auch mit Ehrenamtlichen besetzt werden. Dies sind Vertreter der Arbeitnehmer
und Arbeitgeber. Sie werden vielfach von deren Verbänden, also Gewerkschaften und
Arbeitgebervereinigungen vorgeschlagen bzw. entsendet. Das Prinzip der paritätischen
Besetzung mit ehrenamtlichen Richtern zur Unterstützung des oder der Berufsrichter zieht
sich durch bis zu den Senaten des Bundesarbeitsgerichtes.

Ein zentrales Anliegen des arbeitsgerichtlichen Verfahrens ist es zudem, dass so früh
wie möglich auf eine gütliche Einigung der Parteien hingewirkt werden soll. Das arbeitsgerichtliche Verfahren beginnt deshalb mit einem schnellen Gütetermin nach § 54 ArbGG,
welcher sich direkt an die Anrufung des Gerichts anschließt. Hintergrund dieser Güteer-
wägung ist es, dass möglichst schnell Rechtssicherheit zwischen den Parteien geschaffen
werden soll, da diese entweder noch für eine lange Dauer miteinander arbeiten müssen

oder aber aufgrund eines Beendigungssachverhalts eine schnelle und abschließende Regelung getroffen werden soll, die es beiden Parteien ermöglicht, den Streit abzuschließen und sich folglich neuen Aufgaben zu widmen.

Für den arbeitsrechtlichen Rechtsschutz ist ferner zu beachten, dass die Inanspruchnahme eines (Fach)Anwalts kein gesetzlich zwingendes Gebot ist. Arbeitnehmer und Arbeitgeber haben auch die Möglichkeit, sich durch Vertreter ihrer Gewerkschaft oder des Arbeitgeberverbandes vertreten zu lassen. Beide Interessenvertretungen bieten umfangreiche Systeme zur Gewährung von Rechtsschutz an. Kaum empfehlenswert ist es dagegen, sich selbst arbeitsgerichtlich zu vertreten, obwohl auch dies erstinstanzlich noch ausdrücklich ermöglicht wird.

4.16.2 Aufbau

Wie bereits angedeutet, ist der Aufbau der Arbeitsgerichtsbarkeit dreigliedrig. Die erste Instanz bilden die Arbeitsgerichte. Es folgen die Landesarbeitsgerichte als Berufungsgerichte und das Bundesarbeitsgericht als Revisionsgericht. Das Bundesarbeitsgericht ist ein Oberster Gerichtshof des Bundes und steht daher gemäß Art. 95 Abs. 1 GG neben dem Bundesgerichtshof, dem Bundesfinanzhof, dem Bundessozialgericht und dem Bundesverwaltungsgericht. Die Arbeits- und Landesarbeitsgerichte sind landesgesetzlich errichtet und ausgestaltet.

Das Arbeitsgericht besteht aus Spruchkörpern, die als Kammern bezeichnet werden. Es ist das Gericht erster Instanz für alle arbeitsrechtlichen Streitigkeiten. Eine Kammer besteht jeweils aus einem Berufsrichter als Vorsitzenden und jeweils einem ehrenamtlichen Richter aus der Sphäre der Arbeitnehmer und der Arbeitgeber.

Landesarbeitsgerichte bilden die zweite Instanz der Arbeitsgerichtsbarkeit. Auch hier heißen die Spruchkörper Kammern. Die Besetzung der Kammern erfolgt nach dem gleichen Prinzip wie bei den Arbeitsgerichten. Die Zuständigkeit der Landesarbeitsgerichte erstreckt sich auf Berufungen gegen Entscheidungen der Arbeitsgerichte. Die Bezeichnung als Landesarbeitsgericht erweckt zwar den Eindruck, dass es je Bundesland jeweils ein Landesarbeitsgericht geben würde. Das ist jedoch nicht so, da es je nach Bundesland auch mehrere Landesarbeitsgerichte geben kann. Zudem gibt es bereits vereinzelt bundeslandübergreifende Zusammenlegungen (LAG Berlin-Brandenburg).

Das Bundesarbeitsgericht besteht aus sogenannten Senaten. Ein Senat beinhaltet drei Berufsrichter und zwei ehrenamtliche Beisitzer aus der Sphäre der Arbeitnehmer und der Arbeitgeber. Von den drei Berufsrichtern ist wiederum einer der vorsitzende Richter des gesamten Senates. Die Kernzuständigkeit des Bundesarbeitsgerichts besteht darin, als Revisionsgericht über Entscheidungen der Landesarbeitsgerichte als dritte Instanz zu befinden. Geht es ganz ausnahmsweise vor dem Arbeitsgericht erstinstanzlich nur um eine Rechtsfrage, ist auch eine sogenannte Sprungrevision zum Bundesarbeitsgericht möglich. In diesem Ausnahmefall ist das Bundesarbeitsgericht dann Gericht zweiter Instanz. Zu beachten ist zudem, dass bei Meinungsverschiedenheiten zwischen den einzelnen Senaten des Bundesarbeitsgerichtes ein Großer Senat gebildet wird, der verhindern soll, dass es zu sich widersprechenden Entscheidungen der einzelnen Senate der Bundesarbeitsgerichte kommt. Der Große Senat besteht aus Vertretern aller Senate des Bundesarbeitsgerichts und weiteren drei ehrenamtlichen Richtern.

4.16.3 Zuständigkeit

Arbeitsgerichte sind zuständig für sogenannte Arbeitsrechtssachen. Die Abgrenzung von Arbeitsrechtssachen zu sonstigen Streitgegenständen des Zivilrechts nimmt das Arbeitsgerichtsgesetz durch abschließende Aufzählungen vor. Die Zuständigkeit der Arbeitsgerichte für sämtliche Arbeitsrechtssachen ist nach § 8 Abs. 1 ArbGG ausschließlich. War hiernach ein Arbeitsgericht erstinstanzlich zuständig, ist damit auch der weitere Verfahrensgang der folgenden Instanzen festgelegt.

Die Entscheidungskompetenz der Arbeitsgerichte unterscheidet zwischen der Zuständigkeit im Urteils- und im Beschlussverfahren. Beide Rechtswegzuständigkeiten sind deshalb auch getrennt voneinander zu betrachten. Dies gilt auch für die jeweilige örtliche Zuständigkeit.

Zu den ersten Handlungen des angerufenen Gerichts gehört es daher stets, zunächst die sachliche und örtliche Zuständigkeit zu betrachten, um die eigene Zuständigkeit zu überprüfen. Die Prüfung der Zuständigkeit erfolgt dabei von Amts wegen. Im Falle einer Unzuständigkeit des angerufenen Arbeitsgerichts erfolgt eine Verweisung an das zuständige Gericht nach den § 48 Abs. 1 ArbGG in Verbindung mit §§ 17 ff. GVG.

4.16.3.1 Zuständigkeit im Urteilsverfahren

Die Rechtswegzuständigkeit im Urteilsverfahren ist in § 2 ArbGG geregelt. Hauptanwendungsfall ist die gesetzlich angeordnete ausschließliche Zuständigkeit nach § 2 Abs. 1 ArbGG. Ausnahmsweise ergibt sich die Zuständigkeit der Arbeitsgerichte im Urteilsverfahren auch durch eine entsprechende Vereinbarung der Parteien nach § 38 ZPO oder durch eine sogenannte rügelose Einlassung gemäß § 39 ZPO. Eine rügelose Einlassung liegt vor, wenn das Arbeitsgericht als unzuständiges Gericht angerufen wird und die Beklagtenpartei sich ohne Erheben einer Zuständigkeitsrüge inhaltlich zur Sache äußert. Auch kann eine Zuständigkeit im Urteilsverfahren dadurch begründet werden, dass bestimmte nicht arbeitsrechtliche Streitigkeiten in einem unmittelbaren wirtschaftlichen oder rechtlichen Zusammenhang mit einer Arbeitsrechtssache stehen. Dann ist aus dem Zusammenhang heraus eine Mitgeltendmachung beim Arbeitsgericht gleichfalls möglich.

Zu beachten ist auch, dass nach § 3 ArbGG der Rechtsnachfolger der Partei einer Arbeitsrechtssache in der Zuständigkeit der Arbeitsgerichtsbarkeit verbleibt. Die Prozessführungsbefugnis erlischt genauso wenig wie die Qualifikation des Streitgegenstandes als Arbeitsrechtssache. Dies gilt sowohl vor als auch nach Klageerhebung (siehe auch § 17

GVG). Die Zuständigkeit auch für den Rechtsnachfolger gilt genauso im Urteilsverfahren wie im Beschlussverfahren.

Am häufigsten wird die Zuständigkeit im Urteilsverfahren gemäß § 2 Abs. 1 ArbGG durch den dort genannten abschließenden Katalog begründet. Liegt ein Fall des § 2 Abs. 1 ArbGG vor, ist das Arbeitsgericht ausschließlich zuständig. Das gilt unabhängig von der Höhe des in Streit stehenden Wertes. Für Geldforderungen kann auch ein Mahnverfahren betrieben werden, das im Kern dem Mahnverfahren nach der Zivilprozessordnung folgt.

Die Arbeitsgerichte sind im Urteilsverfahren ausschließlich zuständig für bürgerliche Rechtsstreitigkeiten zwischen den Tarifvertragsparteien oder Dritten aus Tarifverträgen. Dazu gehören auch Streitigkeiten im Zusammenhang mit Maßnahmen des Arbeitskampfes oder dem Betätigungsrecht der Gewerkschaften und Arbeitgeberverbänden einschließlich in Rede stehender deliktischer Handlungen.

Fallbeispiel

Die Gewerkschaft bestreikt nach ordnungsgemäßer Beschlussfassung ein Online-Versandhandelsunternehmen. Dazu wird auf dem Großparkplatz des Arbeitgebers vor dem Betriebsgebäude des Zentrallagers ein Streikposten aufgebaut. Der Arbeitgeber verlangt die Unterlassung der Nutzung seines Parkplatzes durch die Gewerkschaft. Für die gerichtliche Auseinandersetzung sind die Arbeitsgerichte zuständig, da es inhaltlich um eine Arbeitskampfmaßnahme geht.[436] ◄

Die Zuständigkeit der Arbeitsgerichte im Urteilsverfahren ist auch ausschließlich für bürgerliche Streitigkeiten gegeben, die zwischen Arbeitgebern und Arbeitnehmern aus dem Arbeitsverhältnis resultieren. Das betrifft auch den Bestand des Arbeitsverhältnisses als solchen. Der Begriff des Arbeitnehmers ist nach § 5 Abs. 1 ArbGG weit auszulegen und umfasst auch Auszubildende und arbeitnehmerähnliche Personen. Die diesbezügliche Rechtswegzuständigkeit macht den Kern der Arbeitsgerichtsbarkeit aus. Hiervon sind z. B. sämtliche Fragen über die Vergütung, die Arbeitszeit oder Rechtmäßigkeit von Kündigungen umfasst.

Vor die Arbeitsgerichte gehören zudem Streitigkeiten, die im Vorfeld zur Begründung eines Arbeitsverhältnisses oder nach dessen Beendigung liegen, aber ursächlich mit dem Gegenstand des Arbeitsverhältnisses zusammenhängen. Auch Fragen zur betrieblichen Altersversorgung oder deliktische Ansprüche im Zusammenhang mit dem Arbeitsverhältnis sind Arbeitsrechtssachen.

---

[436] Zur Frage der Rechtswegzuständigkeit und zur inhaltlichen Bewertung des Falles siehe BAG, Urteil vom 20. November 2018–1 AZR 189/17.

Fallbeispiel

Die Arbeitnehmerin verlangt von dem Arbeitgeber die Erteilung eines qualifizierten Arbeitszeugnisses, nachdem sie bereits im vergangenen Quartal aus dem Unternehmen ausgeschieden war. Hierfür erhebt sie Klage beim Arbeitsgericht. Der Arbeitgeber rügt die sachliche Zuständigkeit und verlangt die Verweisung an die ordentliche Gerichtsbarkeit, da schließlich kein Arbeitsverhältnis mehr besteht. Diese Rüge geht ins Leere, da der Streitgegenstand seine Ursache im Arbeitsverhältnis hat. Die Beendigung ändert daran nichts.◄

Zu beachten ist auch die örtliche Zuständigkeit der Arbeitsgerichte im Urteilsverfahren. Hierfür verweist § 46 Abs. 2 S. 1 ArbGG auf die allgemeinen Vorschriften der Zivilprozessordnung. In der Zivilprozessordnung ist das örtlich zuständige Gericht durch die §§ 12 ff. ZPO bestimmt. Hierfür gilt der Wohnort bzw. Sitz des Beklagten als allgemeiner Gerichtsstand. Der Sitz des Arbeitgebers wird ergänzt um den besonderen Gerichtsstand der Niederlassung für den Fall, dass der gegenständliche Arbeitsvertrag die Tätigkeit für die Niederlassung zum Gegenstand hat. Von hoher praktischer Relevanz ist schließlich der besondere Gerichtsstand des Erfüllungsorts gemäß § 29 ZPO. Der Erfüllungsort ist der regelmäßige Arbeitsort des Arbeitnehmers welcher im Falle einer Tätigkeit im Homeoffice, im Außendienst o. Ä. ein ganz anderer als der Sitz bzw. die Niederlassung des Arbeitgebers sein kann. Dies wird durch § 48 Abs. 1a ArbGG besonders unterstrichen.

4.16.3.2 Zuständigkeit im Beschlussverfahren

Die Arbeitsgerichte sind im Beschlussverfahren zuständig für die Angelegenheiten nach § 2a ArbGG. Danach sind die Arbeitsgerichte ausschließlich zuständig für Angelegenheiten aus dem Betriebsverfassungsgesetz. Dies sind im Wesentlichen Rechtsstreitigkeiten zwischen Betriebsrat und Arbeitgeber, aber auch z. B. solche anlässlich einer Betriebsratswahl. Das Gleiche gilt für den Sprecherausschuss der leitenden Angestellten. Das Beschlussverfahren ist zudem statthaft für Rechtsstreitigkeiten aus den Mitbestimmungsgesetzen.

Maßgeblich ist das Beschlussverfahren ferner für die Entscheidung über die Tariffähigkeit[437] und die Tarifzuständigkeit einer Vereinigung wie etwa Gewerkschaft oder Arbeitgeberverband. Im Beschlussverfahren wird zudem über die Allgemeinverbindlichkeitserklärung eines Tarifvertrages oder den nach § 4a TVG anzuwendenden Tarifvertrag entschieden.

Die örtliche Zuständigkeit im Beschlussverfahren richtet sich nach dem Betriebsbegriff des Betriebsverfassungsgesetzes gemäß § 4 BetrVG.[438] Nach § 82 Abs. 1 ArbGG ist dasjenige Arbeitsgericht örtlich zuständig, in dessen Bezirk der Betrieb liegt. Ist Gegenstand

---

[437] Etwa BAG, NZA 2011, 300.

[438] Siehe dazu bereits ausführlich Abschn. 3.4.2 „Betrieb".

der Auseinandersetzung eine Rechtsbeziehung mit dem Gesamt- oder Konzernbetriebsrats, so ist der Unternehmenssitz maßgeblich für die örtliche Zuständigkeit. Das Gleiche
gilt für Streitigkeiten betreffend den Wirtschaftsausschuss oder die Arbeitnehmervertreter
im Aufsichtsrat.

4.16.4 Besondere Einrichtungen

Nicht alle im Arbeitsleben aufkommenden Fragestellungen sind den Gerichten zur Entscheidung vorbehalten. Die Arbeitsgerichte sind immer dann sachlich zuständig, wenn
es wie vorgenannt um Rechtsstreitigkeiten im Urteils- oder Beschlussverfahren geht.
Wie bereits im Rahmen der Darstellung des Betriebsverfassungsrechts aufgezeigt wurde,
kommt es auch zu Streitigkeiten hinsichtlich der Regelungen von betriebsbezogenen
Gegenständen, die durch Einigungsstellen nach den §§ 76 ff. BetrVG nötigenfalls streitig
zu entscheiden sind.[439] Einigungsstellen haben daher eine gerichtsähnliche Funktion.

In der Arbeitswelt bestehen noch weitere vergleichbare Einrichtungen, die nachfolgend in der gebotenen Kürze darzustellen sind, obwohl sie tatsächlich nicht zu den
Arbeitsgerichten gehören. Zusammenfassend kann hierbei von besonderen Einrichtungen
gesprochen werden. Gebräuchlich ist auch die Bezeichnung als arbeitsrechtliche Spruchkörper besonderer Art. Gemeinsam haben alle diese gerichtsähnlichen Einrichtungen, dass
sie im Kern zuständig für Regelungsstreitigkeiten sind und nicht abschließend über die
Auslegung von Rechtsfragen zu befinden haben.

4.16.4.1 Einigungsstelle
Einigungsstellen nach dem Betriebsverfassungsgesetz sind gesetzlich vorgeschriebene
Einrichtungen, die zur Regelung betriebsverfassungsrechtlicher Streitfragen zu bilden
sind, wenn die Betriebsparteien alleine keine Einigung zustande bringen können. Um
eine solche Einigungsstelle einrichten und anrufen zu können, bedarf es daher einer
ausdrücklichen gesetzlichen Ermächtigung, die sich an unterschiedlichen Stellen des
Betriebsverfassungsgesetzes findet. Die Einrichtung und Besetzung der Einigungsstelle
ist gesetzlich gleichfalls ausdrücklich festgelegt. Eine Einigungsstelle besteht aus einem
unparteiischen Vorsitzenden und einer gleichen Anzahl von Beisitzern aus den Reihen
der beiden Betriebsparteien. Können sich – wie es in der Praxis durchaus häufig der Fall
ist – die Betriebsparteien nicht auf einen unparteiischen Vorsitzenden der Einigungsstelle
verständigen, wird dieser arbeitsgerichtlich bestimmt. Das Gleiche gilt für die Anzahl der
Beisitzer. Die Kosten der Einigungsstelle trägt nach § 76a BetrVG der Arbeitgeber.

---

[439] Siehe dazu bereits Abschn. 3.4.3.13.1 „Einigungsstelle".

Fallbeispiel

Der Arbeitgeber möchte eine neue Pausenregelung im Betrieb einführen. Er kann sich mit dem Betriebsrat jedoch nicht auf eine neue Regelung verständigen. Da nach § 87 Abs. 1 BetrVG die Zustimmung des Betriebsrats für die Neuregelung jedoch erforderlich ist, beabsichtigt der Arbeitgeber eine Klage gegen den Betriebsrat auf Erteilung der Zustimmung zur gewünschten Pausenregelung. Damit wird er indes keinen Erfolg haben können, weil § 87 Abs. 2 BetrVG für derartige Regelungsstreitigkeiten in sozialen Angelegenheiten die Anrufung der Einigungsstelle vorschreibt. Der Weg zu den Arbeitsgerichten steht dem Arbeitgeber folglich in diesem Fall nicht offen.◄

4.16.4.2 Schlichtungsstelle

Von einem vergleichbaren Einigungsgedanken getragen ist auch die tarifliche Schlichtungsstelle. Dies wird bereits durch die gesetzgeberische Wertung des § 76 Abs. 8 BetrVG deutlich. Danach kann durch Tarifvertrag bestimmt werden, dass die betriebsverfassungsrechtliche Einigungsstelle durch eine tarifrechtliche Schlichtungsstelle ersetzt wird.

Eine tarifvertragliche Schlichtungsstelle ist eine durch Tarifvertrag begründete Einrichtung, welche in den entsprechend vereinbarten Fällen eine Schlichtung durchzuführen hat. Hierbei handelt es sich in der Praxis zumeist um eine dahingehende Regelung, dass vor einem gewerkschaftlichen Streik für den Abschluss eines neuen (verbesserten) Tarifvertrages ein letzter Einigungsversuch unternommen werden muss. Hierfür sehen zahlreiche tarifvertragliche Schlichtungsabreden die Hinzunahme externer und unparteiischer Vorsitzender vor, die in großen Tarifauseinandersetzungen anders als bei betriebsverfassungsrechtlichen Einigungsstellen nicht nur aus der arbeitsrechtlichen Fachwelt kommen. So werden auch politische Führungskräfte mit einer hohen persönlichen Reputation nach dem Abschluss ihrer aktiven Laufbahn als Schlichter gerufen.

Die Möglichkeit der Einrichtung noch weiterführender Schiedsverfahren besteht im Arbeitsrecht kaum. Nach § 101 Abs. 3 ArbGG finden die zivilrechtlichen Vorschriften zu Schiedsgerichten im Arbeitsrecht keine Anwendung. Auch die Tarifvertragsparteien können daher nicht vereinbaren, dass alle Rechtsfragen für ihre Mitglieder außerhalb der Arbeitsgerichtsbarkeit durch Schiedsgerichte entschieden werden. Nur für ganz bestimmte Gruppen von Arbeitnehmern nach § 101 Abs. 2 ArbGG ist ein Schiedsgerichtsverfahren überhaupt denkbar. Ansonsten können die Tarifvertragsparteien nur im sehr überschaubaren Rahmen des § 101 Abs. 1 ArbGG die Arbeitsgerichtsbarkeit ausschließen.

4.16.5 Urteilsverfahren

Wie bereits ausgeführt, werden im Urteilsverfahren die meisten arbeitsrechtlichen Streitigkeiten ausgetragen. Soweit sich aus dem Arbeitsgerichtsgesetz keine Besonderheiten ergeben, gelten nach § 46 ArbGG die allgemeinen Vorschriften der Zivilprozessordnung. Das hat zur Folge, dass in allen drei Instanzen vor den Arbeitsgerichten ein ähnlicher Verfahrensablauf stattfindet wie vor den ordentlichen Zivilgerichten.

Bei der nachfolgenden Darstellung des Urteilsverfahrens sind deshalb nur die arbeitsgerichtlichen Besonderheiten in den Blick zu nehmen. Für die Grundsätze des Zivilprozesses muss auf die dafür zahlreich vorhandenen weiteren Lehrbücher verwiesen werden.[440]

Insbesondere wird auf den Verfahrensablauf, die formellen Anforderungen, die Regelungen zum arbeitsgerichtlichen Urteil sowie zu den Kosten und Rechtsmitteln eingegangen werden.

4.16.5.1 Verfahrensablauf

Kerngedanke des arbeitsgerichtlichen Verfahrens ist der sogenannte Beschleunigungsgrundsatz. Im besten Fall soll ein möglichst schneller Termin nach der Klagerhebung angesetzt werden, in welchem das Verfahren durch eine umfassende vergleichsweise Lösung beendet werden kann. Nach den §§ 9, 56 ArbGG soll der vorsitzende Richter das Verfahren insgesamt beschleunigen und zu einem frühen Gütetermin einladen. Dieser Grundsatz wird nochmals nach § 61a ArbGG unterstrichen, welcher für Kündigungsschutzverfahren eine derart beschleunigte Terminierung der Güteverhandlung verlangt, dass diese innerhalb von zwei Wochen nach Klagerhebung stattfinden soll.

Die Güteverhandlung ist wiederum Ausdruck des Prinzips der Mündlichkeit der Verhandlung. Die streitige Verhandlung sowie vorgeschaltete Güteverhandlung nach § 54 Abs. 1 ArbGG sind stets mündlich in Anwesenheit der Parteien oder zumindest ihrer instruierten Vertreter durchzuführen. Scheitert die Güteverhandlung, sorgt das Arbeitsgericht durch das Setzen von Erwiderungsfristen für die beiden Parteien sowie die Festlegung eines Termins zur streitigen Verhandlung (Kammertermin) dafür, dass das Verfahren auch beschleunigt fortgesetzt wird. Während des gesamten Verfahrens kann der Kläger ohne Einwilligung des Beklagten bis zum Stellen der Klaganträge die Klage nach § 54 Abs. 2 ArbGG zurücknehmen.

4.16.5.2 Formelle Anforderungen

Nachdem die Frage der Zuständigkeit des angerufenen Gerichts sachlich und örtlich geklärt ist, müssen auch die weiteren Voraussetzungen dafür vorliegen, dass im Urteilsverfahren entschieden werden kann. Insoweit gelten wiederum die allgemeinen Regelungen

---

[440] Eine gute einführende Übersicht bietet etwa der Grundkurs ZPO von *Musielak/Voit* in seiner jeweils aktuellen Auflage.

der Zivilprozessordnung. Die Besonderheiten im arbeitsgerichtlichen Verfahren sind über-
schaubar. Gemäß § 50 Abs. 1 ZPO müssen der Kläger und der Beklagte rechtsfähig und
damit parteifähig sein. Das gilt nach den allgemeinen zivilrechtlichen Regelungen für alle
natürlichen und juristischen Personen sowie die weiteren Gesellschaftsformen und eingetragene Vereine.[441] Für das Arbeitsrecht ist zu beachten, dass auch die Koalitionen, also
die Gewerkschaften und Arbeitgeberverbände rechts- und parteifähig sind, obwohl sie in
weiten Teilen nicht als eingetragene oder wirtschaftliche Vereine organisiert sind. Dies
folgt aus § 10 ArbGG.

Auch für die Frage der Postulationsfähigkeit weichen die arbeitsrechtlichen Regelungen von der Zivilprozessordnung ein wenig ab. Grundsätzlich können die Parteien
des Rechtsstreits selber bei Gericht auftreten und prozessuale Handlungen vornehmen.
Nur vor den Landesarbeitsgerichten und dem Bundesarbeitsgericht besteht Anwalts-
zwang. Vor den Landesarbeitsgerichten kann wie vor den Arbeitsgerichten auch zudem
eine Vertretung durch den gewerkschaftlichen Rechtsschutz oder einen Vertreter der
Arbeitgeberverbände erfolgen. Beide Seiten verfügen in weiten Teilen über umfassende
rechtsberatende und zur Vertretung befugte Organisationseinheiten. Insbesondere der
gewerkschaftliche Rechtsschutz des Deutschen Gewerkschaftsbundes (DGB) führt eine
Vielzahl von Verfahren für die Gewerkschaftsmitglieder. Auch vonseiten zahlreicher
Arbeitgeberverbände wird neben einer beratenden Dienstleistung auch die Vertretung vor
den Arbeitsgerichten für die eigene Mitgliedschaft angeboten.

Fallbeispiel

Arbeitnehmer Klaus streitet mit seinem Arbeitgeber über die Zahlung eines Weih-
nachtsgeldes. Er hat das Verfahren von seinem Rechtsanwalt Richert vor dem Arbeits-
und Landesarbeitsgericht jedoch verloren. Anwalt Richert berät den Klaus sodann
dahingehend, dass ein Weiterführen des Verfahrens zum Bundesarbeitsgericht ohne
Erfolg sein dürfte. Er rät daher davon ab. Klaus beschließt deshalb, das Verfahren alleine weiterzuführen. Die von Klaus persönlich eingelegte Revision scheitert
jedoch bereits daran, dass vor dem Bundesarbeitsgericht nur durch einen Rechtsanwalt
prozessuale Handlungen vorgenommen werden dürfen.◄

Im arbeitsgerichtlichen Verfahren muss der Kläger wie im Zivilprozess auch einen hinreichend bestimmten Klagantrag stellen. Das gilt für jede Art von Klagbegehr. Unabhängig
davon, ob der Kläger die Zahlung von Vergütung, die Feststellung der Unwirksamkeit
einer Kündigung oder etwas anderes begehrt, ist der entsprechende Klagantrag so präzise
zu formulieren, dass er nötigenfalls auch nach einem entsprechenden Urteil vollstreckt
werden kann. Hinsichtlich der Begründung einer Klage ist der entsprechende Sachverhalt
umfassend darzulegen und unter Beweis zu stellen. Auch hierfür gelten die allgemeinen
Regelungen der Zivilprozessordnung.

---

[441] Grundlegend BGHZ 146, 341.

4.16.5.3 Arbeitsgerichtliches Urteil

Das arbeitsgerichtliche Urteil entspricht in seinem Aufbau weitestgehend dem Urteil eines Zivilgerichts. Im Urteilstenor wird die Entscheidung über die Klaganträge ausgesprochen. Dies beinhaltet auch eine Entscheidung über die Kosten des Rechtsstreits sowie die Festsetzung des Streitwertes, wonach sich die Gerichts- und möglicherweise Anwaltskosten errechnen. Die Urteile der Arbeits- und Landesarbeitsgerichte sind nach den §§ 62 Abs. 1, 64 Abs. 7 ArbGG vorläufig vollstreckbar, soweit dies nicht auf einen zuvor gestellten Antrag ausnahmsweise im Urteil selbst ausgeschlossen wird.

Sodann folgt die Darstellung des Parteivorbringens in Form einer kurzen Zusammenfassung sowie die Wiedergabe der jeweils gestellten Anträge. Erst anschließend stellt das Gericht seine eigenen Entscheidungsgründe dar. Abschließend folgt eine Rechtsmittelbelehrung, damit die Parteien wissen, ob bzw. wie sie sich gegen das Urteil wehren können, falls sie unterlegen sein sollten.

4.16.5.4 Kosten

Eine erhebliche Abweichung zu den Regelungen der Zivilprozessordnung besteht hinsichtlich der Kosten eines Rechtsstreits. Das gilt sowohl für außergerichtliche als auch für gerichtliche Kosten. Außergerichtliche Kosten sind nach § 12a ArbGG nicht erstattungsfähig. Anders als im sonstigen Zivilverfahren können die Parteien also nicht die Kosten für die Inanspruchnahme eines Rechtsanwalts ersetzt verlangen, z. B. wenn die andere Seite sich mit einer Leistung in Verzug befindet. Der Kostenerstattungsausschluss geht soweit, dass selbst die Schadenspauschale nach § 288 Abs. 5 BGB von 40,00 € für den Verzug mit einer Teilvergütung nicht verlangt werden kann.[442]

Dieser Ausschluss der Kostenerstattung setzt sich auch bei Verfahren vor dem Arbeitsgericht fort. Gemäß § 12 ArbGG trägt jede Partei stets die eigenen Kosten der Rechtsverfolgung. Das sind insbesondere die Rechtsanwaltskosten. Nur die Gerichtskosten werden im Falle eines Urteils der unterliegenden Partei auferlegt.

Fallbeispiel

Mandy ist seit einiger Zeit bei der Türen-GmbH beschäftigt. Ihr wird das vereinbarte Weihnachtsgeld nicht gezahlt. Sie mahnt daher den Arbeitgeber mehrfach unter Fristsetzung an. Da dieser nicht reagiert, beauftragt Mandy den Rechtsanwalt Richert mit der Anspruchsdurchsetzung. Dieser setzt dem Arbeitgeber eine weitere außergerichtliche Zahlungsfrist und klagt nach dessen erfolglosen Ablauf das Weihnachtsgeld vor dem Arbeitsgericht ein. Das Arbeitsgericht gibt Mandy Recht. Auf das entsprechende Urteil hin zahlt der Arbeitgeber sodann das Weihnachtsgeld. Auch muss er die Gerichtskosten tragen. Mandy hat jedoch ihren Rechtsanwalt für dessen außergerichtliche und gerichtliche Tätigkeit selbst zu zahlen.◄

---

[442] BAG Urteil vom 25. September 2018 Az. 8 AZR 26/18; anders LAG Sachsen, Urteil vom 18.07.2019–2 Sa 364/18, NZA-RR 2019, 624.

Erst für Verfahren vor dem Landes- und Bundesarbeitsgericht kommen wieder die
zivilprozessualen Grundsätze zur Anwendung. Für diese Instanzen zahlt die unterliegende
Partei auch die Rechtsanwaltskosten der anderen Seite. Ist eine Partei nicht in der Lage,
die Prozesskosten selber zu tragen, besteht wie im Verfahren vor der ordentlichen Zivilgerichtsbarkeit auch die Möglichkeit zur Beantragung von Prozesskostenhilfe, sodass die
jeweilige Landeskasse die Kosten des eigenen Rechtsanwaltes trägt. Die Voraussetzungen dafür entsprechen im Kern denen der Zivilprozessordnung. Aus dem Vorgenannten
folgt deshalb, dass der Abschluss einer Rechtsschutzversicherung für Arbeitsrechtssachen
empfehlenswert sein dürfte. Das gilt jedenfalls dann, wenn nicht die Möglichkeit des
Rechtsschutzes über die eigene Gewerkschaft oder den Arbeitgeberverband besteht.

4.16.5.5 Rechtsmittel

Wie bereits ausgeführt schließt das Verfahren vor dem Arbeitsgericht mit dem Urteil ab.
Gegen dieses Urteil ist regelmäßig die Möglichkeit der Berufung zum Landesarbeitsgericht gegeben. Nach § 64 Abs. 2 ArbGG muss dafür aber der Streitwert 600,00 €
übersteigen. Dies entspricht der Regelung vor den ordentlichen Zivilgerichten. Die
Arbeitsgerichte haben aber auch die Möglichkeit nach § 64 Abs. 3 ArbGG die Berufung
ausdrücklich zuzulassen. Dies ist im Urteil dann entsprechend auszuführen.

Die Frist zu Einlegung der Berufung beträgt nach § 66 Abs. 1 ArbGG einen Monat seit
Zustellung des Urteils. Innerhalb eines weiteren Monats ist die Berufung zu begründen.
Die Fristen beginnen nach § 66 Abs. 1 ArbGG erst mit der Zustellung des vollständigen
Urteils, welches in der Praxis regelmäßig erst einige Monate nach dem abschließenden
Verhandlungstermin vorliegt. Die Berufung muss durch eine dafür postulationsfähige Person beim Landesarbeitsgericht eingelegt werden. Der Berufungsbeklagte hat daraufhin
gleichfalls einen Monat Zeit, die Berufung zu erwidern. Zu beachten ist, dass es sich bei
der Berufung im arbeitsgerichtlichen Verfahren um eine zweite Tatsacheninstanz handelt.
Im Berufungsverfahren können daher grundsätzlich neue Tatsachen und Beweismittel vorgebracht werden. Nur ausnahmsweise besteht eine Präklusion nach § 67 ArbGG, sodass
eine Partei mit einem entsprechenden Vorbringen bereits abgeschnitten ist. Anders als
im ordentlichen zivilgerichtlichen Verfahren ist die Berufungsinstanz damit eine nahezu
vollwertige Überprüfungsmöglichkeit für das erstinstanzliche Urteil.

Anders verhält es sich dagegen mit der Revision. Diese ist das statthafte Rechtsmittel gegen ein Berufungsurteil der Landesarbeitsgerichte. Die Revision ist allerding rein
auf die Überprüfung der Einhaltung des Rechts gerichtet. Vor dem Bundesarbeitsgericht
können keine neuen Tatsachen vorgebracht werden. Der Entscheidung des Bundesarbeitsgerichts liegt der Sachverhalt in der Form zugrunde, wie ihn die Vorinstanzen ermittelt
haben.

Weil die meisten Berufungsurteile der Landesarbeitsgerichte keine noch ungeklärte
oder zwischen verschiedenen Landesarbeitsgerichten streitig betrachtete Rechtsfrage zum
Gegenstand haben, stellt die Revision zum Bundesarbeitsgericht eine Ausnahme dar.

Die Revision kann deshalb auch nur dann eingelegt werden, wenn das Berufungsurteil diese ausdrücklich zulässt. Andernfalls müsste die unterliegende Partei zunächst Nichtzulassungsbeschwerde nach §§ 72, 72a ArbGG einlegen, worüber bereits das Bundesarbeitsgericht zu befinden hat. Eine Nichtzulassungsbeschwerde kann jedoch nur dann Erfolg haben, wenn die Rechtssache grundsätzliche Bedeutung hat oder von unterschiedlichen Landesarbeitsgerichten unterschiedlich entschieden wird. Hieraus wird deutlich, dass die Revision zum Bundesarbeitsgericht die Ausnahme im arbeitsgerichtlichen Verfahren darstellt. Nur der Vollständigkeit halber sei hier auch die Sprungrevision gegen ein Urteil des Arbeitsgerichts direkt zum Bundesarbeitsgericht genannt. Eine solche kann nur ganz ausnahmsweise dann erfolgen, wenn beide Parteien damit einverstanden sind und das Arbeitsgericht diese im Urteil auch ausdrücklich zugelassen hat.

4.16.6 Beschlussverfahren

Das zweite arbeitsgerichtliche Verfahren neben dem Urteilsverfahren ist das Beschlussverfahren. Anders als beim Urteilsverfahren findet hierfür keine umfängliche Verweisung zu den Regelungen der Zivilprozessordnung statt. Wie sich aus den zuvor bereits genannten sachlichen Zuständigkeiten für das Beschlussverfahren ergibt, hat dieses im Kern betriebsverfassungsrechtliche und tarifrechtliche Fragen zum Gegenstand. Die an dem Verfahren Beteiligten sind daher zumeist die Betriebsparteien (Betriebsrat bzw. Betriebsratsmitglied und Arbeitgeber) sowie Gewerkschaften oder Arbeitgeberverbände. Die Besonderheit des Beschlussverfahrens liegt darin, dass nach § 83 Abs. 1 ArbGG das Arbeitsgericht von Amts wegen den Sachverhalt aufklärt. Wird ein Beschlussverfahren durch einen Beteiligten angestrengt, obliegt dem Arbeitsgericht deshalb die Aufgabe, z. B. durch Nachfragen und das Erheben von Beweisen umfassend aus eigenem Antrieb heraus die Tatsachengrundlagen für eine spätere Entscheidung zu ermitteln. Es muss sich jedoch aus dem Vortrag der Beteiligten zumindest ein Anhaltspunkt für das Gericht zu einer weiteren Untersuchung ergeben.

Das Beschlussverfahren wird deshalb auch nicht zwischen Parteien wie etwa Kläger und Beklagter oder Antragsteller und Antragsgegner geführt, sondern mit den sogenannten Beteiligten ausgetragen. Je nach konkretem Gegenstand des Verfahrens können daher neben dem jeweiligen Antragsteller (der das Verfahren einleitet) diverse Beteiligte zum Verfahren hinzugezogen werden. Wer das konkret ist, richtet sich nach dem Gegenstand der Antragstellung.

Fallbeispiel

Der Arbeitgeber beantragt beim Arbeitsgericht den Ausschluss eines Betriebsratsmitglieds aus dem Betriebsrat, weil dieses mehrfach ganz schwerwiegend gegen seine

Verschwiegenheitspflichten verstoßen haben soll. In diesem Verfahren würden mindestens der Betriebsrat als Gremium sowie das betroffene Betriebsratsmitglied jeweils als Beteiligte geführt werden müssen.◄

4.16.6.1 Formelle Voraussetzungen

Im Beschlussverfahren muss wie im Urteilsverfahren auch eine Parteifähigkeit gegeben sein. Dies entspricht der Rechtsfähigkeit. Da im Beschlussverfahren jedoch nur Beteiligte und nicht Parteien vorhanden sind, ist von einer Beteiligtenfähigkeit zu sprechen, welche wiederum dem Rechtscharakter der jeweils betroffenen Gremien oder Vereinigungen o. Ä. Rechnung tragen muss. So ist ein Betriebsrat als solcher nicht vollumfänglich außenrechtsfähig. Gleichwohl ist er genau wie andere Gremien wie z. B. ein Sprecherausschuss beteiligtenfähig. Nach § 10 ArbGG sind alle Vereinigungen, die im Zusammenhang mit dem Katalog der Beschlussverfahren nach § 2a ArbGG beteiligt sein können, auch ausdrücklich beteiligtenfähig.

Die Postulationsfähigkeit und damit verbunden die Frage, wann ein Anwalt bzw. ein entsprechender Vertreter der Gewerkschaft oder des Arbeitgeberverbandes prozessuale Erklärungen abgeben muss, weicht ebenfalls vom Urteilsverfahren ab. Die Hinzuziehung eines entsprechenden Vertreters ist im Beschlussverfahren nur vor dem Landesarbeitsgericht und dem Bundesarbeitsgericht erforderlich für die Einlegung, Begründung und Rücknahme einer jeweiligen Beschwerde.

Zu beachten ist zudem, dass der Antragsteller im Beschlussverfahren nur dann überhaupt antragsbefugt ist, wenn er die Verletzung eines eigenen Rechts geltend macht. In diesem Zusammenhang ist etwa im Betriebsverfassungsrecht sorgfältig darauf zu achten, ob eine bestimmte Rechtsposition dem Betriebsrat als Gremium oder einem einzelnen Betriebsratsmitglied persönlich zukommt.

4.16.6.2 Beschluss

Wie der Name schon sagt, endet das Beschlussverfahren mit einem gerichtlichen Beschluss. Insoweit bestehen grundsätzlich keine Unterschiede zu einem Urteil. Der Beschluss ist die abschließende Entscheidung über den Verfahrensgegenstand, welcher wiederum durch den gestellten Antrag bestimmt wird. Die rechtliche Wirkung des Beschlusses bezieht sich daher auch nur auf die Beteiligten. In diesem Zusammenhang besteht jedoch eine zu beachtende Besonderheit. Wird in einem Beschlussverfahren rechtskräftig festgestellt, dass eine Vereinigung nicht tariffähig oder tarifzuständig ist, gilt dies gemäß § 97 Abs. 3 S. 1 ArbGG über das gegenständliche Verfahren hinaus.

4.16.6.3 Kosten

Die Kosten des Verfahrens weichen ganz erheblich vom Urteilsverfahren ab. Zunächst werden anders als im Urteilsverfahren und in der sonstigen Zivilgerichtsbarkeit keine Gerichtskosten erhoben. Zudem findet eine Erstattung außergerichtlicher Kosten nicht statt. Darüber hinaus beinhaltet ein arbeitsgerichtlicher Beschluss aber auch keine Kostenentscheidung über die Prozesskosten (Kostengrundentscheidung). Danach hätte etwa ein Betriebsrat keine Möglichkeit, die Kosten seiner anwaltlichen Vertretung ersetzt zu bekommen. Diese Lösung ist indes mit den Wertentscheidungen des materiellen Rechts unvereinbar, da z. B. nach § 40 BetrVG der Arbeitgeber die Kosten des Betriebsrats zu tragen hat, soweit diese für die Erfüllung seiner gesetzlichen Aufgaben erforderlich sind.[443] Daraus ist wiederum ein Grundsatz des Beschlussverfahrens abzuleiten, welcher nicht nur den Kostenaufwand der Rechtsvertretung von Betriebsräten betrifft. Dieser Grundsatz lautet, dass die Pflicht zur Erstattung der Prozesskosten sich nach den jeweiligen materiell-rechtlichen Vorschriften richtet.

Fallbeispiel

Der Arbeitgeber will eine Einstellung vornehmen. Der Betriebsrat verweigert nach § 99 BetrVG seine Zustimmung, weil im Betrieb zahlreiche Kollegen in Teilzeit vorhanden wären, die die gegenständlichen Aufgaben mitübernehmen und ihre Arbeitszeit erhöhen wollen. Der Betriebsrat erkennt daher erhebliche Nachteile für diese Kollegen für die geplante Einstellung. Der Arbeitgeber beantragt daher ein Beschlussverfahren zur Ersetzung der Zustimmung des Betriebsrats. Hierfür zieht der Betriebsrat einen Rechtsanwalt als Verfahrensbevollmächtigten hinzu. Unabhängig vom Ausgang des Verfahrens ist die Beauftragung des Rechtsanwalts wegen der Schwierigkeiten eines Gerichtsverfahrens erforderlich, sodass der Arbeitgeber diese Kosten auch ersetzen muss.◄

4.16.6.4 Rechtsmittel

Durch den Beschluss des Arbeitsgerichts endet das Verfahren erster Instanz. Gegen den Beschluss kann nach § 87 ArbGG die Beschwerde zum Landesarbeitsgericht eingelegt werden. Die Beschwerde entspricht nach § 87 Abs. 2 ArbGG der Berufung im Urteilsverfahren, sodass insoweit auf die genannten Ausführungen verwiesen werden kann. Ähnliches gilt für die gegen die Entscheidung des Landesarbeitsgerichts statthafte Rechtsbeschwerde zum Bundesarbeitsgericht, welche im Wesentlichen mit der Revision im Urteilsverfahren übereinstimmt. Vergleichbar der Sprungrevision im Urteilsverfahren ist die Sprungrechtsbeschwerde nach § 96a ArbGG zum Bundesarbeitsgericht gegen Beschlüsse des Arbeitsgerichts möglich, wenn deren nähere Voraussetzungen erfüllt sind.

---

[443] Siehe dazu bereits ausführlich Abschn. 3.4.3.3 „Schulungsanspruch und Kosten der Betriebsratsarbeit".

Weiterführende Literatur (Auswahl)

Annuß, G., & Thüsing, G., *Kommentar zum Teilzeit- und Befristungsgesetz* 3. Auflage, Frankfurt am Main 2012.

Ascheid, R., Preis, U., & Schmidt, I., *Kündigungsrecht – Großkommentar zum gesamten Recht der Beendigung von Arbeitsverhältnissen* 7. Auflage, München 2024.

Backmeister, T., Trittin, W., & Mayer, U. R., *Kommentar zum Kündigungsschutzgesetz* 4. Auflage, München 2009.

Baeck, U., Deutsch, M., & Thomas, W., *Arbeitszeitgesetz Kommentar* 4. Auflage, München 2020.

Bauer, J.-H., Krieger, S., & Günther, J., *AGG und EntgTranspG Kommentar* 6. Auflage, München 2024.

Boecken, W., & Joussen, J., *Nomoskommentar Teilzeit- und Befristungsgesetz* 7. Auflage, Baden-Baden 2024.

Boemke, B., Lembke, M., & Marseaut, S., *Kommentar AÜG* 3. Auflage, Frankfurt am Main 2013.

Clemenz, S., Kreft, B., & Krause, R., *AGB-Arbeitsrecht Kommentar* 3. Auflage, Köln 2023.

Dau, Dirk H./Düwell Franz Josef/Joussen, Jacob, Nomoskommentar Sozialgesetzbuch IX, 6. Auflage, Baden-Baden 2022.

Däubler, W. Hjort, J. P., Schubert, M., & Wolmerath, M., *Nomoskommentar Arbeitsrecht* 5. Auflage, Baden-Baden 2022.

Däubler, W., *Nomoskommentar Tarifvertragsgesetz* 5. Auflage, Baden-Baden 2022.

Däubler, W., Kittner, M., Klebe, T., & Wedde, P., *BetrVG Kommentar* 19. Auflage, Frankfurt am Main 2024.

Däubler, W., & Bertzbach, M. (2022). *Nomoskommentar AGG* 5. Auflage, Baden-Baden 2022.

Däubler, W., Bonin, B., & Deinert, O. (2021). *AGB-Kontrolle im Arbeitsrecht – Kommentar zu den §§ 305 bis 310 BGB* 5. Auflage, München 2021.

Dietrich, T., Hanau, P., & Schaub, G., *Erfurter Kommentar zum Arbeitsrecht* 24. Auflage, München 2024.

Dütz, W., & Thüsing, G., *Lehrbuch Arbeitsrecht* 28. Auflage, München 2023.

Düwell, F. J., *Nomoskommentar Betriebsverfassungsgesetz* 6. Auflage, Baden-Baden 2022.

Fitting, K., *Handkommentar Betriebsverfassungsgesetz* 32. Auflage, München 2024.

Gallner, I., Mestwerdt, W., & Nägele, S., *Nomoskommentar Kündigungsschutzrecht* 7. Auflage, Baden-Baden 2021.

Hahn, F., Pfeiffer, G., & Schubert, J., *Nomoskommentar Arbeitszeitrecht* 3. Auflage, Baden-Baden 2024.

Hauck, F., Helml, E., & Biebl, J., *ArbgGG Kommentar* 5. Auflage, München 2021.

Henssler, M., Willemsen, H. J., & Kalb, H.-J., *Arbeitsrecht Kommentar*, 11. Auflage, Köln 2024.

Hey, T., & Forst, G., *Kommentar AGG* 2. Auflage, Frankfurt am Main 2015.

© Springer Fachmedien Wiesbaden GmbH, ein Teil von Springer Nature 2025
T. Jesgarzewski, *Arbeitsrecht*, FOM-Edition, https://doi.org/10.1007/978-3-658-46588-9

Hoyningen-Huene, G., Link, R., & Krause, R., *Kündigungsschutzgesetz Kommentar* 16. Auflage, München 2019.

Hromadka, W., & Maschmann, F., *Arbeitsrecht Band 2* 8. Auflage, Berlin Heidelberg 2020.

Jesgarzewski, T., *Fallstudien zum Arbeitsrecht* 3. Auflage, Wiesbaden 2023.

Knittel, B., *SGB IX Kommentar* 12. Auflage, Köln 2024.

Kohte, W., Faber, U., & Feldhoff, K., *Nomoskommentar Gesamtes Arbeitsschutzrecht* 3. Auflage, Baden-Baden 2023.

Krahmer, U., & Plantholz, M., *Nomoskommentar Sozialgesetzbuch XI* 6. Auflage, Baden-Baden 2024.

Löwisch, M., & Rieble, V., *Tarifvertragsgesetz Kommentar* 5. Auflage, München 2025.

Meinel, G., Heyn, J., & Herms, S., *Teilzeit- und Befristungsgesetz Kommentar* 6. Auflage, München 2022.

Müller-Glöge, R., Preis, U., & Schmidt, I., *Erfurter Kommentar zum Arbeitsrecht* 24. Auflage, München 2024.

Natter, E., & Gross, R., *Nomoskommentar Arbeitsgerichtsgesetz* 2. Auflage, Baden-Baden 2013.

Neumann, D., Pahlen, R., & Majerski-Pahlen, M., *Sozialgesetzbuch IX Kommentar* 15. Auflage, München 2024.

Stichwortverzeichnis

A

Abfallbeauftragte, 253
Abfindung, 202, 257, 259
Abmahnung, 214, 219, 238
Abwicklungsvertrag, 263
AGB-Kontrolle, 161, 164
AGBs (Allgemeine Geschäftsbedingungen), 163, 165, 166, 169, 171, 172, 174, 264
Allgemeine Geschäftsbedingungen (AGBs), 163, 165, 166, 169, 171, 172, 174, 264
Allgemeiner Kündigungsschutz, 262
Allgemeinverbindlicherklärung, 62
Alter, 179, 185, 188
Altersversorgung, betriebliche, 269, 271, 272
Änderungskündigung, 119, 204, 222, 223, 226, 256
Anfechtung, 56, 111, 112, 261, 265
  wegen Irrtums, 261
Angebot und Annahme, 109
Angelegenheit, personelle, 86
Angelegenheit, soziale, 81
Angestellter, leitender, 67, 229
Anhörung, 223
  des Arbeitnehmers, 220
Anhörungsrecht, 89, 255
Annahmeverzug, 125
Anweisung, 183, 184
Anzeigepflicht, 254
Arbeit auf Abruf, 150
Arbeitgeber, 58, 66, 108, 110, 111, 119, 127, 128, 198, 202
Arbeitgeberverband, 34, 39, 58, 59, 286

Arbeitnehmer, 94, 106, 113, 115, 127, 129, 180
Arbeitnehmerbegriff, 67
Arbeitnehmerhaftung, 193, 194, 197
Arbeitnehmerverband, 21
Arbeitsbereitschaft, 118
Arbeitsgericht, 279, 280, 282, 283, 285, 287–289, 291
Arbeitsgerichtsbarkeit, 277–279, 284
Arbeitskampf, 51, 53, 281
Arbeitskampfrecht, 40
Arbeitsleistung, 115
Arbeitsschutz, 273, 275
Arbeitsvertrag, 27, 109, 114, 115, 161, 224, 225
  befristeter, 133
Arbeitszeit, 116, 147, 149, 150
Arbeitszeugnis, 266
Aufhebungsvertrag, 254, 262, 264
Aufklärungspflicht, 264
Aufwendung, 111
Aufwendungsersatz, 113
Ausbildung, 136, 151
Aushilfe, 210
Auslegungsregel, 165
Ausschlussfrist, 123, 216
Ausschlussklausel, 167
Ausschuss, 73
Aussperrung, 51
Auszubildende, 180, 229
Auszubildendenvertretung, 96, 248–250

B

Bedarf, vorübergehender, 135

Beendigungsinteresse, 213, 227
Befristung, 135–140, 142–144
    haushaltsrechtliche, 142
    ohne Sachgrund, 143
Behinderung, 179
Belästigung, 183, 189
Beleidigung, 218
Benachteiligung, 183, 184
    mittelbare, 182
    unangemessene, 170–173, 210
    unmittelbare, 177, 181
Benachteiligungsmerkmal, 177
Benachteiligungsverbot, 71, 112, 147, 180,
        181, 186, 188, 190
    allgemeines, 128, 176
Beratungspflicht, 93, 255
Beratungsrecht, 87
Bereitschaftsdienst, 118
Berichtspflicht, 92
Berufsausübungsfreiheit, 130
Berufsbildungsmaßnahme, 87
Berufsfreiheit, 12, 16, 17
Berufung, 288
Berufungsfrist, 288
Beschäftigte, 180
Beschäftigter, geringfügiger, 147
Beschäftigungsverbot, 117, 160
Beschleunigungsgrundsatz, 285
Beschlussverfahren, 282, 283, 289, 290
    arbeitsgerichtliches, 101
Beseitigungsanspruch, 215
Bestechlichkeit, 129
Betätigungsgarantie, 37
Beteiligungsrecht, 27, 80
Betrieb, 68, 73, 230, 245, 254
Betriebsänderung, 93
Betriebsbeauftragte, 253
Betriebsfrieden, 236
Betriebsnorm, 57
Betriebsrat, 66, 70, 74, 75, 82, 154, 205, 221,
        223, 248, 250, 254, 255, 262, 274
Betriebsratsmitglied, 70, 248–250
Betriebsratswahl, 72, 282
Betriebsrisiko, 125
Betriebsschutz, 274
Betriebsübergang, 198–200, 202
Betriebsvereinbarung, 12, 27, 86, 98, 127, 170,
        206, 209
Betriebszugehörigkeit, 202

Beweislast, 187, 194, 267
Bezugnahmeklausel, 60
Billigkeitskontrolle, 161
Branchenzuordnung, 35
Brückenteilzeit, 149
Bundesarbeitsgericht, 279, 286, 288, 291

C
Compliance, 129

D
Datenschutz, 128
Datenschutzbeauftragte, 253
Dauervertretung, 137
Dienstvertrag, 27, 106, 114, 115, 125, 132
Direktversicherung, 271, 272
Direktzusage, 271, 272
Diskriminierungsschutz, 176
Drohung, 261, 265
Druckkündigung, 221

E
Eigenart, 138, 140
Eigentumsfreiheit, 12, 16, 18
Einigungsstelle, 86, 99, 100, 283
Einzelmaßnahme, personelle, 87
Elterngeld, 160
Elternzeit, 160, 247
Entfristungsklage, 146
Entgeltfortzahlung, 190, 191
Entschädigungsanspruch, 186
Equal-Pay-Gebot, 174
Erprobung, 139
Ethnische Herkunft, 177
Europäische Menschenrechtskonvention, 16
Europäischer Betriebsrat, 95
Europarecht, 14

F
Familienzeit, 159
Feiertag, 190, 191
Flashmob, 47
Fortsetzungsinteresse, 213, 228
Fragerecht, 111, 181
Freistellungsanspruch, 71, 161, 197

Friedenspflicht, 26, 44, 77
Frist, außerordentliche Kündigung, 251
Fürsorgepflicht, 128, 264

G
Gefahrenschutz, 274
Gefahrgutbeauftragte, 253
Generalklausel, 28, 55, 169, 172, 190
Gerichtskosten, 287, 290
Gesamtbetriebsrat, 94
Gesamtzusage, 202
Geschichte, 5
Geschlecht, 178, 188
Gesundheitsschutz, 275, 277
Gewerkschaft, 21, 34, 43, 49, 51, 58, 59, 76,
    286
Gewerkschaftsausschluss, 36
Gewohnheitsrecht, 23
Gleichbehandlungsgrundsatz, 176
    arbeitsrechtlicher, 24
Gleichheitsgebot, 20
Gleichheitsgrundsatz, 205
Gleichheitsrecht, allgemeines, 20
Gleichheitssatz, allgemeiner, 16
Gleitzeit, 116
Grund
    betrieblicher, 148
    in der Person des Arbeitnehmers liegender,
        140
    wichtiger, 211, 212
Grundrechte, 16
Grundsatz des Equal-Pay, 153
Günstigkeitsprinzip, 13
Gütetermin, 278
Güteverhandlung, 285

H
Handlungsfreiheit, allgemeine, 19
Hauptleistungspflicht, 115, 212
Heimarbeit, 180, 229

I
Identität, sexuelle, 179
Informationspflicht, 109
Inhaltskontrolle, 161, 165, 167–169, 173, 264
Integrationsamt, 252

Interessenabwägung, 213, 218, 234, 236, 238,
    240

J
Jugendarbeitsschutz, 276
Jugendliche, 117
Jugendschutz, 273
Jugendvertretung, 96, 248–250

K
Kettenbefristung, 143
Klagefrist, 257
    Kündigungsschutzklage, 228
Klageverzicht, 257
Klageverzichtsvertrag, 173, 264
Klausel, überraschende, 166
Klauselverbot, 168
Kleinbetrieb, 209, 230
Koalition, 77
Koalitionsfreiheit, 12, 21, 25, 34, 36, 37, 40,
    53, 55
Koalitionsrecht, 16
Kontrollmaßstab, 170, 171
Konzernbetriebsrat, 95
Kostengrundentscheidung, 291
Krankheit, 157, 158, 190, 191
Kündigung, 50, 89, 125, 129, 152, 171, 180,
    190, 203, 204, 248, 252, 253, 255,
    256, 258, 259, 263
    außerordentliche, 145, 204, 210, 213, 216,
        218, 219, 221, 223, 228, 238, 248,
        250–252, 254, 257
    betriebsbedingte, 231, 240, 241, 243, 257
    krankheitsbedingte, 234, 236, 237
    ordentliche, 145, 204, 207, 223, 248, 249,
        251
    personenbedingte, 231, 232, 234, 237
    provozierte außerordentliche, 221
    Unwirksamkeit, 206
    verhaltensbedingte, 231, 237, 238, 240
Kündigungserklärung, 213
Kündigungsfrist, 139, 202, 207, 256
Kündigungsschutz, 161, 180, 207, 227, 246,
    247, 252
    allgemeiner, 254
Kündigungsschutzklage, 91, 225, 227, 251,
    255, 259, 261

Kündigungsschutzverfahren, 256, 257, 285
Kündigungsverbot, 50, 207, 247, 253
Kurzerkrankung, 235

L
Landesarbeitsgericht, 279, 286–288, 291
Leiharbeit, 109, 152
Leistungsverweigerungsrecht, 116, 123, 126, 189
Lohnerhöhung, 202

M
Mahnverfahren, 281
Mankohaftung, 196
Massenentlassung, 254, 255
Maßregelungsverbot, 128
Minderjähriger, 109
Mindestlohn, 122, 124, 151
Mitarbeiter, freier, 107
Mitbestimmungsrecht, 81, 86, 87, 91, 94, 274
Mitwirkungsrecht, 81, 255
Montanmitbestimmung, 103
Mutterschutz, 159, 246, 247, 273

N
Nebenpflicht, 127, 129, 212
Nebentätigkeit, 130
Negativprognose, 233–236
Nichtzulassungsbeschwerde, 289
Normenhierarchie, 12, 28, 55

P
Parteifähigkeit, 290
Pensionsfonds, 272
Pensionskasse, 272
Person, arbeitnehmerähnliche, 180
Persönlichkeitsrecht, allgemeines, 19, 112
Pflegezeit, 161, 253
Pflicht aus dem Arbeitsverhältnis, 114
Pflichtverletzung, 238, 240
Postulationsfähigkeit, 286, 290
Primärrecht, 14
Prinzip der Mündlichkeit, 285
Privatautonomie, 9, 42, 55, 262
Probezeit, 139, 152, 209

Prognose, 135, 137
Prognoseprinzip, 213, 219

R
Rahmentarifvertrag, 54
Rasse, 177
Rechtfertigung, 184, 185
    soziale, 231, 232, 237, 240
Rechtsbeschwerde, 291
Rechtsmissbrauchskontrolle, 134
Rechtsmittel, 288, 291
Regelaltersgrenze, 204
Regelungsvorbehalt, 206
Religion, 178
Rentenversicherung, 270
Revision, 288
Richterrecht, 25
Rückgriffsanspruch, 197
Rufbereitschaft, 118

S
Sachgrund, 134–140
Schadensabwendungspflicht, 132
Schadensausgleich, innerbetrieblicher, 196
Schadensersatz, 186, 194, 221, 273
Schadensersatzanspruch, 186
Schiedsverfahren, 284
Schikaneverbot, 128
Schlichtungsstelle, 284
Schriftform, 144, 145, 161, 204, 223, 262
Schulung, 74
Schwangere, 117
Schwangerschaft, 181, 246
Schwerbehinderte, 117, 252
Schwerbehindertenvertretung, 97, 248, 251, 252
Sekundärrecht, 14
Selbstständigkeit, 114
Sittenwidrigkeit, 206
Sonderkündigungsschutz, 245, 246, 248, 249, 253, 254, 262
Sozialauswahl, 243
Sozialplan, tariflicher, 54
Sperrfrist, 255
Sprungrechtsbeschwerde, 291
Sprungrevision, 289, 291
Stellenausschreibung, 188

Stimmrecht, 96
Strahlenschutzbeauftragte, 253
Streik, 42, 49, 50
Streikgeld, 49
Studium, 136

T
Tarifautonomie, 41, 53, 55
Tarifbindung, 60
Tariffähigkeit, 34, 58
Tarifkollision, 64
Tariföffnungsklausel, 63
Tarifvertrag, 12, 25, 42, 44, 120, 124, 127, 153, 167, 170, 277, 282
Täuschung, arglistige, 261, 265
Teilzeit, 147, 149
Teilzeitarbeit, 141
Transparenzgebot, 170, 173
Treuepflicht, 131
Treu und Glauben, 201, 206, 210, 258, 264

U
Überstunde, 121, 132
Übung, betriebliche, 23, 202
Unmöglichkeit, 126
Unternehmensmitbestimmung, 102
Unterrichtungspflicht, 92
Unterrichtungsrecht, 87
Unterstützungskasse, 272
Unterstützungsstreik, 48
Unzumutbarkeit, 126
Urlaub, 154, 156–160, 277
Urlaubsabgeltung, 158
Urlaubsbescheinigung, 156
Urteilsverfahren, 280, 283, 285, 289–291

V
Verbotsgesetz, 255
Verdachtskündigung, 219
Vergleich, gerichtlicher, 142
Vergütung, 119, 120, 122, 123, 125, 126, 161
Verhältnismäßigkeit, 185, 214, 226, 232, 236, 240

Verhältnismäßigkeitsgrundsatz, 45, 52
Verhandlungsparität, 41
Verhinderungsgrund, vorübergehender, 126
Verjährung, 123
Vermutungsregel, 171
Verschulden, 186, 192, 194, 195, 216, 237
Verschwiegenheitspflicht, 131
Vertragsangebot, 224
Vertragsbedingung, vorformulierte, 163
Vertrauensarbeitszeit, 116
Vertretung, 137, 204, 236
Verweisungsklausel, 167, 168
Verwendungsabsicht, 163
Vollmacht, 203

W
Wahlbewerber, 249, 250
Wahlvorstand, 249, 250
Wahlvorstandsmitglied, 248
Warnstreik, 43
Wartezeit, 202
Wegerisiko, 125
Weisungsbefugnis, 107
Weisungsrecht, 12, 28, 29, 114, 116, 118, 127, 153, 181, 189, 244
Weiterbeschäftigungsanspruch, 257
Wellenstreik, 46
Weltanschauung, 178
Wettbewerbsverbot, 130
Widerspruchsrecht, 201, 202
Willenserklärung, 204, 261, 265
Wirtschaftsausschuss, 91, 92

Z
Zeitbefristung, 134, 138, 146
Zugang Kündigung, 205, 213, 241, 246
Zurückhaltungsrecht, 273
Zuständigkeit, 280, 282, 289
    örtliche, 282
Zustimmungsersetzungsverfahren, 91, 251
Zustimmungsverweigerungsrecht, 89
Zutrittsrecht, 38
Zweckbefristung, 134, 138, 146